LES
Missions Françaises

Iʳᵉ SÉRIE

Nous devons à l'obligeance de la Société de géographie de Paris les cartes qui accompagnent cet ouvrage.

BIBLIOTHÈQUE DU JOURNAL DES VOYAGES

R. DE SAINT-ARROMAN
(RAOUL JOLLY)

LES
Missions Françaises

CAUSERIES GÉOGRAPHIQUES

CONSIDÉRATIONS GÉNÉRALES — TUNISIE
AFRIQUE AUSTRALE ET ÉQUATORIALE — AU SAHARA
CHEZ LES PERSANS — DANS LES GUYANES
SOUS LES MERS

PRÉFACE DE M. LE DOCTEUR HAMY
Membre de l'Institut.

PARIS

JOURNAL DES VOYAGES	LIBRAIRIE ILLUSTRÉE
12, RUE SAINT-JOSEPH, 12	8, RUE SAINT-JOSEPH, 8

Tous droits réservés.

A M. E. T. HAMY

Membre de l'Institut.

Mon cher ami,

J'essaie de condenser en un petit volume l'histoire de nos missions contemporaines, et je mets le livre sous votre patronage.

C'est vous surtout qui m'avez poussé à réunir sous une forme abordable des récits authentiques, qui permettraient aux lecteurs de connaître la suite des travaux de nos missionnaires.

Au ministère de l'Instruction publique, dans ces réunions où les savants les plus autorisés associent leurs efforts aux nôtres pour servir les missions, que de fois n'avons-nous pas cherché le moyen de faire bénéficier tout le monde de ce que nous lisions d'utile et de nouveau dans les rapports des voyageurs!

J'ai tenté l'aventure en écrivant dans le Journal des Voyages *une série d'articles que je me suis efforcé de faire courts, simples et, avant tout, vrais. Il fallait se garder d'amplifier. Aussi me suis-je défendu de mon admiration même pour ces hommes modestes, d'une volonté si tenace et d'un patriotisme si dévoué. Au lieu d'écrire d'imagination, je devais m'effacer et leur laisser la parole.*

Aujourd'hui, ces articles concis forment comme un livre. Puisse-t-il aider la France à connaître l'Exploration française.

Saint-Arroman.

LETTRE DE M. LE DOCTEUR HAMY

A M. RAOUL DE SAINT-ARROMAN

Mon cher ami,

Tous ceux qui ont pu, comme moi, suivre de près votre carrière administrative depuis une vingtaine d'années, savent avec quel zèle ardent, et aussi avec quel succès vous remplissez au ministère de l'Instruction publique des fonctions multiples, souvent délicates et toujours fort laborieuses.

Vous vous êtes surtout dévoué à cette belle œuvre des missions scientifiques, plus particulièrement confiée à vos soins par notre cher directeur, et les membres de notre Commission, d'une part, nos voyageurs, de l'autre, ont volontiers rendu justice, en maintes circonstances, à votre active sollicitude.

C'est un nouveau service que vous allez rendre à l'entreprise commune, mon cher ami, en publiant ce livre dont vous voulez bien me donner à lire les épreuves. Faire connaître, en un langage simple et clair, d'après les correspondances très diverses de nos voyageurs officiels, les travaux qu'ils accomplissent et les résultats de toute espèce que ces travaux ont produits ; introduire le lecteur dans la familiarité de ces hommes courageux et dévoués, en l'intéressant à leurs dangers, à leurs luttes, c'est accomplir une œuvre utile, une œuvre patriotique et dont tous ceux qui pensent sérieusement à l'avenir de notre nation vous seront reconnaissants.

Ce n'est point, nous le savons bien, en lisant les rapports publiés dans nos recueils officiels que la masse des lecteurs français pourra s'intéresser à l'action tous les jours plus importante de nos agents scientifiques à l'étranger. A la curiosité et à la sympathie qui s'éveillent un peu partout, grâce à la Presse, dans le grand public, il faut des aliments plus aisément assimilables, et vos récits alertes et pittoresques viennent fort à propos les fournir.

Entraînés à la suite de nos explorateurs, de chapitre en chapitre, vos lecteurs s'initieront, sans fatigue, à la connaissance de tout ce monde exotique encore si ignoré, et, en s'instruisant, en s'amusant, ils se laisseront peu à peu gagner à la grande cause de l'expansion nationale.

Vous aurez, en même temps, par cette publicité bien comprise, apporté à nos collaborateurs l'appui moral dont ils ont toujours grand besoin. De mieux en mieux, le public connaîtra et appréciera les services de ces vaillants serviteurs du pays, et tout le monde sera ainsi disposé à leur assurer, au moment propice, tous les concours nécessaires.

E. T. Hamy,
Membre de l'Institut.

LES
Missions Françaises

CONSIDÉRATIONS GÉNÉRALES

I

Un mot personnel. — Vue d'ensemble. — Quelques noms célèbres de tous pays. — Du Ier au XVIe siècle. — Les navigateurs scandinaves. — Le passage Nord-Ouest et l'Angleterre. — Les Hollandais. — Davis et son détroit. — Le XVIIe siècle. — Une parenthèse. — Missionnaires religieux. — L'abbé Debaize. — La Compagnie des Indes. — Aurore du XVIIIe siècle. — L'Académie des sciences et la figure de la terre. — Voyageurs qui ont enrichi le jardin du roi. — Le passage de Vénus. — Effort de la seconde moitié du XVIIIe siècle.

Pascal a écrit quelque part : « Celui qui meurt pour ce qu'il croit mérite d'être cru. »

Mais encore faut-il, en ce siècle de doute, une garantie, une contre-épreuve, un poinçon, certifiant la réalité de ce qu'on affirme.

Nous avons suivi nos compatriotes dans leurs terribles aventures, à travers des pays où un homme isolé se trouve seul en face d'une peuplade, et un Français en face de l'Allemagne et de l'Angleterre tour à tour. Tout ce que nous savons sur ces hommes qui jouent leur vie pour planter partout l'étendard de la France, qui ont des aventures et qui ne sont pas des aventuriers, nous allons le dire.

Mais, avant de parler du présent et de l'avenir, on me pardonnera de revenir un peu vers le passé et d'étudier, sans pédantisme, les origines du terrain que nous allons fouiller.

L'examen des faits accomplis permet d'apprécier plus sainement les efforts nouveaux, les tendances contemporaines ; et dans la chaîne des événements, qui ont marqué les siècles évanouis, on retrouve toujours un anneau qui les rattache aux années que l'on vit et aux siècles futurs. Aussi vieux que soient les voyages, aussi multiples et divers que soient les sentiments qui les ont fait entreprendre, ils n'en sont pas moins, à l'heure actuelle, une nouveauté.

On s'étonne encore que le gouvernement dépense des « sommes » pour envoyer des gens se promener plus ou moins loin.

La majorité du public pense, alors même qu'elle ne le dit pas : « Heureux ceux qu'on paye cher pour qu'ils visitent les contrées ignorées des cinq parties du monde et pour qu'ils se livrent, sans bourse délier, à une manie. » Cette majorité ignore, ne craignons pas de nous l'avouer, le rapport étroit qui unit toutes les découvertes et qui en fait bénéficier l'humanité entière. Elle ignore que la « manie » de l'explorateur, du naturaliste, de l'archéologue est simplement l'incessante et féconde préoccupation qui a motivé le travail énergique des individus et des peuples à travers les âges. Cette ignorance n'a pas empêché, il faut s'en féliciter, un nombre respectable de passionnés de poursuivre immuablement la route âpre et cachée de la Science. Ils étaient, ces pionniers audacieux, persévérants et modestes, vaincus ou vainqueurs. Vaincus, personne ne déplorait leurs défaites. Vainqueurs, bien peu s'associaient à leur victoire. Qu'était-elle, en effet, pour ceux qui ne songeaient qu'à de brutales conquêtes? Un coin du voile qui dissimule les secrets de la nature à peine soulevé, une plante nouvelle, la détermination d'un courant marin, la reconstitution d'une ville antique, la découverte d'une ville inconnue!

Et pourtant l'homme, aussi loin qu'on puisse l'apercevoir dans l'antiquité, a subi une loi curieuse. Il ne la définissait pas toujours, mais elle le portait à étudier le monde qu'il habitait et à rechercher des régions qu'il devinait. Hérodote, Pythéas, Néarque, Eudoxus, César, Strabon, poussés par des sentiments dissemblables, mais uniformément investigateurs, visitaient les îles Fortunées, la Corne du Soir, la Corne du Midi, l'Egypte, la Libye, l'Ethiopie, la Phénicie, l'Arabie, la Babylonie, la Perse, l'Inde, la Médie, la Colchide, la mer Caspienne, la Scythie, la Thrace, l'Ibérie, la Celtique, etc., etc.

Le moindre précis historique traitant des voyages donne bien mieux que je ne saurais le faire cette chronologie attachante du mouvement des explorations. Mais lit-on ces livres? Je réponds hardiment: non. Et j'ajoute qu'on a le plus grand tort. Rien n'est plus intéressant que ces récits sommaires, dont la simplicité vraie provoque des émotions profondes que les romanciers les plus féconds ne sauraient soulever dans leurs combinaisons les plus fouillées. Pour ne citer qu'un seul de ces ouvrages convaincus et sans prétention, mais remplis de faits, de dates et de noms, je signale l'*Histoire des grands voyageurs et des grands voyages*, de Jules Verne. Il m'a appris beaucoup; je lui ai souvent emprunté et je tiens à lui payer publiquement ma dette.

On peut esquisser, à l'aide de quelques noms, la marche continue des explorations. Cette esquisse n'est pas inutile.

Pausanias, Fa Hian, Cosmas Indicopleustes, Arculphe, Willibad et Soleyman sont les combattants du 1er au IXe siècle. Du Xe au XIIIe, ce sont : Benjamin de Tudèle, Abd-

Allatif, Plan de Carpin et Rubruquis. Après eux, Marco Polo dépasse tout ce qu'ont fait ses prédécesseurs. Il veut que le monde connaisse l'extrême limite de l'Orient; il veut écrire son voyage et il entend l'écrire en langue française!

Abdallah El-Lawati, plus connu, et partant plus célèbre, sous le nom de Ibn Batouta, nous amène, avec Jean de Béthencourt, au seuil du xve siècle, qui allait écrire en caractères impérissables la date de 1492. La prédiction de Sénèque le Tragique, annonçant des mondes nouveaux, *novos orbes*, se réalisait. Christophe Colomb et sa découverte dominent à ce moment l'expansion scientifique, pourtant si merveilleuse déjà, d'une époque que la conquête des Indes, la conquête et l'exploration de l'Amérique centrale, des hommes pareils à Covilham, Païva, Vasco de Gama, Vespuce, Alvarez Cabral, Camoëns, Albuquerque, Hojeda, Balboa, Fernand Cortez, Pizarre et tant d'autres, illuminent féeriquement.

Il semble, à prononcer ces noms, que leur euphonie même leur commandait de passer à la postérité et que c'était uniquement du Midi ensoleillé que venait la lumière.

Ce n'est là qu'un mirage. Les froides régions de la Scandinavie avaient, elles aussi, enfanté une série de navigateurs puissants et redoutables. Les glaces de leur océan ne les effrayaient pas, et ses jours pâles, ses nuits crépusculaires leur donnaient un royaume, en quelque sorte illimité, où leur piraterie s'exerçait sans cesse. Devenus les seuls maîtres de cette mer semée d'écueils, les Norvégiens et les Danois y vivaient comme dans une forteresse. S'ils venaient sur les côtes, c'était pour les piller, et s'ils incendiaient, au cours de ces campagnes de terre, les châteaux et les abbayes, il est juste de reconnaître qu'ils couraient aux Orcades, aux Hébrides, aux Shetland et aux Feroë, à la recherche de l'inconnu.

Ils étaient pirates, leurs luttes étaient féroces, leurs

incursions violentes; mais leurs aventures avaient de la majesté et les *Scaldes* en faisaient des poèmes.

Naddod, l'un des pirates scandinaves, découvre une île qu'il nomme Snoland, terre de neige, qui deviendra plus tard Iceland, terre de glace. Ingolf et Harold Haarfager poussent des pointes dans l'Ouest; les cimes des montagnes groenlandaises sont découvertes par Guunbjorn; Erik le Rouge, le meurtrier, voit cette terre et s'y fixe, sur la côte occidentale, après avoir doublé le cap Farewell où bientôt des colonies fécondes seront fondées.

C'est alors que se succèdent les efforts tentés pour trouver le passage Nord-Ouest. Zeno, Joao Vaz, Cortereal, Alvaro Martins Homem, Jean et Sébastien Cabot, sir Thomas Pert, sir Hug Willoughby, Richard Chancellor, Stephen Burrough rivalisent d'entrain et de courage. Et pendant ce temps, Charles-Quint, tout-puissant, conquiert le Mexique. Jaloux de cette gloire, François Ier veut au moins l'égaler. Il charge Jean Verrazano d'une exploration qui préparera celles de Laudonnière et Ribault, Jacques Cartier et Champlain. Magellan a l'honneur de tenter le premier un voyage autour du monde. El Caro ramène à Séville le seul navire qui ait accompli cet incomparable itinéraire.

L'Angleterre n'abandonne pas la recherche du passage Nord-Ouest; Frobisher, d'abord seul, puis ayant sous ses ordres Fenton, York, George Beste et C. Hall, répète ses expéditions dans les contrées polaires. Davis découvre le détroit qui porte son nom et entrevoit, en juillet 1585, la terre de Désolation, qu'il ne peut aborder. Un peuple nouveau s'est levé : les Hollandais. Poussé par les marchands d'Amsterdam, Wilhem Barentz exécute un remarquable voyage; il part du Texel, double le cap Nord, examine l'île de Waigatz et la côte de la Nouvelle-Zemble. Arrêté par les glaces, le 10 juillet 1594, il navigue le long du littoral, essaye de franchir la banquise, remonte jusqu'aux îles Orange et fixe astronomiquement la latitude d'une série de positions. Pour la première fois, lorsqu'il revient en 1596, les Européens hivernent.

Il a fallu trois cents ans, pour qu'un explorateur nouveau, le capitaine norvégien Elling Carlsen, découvrît, en 1871, la maison où s'était abrité celui qui a doublé, le premier, la pointe septentrionale de la Nouvelle-Zemble ! On peut voir au Musée de la marine, à la Haye, tout ce que contenait la maison de Barentz. Par un soin pieux, M. Carlsen avait recueilli ces épaves, témoins d'un hivernage dur et cruel. Un Hollandais, M. Lister Kay, les acheta et en fit don au gouvernement néerlandais.

Parmi les voyageurs aventureux du XVIe siècle, je me garderai d'oublier Mendaña, Drake, Thomas Cavendish, Olivier de Noort et Walter Raleigh. En résumant maintenant les résultats acquis à la fin du XVIe siècle on peut dire que, jusqu'ici, les événements les plus curieux se sont produits ; les tentatives les plus audacieuses et les découvertes les plus grandes ont été faites. Le XVIIe siècle contrôle ces résultats énormes. On parcourt, simplement pour s'assurer qu'ils existent, les *novos orbes* du vieux Sénèque. Les missionnaires religieux évangélisent ces terres vierges, y créent des centres d'opération nombreux, mais ils se font en même temps les agents de la politique établie. C'est le père Paez qui découvre les sources du Nil bleu en 1618. Bruce attestera plus tard l'authenticité de ce fait. Carli de Placenza, Antoine Cavazzi, Gradisca parcourent le Congo. André Bruce, « commandant pour le roi et directeur général de la Compagnie royale de France aux côtes du Sénégal et autres lieux d'Afrique », étend jusqu'à ses limites actuelles notre colonie, et il explore avec une sagacité extrême le Galam et le Bambouk.

La station commerciale de Madagascar, qui devait nous susciter bien des embarras, est fondée. J'ai dit que les religieux ont pris possession de l'Afrique, de l'Abyssinie et du Congo. A ces régions, ajoutons l'Indo-Chine et le

Thibet que parcourent les pères Alexandre de Rhodes, Ant. d'Andrada, Avril et Benedict Goes. Les pères Mendozza, Ricci, Trigault, Visdelou, Lecomte, Verbiest, Schall et Martini fournissent des informations intéressantes et très utiles sur le Céleste-Empire, où ils ont fini par pénétrer à force d'énergie, et peut-être poussés par leur volonté de gagner à l'Église des richesses nouvelles et des auxiliaires aussi innombrables qu'obéissants.

Je me plairai à rappeler, à ce propos, en la déplorant, la mort au champ d'honneur de l'un de ces hommes d'élite; j'ai nommé l'abbé Debaize, chargé par le ministère de l'Instruction publique d'une mission d'exploration dans l'Afrique Centrale.

Tous ceux qui ont connu ce prêtre, tous ceux qui, comme moi, ont écouté sa parole séduisante et ferme, qui ont suivi la préparation de son voyage, qui ont vu son regard hardi et modeste à la fois, qui ont pénétré, si je puis ainsi m'exprimer, la profondeur claire de son œil bleu, ceux-là ne pouvaient croire à la réalité brutale de sa mort. Il avait un tel charme, une virilité si saisissante; il aimait tant la France, avait une si grande foi dans l'appui de la Divinité quand il s'agit d'une œuvre de pacification, de civilisation, profitable à l'humanité; il sentait et il précisait toutes ses croyances avec une éloquence si persuasive que nul ne doutait de son succès.

Pour éviter les maladies du pays qu'il voulait explorer, pour résister aux fièvres, aux miasmes, aux chaleurs intolérables des forêts africaines, il avait fait ce qu'il appelait « un stage ». Il s'était exposé nu, pendant des heures, de face et de dos, aux rayons ardents du soleil; il avait passé des nuits, enveloppé d'une couverture, près de marais pestilentiels. Il nageait comme un poisson; il montait à cheval comme un centaure et mettait une balle à 500 mètres dans une pièce de cent sous. Rude marcheur, il avait acquis une agilité et une force musculaire redoutables. Voilà pour le physique. Au moral il était aussi complet. Il avait demandé au pape, vers 1876, et il en avait obtenu une dispense d'obéissance à quelque ecclésiastique que ce fût. Grâce à la bienveillance du Saint-Père il pouvait, sans manquer à ses serments de prêtre, vivre d'une vie aussi libre d'entraves que celle d'un laïque indépendant. Ainsi armé, l'abbé Debaize ne redoutait plus personne et ne doutait de rien. Et quand il sollicita un crédit de 100,000 francs, pour parer aux frais de son voyage, le ministre de l'Instruction publique, la Commission des voyages et Missions scientifiques et littéraires, la Chambre des députés et le Sénat n'hésitèrent pas à accueillir unanimement sa demande.

L'abbé Debaize s'embarqua dans les derniers jours de 1877, suivi de tous les souhaits et précédé des recommandations les meilleures.

Quelques jours avant son départ il dit à M. Georges Périn, membre de la Chambre des députés : « Vous pouvez compter sur moi, monsieur, vous qui m'avez prêté un concours si efficace et si chaleureux. Je saurai reconnaître la confiance que le gouvernement français me témoigne et je vous jure bien que je traverserai l'Afrique ou que je mourrai à la tâche. »

Le malheureux prêtre a tenu parole.

A peu près à la même époque, je m'entretenais avec lui de ses projets. Il m'exprimait cette même résolution de traverser l'Afrique ou d'y mourir ; et il ajoutait avec un fin sourire : « Mais rassurez-vous... Je la traverserai. Je sens en moi une force étrange qui triomphera de toutes les difficultés et je demande à Dieu, s'il lui plaît d'anéantir mes autres facultés, de me conserver le souvenir et la parole, afin que je puisse, à mon retour, quelque mutilé que je sois, dépeindre et dicter ce que j'aurai vu pour l'honneur et le bénéfice de la France à qui je dois tant de gratitude. »

Ces fières et nobles paroles eurent sur tous ceux qui les recueillirent une influence décisive. On crut au succès et à l'impossibilité d'un échec. Tout marcha d'abord à souhait. On écrivait de Zanzibar que jamais voyageur européen n'avait atteint Bagamoyo avec une telle rapidité. De cette localité, où il était entré suivi de 400 porteurs, drapeau français en tête, et où il avait été reçu en triomphateur par le Sultan, l'abbé Debaize écrivait joyeusement : « Les obstacles sont des chimères dues à l'imagination surexcitée des voyageurs. Il n'y en a pas ou tout au moins, jusqu'à présent, je n'en ai point rencontré. Je manie mes hommes avec la plus grande facilité. Les populations que je rencontre sont sympathiques ; on me fait des faveurs ; on supprime pour la pacotille considérable que je traîne les droits de transit usités, etc., etc. » Son enthousiasme était débordant et son courage et sa confiance de plus en plus entiers.

Des bords orientaux du lac Tanganyka, de la station d'Ujiji, l'abbé Debaize renouvela ses assurances de succès.

Dans une lettre conservée au ministère de l'Instruction publique, il déclare que les fatigues supportées depuis le 26 juillet 1878, — départ de Bagamoyo, — jusqu'aux premiers jours de juin 1878, — date de son arrivée à Ujiji, — ne sont rien. Ce qu'il a fait est peu de chose. C'est à compter de ce moment que sa véritable tâche commence. « Je vais enfin, s'écrie-t-il, m'élancer dans l'inconnu dont l'immensité m'attire et lui arracher ses secrets pour la gloire du Tout-Puissant et pour l'honneur de la République française qui a bien voulu me confier cette haute mission. »

N'est-il pas vrai que dans tout ceci il y ait véritablement une grande figure, un grand caractère et qu'on ait eu le droit d'escompter la victoire ?

La fatalité a renversé toutes ces espérances. Le 12 décembre 1879, après avoir passé plus de trois mois à préparer sa marche vers le centre de l'Afrique, l'abbé Debaize expirait sous les coups incessamment multipliés de la maladie. Sa mission, et pour mieux dire, sa lutte, avait duré dix-huit mois.

De tels hommes méritent une place à côté des plus illustres voyageurs du passé. Aussi ne trouvera-t-on pas étonnant, je l'espère, que, dédaigneux de la chronologie, j'aie rattaché une aussi vaillante individualité contemporaine aux tempéraments durement trempés des xvie et xviie siècles.

C'est encore au xviie siècle qu'appartient la création de la célèbre Compagnie des Indes. Fondée en 1602, elle monopolisa bientôt le passage du cap de Bonne-Espérance et du détroit de Magellan. Elle le monopolisa si bien qu'elle l'interdit à tout navigateur qui ne faisait pas partie de la corporation.

Cette prétention exorbitante poussa Jacques Lemaire et Wilhem-Cornelis Schouten à tenter d'ouvrir un nouveau passage au sud du détroit de Magellan. L'entreprise réussit et, après treize mois de voyage, après avoir supporté souffrances et tempêtes, les deux Hollandais atteignirent Batavia, ayant perdu treize de leurs compagnons. Lemaire et Schouten avaient découvert et nommé une foule de points ignorés; mais, pour récompense, ils reçurent l'ordre de se rendre en Hollande pour y être jugés ! Ils avaient suivi un chemin non prévu dans les lettres patentes qui leur avaient été accordées ; dès lors, ils avaient commis un crime vis-à-vis de la Compagnie des Indes. Lemaire, sous le coup de cette indignité, tomba malade; il mourut pendant la traversée.

Parler des découvertes de Tasman, des voyages de Quiros, de Torres, de Pyrard de Laval, de Tavernier, de Robert Knox, de Chardin, de la grande Flibuste et de son roi Dampier, d'Hudson, de Baffin, de Champlain et de La Salle, c'est encore parler du xviie siècle, qui fut surtout, je le répète, une époque de contrôle et de transition. A l'aurore du siècle suivant, la mer des Indes que si souvent Colomb avait cru parcourir, les côtes de l'Atlantique, le Canada, le golfe du Mexique, la vallée du Mississipi, le Nouveau-Mexique, le Sénégal, le Congo, l'Abyssinie, le

Japon, la Chine, les îles de la Sonde, un peu de l'Australie et de la Nouvelle-Zélande, une grande partie du monde enfin était connue. Toute la préparation scientifique prodigieuse du siècle précédent allait être développée et fixée. A la tête du travail nouveau vient se placer cette admirable Académie des sciences à laquelle le très regretté L.-F. Alfred Maury a consacré un livre sobre et lumineux. L'Académie voulait des voyages d'exploration et elle tenait à les organiser elle-même. Dès 1671, Richer était parti pour Cayenne, où il se livra aux observations les plus importantes. Il constata que le pendule bat, sous cette latitude, plus lentement qu'à Paris et révéla ainsi ce fait curieux que, sous l'équateur, la pesanteur est moindre qu'au pôle. Bientôt allait s'engager la lutte provoquée par la détermination de la véritable figure de la terre. Elle dura vingt ans, et ce fut seulement après le voyage de La Condamine que le combat scientifique auquel avaient été mêlés, à divers titres, Huyghens, Cassini, La Hire, Maupertuis, Clairaut, Lemonnier et l'abbé Outhier, prit terme.

Joseph de Jussieu accompagnait La Condamine en qualité de naturaliste. Il fit une récolte magnifique de plantes et d'animaux inconnus à l'Europe et en enrichit les collections du Jardin du Roi. L'expédition fut à tous les points de vue extrêmement féconde ; mais le public n'en comprit pas les résultats. Il vit dans La Condamine, privé de ses jambes et de ses oreilles, non pas un observateur merveilleux, non pas une grande victime de la science, mais seulement un distrait, un sourd ennuyeux ayant toujours son cornet acoustique.

La Condamine, d'ailleurs, estimé de ses confrères, se consolait des sarcasmes, de la malignité, de l'ingratitude du public et des 100,000 livres qu'il avait ajoutées de sa propre bourse à la subvention du roi, en faisant des chansons. Il est bon de se rappeler que Buffon, répondant à La Condamine lors de la réception de celui-ci à l'Académie française, le vengea éloquemment de la bêtise et de la critique humaines.

Un voyage organisé en vue des nouveaux progrès de l'astronomie acheva, quatorze ans plus tard, de consacrer la réputation d'ardeur et de courage que les savants français méritaient à un si haut degré. Il s'agissait de déterminer la parallaxe lunaire. Un savant allemand, le baron de Krosig, avait tenté, en 1744, cette opération délicate, sans la réussir. Lacaille résolut de refaire en 1750 ce que Koble, collaborateur du baron de Krosig, avait entrepris vainement. Afin que la simultanéité des observations indispensables à cette entreprise fût complète, Lacaille fit un appel pressant à tous les astronomes. Cassini de Thury observa à Paris ; Bradley, à Greenwich ; Zanotti, à Bologne ; et Wargentin, à Stockholm. On envoya à Berlin Jérôme Lalande, alors élève de Lemonnier et de de Lisle, qui devint bientôt un véritable maître. Le succès répondit aux précautions de Lacaille. La parallaxe de la lune fut évaluée et la forme de la terre fut enfin connue.

Toutes les expéditions du xviiie siècle devraient être racontées en détail. Il semble, en vérité, qu'en citer quelques-unes c'est faire injure aux autres. Telle n'est pas pourtant mon intention en rappelant les noms de Plumier, de Feuillée, de Tournefort, qui ont puissamment contribué, avec Jussieu, à enrichir les collections du Jardin du Roi. Je ne passerai point davantage sous silence le service agréable qu'a rendu Frézier aux gourmets en rapportant le fraisier du Chili ; mais je réduirai la part attribuée à La Condamine dans la découverte du quinquina. La Condamine n'a pas rapporté le quinquina. Il a simplement vulgarisé cette drogue précieuse. Elle était connue en France avant son voyage. Louis XIV, en effet, avait payé 2,000 louis à Talboth pour qu'il en révélât les propriétés, et Nicolas de Blégny publiait en 1682 un traité sur la matière et sur la manière de s'en servir.

Un fait assez ignoré, c'est que des manuscrits inédits

et considérables de Plumier existent encore au Jardin des Plantes, dans l'ancienne bibliothèque du Jardin du Roi.

Nous venons de voir, d'un œil rapide, combien le mouvement scientifique s'est fortement prononcé en France, dans la première moitié du xviiie siècle. Il s'accélère extraordinairement pendant la seconde moitié. Le passage de Vénus sur le disque du soleil, en 1761, sert à évaluer la parallaxe du soleil. Les observateurs sont, à Paris : Messier, Grandjean de Fouchy, Jeaurat, Lalande, le cardinal de Luynes ; à Vienne : Cassini de Thury ; à l'île Rodrigue puis au cap Français : Pingré ; Chappe, en Sibérie ; Legentil, dans l'Inde ; Sylvain Bailly et de Bory collaborent à ces observations.

C'était le moment où les Anglais envoyaient Cook dans la mer du Sud à la recherche d'îles nouvelles. Ici, les noms se pressent. Le marquis de Courtanvaux fait construire, à ses frais, une frégate, l'*Aurore*, pour expérimenter les montres marines de Leroy. Pingré et Messier l'accompagnent. Tantôt, c'est le marquis de Chabert qui visite les côtes de l'Amérique septentrionale ; tantôt, c'est l'expérience de Courtanvaux refaite par le comte de Fleurieu, mais appliquée, cette fois, aux montres de Berthoud qui l'emportèrent sur celles de Leroy. Pingré est toujours du voyage ; mais, à bord de l'*Isis*, il se partage la besogne d'astronome avec Verdun et Borda. La *Boudeuse* emporte Bougainville dans la mer du Sud. Plusieurs des archipels qui constitueront une nouvelle partie du monde — la Polynésie — sont découverts. Cook les retrouvera après Bougainville, et ce sera encore glorieux. Kerguelen accomplit son voyage aux terres australes. Avec l'aide de Le Paute d'Agelet et de Rochon, il dressa la carte des parties les plus reculées de la terre. Le Paute devait repartir bientôt avec La Pérouse dont il partagea la désolante destinée.

Borda, Poivre, Surville, Marion du Fresne, Aublet, Richard, André Michaux, Sonnerat, d'Entrecasteaux,

Rossel et La Billardière sont intendants des îles de France et de Bourbon, ou explorent les îles Salomon, ou sont assassinés à la Nouvelle-Zélande, ou parcourent la Guyane ou le Pérou, ou la Régence de Tunis et d'Alger, ou la Perse, ou luttent d'énergie pour retrouver La Pérouse. La Révolution touche à sa fin et la surprenante création de l'Institut d'Egypte, comme aussi la mission scientifique, dont les canons de Bonaparte ne troublent pas les travaux, s'accomplissent. Baudin commande la magnifique mission de François Péron. Elle rapporte au Jardin des Plantes 500,000 échantillons.

II

De 1817 à 1840. Les voyages de circumnavigation. — Naissance de l'Assyriologie. — Le règne des Missions archéologiques. — Origines de la commission des Voyages et Missions scientifiques et littéraires. — Quelques-unes des explorations qu'elle a organisées. — Explorations géographiques. — Travaux cartographiques et géodésiques. — Au nord et au sud de l'Afrique. — Les archives des Missions scientifiques.

Avec M. de Freycinet qui monte l'*Uranie*, nous commençons la série incomparable de nos voyages de circumnavigation. Elle embrasse une période qui s'étend, sans interruptions, de 1817 à 1840. Aucun Etat, y compris même l'Angleterre, ne peut offrir un pareil exemple.

Le voyage de la *Coquille* dure deux ans, pendant lesquels Duperrey et Dumont-d'Urville parcourent 25,000 lieues de mer, sans avoir à déplorer la perte d'un seul homme. A l'expédition de la *Coquille* succèdent les voyages de la *Thétis* et de l'*Espérance*, commandées par le fils du premier de nos circumnavigateurs, le capitaine de Bougainville. C'est à la même époque que Dumont-d'Urville part avec l'*Astrolabe* pour reprendre les investigations infructueuses de d'Entrecasteaux et rechercher les traces du naufrage de La Pérouse. Dumont-d'Urville, on le sait, les retrouva à Vanikoro.

La *Favorite*, sous le commandement de La Place ; la *Bonite*, sous celui de Vaillant ; l'*Astrolabe* et la *Zélée*, sous les ordres de Dumont-d'Urville et de Jacquinot ; la *Recherche*; la *Danaïde* enfin, commandée par Rosamel, à bord de laquelle travaillaient Martines, Bravais et Lottin de Laval, complètent cette admirable épopée maritime.

Les missions de Verreaux, de Bérard, de Tessan, les missions militaires exécutées après la conquête d'Alger, les voyages de Renaud, de Caillaud, de d'Arnaud Bey, d'Auber et de Dufey, des frères d'Abbadie, de Rochet d'Héricourt, de Lejeune, de Waldeck, Ferré et Galinier, de d'Orbigny, de Castelnau, du docteur Claude Gay, Martin de Moussy, Quentin et Mage, Blosseville, etc., etc., sont autant de feuillets reliés au livre d'or des voyages français. On peut prendre au hasard dans cette multitude de noms ; ils représentent tous la passion de la science et l'amour du pays.

A dater de 1840, l'essor s'arrête un peu. Nous ne voyons plus que quelques rares et belles missions, telles que celle de Botta qui jeta les premiers fondements de l'assyriologie ; de Du Bois de Jancigny, dans l'Inde, en Chine et à Java; d'Itier et de Beulé.

Pendant l'Empire les voyages de Dolfus et Montserrat, de Guillemin Tarayre, de Place, d'Escayrac de Lauture, de Renan, de Prisse d'Avennes, de M. Perrot préoccupent le monde savant et contribuent à lui révéler des secrets importants. Pour la première fois, en 1855, au cours du voyage à la côte orientale d'Afrique entrepris par Guillain le *Daguerréotype* est appliqué. Les travaux magnifiques, uniques de Léon Renier et de Mariette dépassent tout ce qu'on a fait avant eux.

C'est le règne des missions archéologiques.

J'ai assurément négligé bien des noms dans cette course à travers les voyages. Mais est-il possible de connaître tous les hommes qui ont servi leur pays avec une énergie sans défaillances ? Ne restera-t-il pas toujours un nombre considérable de braves lutteurs qui ont découvert l'Amérique avant la découverte, des Normands demeurés obscurs, des Scandinaves aux noms bizarres, des marins de toutes nations qui ont franchi les espaces, sans trouver, et peut-être sans chercher la gloire ?

Il me fallait de plus arriver aussi logiquement que possible, dans une forme assez rapide, à l'actualité, à ce qui s'est passé hier, à ce que nous venons d'apprendre, à ce que nous prévoyons du résultat des tentatives dont l'exécution se poursuit pendant que je trace ces lignes. Ce programme que je m'étais imposé, je me suis efforcé de le remplir. Au point de vue des questions qui se rattachent aux missions françaises, le présent remonte à l'institution de la Commission des voyages et missions scientifiques et littéraires. Cette commission, due à l'initiative de l'Assemblée nationale, provoquée par l'éloquence patriotique du regretté Charton et de M. Bardoux, fonctionne au ministère de l'Instruction publique depuis le 6 janvier 1874. Son influence sur l'expansion des explorations françaises est considérable et peu connue d'ailleurs. Elle ne se manifeste pas seulement dans le nombre des missions exécutées, et dans leur importance individuelle, mais on la constate aussi dans leur choix, dans leur ordre, dans leur utilité, leur réglementation, dans leur équilibre, et dans leur résultat pratique.

Toutes les demandes de missions gratuites ou subventionnées lui sont soumises. Elle les examine avec le plus grand soin et elle en propose l'adoption ou le rejet au ministre qui décide en dernier ressort. Cette commission a prouvé et démontre chaque jour par ses actes qu'elle pense que l'actualité la plus saisissante, l'intérêt le plus prochain, la nécessité la plus urgente, pour notre pays comme pour ses rivaux, est de suivre pas à pas, sans relâche, le mouvement scientifique. Elle pressent, à juste titre, que les solutions des problèmes étudiés par des missions bien préparées serviront demain à établir pacifiquement ou à rétablir l'équilibre européen.

Chaque année, le ministre de l'Instruction publique nomme les membres qui composeront pour l'exercice courant la Commission des missions. Le nombre des membres ne varie pas sensiblement; on se borne à combler les vides qui ont pu se produire ou à appeler dans le sein de la Commission des hommes dont la compétence spéciale peut lui apporter des lumières. Toutes les branches de la science y sont représentées par d'indiscutables personnalités. Depuis 1874, Henri Milne-Edwards, Ed. Charton, de Quatrefages en ont été tour à tour les présidents aimés et vénérés. Ce sont aujourd'hui MM. Alphonse Milne-Edwards et Maspero qui se partagent l'honneur de diriger ses débats auxquels prennent part les Perrot, les Gréard, les Himly, qué, les Charmes, les Hamy, les Grandidier, les Gaston Paris, les Bureau, les Derrécagaix, les Schefer, les Aymonier, les Georges Périn, les Maunoir, etc., etc.

On y a vu se passionner pour les beaux travaux qu'elle encourage Alfred Maury, Paul Bert, Henri Duveyrier, Cosson, Renan. Le Parlement a toujours été représenté dans la Commission des missions. Pour 1892 nous y trouvons MM. Boulanger et Bardoux, sénateurs, et MM. Dupuy, Pichon, Charles Roux et Siegfried, députés. Il est excellent que les pouvoirs législatifs soient mêlés de très près aux travaux de la Commission des misssions dont l'action est plus ou moins effective selon que les crédits votés par le Parlement sont plus ou moins importants.

Ces crédits ont été relativement élevés pendant quelques années. En 1880, ils arrivaient à un total de 500,000 francs. En 1881, ils descendaient au chiffre de 352,000 francs pour remonter, en 1882, à 393,000 francs. Ils commencent à se réduire pour l'exercice 1883, puisqu'ils n'atteignent plus qu'une somme de 265,000 francs. C'est 200,000 francs que le budget de 1884 attribue aux missions; en 1885 et en 1886 on réduit cette dotation à

158,000 francs; et finalement, depuis 1887, elle n'est inscrite que pour 145,000 francs. C'est fort regrettable.

Il s'en faut, assurément, que la diminution des ressources ait refroidi le zèle des explorateurs français et que nos musées, nos livres de science, nos laboratoires soient demeurés pour cela sans aliments. Mais on ne doit pas se dissimuler que bien des projets utiles à réaliser aient été remis à plus tard ou exécutés dans des conditions insuffisantes. On s'est ingénié, il est vrai, à faire des économies; des explorateurs apôtres ont trouvé le moyen de réduire leurs dépenses à la portion la plus congrue; mais il n'en est pas moins évident que ces superbes missions des Brazza, des Debaize, des Crevaux, des Dieulafoy, des Révoil, des Charnay, des Sarzec, du *Travailleur* et du *Talisman*, des Marche, des Roudaire, etc., etc., ne peuvent plus être rééditées, du moins pour le moment.

C'était, je vous assure, une vision réconfortante, pour ceux qui aiment l'exploration et qui sont pénétrés de la puissance qu'elle apporte à une nation, que de suivre sur une mappemonde les routes si variées sur lesquelles les mandataires du ministre de l'Instruction publique faisaient flotter nos trois chères couleurs. En Afrique: Brazza, Ballay et Marche défrichaient les sentiers qui sont devenus les routes du Congo. En Amérique, Crevaux d'un côté, Pinart et Charnay de l'autre, rivalisaient d'entrain et découvraient des fleuves nouveaux, des mœurs oubliées, des villes sur lesquelles avaient poussé d'impénétrables forêts. La côte des Somalis et ses redoutables habitants étaient le champ d'études de Révoil. Pendant que M. et Mme Dieulafoy s'emparaient des archers gardiens des palais de Darius et d'Artaxercès, M. de Sarzec fouillait les territoires Chaldéens et en rapportait des statues, des textes qui remontent à la plus haute antiquité. En Égypte, Mariette, puis M. Maspero, jetaient les bases d'une École française qui porte aujourd'hui le nom respecté d'Institut français d'archéologie orientale; et en Tunisie, une mission scientifique, dirigée par M. Cosson, relevait avec une méthode merveilleuse tout ce qui a trait à l'histoire naturelle, tandis qu'une mission archéologique établissait le service envié des Antiquités et des Arts.

Dans le domaine de la géographie pure, en Europe, des éléments considérables et précieux étaient recueillis. M. J. Hansen, cartographe très modeste et fort distingué, exécutait des levés qui dotaient les cartes officielles de la topographie du grand-duché de Luxembourg. A l'opposé de cette région, on voyait M. Schrader s'attaquer à la constitution d'une carte comprenant la partie du versant espagnol des Pyrénées qui s'étend entre le rio Gallego, la Noguera-Paillaresa et les massifs au bas desquels s'allongent les plaines de l'Aragon. M. Schrader a réalisé une œuvre de premier ordre, appuyée sur un nombre immense de tours d'horizon et de recoupements qu'il a obtenus à l'aide d'un orographe ingénieux dont il est l'inventeur. Ces résultats rigoureusement scientifiques ont pour complément de très nombreuses déterminations d'altitude.

Aux plus hautes régions de l'Europe, dans la Norvège septentrionale, dans la presqu'île de Kola et jusqu'aux plages du Groenland, M. Charles Rabot, traducteur éloquent du périple de la *Véga* autour de l'ancien monde, acccomplissait une série de missions dont la géographie, la géologie et l'ethnographie de ces contrées ont tiré un grand profit. C'est aussi dans la presqu'île de Kola que MM. Georges Pouchet et Jules de Guerne moissonnaient une foule d'intéressantes données zoologiques et géographiques.

Serait-il excusable d'oublier dans ces souvenirs récents, dans cet ensemble de travaux dus à la Commission des missions ou s'y rattachant, l'admirable opération qui permit à ces deux morts dont la mémoire sera conservée, les généraux Perrier et Ibañez, de relier géographiquement les côtes d'Espagne à celles de l'Algérie ? Grâce à ces géodésiens, l'arc méridien qui s'étendait de l'Espagne aux Shetland rayonne sur le Sahara et facilite à la géodésie ses investigations sur la forme et les dimensions de la terre.

Et Charles Tissot, que MM. Salomon Reinach et René Cagnat ont suivi dans ses magistrales études au nord de l'Afrique; et M. Henri de La Martinière, qui a percé les voiles qui nous cachaient la politique et le pays marocains; et Victor Giraud, dans la région des grands lacs du sud de l'Afrique; et le docteur Verneau, aux Canaries; et ce malheureux Charles Huber, assassiné en Arabie; et Bonvalot, Capus et Pepin, traversant le Pamir; et la mission du cap Horn; et celle de M. Deflers dans l'Yemen; celles de M. Balansa au Tonkin, de Chaffanjon dans l'Orénoque; et toutes celles que ma mémoire néglige, soit parce qu'elle me fait défaut, soit parce qu'elle redoute pour nos lecteurs une trop fatigante nomenclature?

Avais-je tort de déclarer que cette vision du labeur accompli sous l'égide de la Commission des Missions était véritablement réconfortante?

Au surplus, si le souvenir de ces beaux et fructueux voyages s'affaiblit dans le tournoiement précipité de la vie de ce temps, il est ravivé par la précaution que le ministère de l'Instruction publique a prise de grouper dans un recueil spécial, *Les Archives des Missions*, les rapports de ses missionnaires.

La collection de ces rapports est devenue introuvable, pour les deux premières séries. Quelques grandes bibliothèques la possèdent, sans lacunes. Elle est, pour les étrangers, une rareté très ambitionnée. Si les hommes politiques la connaissaient, ils y trouveraient la preuve que nous sommes bien partagés au point de vue des explorateurs, ce qu'ils semblent parfois ignorer. C'est d'ailleurs assez naturel que cette ignorance. Malgré le développement des sociétés de géographie, en dépit de la marche forcée par les exigences de l'état économique vers l'expansion coloniale, on ne tient pas un compte satisfaisant, en France, des semences fécondes que les voyages scientifiques ont enfouies dans les pays les plus divers.

Mais je ne voudrais pas, sur ce point, dire toute ma pensée. Nous toucherions à des questions brûlantes. S'il y a lieu pourtant, nous nous en entretiendrons lorsque l'occasion se présentera. Ce ne sera pas à propos de la Tunisie.

EN TUNISIE

I

L'expédition de Tunisie. — Nos missions scientifiques dans la Régence. — Les missions d'histoire naturelle de 1886, 1887 et 1888.

Lorsque nous projetons sur les peuples la lumière, qui est un de nos dieux sacrés, nous avons presque toujours, par tradition et par tempérament, des procédés pacifiques. Notre colonisation, nos protectorats ne sont ensanglantés, dans la plupart des cas, que par les manœuvres de rivaux très intéressés à combattre la pénétration française, si loyale, vers des territoires exploités de la plus abominable façon par des conquérants égoïstes, sans scrupules, dédaigneux de la foi jurée et des droits légitimes des indigènes dont ils convoitent la propriété.

Quelques années après nos désastres, il y eut un afflux de sang gaulois au cœur de notre nation meurtrie. De tous les côtés, sous toutes les formes, le pays rechercha et trouva les routes diverses qui devaient le ramener bientôt aux postes avancés de la civilisation.

Aussitôt que les questions politiques furent aiguillées et que la nécessité de prendre sérieusement position dans la Régence de Tunis s'imposa, sur les flancs des colonnes expéditionnaires qui sillonnaient cette partie de l'Afrique du Nord, on vit intervenir des opérations scientifiques démontrant aux possesseurs de ce sol que la France voulait en connaître rapidement les ressources et les mettre en œuvre au profit de tous. Des richesses stériles existaient, qu'il fallait étudier et rendre fécondes. C'était un devoir que de découvrir et de contrôler les traces des anciens maîtres du pays; c'était un bienfait que d'analyser ses productions, d'en évaluer l'importance et de les faire concourir à une organisation sérieuse, conforme aux exigences des temps modernes, d'un domaine demeuré en jachère. Nous avons accompli ce devoir et réalisé ce bienfait, en nous appuyant sur la science.

Dès 1874, le ministère de l'Instruction publique confiait à M. Doumet-Adanson le soin d'étudier la Tunisie, au point de vue botanique. Une commission de l'Académie des sciences avait rédigé des instructions qui furent ponctuellement exécutées. Du 18 février au 1er mai, M. Doumet-Adanson effectue par terre le trajet de Tunis à Sfax et Gafsa, revient au premier de ces deux points et par Kairouan gagne les Djebel Zaghman et Reças. Cette mission qui donna un nombre respectable d'espèces nouvelles à la flore, qui permit de recueillir d'excellents échantillons de plantes qui n'avaient pas été retrouvées en Tunisie, depuis Desfontaines, eut un résultat particulièrement important. Elle permit de constater, au Sud-Ouest de Sfax, au pied du Djebel Bou-Hedma, l'existence d'un bois d'acacia gommifère. Ce bois mesure 40 kilomètres de longueur, sur une largeur de 12 kilomètres.

En 1881, c'est M. A. Roux qui, sur la proposition de M. Ernest Cosson, le savant botaniste, obtint l'autorisation de suivre le corps d'armée opérant en Tunisie et qui grossit les découvertes de M. Doumet-Adanson. Ces travaux avaient une telle portée que, deux ans plus tard, le ministre de l'Instruction publique n'hésita pas à constituer une mission plus complète dont il confia la direction à M. Cosson.

MM. Doumet-Adanson, A. Letourneux, V. Reboud étaient ses collaborateurs, et MM. G. Baratte, E. Bonnet et C. Duval faisaient partie de la mission à titre d'adjoints.

L'itinéraire suivi par ces savants comprend plusieurs localités des environs de Tunis, la presqu'île du cap Bon, les Djebel Bou-Kournein et Zaghouan, la partie orientale de l'Enfida, le littoral jusqu'à Mehedia, El Djem, Kessera, El Kef, Souk-el-Arba, les forêts de la Kroumirie centrale et Tabarca. Un rapport, publié en 1884, précise tout ce que l'on doit à cette expédition qui fut bientôt suivie d'investigations nouvelles et non moins précieuses.

Nous voici de nouveau avec M. Doumet-Adanson qui étudie, au Nord des Chott, une vaste étendue du territoire désertique, l'île de Djerba, le groupe des îles Kerkenna et la petite île de Djezeï-Djamour.

Pendant que ce savant s'occupe de la botanique en même temps que M. Bonnet et ne délaisse pas la météorologie de ces contrées, M. Valéry Mayet, l'entomologiste, y collectionne des reptiles.

Toujours en 1884, MM. Letourneux, pour la botanique, l'entomologie et la malacologie, Lataste et Lecouffe, son aide-préparateur, pour les mammifères et les reptiles, visitent la partie méridionale de la Régence, au Sud des grands Chott, ainsi que la frontière occidentale jusqu'à la latitude de Tebessa. Enfin M. Sédillot, sans subvention de l'État, explore successivement, au point de vue de l'entomologie, Sousse, Monastir, Mekalta, Mehedia, El Djem, Aïn-Cherichira et les forêts de la Kroumirie centrale.

C'est en 1885 que M. Roland, ingénieur des mines, a exécuté le beau travail qui consistait à dresser une grande coupe géologique à travers la Tunisie centrale, du Nord-Ouest au Sud-Est, à peu près perpendiculairement à la direction générale des lignes d'affleurements et de relief. Son point de départ, du côté de l'Algérie, à l'Ouest, a été El Kef.

D'El Kef il a gagné Souk-El-Djema, la Klossera, puis le Djebel Ousselet et Kairouan. Puis, traversant la région du lac Kelbia, il atteint à Sousse le littoral de la Méditerranée, à 200 kilomètres environ, à vol d'oiseau, de son point de départ.

A la même époque, le docteur Rouire parcourait la Tunisie centrale, au point de vue géographique et archéologique, et M. Sédillot revenait à ses études entomologiques, prenant pour début de ses opérations les Hauts-Plateaux de la province de Constantine. Il pénétrait en Tunisie par Aïn-Bou-Driès. Sa longue et fructueuse pérégrination a embrassé la lisière des Hauts-Plateaux algériens jusqu'à Bir-Oum-Ali, Fériana, Sidi-Aïch, Gafsa, Tamerza, Midès, Kasserin, Sbeïtla, l'Oued Gilma, Hadjeb-El-Aïoun, Aïn-Beida, Chebika, Kairouan et Sousse.

M. Thomas, de son côté, explorait le pays, au point de vue de la stratigraphie et de la paléontologie, parallèlement à la frontière des Hauts-Plateaux algériens, depuis le territoire des Férachich et du Bir-Tamarouzit, près Tébessa, jusqu'à Tozzer et le Djebel Cherb occidental. Il passait par Tamesmida, Fériana, Gafsa et la chaîne des reliefs bordant en Tunisie les Hauts-Plateaux de la province de Constantine jusqu'à Chebika; revenant vers le Nord, il visitait les Djebel Arbet, Sidi Aïch, Ogueb, Chambbi, Sidi-Bou-Ghanem et tout l'espace compris entre Thala et El Kef.

Les travaux d'histoire naturelle se poursuivent sans relâche en 1886. M. A. Letourneux, chargé d'une nouvelle mission, parcourt avec M. Lecouffe, qui lui est adjoint, les environs de Tunis et le territoire de l'Enfida. C'est pendant les premiers mois de l'hiver qu'il opère. Il explore, partant de Gabès, une grande partie du Nefzaoua méridional et complète ses recherches de 1884, au Nord du Chott El-Fedjedj, ainsi que dans la partie orientale du Djebel Cherb. Il fait ensuite une excursion à Tripoli où malheureusement ses courses ont eu pour limites les environs de la ville, que la politique du moment visait d'une manière spéciale. L'île de Djerba le voit enfin apparaître et il y récolte tous les renseignements que MM. Doumet-Adanson, Bonnet et Valery Mayet n'ont pas eu le temps de recueillir en 1884.

M. Letourneux revient par mer à Tunis et pénètre par Souk-El-Arba et El-Kef, dans la région des Hamada. La série de ces excursions se termine par un important examen des belles futaies qui couvrent le massif forestier d'El-Fedja, au Nord et près de Ghardimaou.

Cette même année, M. Sédillot s'embarque pour la troisième fois à destination de la Tunisie, où il entre par la forêt des Ouled Dhia. Il s'empare dans les bois d'El-Fedja et d'Aïn-Draham, ainsi que dans les environs de Tabarca, d'une quantité d'échantillons entomologiques.

Le succès des premières recherches paléontologiques et stratigraphiques de M. Ph. Thomas désignaient ce consciencieux savant au chef de la mission de Tunisie pour de nouveaux travaux. On les lui confie et le voilà découpant toute la partie de la Régence comprise, d'une part entre la frontière algérienne et la mer, et d'autre part entre les parallèles de Kairouan et de Gabès. Cette opération importante achevée, M. Thomas étudie une grande étendue de la vallée de la Medjerda où il constate, entre autres faits d'un intérêt capital, l'existence de gisements exploitables de phosphate de chaux.

Les explorations de 1887 sont confiées à MM. G. Le Mesle, A. Letourneux et Sédillot, Hamy et E. de La Croix. Le premier fouille le sol du Djebel Bou-Kourneïn, de la presqu'île du cap Bon, des environs de Bizerte, de Macteur, de Béja, d'El-Kef, etc. Un rapport, publié en 1888 sous le titre de *Mission géologique en Tunisie*, expose les résultats de ce fructueux voyage. Quant à M. Letourneux, qui se rendait pour la quatrième fois dans la Régence, il débute en 1887 par une nouvelle et décisive exploration du grand massif forestier d'El-

Fedja. De Tunis, il se rend à Gabès d'où il se dirige sur Douîret; il atteint ensuite le pays des Merazig, puis celui des Ghérile pour gagner à l'Ouest la frontière algérienne du Souf. Il repasse à Nefta, à Tozzer, traverse le Chott El-Gharsa et partant de Fériana il pénètre dans le centre par Kasserin, Sbeïtla et Sbiba pour y explorer les montagnes les plus élevées de la Tunisie. Son retour à Tunis s'effectue par Macteur, Ellez et Medjez-El-Bab. Comme complément de ce laborieux voyage, M. Letourneux visite Bizerte, la Guerah Tindja, la Guerah El-Achkeul et la petite île de Djezeï-Djamour.

De son côté, M. Sédillot aborde la Tunisie par Nefta d'où il gagne Gabès par Tozzer, Douz et Kebilli. M. Hamy décrit les Troglodytes du Djebel Matmata et fouille les nécropoles berbères de l'Enfida. M. de La Croix enfin fait connaître le gisement classique du Cherichera à l'ouest de Kairouan. La mission botanique de 1888 a été d'une fécondité exceptionnelle. Composée de MM. E. Cosson, G. Baratte, auxquels était adjoint M. Clément Duval, cette mission s'était imposé la tâche laborieuse de compléter les recherches de 1883 et celles de M. Letourneux dans la même région, tant au point de vue de la botanique proprement dite qu'à celui de la composition des forêts, bois et broussailles. L'itinéraire qu'elle a suivi a embrassé toute la vallée de la Medjerda, les environs de Tunis, les parties méridionales de la presqu'île du cap Bon, non visitées en 1883, les petites îles et îlots de la côte (Zembra, Zembretta, île Plane, île des Chiens), la pointe nord de la presqu'île du cap Bon et la Kroumirie, recoupée presque en tous sens de Bizerte à la frontière de l'Algérie, entre la vallée de la Medjerda et la mer.

M. Baratte a exploré, des premiers jours d'avril au 28 mai, la vallée de la Medjerda, de Sidi-Zehili à Tunis, et les environs de Tunis, pendant que MM. Cosson et Clément Duval herborisaient à Souk-Ahras, au Djebel Delkma et à Tifech. Ils visitaient aussi les ruines de

Khemissa, la partie inférieure du Kef El-Haks et suivaient le cours sinueux et encaissé de la Medjerda, de la source thermale d'Hammam-el-Beïd jusque vers la Verdure et les environs d'Aïn-Senour. Ils gagnaient, quelques jours plus tard, le Hamman Ouled-Zeïd qui leur offrait de très intéressantes constatations, et faisaient, par une tempête violente, l'ascension du Djebel Mecid. Le 6 mai, nos deux botanistes arrivaient au camp des Forestiers, à Bou-Mesran, et y campaient au centre de la belle forêt des Ouled Dhia dont l'essence principale est le chêne Zen et qui se continue à l'Est avec le vaste territoire forestier d'El-Fedja. Cette course, qui n'avait encore été faite, et à une saison moins favorable, que par M. Letourneux, a fourni d'importants documents botaniques à MM. Cosson et Clément Duval qui pénétrèrent en Tunisie par le Bordj Drakiroun, atteignirent Ghardimaou et s'installèrent dans l'établissement forestier d'El-Fedja d'où ils rayonnèrent sous les futaies magnifiques de cette région. Le chêne-liège et le chêne Zen y acquièrent de grandes proportions et constituent d'immenses forêts dont M. Massicault a justement voulu contrôler la richesse. Si nous suivons, comme ils le méritent, MM. Cosson et Clément Duval, nous les trouvons au Djebel Ghorra dont ils examinent attentivement la crête, et nous admirons avec eux, à la base orientale de cette montagne, une véritable futaie de houx, de dimensions exceptionnelles. Quelques-uns de ces beaux arbres s'élèvent jusqu'à 12 mètres au-dessus du sol et mesurent plus d'un mètre de circonférence. Cette futaie est enclavée dans un puissant massif de chênes Zen gigantesques, dont la bille a le plus souvent 15 mètres de haut jusqu'aux premières ramifications et plus de 3 mètres de tour.

De ce point si intéressant, nos explorateurs gagnent le groupe principal des gourbis des Ouled-Ali, situés vers la limite est du massif d'El-Fedja, sur l'oued El-Kahira-Tafrent. Ils herborisent à Oued-Meliz, à Chemtou, à Sidi-Meskin et rejoignent à Tunis M. Baratte qui sera désormais leur compagnon de route. C'est avec lui qu'ils parcourent les deux îlots nommés île Plane et île des Chiens et dressent la liste de quelques espèces qui seules peuvent y croître en raison des buées marines auxquelles elles sont exposées. Tout le mois de juin est consacré à des excursions toujours fécondes et parfois périlleuses comme la traversée du Sud au Nord de l'île de Zembra. Ce trajet, le long d'un escarpement abrupt, offre la réunion des espèces les plus intéressantes de l'île parmi lesquelles il faut citer le Dianthus Hermœensis, l'Iberis semperflorens et la Scabiosa farinosa.

C'est au Djebel Tehent que la mission trouve en parfait état de développement une espèce orientale nouvelle pour la flore tunisienne, l'Origanum onites et l'Euphorbia akenocarpa. Au Kef El-Sharin, nouvelle surprise. Voici l'Anagyris fœtida qui, partout ailleurs, reste à l'état de buisson et qui atteint ici la taille d'un arbre véritable mesurant jusqu'à 1^m,30 de tour. Un tronçon de l'un de ces sujets curieux a figuré à l'Exposition de 1889. Le lendemain du jour où la mission avait fait ces découvertes, elle se trouvait dans les environs d'Henchir-El-Metghani lorsque son attention fut appelée par le feuillage glauque et étroit de nombreux arbres épars dans la broussaille. Elle se dirigea vers ces arbres dont la bille, jusqu'aux grosses branches, atteint 2^m,50 de hauteur et mesure plus d'un mètre de tour, et eut la joie de constater qu'ils appartenaient à une espèce de poirier, la Pyrus Syriaca, nouveau pour la flore et qui n'avait encore été signalé que dans l'île de Chypre, en Syrie et dans la partie de l'Arménie limitrophe du Kurdistan et de la Perse.

Ces découvertes animent l'ardeur de la mission qui récolte partout où elle passe des collections magnifiques et travaille d'une façon si soutenue et si précise que les savants étrangers qui viendront après elle ne trouveront plus rien à glaner.

Après avoir exploré le massif gréseux du Kef En-

Nesour où l'on retrouve la curieuse Pyrus Syriaca, la mission visite successivement la plaine de Cejenan, les dunes de sables mouvants situées vers l'embouchure de l'Oued Barka, à l'Ouest des îlots Fratelli, et elle y admire une des espèces les plus intéressantes qu'elle ait notées dans son voyage, un Rumex frutescens. Ce Rumex, baptisé Aristidis Cossonnis, a été dédié à M. Letourneux qui l'avait découvert en Algérie dans le territoire des Senhadja, son seul habitat connu.

Du campement de Sidi-El-Hadj-Hassen, M. Cosson et ses compagnons arrivent au marabout de Sidi-Athman-El-Ahdded où ils s'établissent dans un splendide massif de chênes-liège séculaires. Ils explorent les bords du lac Cejenan où ils voient s'éployer en abondance l'Isoetes velata et l'Helosciadium crassipes, tous deux nouveaux pour la Tunisie. Les parties du lac dont les eaux n'ont pas encore disparu, malgré la sécheresse de l'année, leur offrent aussi plusieurs plantes d'un grand intérêt, entre autres trois plantes européennes, nouvelles pour la Tunisie, l'Œnanthe fistulosa, le Butomus umbellatus, le Juncus Atlanticus, espèce de l'Algérie et de l'Ouest de l'Europe, également nouvelle pour la flore tunisienne. Dans la vallée de l'Oued Zouara, la mission rencontre des aulnes de toute beauté. Bien qu'âgés de moins de trente ans, quelques-uns de ces arbres dépassent 20 mètres de hauteur et atteignent $2^m,30$ de circonférence. Après les avoir mesurés, la mission herborise à El-Amoïza, massif forestier qui rappelle les plus belles forêts de France et que la grande fougère de nos bois, Pteris aquilina, tapisse de ses élégantes feuilles, pour aboutir au col de l'Argoub-El-Ahmar, d'où la vue s'étend sur d'immenses surfaces couvertes de chênes-liège. Parmi ces chênes, on remarque un nombre considérable d'une espèce nouvelle appelée Teucrium thymoides. C'est à l'embouchure de l'Oued Zouara que la mission constate l'existence d'une véritable futaie de chênes Kermès. Ces chênes, au lieu de former comme partout ailleurs de simples broussailles, atteignent dans cette région les dimensions des arbres dits de deuxième grandeur. Ils ont 4 mètres de hauteur et $2^m,50$ de circonférence. Sur ce même point la Juniperus Phœnicea se présente à l'état d'arbre et son tronc, fait très singulier, mesure plus d'un mètre de tour. M. Cosson se préoccupe ensuite des conditions dans lesquelles, au poste forestier d'Aïn-Ouled-Seba, les chênes-liège sont préparés pour l'exploitation. Il contrôle le soin avec lequel ces arbres précieux ont été démasclés et se rend compte, non sans joie, de la récolte magnifique de liège qui en résultera.

C'est pour lui un orgueil qui perce dans ses rapports et un souci des intérêts français que de dénombrer scrupuleusement toutes les espèces fécondes et utiles qu'il découvre sur les différents points de sa route. Il est pour le boisement de vastes territoires dont il a reconnu la fécondité. Rien de plus facile, rien de plus pratique, dit-il, que de doter d'arbres magnifiques, qui seraient un capital précieux, tous les terrains frais ou humides des dunes.

Je suppose que les conseils de M. Cosson ont été suivis ou qu'ils le seront. Au moment où il les donnait et où il rencontrait à Tabarca M. Le Mesle, une indisposition arrête le chef de la mission. Il ne peut accompagner MM. Baratte, Clément Duval et Lefebvre à Dar-Bessel où ils font de nombreuses trouvailles. Quelques jours après, à peine remis, M. Cosson reprend la direction des recherches et n'hésite pas à fouiller minutieusement les marécages dans lesquels se déversent les sources de Bab-Abrîk. Des espèces rares confinées en Algérie, aux environs de la Calle, comme la Fuirena pubescens et la Rhynchospora taxa, récompensent la mission de ses efforts ; mais tous ses membres contractent à la fois des fièvres paludéennes dont ils ont ressenti depuis, en bien des circonstances, les terribles atteintes. Ils n'en poursuivent pas moins l'exécution de leur programme. Le 3 juillet, ils traversent la partie Nord-Ouest de la belle forêt d'Aïn-Draham pour rejoindre à Aïn-Rabouch M. Lefebvre qui les y a précédés. Traversant une forêt qu'ils avaient déjà explorée en 1883, ils atteignent une zone déprimée et desséchée où ils retrouvent la plupart des espèces rares constatées au lac Cejenan. C'est ensuite le passage à travers la partie orientale de la forêt d'Aïn-Draham, le marécage de Rodir-Tabaïnia, riche en plantes mais redoutable par les influences miasmatiques que la saison estivale lui donne. Dans ce marécage mouvant, l'herborisation rapporte, mais à quel prix, des échantillons d'un intérêt exceptionnel. En suivant les contours du petit lac de Radjem-Et-Ma et la vallée de l'Oued Zen, on respire un meilleur air et l'on peut, sans courir de nouveaux risques de fièvre, explorer de superbes bois de chênes et faire halte aux pieds de pentes calcaires, à la belle source d'Aïn-Zitouna. C'est le parti que prennent M. Cosson et ses collaborateurs avant de se rendre à Béja d'où ils parviendront à Tunis, en route pour la France.

Les documents recueillis, au nombre de 3,464 espèces nouvelles, dans les excursions que je viens de retracer avec le laconisme d'un itinéraire, ont largement compensé les fatigues de la mission botanique de 1888 et les dangers qu'elle a courus. Dans un « Catalogue raisonné de la Flore de la Tunisie » et dans les « Illustrationes floræ Tunetanæ », publiés par M. Cosson, les spécialistes trouveront ces résultats scientifiques qui sont d'une incomparable valeur.

Ils trouveront aussi des résultats de même nature dans la série des publications soumises au contrôle de M. Doumet-Adanson et qui se poursuivent avec une activité et un bonheur exceptionnels. Cette année même paraîtront de nouveaux fascicules, qui enrichiront nos bibliothèques et montreront avec quel scrupule tout ce qui a trait à la Tunisie a été étudié.

II

Une bifurcation. — Retour à la botanique. — L'Europe avec MM. Rabot et Labonne. — M. Deflers en Arabie et MM. Capus et Bonvalot dans le Turkestan. — Le Japon et le Tonkin. — MM. Faurie, Balansa, Delavay. — En Afrique et en Amérique. — Deux missions archéologiques en Orient. — M. de Sarzec en Chaldée. — Les découvertes de Susiane. — M. Dieulafoy.

J'avais l'intention de ne pas abandonner la Tunisie avant d'avoir résumé, comme je l'ai fait pour les sciences naturelles, ce que la Commission des missions et le ministère de l'Instruction publique ont entrepris et réalisé dans la Régence pour l'histoire et l'archéologie; mais j'aurais été contraint, si j'avais suivi ce plan, de revenir plus tard à un examen nécessaire, puisque nous nous intéressons à l'ensemble des missions françaises, des voyages accomplis, au point de vue botanique, depuis 1878. J'aime mieux, et j'espère que mes lecteurs partageront cette manière de voir, les grouper immédiatement.

La seule énumération des pays dans lesquels le règne végétal a été étudié, sous les auspices de la Commission des missions, de 1878 à 1889, suffirait à montrer quel développement heureux a pris en France cet ordre de recherches. On y trouverait le témoignage d'une activité extrême de la part du ministère de l'Instruction publique et du zèle incessant des voyageurs nationaux.

Partout, ou presque partout, des herbiers d'une inappréciable valeur ont été recueillis. En Europe, ce sont M. Rabot qui rassemble les plantes de la Laponie et M. le docteur Labonne qui herborise en Islande. En Asie, M. Deflers s'engage jusqu'au centre de l'Arabie et visite la province d'Yemen. S'avancer aussi loin, au milieu de populations méfiantes et même hostiles, était fort difficile et très dangereux. Mais ce qui est, sans contredit, extraordinaire, c'est d'avoir su, dans de pareilles conditions, récolter et rapporter en France, saine et sauve, une collection de 618 espèces.

C'est dans le Turkestan que MM. Capus et Bonvalot ont opéré à deux reprises différentes. En ajoutant aux conquêtes de leur premier voyage celles qu'ils ont faites pendant leur seconde exploration poussée jusqu'au sud de la Perse, on trouve un total de 1,036 espèces nouvelles dont le Muséum d'histoire naturelle a bénéficié.

M. Faurie, au Japon, a parcouru toute l'île d'Yéso et le nord de l'île de Nippon, région dont la flore était à peu près inconnue. On lui doit un herbier magnifique de 3,428 espèces qui contient un grand nombre de nouveautés Vers la fin de 1888, M. Faurie a découvert un précieux gisement de plantes fossiles. Le Muséum en possède environ 2,000 échantillons.

Les premières données sérieuses que l'on ait eues en France sur la végétation du Tonkin ont été fournies par M. Balansa. Grâce à la compétence et au dévouement de cet infatigable et modeste chercheur, les quinquinas ont été introduits dans la partie montagneuse de notre colonie. Ceci constitue un service qui ne doit pas être oublié.

Jusqu'à présent, la région du Tonkin bordant la frontière de la Chine est peu connue sous le rapport de la botanique. Il n'en est pas de même pour la province chinoise limitrophe de cette frontière : le Yunnan. M. Delavay y a fait des trouvailles merveilleuses. L'herbier qu'il a adressé au gouvernement français comprend près de 11,000 plantes dont la plupart sont nouvelles pour la science.

Quelques-unes, les rhododendrons et les primevères, par exemple, peuvent compter parmi les acquisitions les plus importantes faites par l'horticulture, depuis ces dernières années. Ces plantes, dont on peut admirer la vitalité dans les serres du Muséum, ne tarderont pas à enrichir les jardins français, privés ou publics.

En même temps que ces résultats se succédaient, MM. de La Savinière, Marche, Montano, Paul Rey, Errington de La Croix et quelques autres constituaient des herbiers des Moluques, des Philippines et des îles de la Sonde.

Dans l'Afrique orientale, citons les recherches botaniques de M. Revoil au pays des Somalis. Elles ont apporté à la connaissance de la flore absolument inconnue de cette région un contingent de 439 espèces.

La mission Flatters, dans le nord de l'Afrique, n'a pas négligé non plus la botanique; on a pu voir à l'Exposition de 1889, dans la salle réservée aux missions, la plante à l'aide de laquelle notre malheureux compatriote a été empoisonné, alors qu'il espérait tant, dans son second voyage, établir une communication entre l'Algérie et le Sénégal.

Au Congo, la collaboration de MM. Jacques de Brazza, Thollon, Schwelish et Pecile n'a pas été sans profits pour nos collections botaniques. M. Dybowski a augmenté de ce côté notre fortune. Il ne faut pas se dissimuler toutefois que l'étendue de notre colonie, la difficulté des moyens de transport et peut-être la délicatesse relative de nos rivaux, ou des gens trop zélés qui les servent, empêcheront peut-être encore longtemps que nous recevions exactement, à bon port, tout ce que nos explorateurs auront découvert ou recueilli.

La mort du pauvre Crevaux semble avoir interrompu les recherches qu'il avait faites à la suite de ses multiples et belles explorations dans les Guyanes pour introduire dans la thérapeutique le curare qu'il avait analysé; c'est à lui et à MM. de Cessac, en Californie, Chaffanjon, dans l'Orénoque, que nous devons nos récoltes botaniques américaines.

Additionner ce que les explorateurs scientifiques, placés sous le contrôle du ministère de l'Instruction publique, ont fait pour les études botaniques en ces dix dernières années, c'est montrer que la France persiste dans son labeur et que rien de ce qui touche aux connaissances humaines ne lui est indifférent. Disons donc que cette période décennale de 1879 à 1891 a permis de classer dans les collections de l'État et de livrer à l'étude près de quarante mille échantillons. Nos jardins, nos exploitations herbagères, notre colonisation, notre industrie et notre réputation scientifique n'auront qu'à se louer de cet effort considérable et si modestement accompli.

Lorsqu'on veut avoir une idée très précise des résultats conquis en Orient par les missions françaises, on n'a qu'à surprendre sur ce point la pensée de l'éminent conservateur du Louvre, M. Heuzey. C'est ce que j'ai fait ; et voici ce qui m'a été confirmé de ce que je savais et appris de ce que j'ignorais. Au moment où d'autres nations cherchaient dans des fouilles retentissantes une sorte de couronnement intellectuel au triomphe de la force, la courageuse et brillante initiative de nos explorateurs en Orient, secondée à temps par l'État, a maintenu la vieille réputation de notre pays. En face des fouilles d'Olympie et de Pergame, les fouilles de Chaldée et celles de Susiane ont rétabli l'équilibre en faveur de la science française, par la haute valeur, par le caractère imprévu, presque merveilleux, des documents qu'elles ont mis au jour.

L'antiquité orientale a toujours eu le privilège de solliciter vivement l'attention de nos savants et de nos voyageurs. On n'a pas oublié que c'est la France qui, avec Botta, entre les années 1842 et 1843, a reconquis l'antiquité assyrienne et fait sortir du sol les premières sculptures ninivites. Cependant, malgré les développements donnés à cette découverte initiale par les fouilles successives, françaises ou étrangères, l'antique Chaldée, qui a été l'institutrice de l'Assyrie et de tout l'Orient, se dérobait encore aux recherches et décourageait les efforts de la science. On lui faisait une grande place dans l'histoire mais cette place, à peu de chose près, était vide. Les ruines de ses très anciennes capitales et leurs massives constructions de briques avaient été explorées sans grand résultat. Pour entrevoir quelque chose de la société primitive qui n'a pas moins contribué que l'Egypte à l'éducation de notre vieux monde, on en était réduit à examiner à la loupe les petites figures gravées sur des cachets de pierre dure.

Trente-cinq ans après la découverte de Botta, il était réservé à un autre consul français, M. de Sarzec, de retrouver enfin, au milieu des marais presque inabordables de la basse Chaldée, un ensemble de monuments permettant à la science de remonter jusqu'aux origines de l'antiquité orientale.

Ce qui fait la valeur exceptionnelle de l'admirable champ de fouilles qui porte le nom de *Tello*, c'est que, parmi les nombreux débris qui couvrent le sol de cette antique cité, pas un n'est assyrien. Tout appartient à une époque beaucoup plus haute et porte cependant la marque d'une culture déjà très développée. L'antiquité chaldéenne règne ici presque sans mélange. Constatez-le en visitant la salle du Louvre où sont exposées les trouvailles de M. de Sarzec.

Quelle image plus saisissante peut-on désirer des premiers progrès de la civilisation que ces robustes statues de diorite, d'un art inégal mais puissamment inspiré de la nature? Les anciens chefs du pays s'y montrent à nos yeux, non les armes à la main, mais dans l'attitude de la méditation et du travail, tenant parfois devant eux leur règle divisée et le plan déjà tracé de leurs constructions, comme les grands initiateurs de l'activité nationale. Les mêmes statues portent, comme autant de stèles, des textes précieux : nous sommes chez un peuple qui a la passion de l'écriture et qui couvre d'inscriptions commémoratives jusqu'aux moindres objets dont il se sert.

Plusieurs monuments, enrichis à la fois d'inscriptions et de légendes, nous font même remonter à la source de cet art si antique et nous forcent à franchir le point fixe du règne de *Naram-Sin*, que la chronologie officielle de Babylone plaçait à une époque correspondant au xxxviiie siècle avant notre ère. Ainsi les limites de l'histoire et de l'histoire écrite se trouvent reculées jusqu'à des horizons que l'on ne croyait pouvoir jamais atteindre.

En présence d'une telle découverte, le ministère de l'Instruction publique, d'accord avec le ministère des Affaires étrangères, devait s'efforcer de surmonter les obstacles qui s'opposèrent pendant longtemps à la continuation des fouilles de M. de Sarzec et lui donner tous les moyens de les reprendre. Deux nouvelles campagnes de fouilles ont pu être engagées, en 1888, dans des conditions favorables. Elles n'ont pas donné de moindres résultats que la première et elles ont, en quelque sorte, établi le droit de priorité qu'avait la France de poursuivre, à l'exclusion des pays qui aiment surtout à croquer les marrons qu'on a tirés du feu, des recherches utiles à la science universelle.

Les efforts de M. de Sarzec, sa persistance et la simplicité avec laquelle il a lutté et vaincu sont au nombre des choses que la nation doit inscrire dans ses annales.

Au milieu du premier retentissement des fouilles de Chaldée, un autre voyageur français, M. Dieulafoy, visitait la Perse et reconnaissait, sur l'emplacement de l'ancienne Suse, les points où des fouilles pourraient être pratiquées avec fruit. Sans doute le caractère des monuments des rois achéménides était connu par les ruines de Persépolis; mais à Suse, dans la grande capitale méridionale de l'Empire perse, l'art avait pu se développer dans des conditions particulières. D'ailleurs on s'y trouvait sur un sol antérieurement occupé par des populations aussi antiques que celles de la Chaldée, par les anciens Elamites, et l'on pouvait essayer d'atteindre la couche profonde qui devait recéler les restes de leur civilisation primitive. C'est ce que M. Dieulafoy a tenté avec un incontestable succès, en 1885.

On savait, par un texte antique et par quelques rares débris, que les Babyloniens employaient, pour l'ornement de leurs édifices, des briques émaillées, qui formaient par leur assemblage de véritables bas-reliefs polychromes ; mais on était loin de se douter que cette tradition se fût perpétuée dans les palais susiens de Darius et d'Artaxerxès. Aussi, quel n'a pas été l'enchantement des savants et des artistes, quand ils ont pu admirer, dans les salles du Louvre, ces brillants archers, ces lions superbes, rétablis dans leur aspect antique, grâce à une reconstruction qui n'a guère demandé moins de travail et de science que les fouilles elles-mêmes.

Mais la principale surprise a été de reconnaître dans ces figures, au lieu d'un style amolli et frappé de décadence, un féerique rajeunissement de l'art asiatique, pénétré par l'influence des écoles ioniennes. Ce contact du génie grec, associant son élégance aux proportions colossales et aux traditions techniques de l'Orient, est le grand fait général qui ressort, pour l'histoire de l'art et de la civilisation, des fouilles de Suse. L'idée que l'on se faisait de l'époque perse en est transformée.

Telles sont les appréciations de M. Heuzey sur les missions de MM. de Sarzec et Dieulafoy. Le mieux et le juste, c'est de s'y associer sans réserves.

La mission de M. de Sarzec est encore en cours d'exécution. Il ne paraît pas téméraire d'en attendre des résultats de plus en plus importants. L'Académie des Inscriptions et Belles-Lettres s'est manifestement et pécuniairement intéressée à la continuation des fouilles de M. de Sarzec, d'ailleurs subventionnées par le ministère de l'Instruction publique.

III

Les recherches archéologiques dans la Régence de Tunis. — Un exposé des motifs. — Les civilisations successives de la Tunisie. — Quelques vérités. — Un livre de M. Cagnat : *L'armée romaine d'Afrique*. — Avant 1880. — Pellissier, Guérin et leurs livres. — M. de Sainte-Marie, le père Delattre. — Les missions Cagnat, Saladin, Poinssot. — M. Joseph Letaille et Zama. — Concours des officiers. — MM. Salomon Reinach et Babelon. — La *Géographie romaine*; le *Corpus inscriptionum latinarum*. — M. René de La Blanchère. — Création en Tunisie d'un service des Antiquités et des Arts. — Les fouilles de Sousse. — Bulla-Regia et le docteur Carton. — La commission de l'Afrique du Nord.

C'est en 1881 que des savants français ont commencé à fouiller méthodiquement, au point de vue archéologique, le sol de la Tunisie. Deux ans après, l'entrée de nos troupes dans la Régence et son occupation définitive imposaient au gouvernement le devoir d'étendre et de réglementer ces recherches. Il fallait faire revivre la grande et glorieuse histoire d'un pays où allait régner la civilisation européenne et qui avait été dévasté depuis des siècles par la barbarie. Pendant que les missions scientifiques que nous avons analysées s'effectuaient, les missions archéologiques, soutenues par le Parlement, s'organisaient et s'ingéniaient à les égaler. L'exposé des motifs préparé pour les Chambres en 1883 est d'une extrême clarté et montre quelle œuvre solide le ministère de l'Instruction publique allait entreprendre.

Personne n'ignore, disait-il, le rôle que la Tunisie a joué sous la domination romaine. Grenier de Rome, elle jouissait d'une prospérité telle qu'on la regardait comme la province africaine par excellence, l'Afrique propre, ainsi que l'appellent encore les Arabes : *Africa*. Des villes innombrables la couvraient; ses côtes, d'une si grande étendue, étaient parsemées de ports, où ses produits venaient s'embarquer pour gagner l'Italie.

C'est ce qui explique comment, à l'origine de notre occupation, il était impossible de faire un pas dans la Régence sans y rencontrer des arcs de triomphe, des amphithéâtres, des aquèducs, des pavés de mosaïque, des fragments de statues et de colonnes, rappelant la splendeur de son ancienne civilisation. Les emplacements des villes détruites étaient si nombreux que nos officiers, lorsqu'ils étaient en pays conquis et ne savaient où aller camper, se faisaient indiquer par les Arabes « la prochaine ruine ». Ils étaient sûrs d'y trouver, au milieu des débris de constructions romaines, une bonne position stratégique et de l'eau, soit à la surface, soit à une faible profondeur.

Ce sont là, continuait le saisissant exposé des motifs que je réimprime, des richesses archéologiques d'un prix inestimable.

La civilisation romaine n'est pas la seule qui ait brillé en Tunisie d'un éclat puissant ; les civilisations *libyenne* et *carthaginoise* l'y avaient précédée. Cette dernière a laissé des traces moins nombreuses, mais d'un intérêt plus grand encore, sur le sol tunisien. A peu de distance de Tunis s'élevait Carthage. Quoique cette ville fameuse ait été bien souvent renversée et reconstruite, on y a découvert des inscriptions puniques dont tout le monde connaît l'importance. Cependant, il y a dix ans à peine, Carthage n'avait été encore explorée que d'une manière très incomplète. Même après les travaux de Beulé et de tant d'autres, il restait encore beaucoup à faire. Ses ruines célèbres entre toutes renfermaient certainement bien des secrets qu'il importait de mettre au jour. Ce n'est point seulement à Carthage, affirme-t-on, que se retrouveront des vestiges de l'époque carthaginoise.

Déjà, en effet, de curieuses études nous avaient fait connaître les détails les plus intéressants sur les matériaux qu'employait de préférence l'architecture punique, sur les méthodes, sur les formes architectoniques qu'elle affectionnait, et en général sur les différences profondes qui distinguaient ses procédés de ceux de l'art romain.

Ce n'étaient là que des indications qu'il importait de contrôler par des recherches directes. La Tunisie était encore couverte de centres puniques, parmi lesquels un grand nombre n'avaient point été gâtés par la construction de villes arabes.

Il était également d'un intérêt pressant de dresser un inventaire exact des stations de l'âge de pierre, des monuments mégalithiques, de ces débris des âges primitifs aussi répandus sur la surface de la Régence de Tunis qu'en Algérie. A côté de ces vestiges muets des premières populations africaines, on découvrirait, à n'en pas douter, des traces nombreuses de l'époque libyenne. N'avait-on pas déjà trouvé d'intéressants bas-reliefs rupestres et n'avait-on pas le droit de supposer qu'on rencontrerait un peu partout des inscriptions libyennes et bilingues?

Il était évident que si le littoral et le Sahel avaient été profondément romanisés, l'intérieur et le sud étaient demeurés libyens jusqu'aux derniers temps de la domination byzantine. Par conséquent, on était fondé à penser que plusieurs couches d'antiquités successives recouvraient le sol de la Tunisie.

Au moment où l'exposé des motifs constatait ces faits, la Régence avait été à peine effleurée par les archéologues et cependant les recherches accomplies avaient donné de magnifiques résultats. En 1882, un jeune savant, chargé de missions par le ministère de l'Instruction publique, M. René Cagnat, aujourd'hui professeur au Collège de France, avait presque entièrement parcouru la Tunisie, et chacune de ses excursions avait fourni une véritable moisson de monuments et d'inscriptions.

Aussi insistait-on avec chaleur afin d'obtenir les subsides nécessaires au développement des recherches de M. Cagnat. Il suffit de se rappeler, disait-on, le rôle qu'a joué la Tunisie dans la conquête romaine, et l'admirable épanouissement de civilisation qui a suivi cette conquête, pour comprendre que peu de pays méritent plus d'attirer et de retenir l'attention des savants. A mesure qu'on l'étudiera davantage, on se rendra mieux compte des enseignements qu'il est appelé à nous fournir, soit sur le génie militaire des Romains, soit sur le génie plus grand encore qu'ils apportaient à la colonisation et au gouvernement des provinces soumises à leur domination.

Retrouvons-y donc, sans tarder, les routes stratégiques romaines qui pourraient bien être aujourd'hui les meilleures, recueillons-y d'innombrables inscriptions, relevons-y enfin les monuments antiques.

Quelques-uns de ces derniers s'imposaient par leur masse et par leur perfection artistique, par exemple l'amphithéâtre d'El-Djem, lequel est à peine inférieur au Colysée, et le fameux aqueduc de Zaghouan, qui conduisait les eaux de cette montagne à Carthage. Beaucoup d'autres, moins visibles, semblaient cependant plus instructifs et plus curieux encore. Sans doute aucun n'était un chef-d'œuvre, l'art qui régnait dans la province africaine étant un art provincial ; mais quand il s'agit du peuple romain, tout ce qui parle de lui mérite d'être recueilli.

Ces arguments présentés à tous ceux qu'ils intéressaient furent convaincants, et aussitôt commencèrent les travaux que nous allons retracer.

Dans l'esprit des auteurs de ce projet très étudié, il était urgent de se mettre à l'œuvre. Ils insistaient sur ce fait singulier et exact que la civilisation, lorsqu'elle n'est point contenue par la science, détruit les monuments. Tant que la Tunisie était à peu près fermée à l'Europe, ses ruines ne couraient que peu de risques. On sait, disaient-ils, combien d'objets intéressants pour l'histoire ont péri dans l'Orient grec, depuis que les Européens y pénètrent librement. Et ils reconnaissaient, non sans quelque tristesse, que la partie de l'Afrique sur laquelle s'est étendue notre conquête n'a pas complètement échappé au même péril. L'Algérie a vu disparaître, sous notre domination, de nombreux documents que l'indifférence des Arabes avait préservés de la destruction; d'autres, sans disparaître, attendaient encore, au moment de l'expédition de Tunisie, qu'on les livrât à la curiosité érudite.

Cette dure vérité n'était point cachée dans le document que je cite textuellement et qui est certainement peu connu. Ce n'était pas la seule qu'il contînt. Il avait des franchises qui ont fait leur effet. Et l'on ne se souvient probablement pas qu'en somme le mouvement actif imprimé aux recherches scientifiques en Égypte et en Tunisie, est dû en majeure partie aux lumineux rapports de MM. Renan et Maspero, et au résumé substantiel de M. Xavier Charmes, qui donnaient une force encore plus irrésistible aux projets élaborés en 1883, et très nettement on constatait qu'il était pénible de voir certains recueils allemands accuser la France de n'avoir rempli qu'en partie, ou même de n'avoir pas rempli du tout, les devoirs que la conquête de l'Algérie lui imposait envers la science. Bien que ce reproche fût exagéré, il était difficile d'assurer qu'il fût tout à fait injuste. Il importait de ne pas s'exposer, pour la Tunisie, à une accusation de même nature.

L'exposition de la Régence à l'Esplanade des Invalides, en 1889, a montré que nous avons tenu compte de ces avertissements. Elle groupait toutes les conquêtes archéologiques des érudits français dans l'Afrique du Nord.

Avant d'en étudier les détails, je me fais un devoir de rappeler un ouvrage qui s'y rattache. On le doit à M. Cagnat, dont le nom revient inévitablement quand on parle d'études africaines. Il traite de la conquête de l'Afrique septentrionale par les Romains et de la façon dont ils ont tenu le pays, depuis le jour où ils ont ruiné Carthage jusqu'au moment où ils ont été obligés de se retirer devant les Vandales. Outre les études techniques qu'il renferme, ce gros volume contient des faits et des conclusions qui touchent directement notre histoire coloniale.

On y voit que notre conquête a passé par les mêmes phases que celle des Romains. Tout d'abord le gouvernement de Rome a été partisan de l'occupation restreinte, très restreinte même. Ce n'est que peu à peu qu'il se hasarde à s'avancer dans l'intérieur, et encore recule-t-il souvent après avoir fait quelques pas. Puis un jour vient où il s'aperçoit qu'il n'y a pas moyen de choisir de demi-terme et qu'il faut tout prendre ou tout laisser. Mais il a mis vingt ans à comprendre cette vérité; nous, nous n'avons pas attendu aussi longtemps. Les esprits chagrins prétendent, par contre, que toutes les fois que nous pouvons commettre la même faute, que ce soit en Asie ou en Afrique, nous n'y manquons pas.

Le pays une fois conquis, il est indispensable de le faire administrer. Sera-ce par un civil ou par un militaire?

Les Romains n'ont pas flotté, comme nous, entre deux systèmes, ni cherché de compromis bâtard. Ils firent à chacun sa place. Le territoire soumis fut confié à un civil, les territoires insoumis à des militaires; ceux-ci furent chargés de défendre, celui-là d'administrer. Le dernier relevait du Sénat, les premiers de l'Empereur. D'ailleurs, on retrouve dans le système romain tout ce que nous sommes habitués à rencontrer chez nous : des communes mixtes et des communes de plein exercice, des bureaux arabes et des goums, des bordjs, des maisons de commandement; comme dans notre Algérie, les villes ont dû bien souvent leur naissance aux camps fixés dans leur voisinage; les mercantis leur ont fourni leurs premiers citoyens, leurs premiers magistrats, et la population féminine y a peut-être été, au début, quelque peu mêlée.

Enfin, un point de ressemblance de plus entre la domination romaine en Afrique et la nôtre — et c'est là la conclusion du livre de M. Cagnat — c'est que Rome n'est point parvenue, malgré sa solide occupation et tous les bienfaits qu'elle a répandus dans le pays, à assimiler les indigènes ; et pourtant les Numides et les Maures n'avaient point de Koran pour leur prêcher la guerre sainte, ni de marabouts pour les tenir toujours en haleine. Suivant qu'on le préférera, on pourra se réjouir ou s'affliger d'une telle constatation : se réjouir, car nous ne sommes pas, sous ce rapport, en retard sur les Romains, bien au contraire ; s'en affliger, car où ils n'ont pas réussi, il est bien peu probable que nous réussissions nous-mêmes.

Le livre de M. Cagnat, on le voit, est d'un intérêt extrême et d'une grande portée. Publié sous les auspices du ministère de l'Instruction publique par l'Imprimerie nationale, il a pour éditeur M. Ernest Leroux, rue Bonaparte. Il contient des cartes, des figures et des dessins d'une exécution parfaite et fait suite à l'œuvre de Tissot continuée et achevée elle-même par M. Salomon Reinach. En cette époque d'aventures coloniales où l'esprit du public est attiré vers l'Afrique, de tels ouvrages sont des guides précieux, des documents d'un inestimable prix. Je voudrais que tous ceux qui rêvent notre expansion en fissent des livres de chevet et que tous ceux qui en sont ou se proposent d'en être les apôtres ou les acteurs en eussent le texte dans leur mémoire. Les faits qu'ils rappellent et qu'ils précisent sont des enseignements et des avertissements. Que l'on soit dans le Sud algérien, au Centre Afrique ou en Tunisie, on sera mieux armé lorsqu'on saura par cœur ce que Rome a tenté, ce qu'elle a réussi et les circonstances qui ont amené ses échecs.

Mais ne parlons pas d'insuccès, en ce moment, puisque nous sommes au seuil de notre féconde action en Tunisie. Buvons le miel sans y mêler d'absinthe.

Lorsque l'exploration archéologique de la Tunisie fut décidée, le terrain n'était pas absolument vierge ; mais il ne s'en fallait pas de beaucoup. On avait dans les bibliothèques un livre publié en 1853 par Pellissier et écrit au point de vue descriptif avec quelques aperçus sur l'état moral et matériel de la Régence à cette époque. Guérin, de son côté, avait parcouru le pays en six mois et réalisé, grâce aux subventions du duc de Luynes, un excellent voyage. Ces deux voyageurs avaient, en quelque sorte, posé la première pierre de l'édifice archéologique que la France a élevé, sans s'interrompre, à partir de 1880.

C'est un acte de justice que de rendre hommage aux recherches de Guérin. Son œuvre n'est pas étendue, mais il a bien vu ce qu'il a vu.

L'Académie de Berlin avait, elle aussi, été tentée par la Tunisie où elle avait dépêché un explorateur, Wilmans, qui refit à peu près le voyage de Guérin en s'attachant surtout aux inscriptions. Nous ne parlons pas de Carthage qui avait été étudiée par Beulé, par M. de Sainte-Marie et d'autres encore et dont le père Delattre, encouragé par l'archevêque d'Alger, avait commencé l'étude, en dehors du programme élaboré au ministère de l'Instruction publique.

Telle était la situation quand M. René Cagnat entreprit les premières explorations qui nous occupent. On sait dans quelles conditions et pour répondre à quelle idée ce voyage fut décidé. M. Cagnat partit avec M. Gasselin. Ce qu'il fallait faire tout d'abord, c'était de reconnaître le pays et de s'efforcer de retrouver sur le terrain les renseignements fournis par les itinéraires anciens (table de Peutinger, itinéraire d'Antonin), et par les géographes. De là une double tâche : examiner les lieux modernes pour y retrouver des traces de l'état ancien, — voies romaines, établissements agricoles, grandes villes, — et chercher les inscriptions qui seules peuvent faire connaître le nom et l'histoire des villes, aujourd'hui ruinées, dont les historiens n'ont jamais parlé.

C'est ce que M. Cagnat a fait pendant les trois grandes demi-années qu'il a passées là-bas.

Les opérations militaires dont la Régence a été le théâtre ont forcé parfois M. Cagnat à modifier les itinéraires qu'il s'était promis de suivre; mais il a pu aussi, dans d'autres moments, tirer parti de la présence des troupes pour atteindre des points d'un accès difficile et pour y séjourner quelque temps. Si l'état troublé du pays et les ressources limitées dont il disposait ne lui avaient pas permis, à l'issue de ses deux premières campagnes, d'entreprendre les fouilles dont la science attendait avec raison de si beaux fruits, il avait du moins obtenu des résultats très importants dans sa reconnaissance du nord et du centre de la Tunisie.

Cinq cents inscriptions romaines avaient été recueillies, ainsi que vingt-deux inscriptions puniques ou néopuniques et une inscription libyque.

Parmi les inscriptions romaines, trois fixaient l'emplacement de villes antiques, dont le nom même était resté ignoré jusqu'alors. Ce sont Masculula, Thaca et Upenna. Plusieurs des textes épigraphiques apportaient, soit pour l'histoire des Empereurs, soit pour l'histoire de la Province, des enseignements précieux. En les présentant à l'Académie des inscriptions, Léon Rénier se plut à en faire ressortir tout l'intérêt.

M. Cagnat avait de plus reconnu et suivi deux grandes voies romaines inexplorées, l'une allant de Thuburbo majus à Sousse, l'autre de Simittu (Chemtou) à Tabarca. Sans pouvoir entreprendre des excavations étendues et profondes, il avait fouillé dans l'Enfida un certain nombre de dolmens : ces dolmens couvraient un espace d'au moins deux kilomètres carrés. Les quelques ossements qui y ont été trouvés sont devenus la propriété du Muséum d'histoire naturelle.

D'autres petites fouilles, entreprises sur différents points, ont amené la découverte de fragments d'architecture et de mosaïques, de figurines en terre cuite, de monnaies romaines ou puniques, de briques avec inscriptions, de lampes, de stèles qui sont bien d'époque romaine, mais où sont représentées des divinités phéniciennes avec leurs attributs.

En 1882, le Louvre avait reçu de M. Cagnat un petit bas-relief funéraire ; deux fragments de statue en marbre blanc ; vingt et une inscriptions sur trois faces. Le jeune explorateur avait, en outre, rassemblé, à la Résidence de France à Tunis, une cinquantaine de morceaux antiques de toute sorte, parmi lesquels se trouvent plusieurs fort belles inscriptions romaines et une statue drapée mesurant plus de deux mètres.

On voit combien étaient remarquables ces découvertes acquises en deux voyages d'hiver. Une troisième exploration les augmenta de telle sorte que le total des inscriptions s'éleva à un millier et qu'une douzaine de villes furent identifiées. Pendant ce temps, un architecte, M. Saladin, étudiait les mêmes ruines et rassemblait les éléments du beau travail architectural qu'il publia plus tard. Cette étude était inspirée par la nécessité de rechercher ce que pouvait être l'art carthaginois dont on ne possédait aucune trace. Il est malheureusement certain que les objets d'art de Carthage ont disparu ; mais il est évident aussi que l'influence de cette civilisation se retrouve dans la façon dont les formules de l'art romain ont été interprétées en Afrique. C'est ce qui explique la grande valeur des rapports, remplis de dessins on ne peut plus instructifs, qui ont été rédigés par M. Saladin. C'est de la même époque que datent les explorations de M. Poinssot. Envoyé par Tissot pour reconnaître les voies romaines du centre de la Régence et principalement celle de la vallée de la Medjerda et de la Siliana, cet archéologue a mis cinq mois à exécuter le programme qui lui avait été tracé. Les résultats épigraphiques de sa mission ont été fructueux et il en a rapporté d'excellentes photographies. On peut d'ailleurs se rendre compte en détail de l'ensemble des recherches de M Poinssot en parcourant le *Bulletin des antiquités africaines*, qu'il avait fondé et où il a publié ses travaux.

A côté de MM. Cagnat, Saladin et Poinssot, apparaît une figure assez singulière, très originale, celle d'un archéologue d'instinct, d'un indépendant passionné, M. Joseph Letaille. Jeune comme les trois premiers savants sur les traces desquels il prétendait marcher, M. Letaille avait une idée fixe. Il voulait retrouver Zama. A peine débarqué à Sousse, il rencontre des officiers qui lui assurent qu'ils ont découvert une pierre où le nom de Zama était écrit. Il part sans débrider et trouve à Sidi-Amor-Djedidi, non loin de Kérouan, les restes d'une cité qui s'appelait autrefois Zama. Mais ce n'était pas la vraie; ce n'était pas, au grand deuil de M. Letaille, la Zama auprès de laquelle Annibal avait été battu. Il ne perd pas courage et le voilà fouillant Macteur, sur les ordres de Tissot qui estimait que là était l'emplacement de Zama. M. Letaille y déterre une inscription démontrant qu'il s'agit simplement de *Mactaris*.

L'année suivante, M. Letaille, toujours confiant en son étoile, poursuit ses investigations et revient triomphant et bénissant les dieux. Il avait enfin découvert dans une ruine, nommée Djama, une inscription avec l'ethnique *Zama*.

Pendant que les missions de MM. Cagnat, Saladin, Poinssot et Letaille s'accomplissaient, les officiers de l'armée d'occupation ne demeuraient pas inactifs. Plusieurs d'entre eux, M. Espérandieu notamment, exploraient les ruines, levaient des plans et copiaient de leur mieux les inscriptions qu'ils rencontraient. Ils ne dépendaient pas du ministère organisateur de l'exploration archéologique, mais ils n'en aidaient pas moins ses délégués de toutes façons et leur communiquaient leurs découvertes qui étaient scrupuleusement insérées dans les rapports officiels envoyés à la métropole. Les contrôleurs civils agissaient de même. M. Roy a remis à M. Cagnat personnellement plus de 500 inscriptions qu'il avait relevées au Kef et dans les environs.

Ces exemples montrent que si l'initiative des études pratiquées dans la Régence appartenait au ministère de l'Instruction publique, si ses mandataires les poursuivaient à l'aide d'un plan d'ensemble soigneusement déterminé, tous les Français résidant en Tunisie prenaient plus ou moins directement une part très active à cette œuvre.

Tissot suivait ses progrès avec une passion qui fécondait tous les efforts, ranimait le zèle des premiers ouvriers et provoquait des tentatives nouvelles. Guidés par ses instructions, MM. Salomon Reinach et Babelon se dirigent vers l'extrême Sud où ils reconnaissent certaines villes, Ziân en particulier. Là, ils tentent quelques fouilles. Ils déblaient le forum de la ville, recueillent des statues et des inscriptions. Les voici de retour à Carthage, résolus à pousser leurs investigations jusqu'au sol punique. Au moment où les ouvriers terrassiers sont prêts, où les pioches vont mordre et pénétrer le terrain, les communautés religieuses musulmanes qui en sont propriétaires opposent leur veto. En présence de ces difficultés inattendues auxquelles MM. Reinach et Babelon se heurtent, le cardinal Lavigerie intervient. Il autorise les deux explorateurs à pratiquer les fouilles profondes qu'ils rêvent dans un terrain qui lui appartient. Ils en profitent sans délai et ouvrent une tranchée de sept mètres de profondeur. Le nombre d'ex-voto puniques qu'ils recueillent est une démonstration de la nécessité qu'il y a, si l'on veut aborder le sol de la Carthage Punique, à fouiller à plus de cinq mètres.

La mission de MM. Reinach et Babelon clôt la série des campagnes qui ont donné lieu à la publication de deux livres tout à fait importants : la *Géographie Romaine* de Tissot et le supplément au *Corpus inscriptionum latinarum*.

C'est en réalité M. Salomon Reinach qui est l'auteur

du premier de ces deux ouvrages. Il est certain qu'il a utilisé les notes de Tissot et qu'il s'est servi de sa rédaction ; mais il a comblé les lacunes qu'elle présentait et mis au courant tout ce que le regretté savant n'avait pas eu le temps de développer. D'ailleurs, la préface du deuxième volume de la *Géographie Romaine* publiée par M. Salomon Reinach, sous les auspices du ministère de l'Instruction publique, explique très nettement ce qu'est le travail et la part de chacun.

Quant au second ouvrage, il rappelle un fait assez peu connu en dehors du monde archéologique.

C'est l'Allemagne qui avait entrepris autrefois la publication d'un *Corpus* des inscriptions latines. Léon Renier avait été associé à ce travail pour la partie gauloise et africaine. La guerre de 1870 survenant, la publication fut arrêtée. Léon Renier donna sa démission et l'Allemagne, n'ayant plus sa collaboration, se décida à publier à elle seule les inscriptions d'Afrique. Mais nos découvertes en Algérie, de 1875 à 1885, celles de Tunisie, apportèrent un tel nombre de documents nouveaux qu'il devenait impossible d'admettre comme satisfaisante l'œuvre des savants allemands. Il était indispensable de la compléter. C'est alors qu'on offrit à la France de reprendre la publication du *Corpus* à laquelle nous avions renoncé.

L'offre fut acceptée, et M. Cagnat fut chargé de la partie autrefois confiée à Léon Renier, domaine accru des conquêtes épigraphiques faites depuis sa mort. Cette charge nécessita trois voyages nouveaux de M. Cagnat en Tunisie. Il s'y rendit une fois accompagné de M. Salomon Reinach, deux fois seul, pour contrôler toutes les incriptions découvertes. C'est environ trois mille documents qui ont été ainsi vérifiés et qui ont permis au *Corpus inscriptionum latinarum* de paraître au début de l'année 1892, complet et digne enfin des savants de premier ordre qui ont établi ce précieux recueil.

Les missions que nous venons de rappeler à grands

traits ne pouvaient qu'ouvrir la voie à notre conquête scientifique. Il fallait songer, après leur accomplissement, à centraliser leurs résultats, à en tirer un parti utile, pratique.

Il y avait lieu d'abord de créer à Tunis un Musée où viendraient se grouper les spécimens les plus intéressants. Pendant ses fructueuses tournées, M. Cagnat avait recueilli quelques éléments qu'il avait déposés dans le jardin de la *Résidence française*. Mais il n'avait pas eu le temps ni le mandat de se préoccuper d'un local convenable et définitif. C'est M. René de la Blanchère, l'un des hommes les plus savants, les plus dévoués aux entreprises archéologiques de la France dans l'Afrique du Nord, qui eut l'honneur de se le faire attribuer. On lui céda au Bardo, pour installer le Musée, la partie réservée au harem du Bey. Les salles concédées sont de toute beauté. Il en est une, petite, avec son plafond ajouré en plâtre, qui est une pure merveille de l'art oriental.

Aussitôt pourvu de ce local, malheureusement trop éloigné de Tunis, M. de La Blanchère s'ingénia à y classer les morceaux intéressants dispersés sur le territoire de la Régence. L'une des plus remarquables inspirations de cet organisateur excellent a été d'amasser au Bardo des mosaïques découvertes de tous côtés. Il en a constitué une série de panneaux décoratifs d'une magnificence extraordinaire.

Le musée du Bardo, déjà riche, n'en est qu'à ses débuts. Son importance augmentera, autant qu'on le voudra. La Tunisie est une véritable mine d'antiquités ; il n'y a qu'à se baisser pour s'emparer de richesses qui couvrent le sol ou l'affleurent. C'est ce qu'on fera, grâce au service que M. de La Blanchère a si heureusement organisé.

Nous venons de constater à quel point d'activité nous étions arrivés en Tunisie et avec quelle solidité nous y avions établi un système de recherches scientifiques. Il restait à créer un centre où convergeraient tous les résultats, d'où partiraient des ordres précis et où s'exercerait un contrôle permanent.

M. René de La Blanchère, sur la demande du ministère de l'Instruction publique, et avec l'agrément du ministère des Affaires étrangères, fut chargé d'organiser ce service qui prit le nom de *Direction des Antiquités et des Arts*. Son fonctionnement devint bientôt régulier et l'on ne tarda pas à s'applaudir de l'avoir créé. M. de La Blanchère s'entoure de jeunes savants auxquels il communique son ardeur archéologique ; il devient leur professeur zélé et forme en peu de temps un personnel d'une compétence exceptionnelle qu'il surveille, qu'il excite au travail et qui prépare sous sa direction vigilante le classement méthodique de tous les monuments encore debout dans la Régence. C'est une seconde édition du service des Monuments historiques de France que le gouvernement beylical adopte sans hésitation. Le Bey fait les choses galamment jusqu'au bout. Il prend un décret qui punit sévèrement les destructions de monuments antiques et soumet les fouilles, quelles qu'elles soient, à son autorisation préalable. Il ouvre des crédits spéciaux et ordonne que des recherches soient faites pour le compte du service des Antiquités et des Arts.

Cet ensemble de mesures a multiplié les fouilles qui deviennent de plus en plus fécondes. A Sousse, les officiers du 4e régiment de tirailleurs se mettent à la besogne et récoltent une moisson aussi précieuse qu'abondante. C'est à eux que l'on doit la découverte de la grande mosaïque de Neptune, publiée dans le premier fasicule du bel album intitulé : *Musée Alaoui*. On leur doit aussi une série nombreuse de peintures murales qui ornaient les tombes qu'ils ont déblayées ; des statuettes en terre cuite et des lamelles de plomb couvertes de formules cabalistiques. M. Doublet, l'un des collaborateurs de M. de La Blanchère, se livre, dans la même nécropole, à des recherches personnelles et y recueille des documents d'un haut intérêt.

De son côté, à Bulla Regia, le docteur Carton fait des récoltes magnifiques. Pendant deux années, il ne quitte pas la pioche et analyse les nécropoles numide, punique et romaine. C'est par centaines qu'il recueille des lampes funéraires et des monnaies. La variété de ses trouvailles est extrême. Il déterre tantôt des poteries d'une grande originalité, tantôt des miroirs avec des sujets figurés; et il accumule les matériaux qui lui permettront d'écrire une étude tout à fait remarquable sur le mode d'ensevelissement dans l'Afrique, à l'époque numide et à l'époque romaine. Le docteur Carton est l'un des officiers qui ont contribué le plus à la connaissance des richesses archéologiques de la Régence. Il a acquis une notoriété des plus légitimes et c'est à lui qu'ont été fournis les moyens de nous donner sur les monuments si intéressants de Dougga un travail complet.

En matière d'archéologie, la science est un guide assurément excellent; mais le hasard est d'un secours puissant. C'est ce qu'on a le droit de penser, lorsqu'on se rapporte aux fouilles pratiquées à Aïn-Tunga. On ne songeait guère au Baal punique, lorsque commencèrent les travaux de la route qui relie le Kef à Tunis. Un beau jour, les ouvriers qui la traçaient atteignirent Aïn-Tunga et s'arrêtèrent devant un sanctuaire de Saturne, établi en plein air et contenant plus de 500 stèles votives. La découverte était de prix. Chaque stèle, en effet, portait figurées les offrandes faites au dieu, et principalement les taureaux et les moutons qu'on lui immolait.

A Tabarca, les attachés du Bardo ont fait, eux aussi, des trouvailles d'un grand intérêt. C'est là qu'ils ont mis la main sur une quantité de mosaïques, dont la plus belle représente les travaux de la campagne. Leurs fouilles ont mis au jour un grand nombre de tombes en mosaïques et confirmé cette particularité propre à l'Afrique.

Devant la masse des travaux qui s'exécutaient en Tunisie, il était essentiel que la métropole instituât un comité de savants qui en appréciât l'importance, en centralisât les résultats et les fit connaître. La Commission de l'Afrique du Nord, créée le 8 décembre 1884 près le ministère de l'Instruction publique, répondit à ce besoin. MM. E. Renan, Milne-Edwards, Maspéro, Georges Perrot, les généraux Périer et Derrécagaix, Bœswillwald, Duveyrier, Cagnat, Houdas, Périn, de Lasteyrie, Saladin, de La Blanchère, Philippe Berger, Babelon, Doumet-Adanson, Salomon Reinach, en font ou en ont fait partie.

L'influence de cette commission sur les études africaines s'est manifestée sous bien des formes, toujours heureuses. Elle a demandé et obtenu que le *Bulletin du Comité des Travaux historiques et scientifiques* contînt une partie consacrée aux découvertes faites en Algérie et en Tunisie. Le bulletin est devenu ainsi le recueil le plus important que nous ayons pour l'Afrique Romaine. On y publie tout ce qui se trouve, tout ce qui est communiqué à la Commission. Depuis 1885 surtout, les savants qui étudient l'Afrique du Nord ont compris que la Commission était le point central où leurs mémoires devaient affluer et seraient sûrement l'objet d'un attentif et bienveillant examen; aussi en sont-ils, sans exception, devenus des collaborateurs fidèles. Parmi les officiers, il faut citer le capitaine Bordier, le lieutenant Hannezo, le docteur Carton dont les communications forment déjà des volumes.

C'est sur l'avis de la Commission de l'Afrique du Nord, qui relève de la Direction des sciences et lettres, que la publication superbe de l'album du Musée Alaoui a été entreprise. La rédaction de cette œuvre offre des garanties indiscutables. On y remarque les noms de MM. Bréal, Maspéro, Salomon Reinach et de l'abbé Duchesne. Grâce à l'intérêt passionné qu'elle porte aux études africaines, les explorateurs ont été pourvus d'instructions imprimées sur toutes les questions qu'ils ont à élucider. On peut dire de ces manuels qu'ils sont des modèles de limpidité et de savoir.

La commission de l'Afrique du Nord a eu enfin l'heureuse idée de dresser une carte archéologique de la Tunisie qui marquera toutes les découvertes et tous les points intéressants. Le ministère de la Guerre s'est associé à cette entreprise en tirant une édition spéciale des belles cartes qu'il publie et dont les éléments lui ont été fournis par ses brigades topographiques.

Timgad, les *Musées d'Algérie*, *Les recherches archéologiques en Algérie*, *Les Fastes de la Province d'Afrique, de la Numidie et de la Maurétanie*, etc. etc., sont autant d'ouvrages également dus à l'initiative de la Commission de l'Afrique du Nord.

AFRIQUE

AUSTRALE ET ÉQUATORIALE

I

M. Lionel Dècle. — Un vaste plan de recherches. — La Chartered Company. — En route pour le Zambèze. — Une mission évangélique française. — Comment on comprend la liberté de la propriété dans l'Afrique Centrale. — Une royauté noire. — Influence des Européens sur le caractère des races indigènes. — Les Béchouanas et les Bushmen. — Les caravanes indigènes en marche pour les mines du Transvaal. — Types et races. — Négociations avec le roi Lewanika. — M. et Mme Jalla. — Arrivée à Sheshéké.

Dans les derniers jours du mois de mai 1890, un homme fort jeune et très instruit, originaire, croyons-nous, du département de l'Aisne, annonçait au ministère de l'Instruction publique son intention d'explorer l'Afrique à divers points de vue.

M. Lionel Dècle sollicitait de l'État une mission gratuite et lui exposait en termes précis les études qu'il se proposait de faire, à l'abri de nos trois couleurs. Il voulait recueillir, dans ces régions vers lesquelles tous les peuples d'Europe sont attirés depuis quelques années, des documents utiles aux questions économiques, si brûlantes de nos jours, et analyser les races indigènes de l'Afrique australe, sous tous leurs aspects.

M. Dècle n'était pas un nouveau venu dans le monde

des explorateurs. Un séjour de près de quatre années qu'il avait fait aux Indes et dans l'Extrême-Orient l'avait familiarisé avec les dangers, les désillusions et les ivresses d'un voyage en pays lointains. Son itinéraire projeté ne laissait aucun doute à cet égard.

Il s'agissait de se rendre d'abord au cap de Bonne-Espérance, de parcourir l'intérieur de la colonie et de revenir à Port-Élisabeth. De ce point, M. Dècle devait s'embarquer pour Iembuo-land, Pondo-land, visiter le Zoulou-land, retourner vers le Sud, s'arrêter à la colonie de Natal d'où il atteindrait, par terre, via le Basuoto-land, l'État libre d'Orange et le Transvaal.

Cette première partie du voyage, aussi large qu'elle puisse paraître, quand on en parle au coin de son feu, n'offre pas en réalité de grandes difficultés d'exécution et n'exige pas de grandes fatigues. Il suffit, pour s'y montrer à la hauteur des circonstances, d'être un peu entraîné. Mais il n'en était pas de même en ce qui concerne la seconde moitié de l'itinéraire de M. Dècle.

De Prétoria, capitale du Transvaal, notre voyageur comptait, en effet, remonter vers le Nord, jusqu'au fleuve Limpopo, sur un parcours de six cents kilomètres environ, avec une caravane. Selon les circonstances il déciderait alors s'il redescendrait le cours du fleuve pour aboutir à Delagoa-Bay où s'il pousserait jusqu'au Zambèze pour aboutir à Quillimane. En tous cas, il avait résolu de s'embarquer à Delagoa-Bay ou à Quillimane pour rentrer en Europe par Zanzibar. Ce voyage, dans la pensée de M. Dècle, serait effectué en une année au maximum.

Nous allons voir qu'il s'est un peu prolongé et de quels événements il a été accompagné.

C'est par un arrêté en date du 13 juin 1890, que M. Dècle a été officiellement chargé de la mission qu'il désirait recevoir du gouvernement de la République.

Le 30 mai 1891, il annonçait de Kimberley qu'il se rendait dans l'intérieur des terres. Trois mois après, il confirmait cette nouvelle par une lettre datée de Palapye (Mangwato), capitale du roi Khama, chef des Bamagwato, 26 août 1891, et fournissait sur les raisons qui le contraignaient à modifier son itinéraire initial des renseignements curieux.

M. Dècle, mal renseigné sur l'expédition de M. Bent, qui l'avait devancé à Zymbalye, renonçait, en présence des résultats acquis, à pousser jusqu'aux ruines de Zymbubwé et avait tourné ses pas d'un autre côté. Parti de Kimberley, il s'était rendu à Palapye, par le Bechouanaland, en suivant la frontière du Transvaal et en passant par Tryburg, Mapeking, Gaberones et Palla-Camp. Il avait enfin suivi la rivière Crocodile jusqu'à sa jonction avec le Mahalapsie.

Ici les plans de M. Dècle prenaient une allure tout à fait délicate. C'était le cours de la rivière Lotsani qu'il allait suivre jusqu'à Metsuo-Masho, de l'Est à l'Ouest. Puis, il piquerait au Nord, en longeant le lac salé de Makarikari, se laisserait guider ensuite par la rivière Nota jusqu'au 2e degré de latitude sud, et de là prendrait une direction nord-nord-ouest, pour atteindre le Zambèze à Gazungola, près de sa jonction avec le Lynanti. Il irait enfin visiter les Victoria Falls, à l'est de Gazungola, d'où il remonterait le cours du fleuve jusqu'au Lyalui, dans le pays des Baruotsé.

Un mois avant d'avoir ainsi transformé son itinéraire, M. Dècle avait rencontré un Belge, M. le comte de Lalaing, qui se rendait également dans l'intérieur et s'était courtoisement offert à collaborer aux travaux de M. Dècle. Notre compatriote avait accepté ces avances et les documents ainsi que les collections destinées à la France s'en étaient accrus sensiblement.

Comme, après leur départ de Palapye, il devenait impossible à nos deux voyageurs de communiquer avec le monde extérieur, M. Dècle avait soin de rendre hommage au bon vouloir que les autorités anglaises lui avaient témoigné. Il constatait en même temps l'activité du mouvement d'émigration vers le Mashonaland, dont les mines

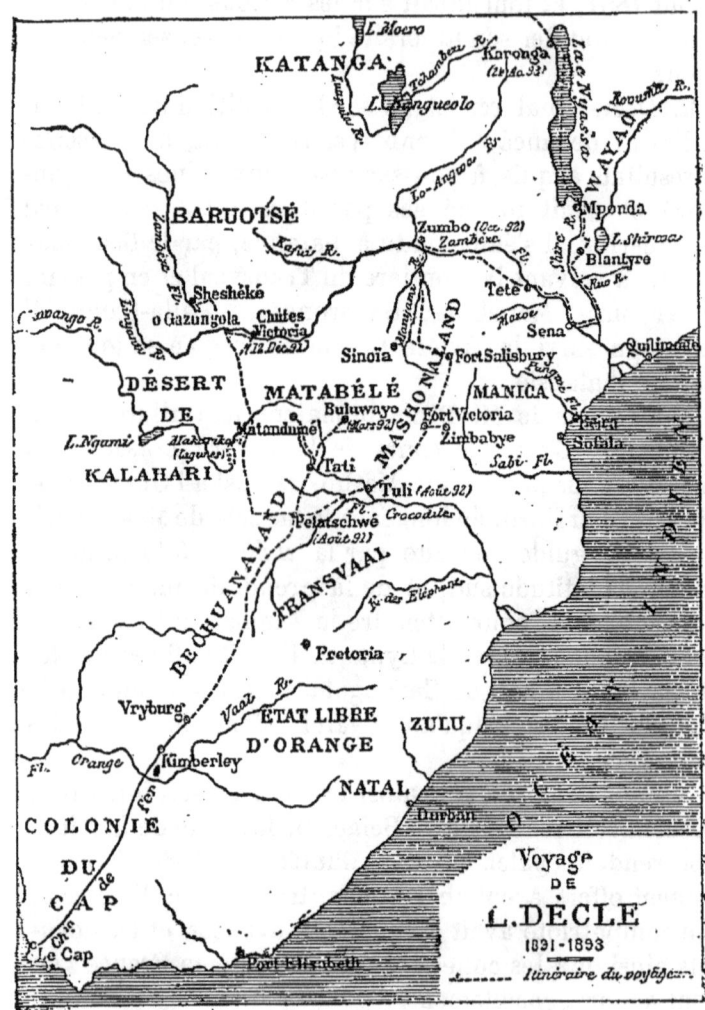

d'or sont exploitées par la Chartered Company, et l'existence d'un service télégraphique, jusqu'à Tuli, au Nord du fleuve Crocodile.

Ce ne sont point les seules choses qui marquent l'action

raisonnée des Anglais, action qui est bien faite pour nous servir d'exemple. Sur les rives de ce fleuve Crocodile est établie, tout le long de la route, admirablement organisée, une force de police considérable.

L'une des mesures les plus sages adoptées par la Chartered Company, qui est une Compagnie politique, établie sur les bases de l'ancienne Compagnie des Indes, est la prohibition absolue des spiritueux.

Voilà une mesure qu'il serait peut-être avantageux pour nous d'appliquer dans la partie de l'Afrique placée sous notre influence.

Je suis certain que M. Dècle partageait ce sentiment, lorsqu'il admirait, avant d'attaquer le chemin périlleux du Zambèze, la solidité qu'apporte aux entreprises anglaises la discipline avec laquelle sont observées les instructions de la métropole.

C'est à Gazungola, par 17° 45′ latitude sud et 22° longitude est, méridien de Paris, que nous retrouvons M. Dècle le 2 novembre 1891.

« Je suis enfin parvenu au Zambèze, écrit-il, après des difficultés sans nombre. »

M. Dècle disait vrai. Il était arrivé à la jonction de la rivière Lynianti avec le Zambèze, dénué de tout, sans provisions, sans objets d'échange, abandonné par tous ses hommes, ayant perdu tous ses bœufs. Il avait heureusement trouvé, à Gazungola, une station de la Mission française évangélique. M. L. Jalla, qui dirige cette mission avec sa femme, a reçu M. Dècle avec une cordialité extrême et lui a donné une inoubliable hospitalité.

La mission française — ces détails ont leur intérêt — a commencé son œuvre dans le Basuotoland et elle a établi depuis plusieurs années déjà des stations sur le Zambèze. M. Coillard, installé aujourdhui à Sefula, près de Lyalui, capitale du roi des Baruotsé, dont les États s'étendent sur toute la rive gauche du Zambèze, du 21° au 24° de longitude, a ouvert la voie. Outre les stations de Sefula et de

Gazungola, une autre station existe à Shesheké, également sur le Zámbèze, à 100 kilomètres environ au Nord-Est de Gazungola.

L'influence des missions évangéliques dans l'Afrique Centrale est un point qui ne se discute plus. M. Dècle en a constaté très impartialement les bienfaits. C'est que, dit-il avec raison, les habitants de cette partie du monde sont de deux mille ans en retard sur nous. Il n'y existe aucune religion, ou du moins les quelques croyances que l'on trouve chez ces peuples sont des plus rudimentaires et ne servent de guides ni à la vie physique, ni à la vie morale.

Il n'existe pas plus de liberté que de propriété. Le roi est le seul homme libre, le seul homme qui puisse avoir une volonté et disposer de quelque chose. Tous ses sujets lui appartiennent à merci. Le plus petit village a son chef et tous les habitants sont ses esclaves. Remarquez, ajoute M. Dècle, que ce petit chef est lui-même l'esclave d'un autre chef, à son tour esclave du chef du district, lequel est esclave du roi. Un homme fabrique-t-il un objet quelconque, reçoit-il un salaire pour son travail, son chef peut le lui prendre, — et c'est ce qu'il fait souvent; mais il en est dépossédé par le chef placé au-dessus de lui, et ainsi de suite. Les enfants eux-mêmes ne sont pas la propriété de leurs parents. Et M. Dècle prouve son dire par l'exemple suivant.

La reine, sœur du roi, était venue chasser à Shesheké, dans les premiers mois de l'année 1891. Une escorte de plusieurs centaines d'esclaves l'accompagnait. Un beau soir, l'un des esclaves pénètre avec violence dans une hutte dont le propriétaire assène un coup de bâton sur la tête du visiteur indiscret.

L'esclave se plaint à la reine qui mande devant elle le propriétaire de la hutte, lequel est condamné à être étranglé et jeté dans le fleuve. Aussitôt les assistants s'emparent de lui ; mais il leur échappe et vient se prosterner aux genoux de la reine qui lui pardonne. Il convient de remarquer en passant que cette punition est la plus usuelle, nous assure M. Dècle. Toutefois, lorsqu'un homme est ainsi condamné, c'est le juge lui-même qui exécute la sentence. Il se précipite sur le coupable (?) et le serre à la gorge jusqu'à ce qu'il perde connaissance ; après quoi on le jette au fleuve, où les crocodiles l'ont bientôt dévoré. Si cependant il parvient à s'échapper des mains de son bourreau et qu'il puisse s'agenouiller à ses pieds, on lui fait généralement grâce. Pour en revenir à la chasse de la reine, disons que, malgré sa clémence, elle raconta au roi, dès son retour près de lui, ce qui s'était passé à Sheshéké. Le roi convoqua aussitôt le chef.

Pour la faute commise par un de ses sujets, le roi le condamne à lui fournir comme amende cinq filles et cinq garçons. Le roi condamne en outre chacun des chefs de Sheshéké à lui fournir un enfant. Mais les chefs, au lieu de prendre les enfants dans leur territoire, trouvent infiniment plus pratique d'excursionner sur les territoires des petits chefs, leurs vassaux, et y prélèvent de force le nombre d'enfants nécessaire au règlement du tribut réclamé. C'est ainsi qu'un des enfants du chef de Gazungola, où M. Dècle a recueilli ces détails de mœurs, lui fut enlevé.

Les mêmes procédés sont appliqués pour la redevance annuelle payée au roi et qui consiste en peaux d'animaux et en enfants. Le roi y désigne une localité et ses agents y prennent, non sans violence, un nombre déterminé de peaux et d'enfants.

C'est ce monarque que, le 2 novembre 1891, M. Dècle désirait ardemment connaître. Il lui avait écrit et exposé le caractère uniquement scientifique de son voyage, et il attendait une réponse favorable vers le commencement de décembre.

Nous avons dit qu'en quittant l'Europe, M. Dècle s'était proposé de se rendre du Cap au Zambèze sans le dépasser. Il espérait réunir, le long des 3,000 kilomètres de pays qu'il parcourrait ainsi, des documents suffisants pour être à même de remplir, dans son entier, le programme de sa mission. M. Dècle s'était trompé. La colonie du Cap, elle-même, jusqu'à Kimberley, n'offre que peu de ressources au point de vue anthropologique et ethnographique. D'après M. Dècle, on y trouve bien des indigènes de toutes les races de toutes les parties de l'Afrique Centrale, mais tous ces individus sont sans intérêt. Ils ont pris les habitudes, le costume, le langage de la colonie, et ils ont perdu toute personnalité.

De Kimberley à la rivière Crocodile, dans le Béchouana-land, on rencontre des Bachouana purs; mais ils sont placés sous la tutelle directe de l'Angleterre, et le mouvement d'émigration européenne vers le Mashonaland, qui les a mis en contact journalier avec le blanc, les a dénaturés. Il en est de même à Palapye.

De Palapye au Zambèze, sur une étendue de près de 700 kilomètres, le pays est inhabité. Pas un seul village. Çà et là on rencontre, isolés, deux ou trois Bushmen. Ces individus sont d'une étude très intéressante et très difficile. Nomades, habitant généralement les bois, ils n'ont point de chef et ils vivent des animaux qu'ils tuent, de racines et de tous les détritus qu'ils peuvent découvrir. Bêtes mortes et putréfiées, tout leur est bon.

M. Dècle a recueilli sur cette race des renseignements tout à fait curieux. Nous avons relevé un détail assez bizarre relatif à la façon dont les Bushmen se procurent de l'eau dans la région désolée et composée d'un sable épais, qui s'étend de Palapye au Zambèse. L'eau y est très rare à la surface du sol, et il faut parfois parcourir des distances de 100 kilomètres avant d'en rencontrer.

La désolation règne entre Palapye et le Zambèse et le supplice de la soif peut y être terrible. Cependant, sous la couche de sable épais qui couvre le sol, on trouve à quelque distance des couches humides. En creusant avec la pioche, on atteint la région de l'eau. Mais à peine aperçue, elle est absorbée dans les profondeurs sablonneuses inférieures. Les Bushmen réussissent, malgré cela, à se désaltérer. Voici comme ils procèdent : tantôt ils percent un trou avec la main, enlevant avec précaution une petite poignée de sable jusqu'à ce qu'ils arrivent à une couche humide. Ils redoublent alors de précautions, grattent le sol plus doucement et s'arrêtent. Au bout de quelques

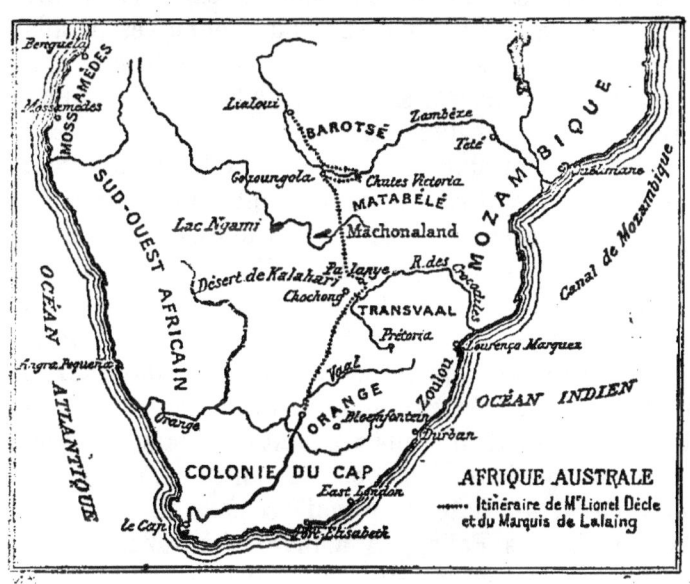

minutes, ils creusent de nouveau, et ainsi de suite, jusqu'à 10 centimètres environ au-dessous du niveau du point où ils ont constaté la présence de l'eau. Ce trou présente un diamètre d'à peu près $0^m,60$ vers son sommet et de $0^m,25$ à sa base. L'eau y arrive lentement, et quand elle est montée de quelques centimètres, ils la récoltent et attendent qu'une certaine quantité de liquide soit de nouveau formée. Ils parviennent ainsi à en emmagasiner un ou deux décilitres à la fois, à trois ou quatre minutes d'intervalle.

Cette eau est boueuse, opaque, et le meilleur filtre est

impuissant à lui donner une transparence quelconque.

Dans d'autres circonstances, les Bushmen appliquent un système différent qui consiste à plonger dans le sol un fétu de forte paille. Ils aspirent, à l'aide de cette pompe primitive, quelques gouttes d'eau qu'ils crachent, soit dans une gourde, soit dans l'estomac d'un animal, soit dans une vessie.

C'est plaisir à voir avec quelle sérénité et quelle sobriété de style M. Lionel Dècle nous donne ces détails sur les misères qu'il a supportées. Il les constate sans une plainte comme il constate sans *alleluia* la transformation du pays et des choses lorsqu'il arrive au Zambèse.

Pendant les trois derniers jours de marche qui devaient l'amener au fleuve, il rencontra de nombreuses caravanes indigènes, composées de huit à vingt individus. Elles se rendent au Transvaal pour y travailler dans les mines. C'est par ordre de leurs chefs que ces mineurs agissent. Ils travailleront un an et rapporteront, avec le fruit de ce labeur, qui un fusil et de la poudre, qui des couvertures.

M. Dècle a été très frappé du grand nombre de types qu'il a rencontrés ainsi. Tous venaient des États de Lewanika, où l'on distingue les races suivantes : au Nord de Victoria Falls, les Batoka, parmi lesquels figurent les Baléa ; à l'Est des Falls, les Mananza ; à Gazungola et Sheshéké, les Masoubia, sur le fleuve ; au Nord et à l'ouest de Sheshéké, les Matotela, et sur la rivière Luyi, les Makuangua ; près des sources du Ndjoko et sur la rive droite, aux environs de Nalolo, les Mankoïa ; à Lyalui, les Baruotsé, tribu régnante, les Maroutsi et les Mambounda, qui sont mêlés avec les Baruotsé ; au Nord des Batoka et à l'Est des Baruotsé, les Mashuholumbwe ; au Nord-Ouest du Baruotsé, sur la rive droite, les Baloubali. Toutes ces tribus sont encore à leur état primitif et n'ont pas encore perdu leurs particularités, malgré le contact répété de l'Européen.

Depuis Livingstone qui, le premier, a visité cette partie de l'Afrique, le nombre des voyageurs a été relativement restreint, et presque aucun d'eux ne s'est livré à une étude sérieuse des questions anthropologiques et ethnographiques. Il y a donc beaucoup à faire.

M. Dècle n'ignorait pas non plus que Serpa Pinto a simplement traversé le pays, en toute hâte, après être arrivé sur le Zambèse depuis la côte ouest. Holub, qui a eu le mérite de tenter l'étude des Mashukolumbwe, a dû fuir, à la suite de l'assassinat de l'un de ses compagnons. Selous a échappé miraculeusement à la mort et c'est à grand'peine, abandonnant ses armes et ses provisions, qu'il avait fui cette région peu hospitalière.

Au moment où M. Dècle considérait froidement ces faits, les Masoubia essayaient d'étrangler, à Shesheké, un missionnaire anglais, M. Baldwin.

Il se rendait compte néanmoins que, pour rapporter sur ces différentes tribus des renseignements sérieux et complets, il lui fallait remonter le fleuve au moins jusqu'à Lyalui, c'est-à-dire franchir environ 700 kilomètres au Nord-Ouest de Gazungola. Mais il était indispensable pour effectuer ce voyage d'obtenir l'autorisation du roi Lewanika et que ce monarque mît à la disposition de l'explorateur français un certain nombre de bateaux. M. Dècle écrit donc au souverain, et, en attendant sa réponse, il examine sa situation avec sang-froid. L'argent est inconnu à Gazungola. Tout se paye en cotonnades, perles et couvertures. Si le roi lui envoie les bateaux nécessaires, il ne pourra faire le voyage sans l'aide des missionnaires qui l'ont accueilli sous leur toit. Il est, en effet, dénué de tout. Comme l'établissement de la mission est construit sur la rive gauche du fleuve et que le voyage sera accompli sur la rive droite, le chef de la mission, M. Jalla, a demandé pour M. Dècle, au chef de Sheskeké, Nguanua Ngono, la permission de traverser.

Durant ces négociations, le voyageur vit à l'indigène. Sa nourriture se compose de maïs, de millet, de petit-lait et de bière du pays ; mais Mme Jalla agrémente le plus souvent qu'elle peut ce menu sommaire. Elle comble M. Dècle de ce qu'il appelle « d'inappréciables délicatesses », du miel, des œufs, de la viande. Et notre compatriote, touché de ces attentions, se plaît à admirer la bonté de ses hôtes. Leur œuvre est si belle, dit-il. Ils travaillent surtout à éclairer les indigènes d'une manière pratique. Ils leur inculquent avec une extrême patience les meilleurs principes et leur donnent une éducation à leur portée. Ils ont les idées les plus larges et les plus nobles, et montrent à ces peuples enfants tout ce que le culte chrétien offre de largeur et de libéralisme, se gardant bien des pratiques étroites qui s'y manifestent trop souvent.

Connaître M. et Mme Jalla, écrit M. Dècle, c'est les respecter profondément et les aimer du fond du cœur. Ils ont, par leur exemple, su faire aimer le nom de Français, le placer sous un jour si vrai et si éclatant que, grâce à eux, tous nos compatriotes seront toujours les bienvenus sur le Zambèse supérieur.

II

Les promesses du chef Ratao. — M. Dècle bat en retraite. — Famine dans le désert de Kalahari. — Le pays des Matabelé. — Lo Bengula. — Les superstitions et leurs conséquences. — Les projets de retour de M. Dècle. — Les ruines de Tati et de Zimbabye. — Les Mashona et leur territoire. — Quelques réflexions à propos des voyages et des explorateurs. — L'école des missions. — En avant. — De Blantyre au lac Tanganyka. — Deux lettres de M. Dècle. — Arrivée au Victoria Nyanza.

C'est à 100 kilomètres au Nord-Ouest de Gazungola, à Shesheké, que nous allons retrouver M. Dècle, le 12 novembre 1891. En quelques jours, il y a réuni des documents nombreux sur les différentes tribus du royaume des Baruotsé et il y attend la réponse du roi Lewanika, avec d'autant plus de confiance que le chef de Shesheké semble tout disposé à faciliter l'entreprise de M. Dècle.

C'est au grand étonnement de M. Dècle qu'il avait reçu, dès son arrivée à Shesheké, l'offre très aimable du chef Ratao de le conduire à Lyalui, capitale du roi Lewanika. Malgré les avis qu'on lui donnait, M. Dècle avait accepté ces offres. « Tout le monde veut me détourner de ce voyage, écrivait-il le 12 novembre 1891; mais je le ferai. Je ne suis pas venu en Afrique pour me donner la platonique satisfaction de déclarer que je suis allé du Cap au Zambèse. » On lui objectait donc, sans succès, les trois semaines de voyage, sans tente, sans abri, dans un pays où les fièvres sont terribles et où l'on estimait qu'il périrait infailliblement. Le sort en était jeté; il risquerait l'aventure.

Mais, trois jours après, l'énergie de M. Dècle est mise à une dure épreuve. Tous ses projets sont renversés; au dernier moment, le chef Ratao a changé d'avis et, craignant la colère du roi, il ne consent plus à conduire M. Dècle à Lyalui, ni même à le laisser passer. La situation est grave. Il faudrait cinq semaines au moins pour recevoir une réponse du roi, et comme les pluies, qui sont déjà torrentielles, vont augmenter chaque jour, il serait impossible de quitter le pays avant qu'elles ne soient terminées. Force est donc à M. Dècle de retourner sur ses pas et d'affronter la traversée si rude du désert de Kalahari, où pendant un mois il sera la proie de toutes les intempéries et supportera une série d'atroces souffrances. Atteint de fièvres, à court de provisions, pendant trente-deux jours il en était réduit à vivre d'une demi-tasse quotidienne de graines indigènes concassées et bouillies dans l'eau plus ou moins fétide qu'il se procurait.

La fièvre n'étant vraisemblablement pas un bagage suffisant, les rhumatismes articulaires s'étaient mis de la partie et notre compatriote avait fini par se trouver en plein désert de Kalahari, à près de 200 kilomètres de tout secours, bras et jambes rompus, terrassé, avec deux jours de provisions pour tout potage. Il était à coup sûr perdu si une expédition qui marchait à sa suite, sans qu'il s'en doutât, ne fût arrivée providentiellement pour le ravitailler. La joie de cette délivrance ne fut pas pure de tout mélange. Deux des vingt porteurs de M. Dècle étaient, en effet, morts de faim en route. Le 20 janvier 1892, au moment où notre compatriote transmettait ces détails en France, de Palapye, il pouvait à peine placer une jambe devant l'autre. Mais cet état ne le terrorisait pas et il comptait, pour se rétablir, sur sa robuste constitution et sur les filets de bœuf qu'il pouvait enfin se procurer. Il était loin, au surplus, malgré les dures épreuves qu'il avait subies, de regretter son voyage.

Les trois mois qu'il avait passés sur le Haut-Zambèse n'étaient point perdus. Il s'était familiarisé avec la langue du pays et avait pu se faire comprendre, causer avec les indigènes, conquérir leur confiance et réunir sur les races qui constituent l'empire des Baruotsé des documents complets. A l'aide des épaves sauvées du désastre qu'il avait éprouvé lors de sa traversée du désert de Kalahari, il avait réussi à former, par voie d'échanges, une collection à peu près complète des armes et des objets fabriqués par les indigènes.

Cette collection figurera au Musée d'ethnographie. Au point de vue anthropologique, la récolte était moins satisfaisante; mais un certain nombre de mensurations et de photographies n'en étaient pas moins venues grossir le bagage de M. Dècle.

Dès le 25 janvier, notre intrépide voyageur se prépare à partir pour le pays des Matabelé. Le roi Lo Bengula, chef des Matabelé et des Mashona, célèbre par sa cruauté, semble, pour le moment, assez bien disposé envers les Européens, et c'est une occasion qu'il ne faut pas perdre. M. Dècle croit, de plus, qu'à une quinzaine de jours de marche de Palapye existent des ruines qui n'ont jamais été explorées, et les résultats obtenus dans la région par M. Bent, de la Société d'archéologie de Londres, sont si merveilleux, qu'il tient à les égaler.

C'est de la capitale du roi Lo Bengula, Buluwayo, que M. Dècle nous donne de ses nouvelles, le 29 mars. Sa santé est un peu rétablie, et il compte pouvoir se diriger vers le Sud, quelques jours après. Il a réuni une collection presque complète des objets fabriqués ou en usage chez les Matabelé et pris sur leur roi des notes qui ne manquent pas de saveur.

Ce monarque, physiquement et moralement, est l'un des types les plus caractéristiques de l'Afrique centrale. Au physique, c'est un véritable colosse. Il a près de 1^m,80 de hauteur et sa corpulence est phénoménale. Ses seins ont le développement de ceux d'une femme et son ventre retombe en tablier sur ses cuisses. Pour tout costume il porte un certain nombre de peaux de singe attachées autour de sa taille. Sa physionomie est des plus expressives. Le nez aquilin, mais épaté en même temps, s'avance sur une bouche sensuelle aux lèvres pendantes ; ses yeux sont proéminents, tandis que son regard apparaît en quelque sorte voilé, avec une expression d'indéfinissable cruauté.

Que pensez-vous de ce portrait ? Je sais pour ma part gré à M. Dècle de l'avoir aussi remarquablement peint. Il est vivant.

Peu de souverains jouissent d'un pouvoir aussi absolu que celui de Lo Bengula. Cent mille sujets environ peuplent ses États, et il peut réunir une armée de 15 à 20,000 guerriers. La moindre faute est punie de mort. Il lui arrive parfois d'ordonner l'exécution de tous les habitants d'un village. Il épargne cependant, dans ces cas-là, les jeunes femmes et les enfants.

La plupart de ces assassinats sont dus aux sorciers. Les

indigènes, en effet, sont persuadés qu'aucun événement n'arrive naturellement. Qu'un homme ou un animal tombe malade, qu'un accident survienne, ou c'est qu'un « sort » a été jeté, ou c'est que l'esprit d'un ancêtre est irrité. On va donc consulter un sorcier, qui dénonce généralement quelqu'un comme l'auteur du « sort ». Le cas est soumis au roi qui exige, presque toujours, que le coupable soit mis à mort. En un mois M. Dècle a été témoin, dans les seuls environs de Buluwayo, de six exécutions de cette nature.

Les jeunes guerriers du pays ont fait tout ce qu'ils ont pu pour éviter que leur roi reçût M. Dècle. Sa Majesté n'a pas partagé leur haine momentanée des Européens et elle a accueilli notre compatriote avec bienveillance. Mais elle a été inflexible quand il s'est agi d'autoriser M. Dècle à photographier le pays ou ses habitants. Elle s'y est formellement opposée.

Le 1er mai 1892, M. Lionel Dècle se trouvait à Tati, pays des Matabeles, et il recevait, avec une joie que l'on apprécie alors même qu'on est peu éloigné de Paris, des nouvelles de France.

Il se reposait là des aventures qu'il avait courues dans le Matabeleland. Elles avaient été terriblement décevantes. A Buluwayo, M. Dècle avait perdu son fidèle compagnon de misère, son cheval, mort d'une maladie spéciale à cette partie de l'Afrique, une sorte de pleuro-pneumonie qui enlève les chevaux en quelques heures. C'est également à Buluwayo que notre explorateur avait retrouvé cinq de ses bœufs, laissés en arrière trois semaines auparavant. Quant aux autres, au nombre d'une trentaine, il les supposait perdus au milieu des forêts impénétrables qui couvrent la région. Il est probable que cette supposition se justifiera et que si les bœufs n'ont pas été volés, ils constitueront pour les voyageurs qui exploreront les forêts dont nous parlons un très appréciable gibier. A quelque chose malheur est toujours bon. Quant à l'explorateur, durant son séjour de deux mois à Buluwayo, il n'avait pas cessé de souffrir des fièvres épouvantables et de la dysenterie qu'il avait contractées à son retour du Zambèse.

Dans les moments d'accalmie il ajoutait de nouveaux renseignements à ceux qu'il possédait déjà sur les diverses races du Sud de l'Afrique. M. Lionel Dècle a-t-il toute la préparation voulue pour formuler une opinion sur l'origine de ces diverses races ou sur les rapports qui peuvent exister entre elles ? En tous cas il est certain qu'il rapportera aux spécialistes des éléments précieux, inédits, qui permettront d'envisager nettement les mœurs, les coutumes, l'histoire de ces peuplades et de tirer de ces faits nouveaux, de ces notes variées, des conclusions scientifiques sérieuses.

Là ne se bornaient pas toutes les ambitions du voyageur. Il avait l'intention très arrêtée de se diriger, en quittant le pays des Matabelé, vers le Nord-Ouest, du côté des sources de la rivière Tati, point où l'attiraient d'une manière presque irrésistible des ruines fort importantes qu'il souhaitait de relever. Il voulait ensuite, si sa santé n'y mettait pas obstacle, se rendre dans le Mashonaland, à 500 kilomètres environ au Nord-Est, et visiter d'autres ruines très célèbres auxquelles est suspendue la solution de problèmes intéressants pour l'ethnographie et pour l'anthropologie, les ruines de Zimbabye.

Le pays où se trouvent ces vestiges d'une civilisation ancienne est habité par les Mashona, tribus qui en furent les premières maîtresses et qui ont été battues et conquises par les Matabelé.

Ce voyage était extrêmement difficile, périlleux et délicat pour un missionnaire scientifique revêtu d'un caractère officiel. Il s'agissait, en effet, de s'engager sur des territoires où des pays comme le Portugal et l'Angleterre affirment contradictoirement leur prépondérance. C'est ici un cas analogue à celui des territoires contestés dans les Guyanes par le Brésil. Aussitôt qu'un savant, dépourvu de toute arrière-pensée, ne songeant qu'à cueillir une plante inconnue, à découvrir une route nouvelle, à dresser une carte utile à la géographie générale, aussitôt, dis-je, que ce savant, cet explorateur a fait quelques pas sur un territoire contesté, les agents diplomatiques s'émeuvent, échangent des notes et se voilent la face.

A lui tout seul, ce savant ou cet explorateur ne serait-il pas capable de conquérir au profit de son pays les territoires convoités? Aussi, n'est-ce pas sans surprise que nous avons pu constater la réalisation des plans de M. Dècle. Quand nous parlions de lui, dans le *Journal des Voyages*, nous imaginions, au contraire, qu'il ne mettrait pas les pieds sur les espaces qu'il se proposait de parcourir avant de rentrer en France, et qu'il se contenterait de revenir avec les collections et les renseignements qu'il avait si chèrement recueillis, par un chemin où des susceptibilités quelconques ne se dresseraient pas devant lui. Il lui serait loisible alors, dans notre pensée, de tirer parti de sa belle entreprise, d'en coordonner les résultats, de les publier et de montrer ainsi qu'un homme du monde, quand il est bien trempé, est capable de rendre à la science des services qu'elle attend parfois de spécialistes déterminés et professionnels, et qu'elle reçoit souvent d'hommes à la tête un peu chaude et qui n'ont pas toujours été exempts d'imperfections. Les voyages d'exploration purifient. On voit la vie sous un angle nouveau et on la considère de très haut, et comme quantité assez négligeable. L'abnégation, vertu rare dans les mondes civilisés, est à l'état de banalité chez les sauvages et chez ceux qui leur font visite. C'est une rude école que l'exploration et il est permis de regretter qu'elle ne soit pas l'objet d'une réglementation plus complète.

On a voulu souvent, en France, établir un centre où les hommes de bonne volonté se prépareraient aux dangers d'un voyage, se familiariseraient avec les connaissances et les principes spéciaux qu'il comporte. Des savants de premier ordre ont offert leur concours gratuit. Ils ont rédigé le plan sommaire des cours qu'ils professeraient. Tous ces efforts sont demeurés, jusqu'à présent, à peu près stériles, disions-nous. On n'aperçoit guère que la Commission des missions, au ministère de l'Instruction publique, comme ayant une relative jurisprudence. La plupart des départements ministériels organisent individuellement des missions. Il devrait y avoir une entente, et selon les cas la collaboration de chacun devrait être réclamée dans une plus ou moins large proportion. De cette façon, les crédits votés par le Parlement seraient probablement employés d'une manière plus profitable. Mais cette organisation imposerait la nécessité de créer un comité général chargé d'examiner les projets de missions, de les réduire ou de les développer ou d'en prendre l'initiative. A quel département serait rattaché le comité? C'est là le nœud gordien.

Depuis le moment où nous écrivions ces lignes, des progrès ont été réalisés; d'autres suivront.

Au Muséum d'histoire naturelle, à la date du 25 avril 1893, ont été inaugurés les cours.

Un compte rendu de ces cours a été magistralement rédigé par M. Filhol et a paru dans les *Nouvelles archives des missions*.

La concentration des missions ne s'est pas opérée, mais M. Dècle a poursuivi sa marche audacieuse et nous allons la suivre, à l'aide des renseignements nouveaux que nous possédons.

On se rappelle que M. Dècle voulait visiter les ruines de Zimbabye. Il y arriva. Mais il fut tellement frappé de ce qu'il avait vu qu'il résolut de pousser jusqu'à Fort-Salisbury, point extrême de l'occupation anglaise. Il y parvient également. Mais là, il réfléchit. Il ne se trouve qu'à une vingtaine de jours de marche du Zambèse, tandis qu'il lui faudrait deux mois pour retourner dans le Transvaal. N'est-il pas préférable d'aller de l'avant? Comme toujours, M. Dècle n'hésite pas. Il prend ce dernier parti et le voici pour la seconde fois sur le Zambèse. Oh! son voyage de

Salisbury à Zombo, à travers une région presque inconnue, n'a pas été sans difficultés. Les cinquante porteurs de notre compatriote ne sont pas d'une fidélité à toute épreuve. Un grand nombre désertent. M. Dècle ne s'en émeut pas. Les gens de la tribu de Sepolilo sont bien près de l'assassiner. Qu'importe? Il échappe à leurs embuscades et il s'installe à Zombo, d'où il écrit ses nouveaux projets, le 12 novembre 1892, réconforté qu'il est par l'accueil hospitalier d'un fonctionnaire portugais.

Et sa tête travaille, et son itinéraire se précise. Du Zambèse, il descendra jusqu'à Tete, à deux pas du lac Nyassa; il se considérerait donc comme très coupable s'il n'avançait pas jusqu'à ce point. Quel beau problème à résoudre, en effet, que de tenter la découverte des liens qui rattachent les populations de cette partie de l'Afrique aux tribus de l'Afrique du Sud! Mais ce n'est pas tout. Du lac Nyassa, pourquoi ne pas essayer de gagner Zanzibar par la voie de terre? Il est évident que ce ne sera pas sans périls. Il faut compter avec les circonstances. Est-ce que, dans les possessions allemandes de cette partie de l'Afrique, la route sera aisée, alors qu'on ne dispose pas de forces armées suffisantes pour se frayer un chemin à travers des peuplades en état d'hostilité ouverte? Misères que tout cela! Et M. Dècle fait avant tout son examen de conscience pour les entreprises qu'il a déjà achevées. — A-t-il bien rempli la mission qui lui a été confiée? Il l'espère; et nous estimons que ce n'est point une espérance vaine. Il a toujours eu présent à l'esprit l'objet de cette mission. Ne se contentant point de parcourir le pays d'un point à un autre, il a étudié successivement chaque région habitée par une race ou une famille différente et ses études se sont surtout portées sur les pays compris entre les 23e et 15e degrés de latitude sud. Ce territoire ne comprend à la vérité que l'Afrique *Centrale* du Sud proprement dite. On pourrait regretter, à la rigueur, que M. Dècle ne possède aucun document réellement sérieux sur les races de l'extrémité méridionale de l'Afrique, les Hottentots et leurs diverses familles.

Mais peut-on le lui reprocher? Il a commencé par le plus difficile, et croyez bien que pendant les vingt mois qu'a duré son voyage il n'a pas perdu son temps. Il ne regrette rien. Les privations, les fatigues qu'il a supportées s'envolent quand il dénombre les résultats qu'il a acquis.

Au point de vue des observations ethnographiques, il possède des renseignements détaillés sur les races suivantes :

Bechouana (ou Bushmen) (tribus nomades du désert de Kalahari);

Marutse et Matoka (sur les rives du Zambèse, à l'Ouest des chutes Victoria);

Amandabile (appelés vulgairement Matabelé);

Makalanga (Amashuina ou Mashona des Anglais).

Pour l'anthropologie, les documents de M. Dècle sont assez maigres. C'est qu'il a eu à lutter contre la superstition des indigènes, et c'est à grand'peine qu'il a pu prendre quelques mesures anthropométriques. Il lui a fallu des ruses de Peau-Rouge pour se procurer deux crânes des environs de la rivière Manyami et un crâne Makalanga. Mais il a complété cette récolte à l'aide de deux cent cinquante photographies et d'une soixantaine de types dessinés d'après nature. Ajoutons à ce total un relevé à la boussole de la plupart des contrées traversées par l'explorateur, les altitudes prises à l'anéroïde, quelques observations météorologiques d'autant plus rares que les instruments spéciaux, nous l'avons dit, avaient été brisés au début du voyage, et nous ne pourrons pas contester la merveilleuse constance des efforts de M. Dècle. N'oublions pas non plus des séries d'objets dépassant le chiffre de trois cents destinés au Muséum d'histoire naturelle et au Musée d'ethnographie.

Telle était la situation de la mission de M. Dècle, au mois de novembre 1892.

Le 20 février 1893, nous retrouvons M. Dècle à Chilomo, rivière de Shiré. Il y a planté sa tente depuis deux jours et il y apprend des nouvelles fort graves sur la situation des établissements anglais du lac Nyassa. Près de dix mille indigènes se sont soulevés au Sud du lac et ont attaqué les Anglais. Ceux-ci se sont réfugiés dans un petit fort, le fort Johnson, où ils ont été bloqués. L'un des Anglais, qui se trouvait là, a voulu se rendre à Blantyre pour chercher des secours ; mais il a été assassiné en route. Le commissaire général, M. H. H. Jonhston, s'est porté au secours du fort et s'est vu lui-même coupé de toutes communications avec le Sud. Blantyre est menacée. M. Dècle n'hésite pas cependant à s'y rendre. Il y est, le 6 mars 1893, et se propose d'atteindre le Nord du Tanganyka, de gagner le lac Victoria Nyanza et l'Agouda. Tout en préparant ainsi la suite de son aventureuse exploration, il regarde autour de lui. Il est frappé de l'organisation qui règne à Blantyre et il en reporte tout l'honneur à l'habile administration de M. H. H. Jonhston.

C'est un homme de trente-deux ans, rempli de qualités et secondé par des collaborateurs d'élite. En moins de deux années, des prodiges ont été accomplis, sous forme de voies de communications, d'installations pratiques, d'organisation générale. La région en vaut la peine. Elle dépasse en richesses tout ce que M. Dècle a vu jusqu'alors en Afrique. De nombreuses plantations de café s'étendent de toute part et donnent d'excellents résultats. Les Européens vivent on ne peut plus confortablement, et les indigènes sont assurés d'une justice qu'ils ne trouvent pas toujours ailleurs.

A Blantyre, il existe une mission écossaise. Elle est royalement installée. Les missionnaires ont bâti une église superbe. On se croirait en Europe, dans un pays où l'on n'aurait que faire de son argent.

Le 15 mars, M. Dècle est encore à Blantyre. Il constate que sur le Shiré l'accord le plus parfait existe désormais entre les Anglais et les Portugais, et que leurs fonctionnaires s'entr'aident mutuellement. L'expédition allemande du major Wissmann qui, sous le couvert de la société antiesclavagiste, allait établir un poste sur le lac Nyassa, a elle-même prêté son appui aux Anglais dans la guerre entreprise contre le chef Liwonde. M. Dècle, à ce moment, avoue qu'il a singulièrement étendu son programme. Mais s'il l'a fait, c'est qu'il lui paraissait impossible de se former une idée exacte des peuplades de l'Afrique sans établir des comparaisons. Et puis, il n'est point de voyageur qui ait encore entrepris un voyage s'étendant du cap de Bonne-Espérance au lac Tanganyka. M. Dècle tentera cette course inouïe. Suivons-le.

Le 23 mars, nous l'entrevoyons à Chizizuluy-Nassaland d'où il écrit : « Les Shire Higland sont l'idéal de ce qu'on peut rêver en Afrique comme climat, végétation et administration. » M. Dècle pousse toujours vers le Nord et se trouve le 26 avril 1893, au Nord-Ouest du lac Nyassa, à Karouga. Il exulte. Il va se diriger vers le Tanganyka. Il compte rencontrer au Sud-Est de ce lac des moyens de transport arabes qui lui permettront d'atteindre Ujiji où, grâce à de pressantes lettres de recommandation, l'hospitalité et l'appui du principal Arabe d'Ujiji, Mohamed-Ben-Halfan (Rumobia) lui seront acquis. Tout marche bien, si bien, que M. Dècle écrit la lettre suivante à M. Maunoir, secrétaire général de la Société de géographie de Paris.

Mpimbwe[1], Lac Tanganyka. (Afrique centrale.)
« 30 mai 1893.

Monsieur,

J'ai l'honneur de vous confirmer ma lettre n° 122/93 du 26 avril dernier, de Karouga au Nord du lac Nyassa. Là, je me suis arrêté juste le temps nécessaire pour recruter les soixante-quinze ou quatre-vingts porteurs dont j'avais besoin et je me suis mis aussitôt en route pour le lac Tanganyka. Pour y arriver, il faut gravir un haut plateau de près de 1,500 mètres d'altitude, — la ligne de

---

1. Mpimbwe est un point situé à la côte ouest du lac Tanganyka.

partage des bassins de la rivière Tshambezi (qui va se jeter dans le lac Bangouélo) au Sud, et des rivières qui vont se jeter dans le lac Rukoua au Nord.

La plus grande partie de ce plateau est très marécageuse, la température relativement froide et je souffris beaucoup des fièvres pendant la majeure partie de ce voyage.

En route, j'ai obtenu des renseignements assez intéressants sur un petit lac que les indigènes affirment exister vers l'endroit où la rivière Tshosi prend le nom de Tshambiz dans le pays des Awemba. — Personne n'a encore visité cette région et le temps me manquait, malheureusement, pour pousser jusque-là.

A Twambo j'ai eu des détails sur la mort du Français qui accompagnait le capitaine Trivier : son corps a été retrouvé après le départ du capitaine, et il a été, sans aucun doute, tué par les indigènes. Le malheureux avait partiellement perdu la raison.

J'ai pu prendre de nombreuses observations topographiques de ma route et j'ai les bases d'une bonne carte, sauf des derniers 50 kilomètres pendant lesquels j'étais trop malade pour prendre la moindre observation.

Je suis arrivé à Kiluta, sur le lac Tanganyka, le 22 mai. Là, j'ai trouvé deux dhows arabes appartenant à Suliman-Ben-Hamiss et à Mahomed-Ben-Herthman, sur le point de partir pour Ujiji : j'ai conclu un arrangement avec eux pour me conduire avec mes hommes et bagages à Ujiji, et le 26 mai nous nous sommes mis en route. Le lac Tanganyka est très pittoresque, beaucoup plus que le lac Nyassa : ses rivages sont bordés de collines recouvertes d'une épaisse végétation ; à leur base d'énormes rochers de granit blanc plongent dans le lac. Les eaux sont bien moins agitées que celles du Nyassa ; nous voyageons presque toujours de nuit, les indigènes étant peu hospitaliers et mes Arabes craignant une attaque. Je le regrette, car cela m'empêche de prendre des positions topographiques.

Je vous écris ces quelques lignes, les dernières que vous recevrez de moi d'ici bien longtemps car nous devons coucher demain à Karema, station missionnaire des Pères d'Alger, et j'en profiterai pour leur remettre un courrier. Dans quelques jours je serai à Ujiji et, ensuite, mes mouvements sont absolument incertains : ou bien j'irai directement à Zanzibar par Tabora et l'Ugogo, ou bien je pousserai jusqu'au lac Victoria Nyanza et l'Ouganda ; cela dépendra de l'état du pays, des Arabes et de ma santé. Je suis à peu près remis de ma dernière attaque de fièvre, mais je me ressens toujours beaucoup des privations dont j'ai eu à souffrir dans le désert de Kalahari.

Ne comptez point, à présent, recevoir de mes nouvelles avant la fin de l'année, c'est-à-dire avant mon arrivée à Zanzibar, lorsque j'aurai effectué la seconde traversée de l'Afrique accomplie par un Français.

Agréez, etc., etc.

Les espérances apportées en France par cette lettre devaient être bientôt confirmées. M. Maunoir recevait, en effet, quelques jours après, les renseignements de date plus récente qu'on va lire, écrits comme les précédents de la main de M. Dècle :

Ujiji, 5 juin 1893.

Monsieur,

Je n'ai pu, ainsi que j'y comptais, vous envoyer ma lettre du 30 mai dernier par les missionnaires de Karéma.

Nous y sommes arrivés par un vent épouvantable et les lames étaient tellement grosses que nous ne pûmes aborder.

Je suis arrivé hier à Ujiji horriblement malade : de fait, depuis que je vous ai écrit, le 30 mai, j'ai été pris d'une attaque de fièvre bilieuse très violente qui m'a complètement mis sur le flanc.

Ce qui y a beaucoup contribué a été la manière dont les Arabes voyagent sur leurs bateaux, s'arrêtant seulement une fois toutes les 24 heures pour manger, et aux heures les plus impossibles et les plus irrégulières ; sans parler de la privation du sommeil, qu'il m'était impossible d'obtenir plus d'une heure ou deux à la fois. Enfin, je suppose qu'une huitaine de jours de repos me remettront sur pied.

J'ai trouvé la réception la plus cordiale chez les Arabes d'ici. Ujiji est une ville essentiellement arabe, avec marché (le premier que j'aie encore vu en Afrique), des maisons arabes et un nombre infini de riches Arabes.

Parmi ces derniers, Mohamed-Ben-Halfan-Rumaliza — auprès duquel je suis arrivé bien accrédité — est le plus puissant et peut être considéré comme le véritable souverain de la région comprise entre le lac Tanganyka et le pays des Manyéma. Il m'a reçu de la manière la plus cordiale, mettant un « tembé » (maison) à ma disposition, m'envoyant d'excellente nourriture, bref me donnant l'hospitalité la plus libérale.

C'est avec lui que le capitaine Jacques et les missionnaires d'Alger sont en guerre. Je ne connais pas assez la question pour en juger. Depuis mon arrivée ici ce n'a été qu'une procession constante de tous les Arabes de marque venant me rendre visite.

D'après ce que je vois, je n'aurai pas la moindre difficulté à organiser une expédition pour l'Ouganda ou Zanzibar et je recevrai toute l'aide possible des Arabes. Ma destination future dépendra donc de ma santé. Mais bien que les fièvres dont je souffre depuis près d'un mois m'aient beaucoup affaibli, je suis certain d'être sur pied d'ici huit jours. En tous cas, je compte rester ici environ un mois.

Je profite, pour vous envoyer cette lettre, de l'occasion d'une caravane qui part pour Tabora demain.

Agréez, etc., etc.

Si ces documents personnels n'avaient pas rassuré tous ceux qui s'intéressent au succès des explorations françaises, les réflexions que nous allons reproduire et qui émanent d'un personnage très bien informé et très puissant à Zanzibar eussent dissipé toute inquiétude.

« Si le très long et très périlleux voyage que vient d'accomplir M. Dècle, dit ce personnage, l'a un peu épuisé, quelques jours de bon repos lui rendront ses forces et il pourra mener à bonne fin la plus utile et la plus belle exploration qui aura été faite dans l'Afrique Centrale.

« M. Dècle n'a pas eu besoin, comme Stanley, d'une armée pour traverser ces contrées; il a su résoudre seul les difficultés sans nombre qu'on rencontre dans les pays non encore explorés. Il a bien mérité de la France en faisant aimer les Français. Je pense qu'après les guerres qui viennent d'avoir lieu dans l'Afrique Orientale, nous allons entrer pour quelque temps dans une période d'apaisement et que M. Dècle pourra facilement terminer son voyage.

« Les Allemands ont à peu près réussi dans le Kilimandjaro. Leur ennemi Meli s'est retiré dans la montagne et a refusé le combat ; une garnison suffisante sera laissée dans le pays, mais il est à craindre que Meli reprenne les hostilités dès qu'il se croira assez fort.

« A Witou, les Anglais ont brûlé les deux villages de Poumouani et de Djoungueni, situés à environ 8 et

12 kilomètres de la côte ; les indigènes avaient abandonné ces villages et reviendront à la première occasion.

« A Kismayou, près du Juba, un officier anglais, M. Hamilton, a été tué par les indigènes. Une partie de la population et de la garnison a passé le fleuve ; ils sont maintenant sur le territoire des Somali, dans le pays des Benadir cédé dernièrement aux Italiens.

« La Société commerciale qui doit exploiter les Benadir est formée, et son directeur, M. Filonardi, doit partir très prochainement à bord du *Stafetta*, navire de guerre italien qui stationne depuis quelque temps à Zanzibar ».

Les prévisions optimistes que nous venons de lire n'ont pas été infirmées. Le 19 août 1893, M. Dècle était à

Tabora, qu'il avait rejoint par une route nouvelle, à travers le pays des Wahha, très au Nord des routes suivies par les voyageurs qui l'ont précédé sur ces territoires. Il n'en avait pas moins éprouvé de grandes difficultés. A différentes reprises les indigènes Wahha avaient tenté de le dévaliser; ils avaient même fini par piller son camp, à la faveur d'une nuit très obscure, et à lui enlever une foule d'objets intéressants et deux fusils.

En nous faisant part de ses mésaventures, M. Dècle ajoutait qu'il avait rencontré, près de la rivière Malaglarazi, une expédition du gouvernement allemand, se rendant à Ujiji, sur le lac Tanganika, avec 100 soldats et un canon.

C'était une expédition d'enquête, organisée dans un sentiment des plus pacifiques. Il s'agissait simplement de savoir si les plaintes des Arabes, plaintes nombreuses, contre le capitaine Jacques, de l'État libre du Congo, et contre les missionnaires français établis à Karéma, sur le lac Tanganyka, en territoire allemand, étaient fondées. Quelles ont été les conclusions de cette enquête? Nous n'en savons rien. Ce que nous pourrions regretter, c'est la tendance, un peu trop forcée même pour des nègres, des représentants des sociétés anti esclavagistes qui proclament comme des collaborateurs essentiels Dieu et ses représentants sur le Tanganyka.

A Urambo, M. Dècle voit le fils de Mirambo, qui lutta avec succès contre Stanley dans sa première expédition à la recherche de Livingstone. Il est reçu convenablement par ce potentat, qui montre avec orgueil le collier formé par son père de quatre-vingts dents humaines ! Chaque dent provient d'un Arabe tué par Mirambo !

Entre Urambo et Tabora, M. Dècle est pris d'une attaque violente de fièvre hématurique. Il souffre horriblement, supporte son supplice sans désespérer et se fait transporter en hamac à Tabora, où il est reçu cordialement par les Allemands. Il y apprend que six mois auparavant ses hôtes sont parvenus, après deux jours de siège, à se rendre maîtres de la forteresse de Sikki, chef usurpateur de l'Unyanyembé et qui était la terreur des caravanes. C'était un caractère, que ce Sikki. Se voyant vaincu, il a coupé le cou à toutes ses femmes, et il a ensuite tenté de se suicider en mettant le feu à un baril de poudre. Il ne réussit qu'à se brûler horriblement et, capturé par les Allemands, il fut pendu haut et court.

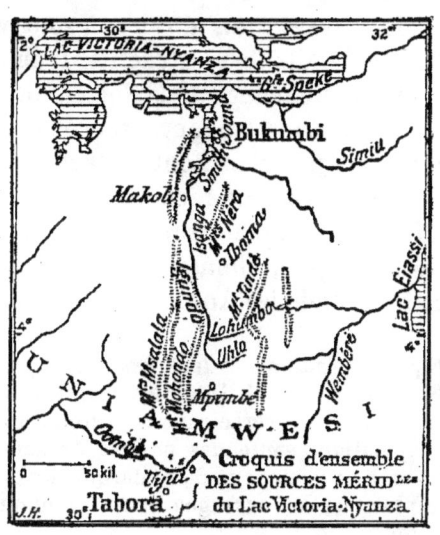

M. Dècle ne s'éternise pas à Tabora. Le 26 septembre 1893, il est à Muanza, — extrémité sud du lac Victoria Nyanza. Les circonstances l'ont favorisé. Partout il est accueilli par les indigènes. Pas un homme de sa caravane ne l'abandonne. Chemin faisant, il recueille une foule d'objets qui enrichiront le Musée d'ethnographie. Son itinéraire lui fait découvrir tout un système de cours d'eau, non encore relevés, qui forment les sources les plus méridionales du Nil. Il en tire cet enseignement : que le bassin du Nil s'étend jusqu'au 4e degré de latitude sud.

M. Dècle fait un tableau peu réjouissant des territoires qui s'étendent de Tabora au lac Victoria Nyanza. Le pays est d'une aridité navrante. C'est partout un sol de sable ondulé où les habitants font à grand'peine pousser un peu de millet et de maïs. L'eau manque absolument ; les quelques rivières que l'on rencontre sont à sec pendant les trois quarts de l'année, et les indigènes, comme s'il s'agissait du Sahara, sont forcés de creuser des puits pour se procurer de quoi désaltérer bêtes et gens.

La partie sud du lac Victoria Nyanza consiste en un amoncellement de pierres et de rochers et n'est pas moins aride que les plaines.

Le commerce systématique des esclaves n'existe point sur le lac Victoria Nyanza comme sur le lac Tanganyka.

Nous supposons que M. Dècle a réuni sur la façon dont les divers États d'Europe sont représentés dans ce pays des détails fort instructifs. Il ne manquera pas, dans une solennelle séance de la Société de géographie, de nous les confier. En attendant, espérons que ce rude pionnier accomplira jusqu'au bout la tâche qu'il s'est imposée et que nous le verrons bientôt à Paris.

Il nous expliquera sans doute sur quelles raisons supérieures il appuie l'hommage persistant qu'il adresse à nos excellents amis les Anglais et les Allemands.

Nos suppositions étaient exactes, et nos espérances se sont réalisées en partie. M. Dècle a terminé heureusement son voyage et, après avoir traversé sans encombre l'Ouganda en guerre avec les populations soutenues par les Anglais, il a pu rapporter de précieuses collections et de remarquables documents. Nous n'attendons plus que les ouvrages et les communications verbales qu'il nous doit.

AU SAHARA

I

Voyages sahariens de M. Foureau (1876-1892). — La Compagnie de l'Oued Rirh. — L'excursion de 1883. — La route de Hassi-Tamesguida à Hassi-Gara. — Opposition sourde des Chambba. — Récits de brigands. — Les cratères d'Aïn-Teïba. — Les tombes de quatre Oulad Sahïa. — Modification de l'itinéraire. — Un guide du colonel Flatters. — Changement de direction. — La vallée de l'Oued Mya. — Possibilité de l'installation d'un chemin de fer. — Hassi-Gara. — Les dernières étapes. — Arrivée à Ouargla. — Un itinéraire précis.

C'est encore de l'Afrique que nous allons entretenir nos lecteurs; mais de l'Afrique saharienne, cette fois, de ces régions que M. Foureau a parcourues, qui sont pour lui un domaine de prédilection et dans lesquelles son influence active a préparé à la France des succès pacifiques et féconds.

Il y a bientôt vingt années que M. Foureau a marqué la trace de son passage sur les sables du désert. En 1876-1877, il accomplissait, accompagné de M. Louis Say, un voyage dans l'extrême Sud algérien et il visitait Laghouat, le Mzab, Ouargla, etc., etc. Le Sud des trois départements de notre colonie devenait son objectif en 1878, et c'est ainsi qu'il se rendait successivement à Brézina, à El Abiod Sidi Cheik, à El Mahïa Tadjeroum, à El Haouita, à Laghouat, à Ouargla et à Touggourt.

M. Foureau ne se bornait pas, à cette époque, à une visite uniquement géographique. Il voulait tirer parti, au point de vue pratique, des périlleuses courses qu'il avait faites. Aussi acheta-t-il quelques palmiers qui devinrent presque aussitôt la base d'une société dont les progrès ont été rapides et fructueux. Il s'agit de la Compagnie de l'Oued Rirh, à la tête de laquelle sont placés, comme M. Foureau, MM. Fau et A. Foureau. Cette compagnie a pris des développements considérables, grâce à la direction énergique qui lui a été imprimée. Les sondages et les plantations qui ont été exécutés par elle ne se comptent plus. C'est la vie qui a succédé à la mort, ce sont les sables qui se sont transformés en oasis. Pendant près de cinq années, les efforts ont été constants et se sont multipliés sous l'impulsion de M. Foureau. Ils ont abouti à merveille; et dès que M. Foureau a vu fleurir ce qu'il avait si soigneusement semé, il a de nouveau songé aux voyages et s'est dirigé vers ce Sahara mystérieux pour lequel on s'éprend de violente passion.

A la fin de décembre 1882, M. Foureau quittait Biskra et se trouvait, le 1er janvier 1883, à Touggourt, n'attendant plus, pour aller plus avant, que les ordres du ministère de l'Instruction publique, dont il avait reçu une mission officielle et gratuite. M. Foureau se proposait d'atteindre au moins Hassi-Meysseguem, soit par la voie de l'Erg, soit par les routes de l'Ouest.

Les événements et surtout les hommes ont empêché, comme on le verra, la réalisation de ce programme, qui n'a été accompli qu'à moitié. Il n'en est pas moins vrai que M. Foureau a rapporté de son voyage un relevé précieux de la route comprise entre Hassi-Tamesguida, Hassi-Ghourd-Ouled-Iaïch et Hassi-Gara, route que n'avait encore jamais suivie aucun Européen.

Il avait quitté Touggourt, le 6 février 1883. Dès son arrivée à Ouargla, le 11, il priait l'agha de lui donner pour guide Sliman-ben-Mabrouk, homme du Maghzen, qu'il connaissait depuis longtemps et très familier avec les routes du Sud. Mais l'agha n'avait pas reçu d'ordres et se refusa à prendre la responsabilité d'une décision favorable.

M. Foureau se passera de Sliman-Ben-Mabrouk. Il part, avec des guides Chambba, recrutés à Touggourt et qui n'ont de notions précises que sur la route de l'Est. Or, la direction prise par l'explorateur est Est-Sud-Est! Il espère découvrir parmi les tribus campées au Sud les guides spéciaux qui lui sont utiles.

Un extrait du carnet de route de M. Foureau, publié vers la fin d'avril 1883, donne jour par jour, heure par heure, pour ainsi dire, tous les détails de cette traversée émouvante d'un territoire varié d'aspect. Le 15 février, après avoir franchi un chaos confus de guentra, de houd, de sahun, M. Foureau atteint Hassi-Mjeïra, le « Puits de la Chaux », situé au milieu d'un magnifique haïchat, où se développe une abondante végétation. Un peu dans l'Est de cette route passe le chemin qu'avait choisi la première mission Flatters. M. Foureau s'arrête à Hassi-Mjeïra et y séjourne en attendant deux hommes des Chambba-Ouled-Smaïl, qui doivent le rejoindre en qualité de guides. Il se met en rapport avec des Chambba d'El Goléah, campés aux environs du Puits de la Chaux, et il écoute les choses fantastiques qu'ils racontent à son escorte. Les Chambba d'El Goléah ont été prévenus, assurent-ils, du voyage de M. Foureau, que la chronique du Sahara envoie tantôt à In-Salah, tantôt à Ghadamès, au Haggar, au Soudan! Ceux qui sont les mieux informés affirment qu'il a reçu la mission de rechercher et de rapporter les ossements blanchis du colonel Flatters et de ses compagnons.

Les guides de M. Foureau, troublés par ces récits ou complices des conteurs, essayent de lui prouver qu'ils ont une peur terrible d'un certain Ouled-Bou-Rahala, récemment évadé de la prison de Touggourt où il avait été incarcéré à la suite de nombreux assassinats. Ils prétendent que cet homme sillonne le Sahara avec son frère et que tous deux ont rassemblé quelques bandits de leur espèce qui constituent un parti de brigands redoutable. L'éloquence des compagnons de M. Foureau ne le touche pas. Il sait que son escorte appartient à la même fraction de tribu que les brigands dont il s'agit et que par conséquent l'escorte ne peut en avoir peur. Il fait donc la sourde oreille et se prépare à grimper sur le ghourd qui se trouve au Sud du puits, à environ 1,890 mètres. Cette ascension est fatigante. La chaleur est extrême et la marche est dure sur les arêtes qui permettent l'accès du sommet du ghourd. Durant cette expédition, M. Foureau recueille un détail assez intéressant. Son guide lui fait confidence que les indigènes ont de la poudre « comme de la laine », et qu'ils tirent cette substance, qui doit être du fulmi-coton, du Nefzaoua. Rien d'étonnant à cela, puisque la poudre ordinaire elle-même est obtenue de la même façon.

Le lendemain, à la chaleur suffocante a succédé un froid très vif. Deux millimètres de glace couvrent le sol. L'expédition se dirige obliquement vers l'Est, à la recherche de tentes dont les propriétaires pourront peut-être donner des nouvelles des deux guides attendus à Mjeïra et qui ne sont point venus. Enfin, près de Hassi-Djeribïa, les hommes de l'escorte amènent à M. Foureau deux Chambba des Ouled-Douï qui conduiront la caravane au moins jusqu'à Aïn-Teïba. M. Foureau n'est pas convaincu.

M. Foureau avait parfaitement raison de ne pas prendre pour des paroles d'Évangile ce que les deux Chambba des Ouled-Douï lui disaient à Hassi-Djeribia. Il sentait dans leurs réticences une volonté très arrêtée de ne point dépasser la ligne de l'Erg et il constatait de leur part une crainte réelle de guider un Européen seul dans un pays où l'on peut rencontrer des tribus hostiles aux blancs.

M. Foureau donne à cet égard le texte précis de leur

conversation. Une caravane des Ouled-Ba-Hammou, chargée de plumes d'autruches et de cotonnades, racontent

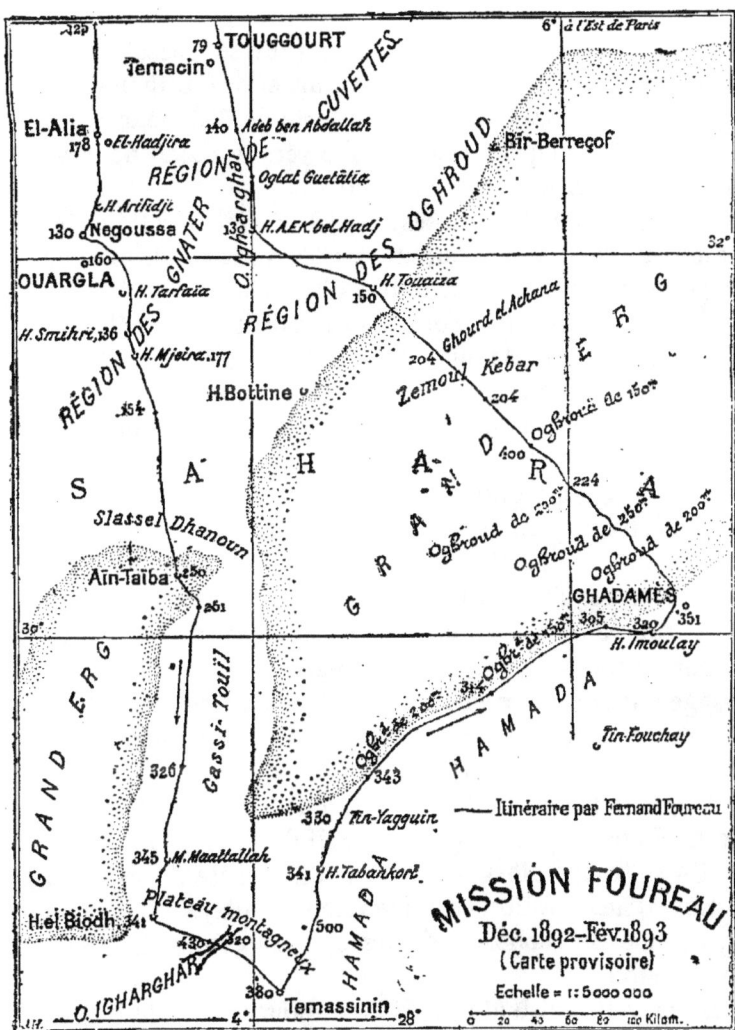

les deux Chambba, se rendait à Ghadamès. Attaquée par quelques Touareg de Ghadamès, la caravane a eu six de ses hommes tués. Pour se venger, les Ouled-Ba-Hammou ont organisé un Ghezzou de cent vingt hommes et ils ont tué un Kébir des Touareg Azgar du nom d'El Hadj-Brahim.

A la suite de ces événements (qui se passaient en décembre 1882), les Touareg Azgar et les Djibalïa ont organisé à leur tour une colonne forte de 600 méhara qui a dû marcher ou qui est en marche vers In-Salah pour se venger sur la ville même en la pillant.

Tel est l'état des choses, le 18 février 1883; et les Chambba disent à M. Foureau : « Tu veux te diriger sur des points situés sur le Medjebed d'In-Salah à Ghadamès; eh bien! pour les raisons que tu sais maintenant, ce Medjebed n'est pas sûr et il nous est impossible de t'y conduire. »

Ce discours ne modifie pas les intentions de M. Foureau. Il poursuit sa route en avant pendant 36 kilomètres et campe avec sérénité au pied de l'une des Dunes qui forment la chaîne dite : Slass-el-Dhanoun. Il atteint le Feidj Torba, à quarante kilomètres plus au Sud. A partir de ce point, ou plutôt d'un puits nommé : Hassi-Djeribia-Djedida, le pays prend l'aspect absolument désertique. On n'y rencontre plus aucune trace de chameaux; les touffes d'herbes sont vierges. C'est à peine si l'on relève le passage d'un ou deux méhara montés. Mais en ce cas, ces méhara appartiennent à des chasseurs qui gagnent l'Erg pour y traquer les antilopes.

A une quinzaine de kilomètres plus loin, la route suivie par M. Foureau entre dans le massif de l'Erg proprement dit. On se trouve alors au milieu d'un véritable système de montagnes à altitudes relativement faibles et dont le sol, au lieu de roche ou de terre, n'est composé que de sable meuble.

La marche est lente et difficile dans ce terrain fuyant et ce n'est que fort tard, le 22 février, que M. Foureau s'installe à Aïn-Teïba.

Le spectacle est curieux. Imaginez un cratère, à bords

éboulés, de 150 à 200 mètres de diamètre en haut, dont le fond forme une masse circulaire pleine d'eau et bordée d'une enceinte de roseaux, d'où émergent cinq ou six dattiers aux troncs noircis par les incendies que les Arabes allument. Du niveau de l'eau au niveau moyen des sables du sommet, il y a environ 18 mètres de différence. Le sommet de la paroi est n'est bordé que de pierres de calcaire gréseux, brisées et éboulées. Tout le reste est du sable. Des touffes d'azal tapissent les parois du cratère.

Pour abreuver les caravanes, ajoute le carnet de M. Foureau, on creuse un trou dans les roseaux du bord de la mare et on obtient une eau qui est excellente, bien qu'elle emprunte aux roseaux qui s'y baignent un goût assez prononcé.

A deux ou trois cents mètres au Nord et de l'autre côté d'une dune allongée, M. Foureau s'arrête devant un second cratère un peu moins important que celui du Sud et comblé en partie par les sables. Il paraît que, jadis, ce réservoir contenait de l'eau. C'était à une époque où l'Aïn-Teïba actuelle n'existait pas. A sa place s'élevait un grand ghourd qui se serait subitement effondré et aurait cédé la place à une eau absolument limpide. En même temps que ce phénomène se produisait, au dire des Arabes, le premier cratère s'était subitement tari, et la légende assure, nous conte M. Foureau, qu'un berger se trouvant juste à point au sommet du Ghourd aurait été englouti avec lui.

Ce qui n'est pas une légende, ce sont les tombes de quatre hommes des Ouled Saïa tués en 1878. Ces tombes ont été creusées sur la bordure du cratère, à l'Ouest et à l'Est. Les pieds et les mains de leurs habitants sortent de terre et ont conservé leur peau qui est admirablement desséchée et parcheminée.

C'est près de ces sépultures que M. Foureau rencontre cinq chasseurs Chambba d'El Goléah et qu'il entame, avec eux et avec ses guides qui refusent toujours d'aller plus loin dans la direction du Sud, un conciliabule sérieux.

M. Foureau dégage de sa longue conversation les constatations suivantes : il n'y a pas de route facile par les Feidj de l'Erg, entre Aïn-Teïba et Hassi-Meysseguem, route que M. Foureau voulait parcourir. Dix journées de marche, de 30 kilomètres seulement, en raison des difficultés que présentent les Oghroud et les Siouf, seraient indispensables. On pourrait peut-être franchir ces trois cents kilomètres en un peu moins de cinq jours à l'aide de méhara, mais non avec des chameaux chargés. Disons à ce propos que l'une des plus longues courses et des plus rapides fournies par un méhari est le trajet de Hassi-Ghourd-Ouled-Iaïch à Hassi-In-Essekki que le cheik Ben-Boudjema a accompli en deux jours. Ce trajet compte 300 kilomètres environ.

Le résultat de l'examen soigneusement conduit par M. Foureau modifie ses plans. Il décide qu'en présence de la situation, il ne peut que remonter au Nord jusqu'à Hassi-Djeribia Djedida. De là il gagnera Hassi-Ghourd-Ouled-Iaïch, dans le Sud-Ouest. Le voilà parti et le 3 mars nous le trouvons dans le Houdh-El-Akka, à 34 kilomètres de Hassi-Djeribia Djedida. C'est en ce lieu, qui nourrit une belle végétation de Dhamran, que nos goums ont attaqué les hommes de Bouchoucha, pendant que le général Lacroix commandait à Ouargla. A cette époque, les Chambba étaient tous avec le chérif, au moins de cœur, dit M. Foureau. Aussi gardent-ils une haine profonde aux Mkhadema et aux Saïd-Heuteba qui faisaient partie des goums fidèles et se battaient contre Bouchoucha.

A Tamesguida, le 4 mars, M. Foureau reçoit la visite du cheik des Chambba Aberreh, Ahmed-Ben-Ahmed-Ben-Cheik. Cet excellent homme insiste sur les dangers que court le voyageur et réédite les histoires de brigands que l'on connaît, brigands marchant sur In-Salah. Dans l'entourage d'Ahmed figure Cheik-Ben-Boudjema, ancien guide du colonel Flatters. M. Foureau lui demande de le guider jusqu'à Hassi-Meysseguem par El-M'ssyed; Ben-

Boudjema ne résiste que pour la forme. Il ne veut rien conclure avant d'avoir conféré avec Ahmed qui va camper près de Hassi-Chambbi. Sa réponse est donc remise au lendemain; mais il est dès à présent convenu que M. Foureau prendra des vivres pour trois hommes et pour quinze jours et que, guidé par Ben-Boudjema, il ira jusqu'à Hassi-Meysseguem avec des méhara et qu'il ne se fera pas escorter par des chameaux de bât.

M. Foureau est tenté de croire que tout maintenant va marcher à souhait. Il n'est pas au bout de ses peines.

Le 5 mars, à la nuit tombante, au moment où M. Foureau faisait ses préparatifs de départ pour Hassi-Meysseguem, le maghzeni d'Ouargla, Sliman-Ben-Mabrouk, se présente devant lui.

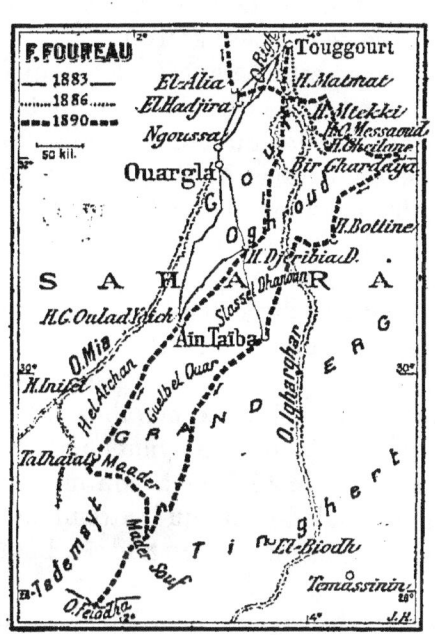

Il est envoyé par l'agha, en toute hâte, près du cheik Ahmed. Une horde de 200 cavaliers des Ouled-Sidi-Hamza est, en effet, signalée comme étant partie du Gourara dans la direction de l'est. On ignore leurs intentions, le point qu'ils visent et le point où ils sont. Mais il est important de se tenir sur ses gardes. C'est pourquoi le commandant supérieur de Ghardaïa a fait prévenir les chefs indigènes.

Répondant à l'invitation qui lui a été faite, M. Foureau campe le lendemain à deux kilomètres des tentes d'Ahmed-

Ben-Ahmed. Le cheik vient le voir avec tous ses amis et une conversation s'engage. « Ahmed, écrit M. Foureau, craint pour moi. Les routes du Sud sont « les chemins de la peur ». Le voyageur lui demande de laisser Cheik-Ben-Boudjema libre de le suivre et de le guider; il lui promet de lui laisser entre les mains une lettre de décharge déclarant qu'il ne prétend le rendre en aucune façon responsable de ce qui peut arriver.

Ahmed est hésitant. La lettre qu'il a reçue la veille du commandant de Ghardaïa a redoublé ses craintes. Il voudrait un ordre du bureau arabe qui lui enjoindrait de donner un guide à M. Foureau. En somme, le cheik n'entend assumer la moindre responsabilité et finit par quitter M. Foureau sans que celui-ci ait obtenu de lui rien de satisfaisant.

Quant à Cheik-Ben-Boudjema, appelé près de M. Foureau, dès le départ d'Ahmed, sa réponse est nécessairement négative. Il se joindrait à notre explorateur avec grand plaisir; mais il n'ose marcher sans l'approbation de son cheik. M. Foureau, n'ayant aucun moyen de vaincre cette résistance, se résigne à continuer sa marche sur Hassi Ghourd-Ouled-Iaïch qu'il atteint le 10 mars. Malgré son désir de pousser plus au Sud, M. Foureau se voit contraint de retourner au Nord. Ses guides sont tellement apeurés qu'ils refusent de marcher jusqu'à Hassi-Inifel qu'on aperçoit à une courte distance. Ils ne veulent pas davantage le guider jusqu'à El-M'ssyed, parce qu'ils redoutent les bandits dont on leur a parlé et parce que, prétendent-ils, il n'y a pas d'eau.

C'est par un temps menaçant et glacé que la caravane poursuit sa marche vers le Nord, le 11 mars, sur un plateau formé d'une succession de petites cuvettes. Après une course de vingt kilomètres, la pluie tombe avec une telle violence qu'il faut faire halte, pour repartir le lendemain et arriver en vue de la vallée de l'Oued Mya. Cette vallée s'étend libre, en apparence, de tout obstacle. Droit devant les voyageurs se dresse au loin Gara-Mehaïguen. Après trente-huit kilomètres d'escalade à travers les seuils peu élevés de deux petites chaînes de Gour, l'expédition s'arrête à l'extrémité d'un pâturage. Elle est entourée de buttes couvertes de tamaris et se trouve à six kilomètres nord-est d'une plaine verdoyante que les Chambba nomment Haï-chat-Mezebela. Les Chambba y ont creusé un puits qui porte le même nom que la plaine et qui compte, jusqu'au niveau de l'eau, six mètres de profondeur. Après avoir traversé la chaîne de Gour, à 15 kilomètres de son point de départ, M. Foureau passe auprès d'Hassi-Toumïet. Ce puits, qui a neuf mètres de profondeur, a été creusé l'année précédente au pied d'un mamelon rocheux et fourchu qui lui a donné son nom. Il est éloigné de trente-cinq kilomètres d'Hassi-Gara.

M. Foureau déclare que les Gour Berrouba, Nekhbiba, Si-Mohamed-Moussa, El-Beïda, Mehaïguen, Boukheira, la série des Gour Thyar, peuvent être considérés comme des fragments de la berge de droite de l'Oued Mya, ou du moins comme la limite un peu indécise, à l'Est, de la plaine qui borde le thalweg plus ou moins apparent de l'Oued Mya. Cette indication a son importance lorsque s'y ajoute la certitude que, depuis Hassi-Ghourd-Ouled-Iaïch, la route se prête facilement à l'établissement d'un chemin de fer. Tous les Gour et Siouf franchis par M. Foureau peuvent être évités, en effet, par des détours dirigés à l'Ouest de la route qu'il a suivie.

Au Sud du Hassi-Ouled-Iaïch s'étend à perte de vue la Hamada, c'est-à-dire un sol rocheux. Les indigènes assurent que ce terrain ne se modifie point jusqu'à El-M'ssyed ; par conséquent, dit M. Foureau, pas d'obstacles sur cette partie du trajet. Il resterait à examiner la portion comprise entre El-M'ssyed et Hassi-Meysseguem ; car plus au Sud on sait que la route du Niger se déroule sur de vastes plateaux de sable et de gravier, au moins jusqu'à Timissao.

En recueillant ces observations fort intéressantes,

M. Foureau ne manquait pas de visiter Hassi-Gara, qui a une profondeur de 7^m,70 jusqu'au niveau de l'eau dont la température est de 22°,5 centigrades. Entièrement creusé dans la roche calcaire, ce puits contient 0^m,50 d'épaisseur d'eau d'assez bonne qualité, bien qu'inférieure à celle des puits plus au Sud.

Nous retrouvons M. Foureau, le 15 mars, supportant de 6 à 11 heures du matin une pluie abondante. Dans l'après-midi, note-t-il sur son carnet, le soleil perce un peu les nuages épais et la chaleur devient accablante et humide. Le thermomètre n'accuse que 18 degrés. Cela ne doit être attribué qu'à la présence de la vapeur d'eau dans l'air, phénomène qui ne se produit pas d'ordinaire au Sahara et qui fatigue beaucoup les organismes habitant depuis longtemps les pays secs.

M. Foureau passe successivement, le 16 mars, par le travers et à l'Ouest des Gour Nekhbiba, Berrouba, Kouif-El-Lahm, Tarfaïa et Mkhadema. Le 17, il marche droit sur le Gara Krima et se trouve enfin dans le lit même de l'Oued Mya ou Oued Ouargla, encombré de dunes de petite dimension. La caravane touche à Rouissat et elle arrive à Ouargla saine et sauve.

Comme on le voit, M. Foureau n'avait pas perdu son temps à aucun point de vue. Un renseignement, qui peut être profitable à nos lecteurs désireux de parcourir le désert, est l'itinéraire de Ghadamès à In-Salah, recueilli par M. Foureau de la bouche de l'un de ses guides. Cet itinéraire comporte vingt jours de route et 585 kilomètres.

De Ghadamès à Hamma, eau — 45 kilomètres. De Hamma à Timfouchaï, eau — 45 kilomètres. De Timfouchaï à Bir-Naïli, eau — 45 kilomètres. De Bir-Naïli à El-Melah, eau — 30 kilomètres. D'El-Melah à la Zaouïa de Sidi-Moussa, eau — 120 kilomètres. De Zaouïa-Sidi-Moussa à Tensik, eau — 120 kilomètres. De Tensik à El-Hadjadj, eau — 30 kilomètres. De El-Hadjadj à

Zériba, pas d'eau — 50 kilomètres. De Zériba à Feras-Mellil, pas d'eau — 50 kilomètres. De Feras-Mellil à In-Salah, eau — 50 kilomètres.

Pour une caravane, cette route se décompose ainsi qu'il suit : De Ghadamès à Bir-Naïli, cinq jours; cinq jours de Bir-Naïli à la Zaouïa de Sidi-Moussa; cinq jours de cette halte à El-Hadjadj; enfin cinq jours de ce dernier point à In-Salah.

II

Projet de traversée du Sahara jusqu'au Soudan. — Rapport de M. Duveyrier. — Un voyage à l'Ouad-Igharghar. — La carte du Sahara septentrional. — Projet de mission dans le Ahenet. Les nids d'hommes. — L'infaillibilité des guides Chambba. — Un moyen facile de se procurer les graines de Drinn. — La réception de Larbi-Ben-Sâlem. — Le marabout d'El-Alïa. — Un fleuve qui passe à 80 mètres sous terre. — Le mausolée de Lalla-Morzia-Bent-Zekhem. — Paysages et mirages. — La vipère Lefâa. — Les Arabes joueurs de flûte. — Une fausse alerte. — Les résultats de la mission au Tademayt. — La première amorce du Transsaharien. — Conclusions de M. Foureau. — Ce que l'on voit du sommet d'un Gour. — Des estomacs souples. — Comment procèdent les Targui pour ne pas compromettre leurs provisions de bouche. — Les végétaux du Sahara et leurs racines. — Un cavalier suspect. — Le pays de la Peur.

En 1885, M. Foureau avait déposé au ministère de l'Instruction publique un projet de mission très étudié. Il s'agissait de traverser le Sahara jusqu'au Soudan; autrement dit, c'était tenter une seconde fois ce que le malheureux colonel Flatters n'avait pu accomplir. M. Foureau ne redoutait pas les assassins apostés sur la route encore mouillée de sang. Il demandait une escorte suffisante, solide; le total des frais de l'expédition s'élèverait, d'après son estimation, à 500,000 francs environ.

La Commission des missions exprima le désir d'entendre M. Foureau. Une sous-commission fut nommée dans les derniers mois de 1885. Elle se composait de MM. Georges Périn, Maunoir, Duveyrier, Hamy et Milne-Edwards. Après avoir reçu de la bouche même de M. Foureau toutes les explications nécessaires, la sous-commission, gagnée en principe au voyage projeté, nomma comme rapporteur M. Henri Duveyrier. Celui-ci était la bonté et la prudence mêmes. Son rapport lu en séance plénière, dans les premiers jours de 1886, était un petit chef-d'œuvre de discussion. Il montrait tout ce que la tentative de M. Foureau avait de patriotique, rendait hommage à l'énergie de l'explorateur qu'il considérait comme l'un des rares hommes capables de triompher là où un crime avait arrêté Flatters; mais, avec son expérience du Sahara, Duveyrier accumulait arguments sur arguments pour démontrer que, dans l'état actuel des choses, la traversée du Sahara au Soudan était impraticable. D'autre part, on doutait que le Parlement accordât les crédits indispensables. Bref, la Commission des missions, sans rejeter le projet de M. Foureau, émit un avis hésitant. En attendant une décision plus ferme, M. Foureau dirigea ses pas vers l'Ouad-Igharghar et vers la région du grand Erg de l'Est. L'itinéraire de cette exploration n'a jamais été publié; le manuscrit en est resté déposé aux archives de la Société de géographie.

Avant d'entreprendre son beau voyage au Tadémayt, M. Foureau (1888) a publié une carte du Sahara septentrional à 1/100,000,000e. Ce document entièrement nouveau est la synthèse de tous les travaux les plus récents sur cette région. Duveyrier l'a analysé avec passion et a écrit à son sujet un de ces rapports où il excellait. La Société de géographie a consacré le travail de M. Foureau en lui décernant, en 1889, le prix Erhard.

C'est à la fin de 1889 que le ministère de l'Instruction publique et le sous-secrétariat des Colonies confièrent à

M. Foureau une nouvelle mission. Un rapport du voyageur, publié en 1890, chez Augustin Challamel, relate cette expédition. Nous allons le feuilleter ensemble.

On détenait à Alger — prisonniers au fort Bab-Azoum — depuis l'été de 1887, des Touareg Taïtoq, capturés par les Chambba-El-Mouadhi d'El Goléah, au cours d'une razzia dirigée contre les troupeaux de ces derniers. C'est à Paris, durant l'Exposition, que M. Foureau vit deux des Touareg. Il lui vint alors l'idée de provoquer leur élargissement et de les accompagner dans le Ahenet, leur pays, région inconnue jusqu'alors des Européens. A plusieurs reprises, M. Foureau conféra avec le ministre de la Guerre et le gouverneur de l'Algérie pour obtenir qu'on lui confiât les Touareg. Ses instances n'aboutirent point. On se refusa nettement à ce qu'il demandait. Ces hommes, lui disait-on, vous trahiront en route. Au fond, les événements ont prouvé que ces craintes n'étaient pas chimériques, puisque l'un de ces Touareg, mis plus tard à la disposition de Crampel, l'a assassiné. Mais on aurait peut-être le droit de se demander pourquoi on a accordé à M. Crampel ce qu'on avait refusé à M. Foureau.

En allant dans le Ahenet, M. Foureau espérait décider les Taïtoq à envoyer une députation soit à El Goléah, soit à Ghardaïa. Sa présence chez eux ou parmi eux eût garanti leur sûreté en Algérie et peut-être ainsi des relations eussent été liées entre nos villes du Sud et le Ahenet.

La décision du gouvernement général de l'Algérie changeait complètement l'économie du projet de mission de M. Foureau qui dut renoncer à pénétrer dans le pays des Taïtoq. Ce qui était possible, dit-il, en la compagnie des Touareg devenait, sans eux, plus qu'une imprudence. Il résolut donc d'aller dans la direction et le plus près possible d'In-Salah, sans toutefois rien risquer qui pût compromettre la mission. M. Foureau déclare, cependant, qu'il a l'intime conviction, et que tous les Chambba qu'il a consultés pensent comme lui, qu'il aurait très bien pu prendre contact avec Guerradji, le chef des Taïtoq, et séjourner dans ses campements, s'il avait obtenu les Touareg.

Avec les 7,000 francs qu'il avait reçus du gouvernement, 3,000 du ministère de l'Instruction publique et 4,000 du sous-secrétariat des Colonies, M. Foureau était tenu à une organisation très simple et qui d'ailleurs ne peut que faciliter les expéditions dans le Sahara. C'est entièrement à l'arabe qu'il prit ses dispositions. Sa nourriture était absolument la même que celle de ses hommes et se composait de café, d'eau, de kouskous, de farine, de dattes et d'un très petit nombre de boîtes de conserves. Les hommes qu'il emmenait lui étaient tous connus, deux surtout, depuis près de sept ans. Ils appartenaient sans exception à diverses fractions de la tribu des Chambba. Voici leurs noms et leurs attributions : Mohammed-Maâttallah, Sahia-Maâttallah, Kaddour-Ben-Saad, guides ; Abd-El-Kader-Ben-Derkich, Kouider-Bou-Rahala, Ahmed-Salah, chameliers. Il n'est que justice de réimprimer les noms de ces braves gens qui ont servi et guidé M. Foureau pendant la durée de sa mission avec un dévouement au-dessus de tout éloge.

« Ce qui peut contribuer à expliquer un peu leur excellente attitude vis-à-vis de moi, écrit textuellement M. Foureau, c'est que, pour ces nomades, je suis presque un Chambbi ; ils ne me considèrent pas tout à fait comme un Européen, puisqu'en voyage je mène la même existence qu'eux ; sachant comme eux refaire seul une route parcourue, et reconnaître les traces. J'ai, en effet, toujours considéré comme très utile, au point de vue de mes explorations, de montrer aux hommes que j'ai eu l'occasion d'employer, qu'un blanc, quand il le veut, peut se montrer aussi saharien que les indigènes ; c'est important dans les jours de voyage tranquilles ; c'est indispensable aux heures du danger. »

L'aspect, au départ, de la petite caravane était fort rassurant et très pittoresque. Mohammed Maâttallah, Sahia Maâttallah et Kaddour-Ben-Saad étaient montés sur des méhara leur appartenant; Abd-El-Kader-Ben-Haïba, le serviteur particulier du chef de l'expédition, montait un des méhara de M. Foureau. Les chameliers marchaient à pied, à tour de rôle, pour pousser les animaux porteurs et pour les diriger. Ils montaient de temps à autre et chacun à leur tour un des chameaux les moins chargés. Tous ces hommes étaient armés de fusils ordinaires qui étaient leur propriété. Seuls Abd-El-Kader-Ben-Haïba et M. Foureau avaient à leur disposition une carabine Winchester et un revolver.

Les instruments de la mission se décomposaient comme suit : un sextant, un théodolite et son pied, un chronomètre de marine de Leroy, un chronographe, un chronomètre garde-temps, tous deux de Ratel, deux baromètres anéroïdes et des thermomètres.

C'est le 12 janvier 1890, que M. Foureau quitte Biskra, dans l'après-midi. Il donne l'ordre de dresser les tentes dans les petites dunes de l'Ouad-Malah, au Nord-Est de l'oasis d'Oumach. Jusqu'au 19 janvier, aucun incident digne de remarque, si ce n'est, dans les environs d'El-Alïa, la constatation que toutes les surfaces des Gour et mamelons exposés au Nord et à l'Ouest sont couvertes de gelée et sont entièrement blanches, ce qui semble étrange dans le Sahara. Ce qui est encore plus étrange, c'est le marabout avec lequel nous allons faire connaissance.

Descendus, le 20 janvier, à travers le chaos d'un réseau de ravins, une vraie Chebka du Mzab qui les conduit à l'oasis d'El-Alïa, M. Foureau et ses compagnons sont reçus par le cheik et par le marabout que nous vous avons annoncé. Ce marabout s'appelle Mohamed-Ben-El-Almi. C'est un vieillard de 70 ans, très vénéré des Chambba et des Ouled-Sahia. Il est très cassé, très voûté; mais avec cela, nous raconte M. Foureau, il a un petit air gai et farceur qui jure quelque peu avec ses fonctions religieuses. L'hospitalité de Mohamed-Ben-El-Almi est proverbiale. Quand on est riche on la paye par un don quelconque à la Zaouïa. Si on est pauvre, le marabout vous la donne à la manière écossaise, entièrement et pour plusieurs jours. Il reçoit de ses fidèles de très nombreux cadeaux. On lui amène et on lui offre dévotement des chameaux, des moutons, des dattes, du blé, des échantillons variés de tous les biens de la terre. Il possède un nombre considérable d'ânes qui errent en liberté et qu'il ne fait jamais travailler. Aussi se reproduisent-ils à l'infini et sont-ils devenus à peu près sauvages. Mohamed-El-Almi voulut donner à M. Foureau un témoignage de l'intérêt qu'il prenait à son expédition et à sa personne. Pour écarter les dangers qu'il allait courir il prononça sur sa tête une prière fervente, et, debout au milieu des croyants assemblés qui tendaient leurs mains, la paume tournée en l'air, dans l'attitude de l'invocation, M. Foureau déclare qu'il eut grand'peine à garder le sang-froid imperturbable que les circonstances exigeaient.

En quittant El-Alïa l'expédition marche dans la direction du Chott Malath qu'elle longe, et campe, après une étape de trente-cinq kilomètres, à la tête d'une dépression que les récentes pluies ont remplie d'eau douce. Si j'en crois le récit de M. Foureau, le spectacle est charmant. Les animaux s'abreuvent, sous un magnifique soleil, à ce lac de hasard que des paysages sahariens et des dunes blanches entourent. Le 22 janvier et le 23 la marche continue. On relève Dra-El-Kesdir, El-Mergueb, on campe au puits « Aïn-Dokkara », dont l'eau, troublée par de récentes pluies, est jaune, puante et imbuvable. On arrive le 23, dans la soirée, à la cuvette qui contient le puits de Matmat.

C'est là, écrit M. Foureau, un vestige de l'ancien Oued-Igharghar : de berges, il n'en existe point ; ce ne sont que des cuvettes successives formant autrefois le fond du lit du fleuve et entre lesquelles se dressent maintenant de petits seuils.

Pourtant cette rivière a coulé jadis; les morceaux de lave que M. Foureau ramasse dans son lit le prouvent surabondamment, de même que la légende suivante : « On raconte que l'on a trouvé à Sidi-Bou-Hania une *setla*, qu'un Targui avait laissé tomber à Idelès, dans l'Igharghar, et qu'avaient apportée les eaux du fleuve. »

Au moment où notre explorateur accomplissait son voyage, le cours de la vieille rivière était souterrain et pour le ramener au jour, il fallait le chercher à 60 ou 80 mètres de profondeur, dans l'Oued-Rirh, par voie de forages artésiens.

L'Igharghar, ainsi que l'a constaté M. Foureau, ne coule à Idelès que pendant trois mois d'hiver. L'été on creuse des trous dans le fleuve et on y puise l'eau à la Khottara, comme dans les Ziban. C'est ainsi que les Touareg arrosent les quelques semis qu'ils font en ce point où il n'y a pas de palmiers. Idelès n'est en somme qu'une réunion de plusieurs campements assez éloignés les uns des autres et présentant une analogie avec les Zeriba d'été des Chambba.

Hassi-Matmat est alimenté par une nappe abondante. Sur un mamelon, voisin du puits, s'élève un petit mausolée blanc qui contient les restes de « Lalla-Morzia-Bent-Zekhem », femme-marabout aimée de l'Ouled-Sahia. Cette petite Koubba, placée au milieu d'un cimetière indigène, et très peu élevée, est précédée d'une sorte de vestibule ouvert. L'intérieur de la coupole plus que simple qui surmonte le tombeau est, paraît-il, tapissé de dons de toutes sortes provenant des passants. On y voit des mouchoirs, des haïcks, des sacs de cuir, etc. Un Arabe ne va jamais à Hassi-Matmat sans faire une visite à la Koubba et sans murmurer une prière en souvenir de la sainte.

C'est aux environs immédiats de ce puits qu'en 1878 Ould-Guerradji, le chef des Touareg Taïtoq, vint opérer, depuis le Ahenet, une razzia importante. Le goum de Ouargla auquel s'était joint M. Louis Say, alors dans cette ville, ne put atteindre le Ghezzou; mais les Chambba et les Ouled-Sahia prirent contact avec Guerradji à Aïn-Teïba, et ceux des chameaux volés qui n'avaient pas succombé à la soif ou à la fatigue furent reconquis par les Ouled-Sahia, leurs propriétaires.

Du 24 janvier, date à laquelle M. Foureau nous donne ces détails, au 8 février, les incidents sont de mince importance. A signaler, dans les environs du puits de « Bir-El-Hazamine », des effets de mirage intenses aux premières et aux dernières heures du jour. Des Gour et des Oghroud, entièrement invisibles à midi, sont alors en vue au-dessus de l'horizon, rehaussés et démesurément grandis et déformés par le phénomène. L'expédition rencontre, le 26 janvier, près du puits « Bir-Ech-Chahaba », une magnifique vipère de 0^m,80 de long sur 0^m,044 de diamètre. Ce reptile, que l'on tue naturellement, porte le nom de *lefâa*; il a un ton beaucoup plus violacé que celui des mêmes reptiles du Nord et sa blessure est des plus dangereuses. Deux jours après, le temps gris et couvert fait craindre l'approche de la pluie. Les brouillards légers et les gelées blanches se succèdent. On approche de la région du grand Erg Occidental. On voit les dunes qui forment l'éperon de sa masse sableuse. C'est le puits « Hassi-Gheïlane » que l'on a atteint; ce puits où boivent pour la dernière fois toutes les caravanes de nos tribus du Sud qui partent pour Ghadamès. De ce point, il faut six jours pour arriver à la célèbre oasis; mais ce sont des journées de Chambba, c'est-à-dire des marches de nuit et de jour durant lesquelles on prend seulement quelques heures de repos. C'est à « Hassi-Ghardïa » que M. Foureau remarque la première apparition de l'arbrisseau que les Arabes appellent : « El Arisch », de la flore spéciale des grandes dunes. La pluie est venue. Les hommes de l'expédition sont tellement mouillés et grelottent si bien que M. Foureau se résigne à les admettre sous sa tente. Les malheureux y sont pressés comme des harengs saurs; ils ne jouent pas moins de la flûte pour se distraire. Heureusement, la pluie cesse, on allume du feu et l'on boit du café chaud, ce qui est un triomphe. Le 5 février, à Hassi-Touaïza, les Ouled-Maattallah qui vont fournir deux guides à la mission en invitent les membres à un succulent dîner. C'est une fête. Depuis vingt-six jours, en effet, à part deux ou trois gazelles, M. Foureau et ses compagnons ont été absolument privés de viande.

Sur la limite du « Feidj-El-Messdar, » qui se poursuit au loin dans la direction de Ghadamès, la caravane met pied à terre, le 8 février. A peine commençait-on, avant de ranger le campement, à préparer le déjeuner que tous les hommes de M. Foureau se dressent subitement autour de la broussaille qui supportait leurs armes.

Ils voyaient descendre vers eux, des dunes voisines, trois Arabes, le fusil haut et poussant de grands cris. Abd-El-Kader-Ben-Haïba, l'homme de confiance de M. Foureau, marche en avant et, se cachant derrière une touffe, le fusil à l'épaule, leur enjoint de se nommer, ce qu'ils font peu après. C'étaient tout simplement des Chambba, bien connus des guides de M. Foureau. Ils s'avançaient en armes parce que le costume sombre du chef de la mission et l'absence de burnous sur ses épaules leur faisait croire qu'il était un Targui!

Les Chambba venaient de camper avec leurs troupeaux et tout leur attirail, y compris leurs femmes, à un kilomètre de la mission. Ils se dirigeaient vers un point où leurs chasseurs leur avaient signalé une grande quantité de Had et Halma très verts. Bonne aubaine, si l'on considère qu'avec cette nourriture qui est le *nec plus ultra* pour les troupeaux, les chameaux ne travaillant pas, peuvent rester trente jours et plus sans boire.

Le 15 février, M. Foureau prenait son dernier contact avec des hommes de nos tribus du Sud algérien. Il campait, ce jour-là, à cinq kilomètres d'Aïn-Teïba, dans une Sniga. C'est ainsi qu'on nomme les entonnoirs profonds qui se rencontrent à chaque instant dans les sables et dont le fond est tapissé de végétation.

L'ascension d'un Gour, qui dominait le campement, a donné à l'explorateur le prétexte d'une description charmante que voici : « La montée est ardue, dit M. Foureau, excessivement fatigante; mais le spectacle dont on jouit au sommet paye bien largement de toutes les peines endurées. On domine un chaos de pitons, de croupes, tantôt aiguës, tantôt arrondies, à reflet jaune orange ou rose; des touffes de verdure piquent de points noirs les flancs admirablement lisses et unis des dunes. Les arêtes des Oghroud brillent au soleil d'un beau ton d'or et dégagent une sorte de fumée blonde. C'est le vent qui, travailleur incessant, écrête les sommets et transporte au loin une fine poussière de sable. La descente est aussi facile que la montée est dure et on dégringole avec le sable en faisant des pas de quatre ou cinq mètres. Du sommet de ce Gour on domine deux Feidj, l'un qui remonte droit au Sud et va rejoindre les Gassis menant à El-Beyodh; l'autre qui incline un peu plus vers l'Ouest; à part ces deux vallées, tout le reste est le chaos le plus complet et le plus surprenant qu'on puisse rêver. »

La mission séjourne le 16 février au pied du Gour. Comme le temps est assez chaud pour qu'on donne du repos aux animaux, les hommes de l'escorte en profitent et se livrent au plaisir de la chasse. Ils rapportent un nombre respectable de gazelles qu'ils absorbent, sans penser au lendemain, en vertu du précepte arabe : *Il faut prendre le bien de Dieu quand il vient.*

Ce précepte est d'autant plus exactement suivi par les Arabes qu'ils sont pourvus d'un estomac incroyablement complaisant. Voici à ce sujet deux anecdotes rapportées par M. Foureau et recueillies de la bouche de ses guides : Un Targui devait rejoindre à quatre jours de sa tente un groupe des siens partis en ghazzia; on lui donna des vivres pour ce laps de temps. Il se mit immédiatement à tout manger et boire avant de monter en selle. « Mon corps, disait-il, est le meilleur et le plus sûr des récipients; j'aime mieux lui confier mes provisions que de les attacher sur le dos de mon méhari. » Puis, il rejoignit le Ghezzou.

Un autre Targui, et ceci se passait en 1890, parti d'El-Goléah a pu arriver à In-Salah, sur un méhari, en six jours, ayant pour toute nourriture une outre qui contenait cinq ou six litres d'eau!

En vérité, lorsqu'on célèbre la sobriété du chameau on devrait bien associer à ses louanges l'Arabe qui s'en sert.

Le 17 février, le temps se mettant à la pluie et la chaleur devenant extrême, M. Foureau décide que, pour soulager ses animaux de convoi, il laissera au campement deux charges environ. Il procède en conséquence, à la manière arabe, et se met en devoir d'enfouir les objets dont il peut se passer. On pratique dans le sable un trou d'environ 1^m,60 de profondeur, que l'on tapisse de Drinn sec au fond et tout autour; on dépose là-dedans tout ce que l'on veut réserver et on le recouvre de Drinn. Un morceau de bâche en toile est placé sur cette dernière couche de Drinn. On comble alors la cavité avec du sable dont la surface est régulièrement aplanie. Après l'opération, il est impossible de rien distinguer, et il faut plus tard toute la sagacité des Arabes pour retrouver au milieu des dunes ce qu'on a confié à leur impénétrable discrétion.

Une observation curieuse, faite par différents botanistes avant M. Foureau, a été contrôlée par ce voyageur durant son exploration au Tademayt. Il s'agit de la longueur des racines de tous les végétaux du Sahara. Ces racines sont extraordinairement développées. Souvent une broussaille de 20 centimètres de haut est munie de racines de 5 à 6 mètres de long; les racines du Drinn atteignent jusqu'à 20 et 25 mètres, et elles sont pourvues d'une gaine isolante. Ce phénomène s'explique par la nécessité qui s'impose pour le végétal de puiser plus profondément et sur une plus grande surface l'humidité contenue dans le sable.

Le rapport de M. Foureau contient à cet égard des renseignements qui ne le cèdent en rien à tous ceux qu'il donne sur la configuration du terrain, sur sa nature et sur son aspect. Chaque journée apporte des documents précis qui sont inscrits à la minute même où on les découvre. Rien d'inquiétant pour la mission ne se produit avant le 22 février. Ce jour-là, M. Foureau relève la trace d'un méhari monté. Le cavalier est descendu de sa monture; il a escaladé les dunes du seuil d'où il pouvait examiner les voyageurs. Est-ce un simple chasseur? Est-ce une sentinelle chargée de surveiller la caravane? On n'ose décider entre ces deux hypothèses. Mais l'homme de confiance de M. Foureau, Abd-El-Kader, est inquiet. Le 23 février, M. Foureau se trouve brusquement à la limite de l'Erg. On discute alors quel point il sera nécessaire d'atteindre pour faire boire les animaux et s'approvisionner d'eau. L'un des guides veut aller, sans délai, à Hassi-Meysseguem, l'autre dans l'Ouad-Igharghar. Le chef de la mission suit ce dernier conseil, après avoir envoyé en avant Mohamed Maâtallah et Kaddour à la recherche de l'eau.

La marche se continue vers l'estuaire de l'Oued-Imgharghar. Le sol est couvert d'argile rouge sableuse et l'on trouve dans les innombrables petits canaux qui circulent entre des touffes de végétation, assez d'eau de pluie pour abreuver les chameaux de l'expédition et emplir deux outres. Les deux Arabes envoyés en avant reviennent enchantés d'avoir pu, de leur côté, abreuver leurs méhari grâce aux cuvettes de roches pleines d'eau de pluie qu'ils ont découvertes dans l'Oued-Hassani.

A partir du point où sont campés maintenant pour quarante huit heures nos voyageurs, certaines précautions deviennent indispensables. La mission est, en effet, dans ce que les Chambba désignent sous le nom de *Bled-el-Khouf*, le pays de la Peur. Au déjeuner, au lieu de laisser les montures vaguer, entravées, autour du campement, on les tient par une rêne fixée à leurs narines. Chacun a son fusil sur le dos. Il faut être prêt à toute éventualité. Le soir, la tente de M. Foureau est tendue, comme de coutume; il y installe ses divers instruments; mais le plus souvent, il va s'étendre, roulé dans une couverture, auprès d'une broussaille voisine. De cette façon, il est certain que s'il y a surprise de nuit, on attaquera d'abord la tente, ce qui lui donnera le temps d'être sur ses gardes. Voilà la vie telle qu'on la mène, et la nuit, telle qu'on la passe, dans le « Pays de la Peur ».

La région où nous avons quitté M. Foureau, le 24 février, est pour ainsi dire l'extrémité méridionale du Maâder, non loin du Menkeb-Souf, dernière avancée sud-ouest de l'Erg. Une végétation au milieu de laquelle on remarque des acacias dont la circonférence atteint $1^m,80$ et la hauteur 10 à 11 mètres couvre cet estuaire, qu'un grand nombre de petits canaux arrosent après les crues.

M. Foureau découvre dans l'un des plus beaux acacias, très touffu, un nid d'hommes, construit en branchages et en Drinn à une fourche de l'arbre. Ces « nids » sont assez répandus dans les parties boisées du Sahara. Ils servent aux indigènes de gîte et d'observatoire.

La mission retrouve là les traces du cavalier à mehari dont nous avons parlé et qui d'ailleurs ne mettra pas obstacle au voyage.

Nous venons de dire que M. Foureau se trouvait, le 24 février, à l'extrémité du Maâder. Il n'est pas indifférent d'ajouter que les Arabes appellent en général Maâder les épanouissements de rivières où l'eau, au moment des crues, s'étale sur une grande surface, son retrait étant immédiatement suivi de l'éclosion d'une foule de plantes *El-Acheub* qui n'attendaient qu'un arrosage.

M. Foureau et ses compagnons continuent leur route, sans incidents graves. Le 26 février, ils sont obligés de laisser en arrière le plus jeune de leurs chameaux que la marche en terrain dur a beaucoup éprouvé. Un homme de l'escorte conduira la pauvre bête à petites journées. Le lendemain, la montée des premières rampes du haut Maâder, pavées de pierres noires et très dures, fatigue énormément les hommes et les bêtes. Plusieurs des chameaux ont déjà les pieds saignants et l'on est obligé d'abandonner le jeune animal qui n'est parvenu à ce point qu'après de grandes difficultés. M. Foureau a pitié de cette malheureuse bête; mais ses hommes l'assurant qu'elle reviendra seule à l'Ouad-Igharghar, il s'en éloigne sans trop de regrets. Toujours en avant, le 28, la mission traverse la ligne de faîte qui sépare le bassin de la Méditerranée de celui de l'Atlantique par 542 mètres d'altitude. Au Nord de cette ligne, le Tademayt verse ses eaux dans l'Igharghar ou dans l'Oued Mya; au Sud, il s'épanche dans l'Ouad Massin.

Jusqu'au 2 mars, malgré la fatigue de l'escorte, l'état d'épuisement des bêtes de somme, on franchit des espaces considérables. Mais à cette date, tous les chameaux étant fourbus, le chef de l'expédition cède aux instances de ses guides. Il retourne sur ses pas.

Durant cette marche en arrière, de même que pendant la marche en avant, M. Foureau a souvent eu l'occasion de juger l'infaillibilité des Chambba, comme guides. « Le matin, dit-il, le guide me donnait la direction générale de la marche du jour à la boussole et je lisais, je suppose, 325°; le soir, comme vérification, je lui faisais viser la route parcourue et je lisais sur la boussole 145°. Cet homme ne s'était donc pas même trompé d'un degré puisque — la boussole étant retournée pour viser avec la ligne de foi dans le sens de la marche— on trouve 145° + 180° = 325°. Toutefois ce qui étonnait beaucoup mes guides c'est que, sur leur demande, je leur indiquais à peu près exactement la direction de tel ou tel point, non connu des Européens, mais cependant convenablement placé sur les cartes. Ils ne pouvaient pas comprendre comment nous étions si bien fixés sur des points que nous n'avons jamais vus. »

Le 3 mars, la mission fait en sens inverse la route parcourue le 28 février, et le 4, celles du 27 et du 26. Elle oblique alors, et du 5 au 7 mars elle traverse « l'Oued Itlou » aux pieds des dunes de l'Oudje, « l'Oued-El-Tibadi », « l'Oued Djokran », « l'Oued Djaïrin » et « l'Oued Tinersal ». Vers cinq heures du matin, le 7, Sahia et Kaddour partent à la recherche de l'eau dans le haut Oued-Tinersal, dont les cuvettes de roches conservent longtemps les laissées des crues, pendant que M. Foureau et le reste de la caravane continuent leur route vers « Guern-El-M'ssyed ». Bientôt des coups de fusil, signal convenu, annoncent que les deux émissaires n'ont pas perdu leur temps. La mission les rejoint avec tous les animaux et tous les tonneaux. On remplit les tonneaux d'une eau excellente et l'on poursuit l'itinéraire tracé.

Je trouve, parmi les choses dignes de remarque inscrites à cette date dans le rapport de M. Foureau, des considérations fort intéressantes sur la formation des dunes de l'Oudje compris entre le Menkeb-Souf et Guern-El-M'ssyed. Cette formation est due à des causes très diverses, selon les lieux. Les dunes d'une partie de l'Oudje semblent donner raison, dit M. Foureau, à la théorie de M. Jules Garnier et du capitaine Courbis, car les chaînes correspondent toutes au cours des rivières du Maâder et elles commencent juste au point où ces rivières s'étalent en largeur. En outre, dans l'Erg, ces chaînes sont séparées par de larges Gassis dont le sol est le même que celui de la Hamada de l'Oudje, et qui visiblement continuent cette Hamada au loin vers le Nord, jusqu'au point qui constitue le delta commun de toutes ces rivières, et qui est alors encombré d'Oghroud sans solution de continuité « Gueb-El-Erg ». Au contraire, dans la Hamada Dra-El-Atchan, les dunes se forment en ensevelissant peu à peu, sous un manteau de sable, une ossature crétacée. Le phénomène est très apparent, car plusieurs de ces Gour rocheux ne sont encore qu'imparfaitement recouverts. Mohamed Maâttallah en a montré quelques-uns à l'explorateur, qu'il n'avait pas vus depuis 1869. A cette époque, ils n'étaient encore que des Gour de pierre, et au moment où M. Foureau les examinait, sur toute la face Nord-Est, la roche avait disparu sous un épais linceul de sable.

M. Foureau fait également, le 8 mars, une observation des plus curieuses. Il avait été frappé, dans les derniers jours de sa route, par un grand nombre de fourmilières fouillées et retournées. Il ne saisissait pas la cause de ce travail de destruction, sachant qu'il n'existe dans la région aucun animal mangeur de fourmis. Les hommes de l'escorte lui ont fourni une explication qui ne témoigne pas en faveur de la richesse des Oulad-Ba-Hammou : il paraît que ces derniers creusent les fourmilières, afin d'en extraire, pour s'en nourrir, les graines de Drinn patiemment amassées par les industrieux hyménoptères.

Le 9 mars, la mission suit la route du Maâder à Hassi-Ghourd-Ouled-Iaïch et elle entre franchement, le lendemain, dans la région des Gnater. Plus de nourriture pour les chameaux, dont l'abstinence est mise à une dure épreuve; on cherche le puits de Ghourd-Ouled-Iaïch; on le trouve difficilement, le 11; mais il est comblé par le sable. Il faut quatre heures pour obtenir de l'eau! Jusqu'au 21 mars, la route se fait par des tempêtes incessantes. On atteint le puits de Bou-Fas où Larbi-Ben-Sâlem, l'un des Kebir des Chambba, campé non loin de là, accourt au galop et insiste pour que la mission vienne prendre au moins le café à sa tente. M. Foureau accepte et passe une heure sous la toile hospitalière. Larbi, heureux de revoir le voyageur et son escorte, leur exprime sa joie et leur raconte que depuis longtemps on croyait la mission exterminée par les Touareg. Le commandant supérieur de Ghardaïa ayant donné l'ordre de lui envoyer des nouvelles de M. Foureau, dès qu'un Chambbi quelconque en aurait, Larbi-Ben-Sâlem fait seller un cheval et envoie un de ses hommes à Ouargla, pour porter un mot de M. Foureau à l'officier chef de poste de l'oasis.

Après la réception cordiale de Larbi-Ben-Sâlem, M. Foureau n'avait plus qu'une promenade à faire pour atteindre Touggourt. Aussi, est-ce avec une parfaite sérénité qu'à Hassi-Regagba, l'un des hommes de M. Foureau, Kouider, se mit en devoir de dicter à un Kebir des Chambba-Ouled-Smaïl, un résumé succinct du voyage. Un cavalier, porteur de ce travail, partit aussitôt pour Temacin, d'où Biskra et Touggourt furent avertis par le télégraphe optique de la bonne issue de la mission. C'est le 24 mars que M. Foureau rentrait à Touggourt, sain et sauf, à la satisfaction des Chambba qui le croyaient assassiné.

Un des résultats les plus considérables du voyage que nous venons d'analyser, en faisant de larges emprunts au rapport de M. Foureau, est celui qui concerne le passage possible d'une voie ferrée à travers les régions parcourues. Le sentiment de M. Foureau, après son exploration du Tademayt, était l'urgence d'un chemin de fer reliant Ouargla à In-Salah. A ses yeux, c'était la première étape indispensable, logique et vraiment utile d'une voie ferrée transsaharienne. M. Foureau estimait que notre établissement dans ce groupe d'oasis nous donnerait la toute-puissance dans le Sahara entier. Il défendait donc avec la plus grande énergie, repoussant les trop multiples tracés à l'ordre du jour, celui de Ouargla à In-Salah. C'était tout au moins par celui-ci qu'il fallait commencer. In-Salah, M. Foureau ne cessait de le répéter, est la clef du Sahara; c'est donc le premier point à atteindre. Nous toucherions ainsi par son Sud une contrée qui produit et nous tiendrions dans nos mains le seul centre de ravitaillement des Touareg Ahaghar. Ces Touareg ne récoltent rien ou presque rien chez eux ; il leur faut donc un marché où ils puissent trouver ce qu'ils n'ont pas : or ce marché, c'est In-Salah.

« Les régions que j'ai parcourues, écrivait M. Foureau, me permettent d'affirmer que l'on peut faire passer un chemin de fer de Ouargla à In-Salah, sans rencontrer une seule dune gênante et en restant constamment en excellent terrain pour une voie ferrée. »

Parmi les objections que M. Foureau prévoyait, il signalait ce qu'on disait de la résistance des Touareg et des oasis. On a beaucoup exagéré les forces de ces groupes, disait-il. Les Touareg Ahaghar disposent, en tout, de 1,200 hommes, en comptant serfs et nobles. Les Ouled-Messaoud ont 70 combattants. Les Ouled-Ba-Hammou ne sont pas essentiellement hostiles; leurs caravanes viennent au Mzab. Chez eux les « Imghad » (serfs) sont beaucoup plus nombreux que les nobles ; et ce sont seulement ces derniers qui ne nous voient pas toujours d'un œil favorable. En résumé, le groupe entier d'In-Salah, y compris tous les nomades qui s'y rattachent sans exception, peut mettre en ligne au maximum 1,000 fusils, au nombre desquels trente cavaliers seulement, avec une population de 4,500 individus. Ceci n'offre rien de redoutable, on en conviendra. Quant à la domination qu'il était indispensable d'exercer, selon M. Foureau, elle devait s'exercer sur les Touareg. Eux seuls sont les maîtres du désert et les gardiens vigilants et jaloux des portes du Soudan. Ce sont eux qu'il fallait frapper en plein cœur, dès 1890. Il fallait en conséquence occuper d'emblée leur centre principal. En agissant ainsi, concluait M. Foureau :

1º Nous aurons indiqué bien nettement la première section du chemin de fer transsaharien ;

2º Nous aurons satisfait les exigences au point de vue stratégique, puisque la forteresse, la réserve des Touareg, sera définitivement occupée ;

3º Nous n'aurons pas laissé de côté la question commerciale, puisque notre railway sera parvenu à une région qui produit et qui donnera un trafic appréciable en faisant bénéficier la France de toutes les productions industrielles ou agricoles absorbées par les populations du Tidikelt et du Touat, populations auxquelles nous pourrons livrer à bas prix, grâce au nouveau moyen de transport, des produits que d'autres nations leur fournissent exclusivement aujourd'hui.

Ces conclusions n'ont pas été sans influence, nous en sommes convaincu, sur l'orientation de notre action en Afrique, et tous ceux que le Continent Noir passionne ont dû tenir compte des lignes suivantes écrites par M. Foureau :

« Nous négligeons, bien qu'il soit d'une extrême importance, ce fait de la jonction effective de nos deux plus grandes colonies d'Afrique, l'Algérie et le Sénégal, sans compter le Grand-Bassam et Kong, jonction qui serait ainsi accomplie, ce qui donnerait ample et entière satisfaction aux défenseurs du côté stratégique du Transsaharien. »

Le rapport de M. Foureau contient également une note extrèmement précieuse sur le régime des puits et la liste de tous ceux qu'il a relevés.

Une loi générale régit les puits et les divise en deux catégories distinctes.

Les premiers, ordinairement peu profonds, souvent creusés dans le lit des rivières et que les Arabes du Sud appellent « Tilma », sont alimentés par les pluies ou les crues locales. Leur eau est à une température qui varie entre 12º et 16º. Ces puits sont toujours à sec après une période sans pluie de plus de deux années.

Les autres, plus profonds, alimentés par des nappes souterraines venant de loin, ont des eaux dont la température est généralement comprise entre 19º et 24º. Ils ne manquent jamais d'eau, et les périodes de sécheresse les plus longues n'ont aucune influence sur leur régime. La température des Ghedir ou des Guelta (eau de pluie qui se conserve quelque temps dans les lits de rivières à fond de roche) varie entre 12° et 15°, dans la période d'hiver, bien entendu, entre novembre et mai.

Au cours de ses diverses explorations dans le Sahara, M. Foureau a trouvé, en beaucoup de points, des silex taillés, soit réunis en atelier, soit, au contraire, épars çà et là et peu nombreux.

C'est en général la région de l'Erg qui contient les ateliers les plus remarquables. Les stations gisent toujours au pied des dernières pentes des dunes ou des gours, aussi bien dans l'Erg que dans son voisinage. Les silex sont constamment mélangés à une grande quantité de coquilles d'œufs d'autruche, ce qui est la preuve de la domestication de cet oiseau aux temps préhistoriques ; beaucoup de ces fragments de coquilles sont noircis par le feu.

Dans les ateliers, on constate la présence de débris de roche venant de loin, et qui n'existent point dans les régions avoisinantes ; ces débris ont été évidemment apportés par les ouvriers tailleurs de silex de l'époque quaternaire.

A ces considérations très nettes, M. Foureau ajoute l'énumération des vingt-cinq points où ont été trouvés les magnifiques silex classés par la mission.

Il donne ensuite un tableau raisonné des plantes qu'il a le plus fréquemment rencontrées avec l'indication de l'utilité plus ou moins grande qu'elles ont au point de vue de la nourriture des chameaux.

Une série d'observations astronomiques calculées à l'Observatoire de Paris, un important tableau d'observations météorologiques et un itinéraire admirablement dressé complètent le substantiel document publié par M. Foureau.

III

Première partie de la mission de 1892. — Escorte, conseils et précautions. — Sentinelle vigilante. — Le Barour. — Les légendes du désert. — Le puits de Mouilah Maâtallah. — Inquiétudes. — Le moral de l'escorte faiblit. — On rencontre les Touareg. — Menaces de conflit. — M. Foureau gagne la confiance des Touareg. — Costume, armement et talismans des Targui. — Les mercenaires du désert. — Tentative de trahison. — Un serviteur fidèle. — Une agence de renseignements. — El-Haj-Embareck. — Histoire de deux gommiers. — Une oasis créée par Flatters. — Trace fraîche. — Rencontre d'un compatriote. — Deux émissaires du gouverneur général de l'Algérie. — Mort du Targui Issokamaren.—Les puits de l'Igharghar.—Arrivée à Touggourt.

Les explorations que nous venons d'analyser suffiraient au labeur de plusieurs hommes et donneraient certainement à des âmes fortement trempées le droit de bénéficier en paix de leurs résultats. L'amour de M. Foureau pour tout ce qui peut aider à la solution des questions sahariennes, le cœur de ce Français patriote n'ont pas été satisfaits. Il a voulu multiplier jusqu'à des imprudences ses tentatives fécondes. Dès la fin de l'année 1891, M. Foureau demandait une nouvelle mission au ministère de l'Instruction publique. Il visait, cette fois, l'Aïr. Au mois de janvier 1893, il commençait cette exploration, interrompue par des précautions diplomatiques. Bien que ces quelques mois de désert n'aient été qu'un prologue, ils permettaient à M. Foureau de rapporter à la métropole un grand nombre de documents de tout genre relatifs surtout à l'astronomie, à la géographie et à la géologie. En peu de jours, M. Foureau avait pris contact avec les Touareg de l'Est.

C'est du mois de janvier 1892 au mois d'avril que M. Foureau a accompli la première partie de la mission que lui a confiée le ministère de l'Instruction publique, dans les derniers mois de 1891.

Son escorte était composée de 12 hommes montés à méhari et armés d'une carabine Gras. Les chameaux du convoi étaient au nombre de trente. Le départ de Biskra a eu lieu le 16 janvier. C'est après avoir admiré, du bord du plateau qui domine, à l'Ouest, l'Oued Rirh, le spectacle que donnent toutes les oasis, Sidi-Khellil au Nord, jusqu'à Tamerna au Sud, oasis dominées par les postes de télégraphie optique d'El Berdet et de Tamerna, que M. Foureau arrive à Touggourt, le 22 janvier, vers deux heures.

Les grands cheiks de la confrérie Tidjania lui donnant alors des lettres de recommandations pour les Touareg affiliés à cet ordre, lui tracent un plan de conduite d'une extrême sagesse et prennent congé de lui en faisant les vœux les plus sincères pour le succès de son entreprise. A Aïn-Bou-Semah, près du tombeau de la femme marabout Lalla-Dhaïba, deux Maghzeni, attendus du Souf par M. Foureau, le rejoignent le 27 janvier. La mission se porte en avant et rencontre, à 12 kilomètres de son point de départ, quelques vols de sauterelles emportés par un vent d'une violence exceptionnelle. Le lendemain, dans l'Oued Cidah, les acridiens se multiplient au point de former un nuage dont les voyageurs sont enveloppés pendant plus d'une heure. Ce ne sont pas les ennemis les plus redoutables. Bien que l'on soit encore en pays ami, chez les Chambba, il faut éviter de laisser connaître l'itinéraire que l'on suivra. M. Foureau a permis à quelques-uns de ses hommes de se séparer de lui, les uns pour changer de méhari, les autres pour dire adieu à leur tribu. Mais il est entendu que tout le monde sera à son poste dans trois ou quatre jours, et qu'à dater de ce moment la mission formera un groupe compact capable de résister aux attaques dont elle peut être menacée.

Dans leurs allées et venues, les hommes de l'escorte ont ramené un slougui qui a fait tout le voyage avec la mission et qui a tenu compagnie à l'excellent chien de garde qu'elle avait depuis Biskra. La vigilance et le flair de ces deux braves animaux sont préférables, a écrit M. Foureau, et je ne fais aucune difficulté de le croire, à toutes les sentinelles humaines.

Le 30 janvier, près du Houd-Ali-Ben-Abdallah, M. Foureau entre en conversation avec un cavalier à méhari des Ouled Bahbah de Ouargla. Ce cavalier n'est rien moins que rassurant. Il raconte que Mohammed-Ben-Radja et ses amis sont partis dans le Sud avec l'intention de lancer contre M. Foureau un parti de Touareg. Les hommes de l'escorte s'affectent de cette nouvelle, et le chef de l'expédition a toutes les peines du monde à raviver leur courage.

La région qui côtoie le Houd Ali-Ben-Abdallah abonde en pierres de calcaire blanc singulières. Chacune de ces pierres est entourée d'une sorte de gouttière ou rainure assez profonde, faite de main d'homme, bien que tout le reste en soit brut.

Les Arabes les appellent « Barour » et prétendent que les populations anciennes les attachaient par une chaîne à des chameaux qui les traînaient sur les chemins, de façon à tracer ces sentiers à chameaux « Medjebed » que l'on trouve dans le Sahara tout entier et qui seuls constituent les routes entre les divers points habités.

D'après M. Foureau, on peut accepter que la rainure a été un point d'attache. Quant à la suite du raisonnement des indigènes, il semble procéder d'une légende.

Le 31 janvier, Cheik et Salah, les deux hommes qui n'avaient pas encore rejoint la mission, rentrent au camp. On est au complet. M. Foureau compris, le groupe comporte maintenant 17 hommes et 51 chameaux.

Durant les marches et les haltes qui se succèdent jusqu'au 5 février, M. Foureau recueille de la bouche de ses hommes divers renseignements sur les actes des Chambba et diverses légendes. Les deux cavaliers du Souf lui racontent, par exemple, une course qu'ils ont faite avec d'autres Chambba, pendant l'été de 1891, pour reprendre 23 chameaux volés à leurs tentes par cinq hommes venus des campements de Bou-Amama. Ils ont rejoint les voleurs loin au Sud d'El-Goléah, dans le Tademayt; ceux-ci ont pris la fuite et les Chambba ont ramené tous leurs chameaux.

D'autres Arabes, qui chassaient récemment dans l'Oudje Ouest, assurent à M. Foureau qu'ils ont relevé les traces fraîches de trois autruches dans le Maâder-Souf; ils n'ont pu les atteindre.

Le fait est rare, les autruches ne remontant plus aussi au Nord que ce point, à l'époque actuelle. Cheik raconte des légendes Touareg. L'une dit qu'au sommet d'un Gour, se trouve caché un trésor immense, mais que personne n'a jamais pu atteindre ce sommet, la partie supérieure dudit Gour étant en roche polie dont les parois sont à pic.

Légende, elle vaut ce que valent les légendes, ajoute M. Foureau, dans les notes sommaires que je viens de parcourir, comme celle entre autres du « Garet-Ed-Djenoun », qui affirme que tous ceux qui en tentent l'escalade complète n'en reviennent jamais parce qu'ils sont tués par les génies du Gour qui lui ont donné leur nom. La même légende existe pour la montagne où le voyageur Barth faillit périr, lors de son voyage dans le Sahara.

Le 5 février, M. Foureau donne l'ordre de remplir au puits de Bel-Haïrane, outres et tonnelets. On va entrer dans la région des « Gassi », plateau de Reg et d'Oghroud et l'on aura huit jours de marche à faire sans une goutte d'eau. La provision ainsi emmagasinée s'élève à 600 litres. Voilà la mission traversant une immense plaine de Reg semée d'Oghroud et de chaînes de dunes placées çà et là sans ordre. L'Erg où elle se trouve ne ressemble en rien à celui de l'Ouest que M. Foureau a parcouru en 1890. Rappelons que l'Erg de l'Ouest est coupé de longs Gassi très étroits et rigoureusement bordés de chaînes d'Oghroud, sans interruption; ici, c'est toute autre chose. C'est une plaine énorme semée d'Oghroud, bien plutôt que des couloirs nettement dessinés. Les sauterelles ont, en automne, tout mangé. Sur la route que suit la mission, les touffes de Neci sont rongées jusqu'à la terre; il en est de même du Had auquel il ne reste qu'une feuille.

Après avoir suivi, côtoyé et traversé le Gassi-Touïl, et pendant que la caravane escalade péniblement le Tenieter-Raha, M. Foureau fait, le 11 février, l'ascension du plus haut sommet de sable de ce point. Il s'élève à un peu plus de cent mètres au-dessus de la plaine. De ce pic on a une vue incomparable et on embrasse un horizon d'au moins 40 kilomètres de rayon. Le 13, arrivée et séjour à Mouilah-Maâttallah. C'est un puits qui n'en est pas un. Au fond de la cuvette elliptique qui le contient, un cercle de 50 à 60 mètres de diamètre, à sol de sable, présente un aspect humide. Si l'on creuse à 0^m,80 environ, l'eau monte dans le trou creusé d'à peu près 0^m,20 et se renouvelle sans interruption, à mesure qu'on la puise. Cette eau, salée et amère, à peine potable, est à la température de 15°; elle est très analogue aux eaux des plus mauvais puits de l'Oued Rirh. Celle de Mouilah est fort extraordinaire. Le fond se compose de deux parties distinctes qui peuvent être représentées par deux cercles irréguliers de 60 mètres de diamètre se touchant tangentiellement sur une certaine longueur. La partie N.-E. est composée d'un sol de roche calcaire qui se délite facilement; la partie S.-E. est en contre-bas d'un mètre au-dessous de l'autre; elle est uniquement composée de sable humide et porte par places des cristaux de chlorure de sodium dans sa partie Est. Le cirque dont Mouilah occupe le fond est en quelque sorte un entonnoir elliptique de 250 mètres de long sur 150 mètres de largeur et 25 mètres de profondeur. Il y a là des affleurements de divers calcaires compacts, de calcaires friables, de gypse en très petite quantité, de grès ferrugineux. En ce point abondent les silex taillés de toutes formes. C'est évidemment l'emplacement d'un atelier préhistorique très considérable, si l'on en juge par les instruments, les débris de poterie, les morceaux de mortiers et de meules et autres objets trouvés par M. Foureau.

Le 16 février, au Menkeb-Ghraghar, la caravane relève les traces d'un Rezzou. M. Foureau et son escorte redoublent de précautions.

Le Rezzou dont M. Foureau et ses compagnons avaient relevé les traces, le 16 février, sur la route septentrionale de Ghadamès à In-Salah se dirigeait vers l'Ouest. Le chef de ce Rezzou est un nommé Mohamed-Bou-Rahla, Chambba réfugié près de Bou-Amama. Les traces relevées sont fraîches. Elles ne datent pas de plus de sept à huit jours. Tout d'abord la mission les avait prises pour celles d'un autre parti de maraudeurs signalé à M. Foureau et qui devait avoir à sa tête des Ouled-N'Sire et des Ouled-Ed-Dine. Mais un examen minutieux avait démontré l'erreur. C'était bien la marque du passage de Bou-Rahla que les sables avaient conservée. Le 17 février, la mission, qui s'est avancée d'une vingtaine de kilomètres, découvre de nouvelles traces. Cette fois, il s'agit de deux chameaux errants abandonnés par les malfaiteurs et qui se sont évidemment réfugiés dans l'Erg. Peu après, des traces plus fraîches, datant à peine de la veille, consternent l'escorte de M. Foureau. Il n'y a pas à se le dissimuler, treize mehara montés sont passés là, et ces mehara avaient pour cavaliers le parti de Touareg qui a couru après les chameaux volés et qui retourne vers Ghadamès.

Avec le flair inouï de sa race, Cheik a reconnu sur le sol le pied d'un mehari appartenant à Cheik-Ben-Aïssa des Ifogha, celui précisément qui a assassiné le père Richard et les deux pères blancs qui l'accompagnaient sur la route de Ghadamès au Ahaggar. L'accusation de Cheik doit être indiscutable, puisque Ben-Aïssa, à la connaissance de tous, possède encore le revolver et le fusil du père Richard qu'il montre comme des trophées.

Nous avons dit que l'escorte de M. Foureau commençait à être inquiète, dès le 15 février. Aujourd'hui, elle perd un peu la tête. Elle est convaincue que la mission se heurtera aux Touareg au puits de Tabankort.

M. Foureau fait alors des prodiges de diplomatie et d'éloquence persuasive. Il ignore si les appréhensions de ses hommes sont justifiées. Mais il importe, avant tout, de les dissiper, en démontrant la supériorité manifeste de la caravane sur les forces des cavaliers au voile noir : « Rendez-vous compte, dit-il, de notre nombre et songez ensuite à l'avantage que nous avons sur ceux que vous redoutez : nous sommes prévenus de leur présence et ils ignorent, eux, la route que nous suivons; ils ne soupçonnent même pas la possibilité de notre passage. »

Un peu rassurés par ce raisonnement, les hommes de l'escorte exécutent avec précision les ordres de M. Foureau. Ils suivront avec le plus grand soin les traces inquiétantes de façon à savoir si un groupe de quatre mehara a rejoint le gros de la troupe des maraudeurs, en avant, ou si au contraire, il est resté en arrière, ce qui serait plus menaçant.

Vingt-quatre heures après, M. Foureau constate que les quatre mehara ont rejoint les neuf autres, que les treize Touareg sont en avant et que, par conséquent, il n'y aura plus lieu de surveiller aussi obstinément les derrières de sa caravane. Tout le monde respire et se félicite de l'événement. Trop tôt. Une heure plus tard, en effet, l'expédition aperçoit devant elle, dans le petit Oued et près d'une touffe d'Ethel, un piéton armé.

A ce moment, M. Foureau se trouvait avec deux de ses hommes à cent mètres en avant du convoi. Ils arment leurs fusils, mettent leurs mehara au trot; le reste de l'escorte, qui a vu ce qui se passe, suit le mouvement, rejoint M. Foureau, et toute la troupe, à cinquante mètres de l'individu en sentinelle, met pied à terre. C'est à un Targui que l'on a affaire. « Paix, paix, lui crie M. Foureau. Ne crains rien ; nous sommes des gens paisibles et nous n'attaquons personne. » Les hommes de l'escorte tiennent le même langage.

Le Targui répond alors : « Qui êtes-vous ? Êtes-vous des Ouled-Ba-Hammou ?

— Français et Chambba », réplique M. Foureau.

Le Targui se sauve, à ces mots, derrière sa touffe d'Ethel au-dessus de laquelle brillent aussitôt les canons de cinq ou six fusils. On parlemente.

Cheik, à force de parler, finit par se faire reconnaître d'un Touareg qu'il a vu plusieurs fois à Ghadamès ; ses craintes et celles de ses compagnons se calment petit à petit et ils se déterminent enfin à sortir de leur citadelle et à entrer en conversation.

Ces Touareg sont bien ceux dont on a relevé les traces ; ils sont là, au nombre de sept, depuis la veille. Trois autres sont partis en avant pour Ghadamès afin de rapporter des vivres ; trois d'entre eux enfin se sont dirigés vers Tabankort avec tous les mehara, tant pour faire boire les animaux que pour remplir leurs outres.

Ceux qui sont là, en face de M. Foureau, attendent leurs frères qui doivent revenir, dans la journée même, de Tabankort. Il n'y a pas de doute : ce sont bien les treize cavaliers dont on a relevé les traces, le 17 février. Ils appartiennent aux deux tribus des Ifogha et des Imanghassaten. Mohamed-Ben-Bakkay est celui qui commande la petite troupe. Ensuite, voici Ali-Ben-Aïssa-Ben-Moumen ; puis Ahmed-Ben-Djabbour, un Arabe des Djeramna (tribu algérienne de la province d'Oran) et deux nègres, dont l'un, très âgé, a appartenu à Cheik-Othman et est venu avec lui à Alger ; les autres sont tous des Amghrad.

Il était curieux, assure tranquillement M. Foureau, de voir la mission française dresser la tente, décharger les animaux et déjeuner, pendant que les sept Touareg, accroupis, fusil en main, zerraïa au bras et sabre à l'épaule la regardaient en tremblant. M. Foureau et ses compagnons demeuraient eux-mêmes, du reste, aussi armés que leurs voisins. Le repas terminé, une détente se produit ; toutes les armes, par un accord tacite, sont déposées sur les touffes et l'on cause.

Comme M. Foureau l'avait supposé, les Touareg ont couru jusqu'à Hassi-In-Essekki pour ressaisir les chameaux volés par la bande de Bou-Rahla, et ils en reviennent, n'ayant pu s'emparer que des deux chameaux laissés en arrière par les voleurs et dont l'expédition a relevé les traces. Ils ont bu à El-Byodh, mais ils n'ont rien mangé depuis Meysseguem, excepté des Dhanoun et une vieille peau de chameau qu'ils font bouillir peu à peu.

Voilà une excellente occasion de conquérir leurs bonnes grâces. M. Foureau leur offre des dattes, de la farine et de l'eau dont ils n'ont plus une goutte. Ces présents sont acceptés et il semble que la confiance renaît un peu dans l'esprit des nomades. On ne peut guère s'assurer de leurs sentiments en suivant le jeu de leur physionomie. Les Touareg en question sont, en effet, suivant la coutume de leur secte, voilés du bas de la figure, même les nègres; quant à la tête, elle est nue avec une couronne d'étoffe blanche roulée comme un turban. Ils n'ont point de burnous, mais des sortes de gandouras, bleu sombre. Deux seulement n'ont pas de fusil; tous portent un poignard d'avant-bras, un sabre suspendu sous l'aisselle, très haut et ils ont constamment la main sur sa garde. Deux ou trois ont des lances en bois terminées par une pointe de fer.

Ali-Ben-Aïssa, au moment de la rencontre, portait sous ses tours de turban, à droite et à gauche de la tête, deux feuilles de papier couvertes d'écriture arabe et de la dimension d'une grande enveloppe à lettre; c'est un talisman fait pour préserver des coups de fusil. Ali est convaincu qu'une balle tirée sur lui ne peut le toucher. Cette croyance ne l'avait pas empêché, d'ailleurs, de trembler très visiblement lorsque M. Foureau et son escorte s'étaient approchés. Mais en déposant ses armes, il avait du même coup replié soigneusement et mis en lieu sûr ses précieux talismans. Chose très singulière, les Touareg rencontrés par M. Foureau ne travaillaient pas pour leur compte dans la recherche du rezzou voleur.

Ils n'avaient aucun intérêt personnel à reprendre les chameaux soustraits par la bande de Bou-Rahla. Un seul d'entre ces Targui, en effet, Ben-Djabbour, avait eu deux chameaux volés et la chance voulait que ce fussent les deux seuls que le groupe eût retrouvés. Ces hommes — et c'est la coutume — sont à la solde des habitants de Ghadamès à qui appartiennent les animaux razziés, assure-t-on. Les méhara, les hommes, les outres, les vivres, tout est payé par les Ghadamsi pour rechercher leurs troupeaux.

On le voit, et il y a là comme une image fidèle des sociétés antiques, les Touareg auxquels M. Foureau avait affaire n'étaient que des mercenaires, à la solde des « bourgeois ou patriciens » de la ville, lesquels ne brillent pas par le courage et ne sont pas habitués aux courses du désert.

M. Foureau donne de nouveau des dattes, de la farine et de l'eau à ces Touareg et il est alors forcé d'attendre pour dîner l'arrivée des chameaux qui sont allés renouveler la provision de liquide à Tabankort. C'est à la nuit seulement que les trois Touareg chargés de cette mission rejoignent le campement. Diplomatiquement, M. Foureau offre du café à tout ce monde qui passe la soirée auprès de ses hommes à écouter les airs de flûte qui ont le don de les charmer. Ici se place un incident aussi authentique que saisissant. Pendant que les conversations et le concert allaient leur train, M. Foureau était rentré sous sa tente et avait éteint sa lumière. Peu de temps après, il sortait silencieusement, sa curiosité et le besoin d'assurer sa sécurité le poussant à se rendre compte, à l'insu de tous, de ce qui se disait et qui se passait autour de lui. Dissimulé derrière une touffe, invisible en raison de l'obscurité profonde d'un ciel nuageux, obscurité pour ainsi dire augmentée par l'éclat du foyer qui n'éclairait qu'un rayon très restreint, M. Foureau entendit Ahmed-Ben-Djabbour, Targui Imanghassaten, proposer aux hommes de son escorte de l'assassiner.

Ces avances furent mal accueillies et M. Foureau se glissa sans bruit sous sa tente, convaincu avec raison qu'il n'avait rien à redouter.

Le lendemain matin, un de ses hommes lui rapportait scrupuleusement la conversation. Ce Chambbi est un brave serviteur et les dix années qu'il a passées auprès de M. Foureau n'ont pas altéré sa fidélité. C'est moins rare qu'on ne le suppose, même parmi les Arabes.

En dépit des intentions manifestes des Touareg et comptant sur la fidélité de ses hommes, M. Foureau était fort tenté de se diriger vers Ghat ou vers Ghadamès. Mais au moment où il était pris par cette tentation, il risquait de ne pas être tout à fait d'accord avec la ligne de conduite que la métropole jugeait prudent d'observer. Il se décida donc à sacrifier les idées que lui suggéraient les circonstances aux nécessités de ce qu'on appelle la politique. Nous ne pouvons que l'en féliciter, si nous nous plaçons au point de vue de la hiérarchie; il est peut-être permis de le regretter, si l'on examine combien des instructions précises peuvent, à un moment donné, contraindre un explorateur à laisser échapper des occasions de succès qu'il est seul capable d'apprécier sur les lieux.

Avant de quitter les Touareg, M. Foureau leur fait don de quelques provisions de farine et de graisse de mouton. En échange de ces libéralités, ils se laissent photographier sur leurs méhara. On se dit adieu et la mission française dirige sa marche parallèlement au cours de la rivière Tin-Yagguin. Elle atteint le puits excellent de Tabankort, placé sur le « Trik-El-Hadjadj » (chemin des pèlerins), qui de l'ouest se rendent à la Mecque. Ici l'escorte de M. Foureau est prise d'une nouvelle frayeur. On a entendu siffler dans la nuit. Tout le monde s'est levé en sursaut et a pris les armes. Le sifflet, que n'emploient jamais les Arabes, est le signe de ralliement des Touareg entre eux. Il s'agissait simplement d'un chacal. L'escorte de M. Foureau n'est pas autrement satisfaite de cette constatation. Elle ne cesse de montrer à M. Foureau les dangers qu'il court. Les Touareg sachant maintenant l'itinéraire que la mission poursuit reviendront certainement l'attaquer avec cinquante ou soixante méhara auxquels il sera impossible de résister. M. Foureau s'efforce encore une fois de calmer les hommes de son escorte; il y parvient et il campe le 22 février, dans un petit ravin qui avoisine la route de Bela-Ghadamès. C'est là qu'il rédige un courrier important et qu'il le confie aux deux Maghzeni du Souf avec mission de le porter à Touggourt. Les messagers partent sur leurs méhara et traînant à leur remorque un chameau chargé d'eau, de vivres, et des échantillons scientifiques recueillis jusqu'à ce jour. Il leur faut quinze à dix-huit jours pour arriver au port.

Le 23 février, M. Foureau atteint Temassinin, que les Arabes appellent plus souvent : Zaouïa de Sidi-Moussa.

C'est charmant, ce coin du désert. Il se compose d'un petit jardin d'environ deux cents palmiers arrosés par un puits jaillissant donnant un litre et demi d'eau excellente par minute, eau à la température de $26°5$. Les palmiers ne produisent que des dattes de très médiocre qualité, mais ils sont très vigoureux, en raison sans doute du sol argilo-sableux qui nourrit leurs racines. Sous leur ombre, poussent des pieds de froment énormes qui donnent cinquante à soixante tiges pour un grain semé.

A Temassinin, on trouve, mitoyenne du jardin et du côté est, une koubba élevée sur la tombe de Sidi-Moussa-Bou-Kob, reine des Touareg, et en outre une maison en toubes qui abrite un Hartani d'In-Salah, El-Haj-Embarek et sa famille. Il habite là, seul avec les siens et cultivant comme khrammès les palmiers qui sont la propriété des Ouled-Sidi-Moussa. La demeure d'El-Haj-Embarek est un véritable bureau de renseignements. Les Touareg viennent lui demander de temps à autre s'il a vu passer des caravanes, quelle était leur importance, leur direction, leur armement.

On comprend, sans qu'il soit nécessaire de l'expliquer, à quoi leur servent ces informations.

Ce n'est pas seulement aux Touareg que ce brave El-Haj-Embarek confie la chronique du désert. Il met avec plaisir M. Foureau au courant des événements du Sahara. C'est ainsi qu'il apprend à notre explorateur que la caravane dont il a croisé la trace au puits de Tabankort était composée de sept Touareg Isakkamaren et qu'elle allait à Ghadamès vendre des ânes, des chameaux et des étoffes; comme ces gens revenaient, dans les premiers jours de février, chargés d'argent et d'étoffes, ils ont été attaqués par les Ouled-Bou-Khachba et quelques autres dissidents (de ceux qui sont chez Bou-Amama) qui ont fait prisonnier un Targui, en ont tué trois autres et blessé deux. Ces derniers se sont sauvés avec un troisième sain et sauf après avoir tout perdu. Ces deux blessés, dit El-Haj-Embarek, sont passés à la Zaouïa, il y a trois jours.

M. Foureau est convaincu qu'il reposent encore sous le toit de son hôte mais qu'ils craignent de se montrer. Il a vu leurs traces sur le sable et elles semblent toutes fraîches. El-Haj jure qu'ils sont partis pour Amguid. Qu'importe d'ailleurs?

Les hommes de M. Foureau ne voient dans le récit de ces meurtres que des raisons plus fortes d'inquiétude. On les confondra, disent-ils, avec les assassins, qui bien que dissidents et au Touat, n'en sont pas moins Chambba d'origine. M. Foureau demeure insensible à ces arguments, fait des cadeaux à El-Haj et donne l'ordre du départ. Voici l'expédition arrivée, le 25 février, dans le lit de l'Igharghar, près de la chaîne qui borde le Djoua au nord. Le lendemain, elle passe au puits nommé Tin-Sig, placé à une altitude de 381 mètres. De nombreuses traces de chameaux que l'on a abreuvés sont visibles autour du puits. Il paraît qu'il n'y a que les voleurs, les Rezzou ou les caravanes importantes qui viennent boire à Hassi-Tin-Sig, parce qu'il est immédiatement voisin de ravins dans lesquels pourraient facilement se cacher des gens mal intentionnés, s'il s'agissait d'attaquer une petite troupe. Pour cette raison, M. Foureau avait fait éclairer les environs. On avait suivi la trace d'un méhari monté; mais cette trace s'éloignant du puits, on y avait campé avec confiance. Le 27 février, on rencontre des collines auxquelles succède un reg plan que gardent, pareils à des sentinelles, deux gommiers — l'un assez beau, l'autre plus petit — qui ont leur histoire, très dramatique.

Ils sont célèbres dans tout le Sahara depuis six années. En 1886, un certain Saïah-Ben-Bou-Saïd, Chambbi, qui avait été accusé, ainsi que son père, d'avoir assassiné le Père Richard et deux autres missionnaires, près de Ghadamès, s'échappa d'Ouargla, pendant que son père restait sous les verrous. Désireux de prouver qu'il n'était pour rien dans l'assassinat, il amena avec lui, de concert avec un de ses frères, douze Touareg-Ouled-Messaoud jusque dans le voisinage et au Sud-Est de Hassi-Mokhanza. Pendant la route, il s'amusait à enlever les fusils des Touareg, lorsqu'ils dormaient; puis il les leur rendait.

Saïah recommença ce jeu plusieurs fois, de façon à engourdir les soupçons possibles des Touareg qu'il n'avait amenés qu'en faisant luire à leurs yeux les profits qu'ils retireraient d'une razzia de chameaux appartenant aux Chambba et aux Ouled et réunis en ce lieu.

Un beau soir les armes furent enlevées pour tout de bon, ainsi que deux des méhara qui ne criaient pas quand on les faisait lever; puis les deux Chambba tirèrent sur les Touareg et en tuèrent trois en criant : « Sauvez-vous, sauvez-vous, voilà les Français qui tirent sur nous. » Les

Touareg, prenant peur, s'enfuirent, et Saïah et son frère gagnèrent Ouargla avec les têtes des hommes tués.

Les Touareg en retraite ne tardèrent pas à comprendre la trahison dont ils étaient victimes et en rentrant chez eux, ils se dirigèrent vers Hassi-Tin-Sig. Ils trouvèrent là deux Chambba habitués à commercer avec les Touareg et qui revenaient sans méfiance à Ouargla, ignorant au surplus le massacre des jours précédents. Ils se laissèrent donc facilement approcher par les Touareg qui entrèrent en conversation avec eux et leur enlevèrent leurs fusils. Les Chambba prirent alors la fuite et furent tués au pied du gommier auprès duquel M. Foureau passait le 27 février. Ils se nommaient Abd-El-Bahari-Ben-Si-Ali et Mostapha-Ben-Si-Amira.

Bien qu'il soit regrettable que de telles scènes de carnage se produisent, il ne faut pas verser trop de pleurs sur les Touareg tués par Saïah. On a peut-être même le droit de considérer ce massacre comme une chose heureuse. Les victimes étaient toutes des Ouled-Messaoud, ceux qui ont pris la part la plus active au meurtre du colonel Flatters.

Le 29 février, M. Foureau campe à El-Biodh, au point même où s'était arrêté le colonel Flatters, lors de sa première mission, au voyage d'aller. La cuvette qui contient les puits est toute petite et à fond de sable. L'eau, qui marque une température de 18°, est amère et légèrement salée. Elle a le même goût que celle de Mouilah-Maâttallah; il est probable qu'il y a là une origine commune. Autour des puits s'élèvent, en touffes serrées, une trentaine de palmiers assez vigoureux. Ils ont tous été *semés* par le colonel Flatters qui, à son passage, ayant trouvé la cuvette entièrement nue, a donné l'ordre d'y enfouir devant lui une grande quantité de noyaux de dattes. Son entreprise a réussi, car les jeunes palmiers « Djabbar » sont superbes. Ils ont maintenant douze ans de semis et leurs racines baignent dans l'eau de la nappe.

M. Foureau ne manqua pas de faire nettoyer ces arbres et de les débarrasser de leurs branches basses. Il les mit, pour tout dire en un mot, en parfait état.

En quittant El-Biodh, après s'être préparée à traverser le pays désolé qu'elle va parcourir, la mission monte, le 1er mars, sur le plateau de Hamada qui domine le Feidj situé à l'Ouest. Elle campe à la tête du « Menkeb ou Draa-Hallal » éperon dont le sable a voilé l'ossature rocheuse qui ne perce plus qu'en quelques points. Elle est de nouveau dans le pays du mirage et tout le jour, sur le reg, elle est soumise à ses caprices.

Le 2 mars, M. Foureau reconnaît dans le gassi qui se dirige vers Aïn-Teïba, le puits appelé : Hassi-Bou-Khacheba dont les Chambba de ce nom ont tenté le forage. Ce travail a dû être abandonné par suite de la rencontre d'une couche de pierre très dure. Au pied du Menkeb-et-Talha, se trouve un important atelier de silex taillés. Sur le parcours que la mission vient de faire pour atteindre ce point, elle rencontre des quantités d'ossements de chevaux et de mulets provenant du passage des Ouled-Mokran. Cette tribu du Tell, révoltée en 1871, fuyant devant nos troupes qu'elle avait rencontrées à Hassi, Ghourd-Ouled-Iaïch et à Aïn-Teïba, s'avançait vers le pays des Touareg à bout de forces et lasse de lutter. Le fameux bandit, Ben-Naceur, qui était le guide des Ouled-Mokran, ne pouvant leur donner de l'eau, puisque nous tenions les puits du Nord, les conduisit à travers l'Erg. Ils perdirent dans cet exode tous leurs chevaux et leurs mulets, morts de soif, tant dans le Gassi ou Feidj-Ouled-Mokran, qui tire son nom du passage de cette tribu, que sur l'Oudje, où la mission se trouvait le 2 mars. Jusqu'au 7 mars, M. Foureau poursuit sa marche en avant. Mais à cette date ses hommes se refusent à le conduire où il voudrait aller, c'est-à-dire vers le Sud. Il a mille raisons de le regretter et mille autres pour céder. Il cède et voilà la mission revenant vers le Nord. Elle descend, le 9 mars, dans le lit même de l'Ouad-Ben-Abbou et continue sa descente, sans secousses ni accidents. Elle rencontre pourtant des traces de méhara, au nombre de quatorze. Ces traces sont un peu anciennes, mais admirablement visibles. On les étudie et l'on se rend compte qu'elles sont celles d'Ali-Ben-Maâttallah et de ses compagnons, passés en ce point en 1887, cinq années auparavant.

Cette constatation n'est certainement pas d'une importance capitale. Elle donne néanmoins une idée de la persistance avec laquelle un terrain de reg à fond de gypse et à éléments fins peut garder la marque d'un passage de méhara. M. Foureau, à des signes de terrain manifestes, reconnaît le 12 mars qu'il s'approche sensiblement d'Aïn-Teïba. Il vient de faire cent kilomètres dans le feidj qu'il appelle « innommé »; au moment où il va, avec son escorte entrer dans les dunes, il aperçoit, à 1,500 mètres environ en avant, cinq chameaux chargés et trois ou quatre hommes qui s'avancent vers lui, sans précautions et, par conséquent, sans crainte. Dix des hommes de l'escorte et M. Foureau partent à la rencontre des nouveaux venus. On s'aborde et chacun décline ses qualités. M. Foureau est en face d'Abd-El-Kâder (le gharbi), tâleb de Mohammed-Ben-Amran, caïd des Chambba du Souf, et de son frère. Ils emportent des étoffes et du sucre à In-Salah. Ils sont accompagnés d'un Chambbi d'Ouargla, Kouïder-Ben-Fardyia des Ouled-Douï, et d'un descendant des Zoua d'In-Salah, un nommé Mohamed-Ben-Hajira, marabout, fils d'un In-Sali, mais né à Ouargla où il habite. Il fait constamment du commerce avec le Tidikelt. Sa famille habite Foggarat-El-Arab et lui-même y possède de fort beaux jardins de palmiers. Quant à Abd-El-Kader, le tâleb, il a de nombreux parents à In-Salah. C'est lui qui avait amené, à El-Oued, vers la fin de 1891, un Ba-Hammou, beau-frère d'El-Hadj-Mahbi-Ben-Badjouda, chef d'In-Salah.

Ces gens-là savaient que M. Foureau était dans le

Sahara. Ils avaient rencontré à Touggourt, au moment de leur départ, les deux hommes expédiés par M. Foureau, on s'en souvient, le 22 février. Ils avaient appris par Ghadamès que dans les Rezzou opérés par les dissidents de Bou-Amama, il avait été tué un certain nombre de Touareg et ils pensaient que, rejointe par des Touareg vengeurs, la mission avait été exterminée. Il n'en était rien heureusement.

Au moment où les braves gens que venait de rencontrer M. Foureau lui racontaient ce qu'on pensait de son sort à Touggourt, les hommes de l'escorte relevaient une trace toute fraîche, datant du jour même, de sept animaux de charge. Parmi les pistes d'hommes, on reconnaît celle de Ahmida-Ben-Kheir, très typique, connue des gens de l'escorte, et une autre qui est celle d'un Européen marchant pieds nus. Quel peut être cet Européen retour du Sud et se dirigeant vers Aïn-Teïba?

La question est résolue, le lendemain. La mission rencontre, en effet, à Aïn-Teïba, où les traces la conduisent, le campement d'un Français, M. Méry. Cet explorateur s'était promis d'atteindre Aïn-Tabalbalet, puis Ghat. Mais ses hommes ayant refusé de l'accompagner plus loin, il a dû rebrousser chemin à une cinquantaine de kilomètres au Sud d'El-Biodh.

M. Méry, qui avait été chargé par M. Georges Rolland et ses amis, MM. Édouard Blanc, Fock, vicomte de Marsay et Tharel, d'étudier la construction d'une voie ferrée, a rendu compte de ses tentatives à la Société de géographie de Paris.

Aïn-Teïba a été si souvent décrit que nous nous bornerons à rappeler que son altitude, au sommet de l'entontnoir, est de 236 mètres, ce qui donne 200 mètres d'altiude à la surface du Bahar. La température de l'eau du Bahar est de 18°, celle des puisards de 18°,5.

M. Foureau abreuve abondamment ses chameaux. Les braves bêtes avaient besoin d'apaiser leur soif. Elles n'avaient pas eu une goutte d'eau depuis Meysseguem, c'est-à-dire depuis huit jours. Le 15 mars la mission entre sur le « Feidj-Oghroud-Torba » que les indigènes appellent aussi « Feidj-Dhamran », du nom de cette plante qui y pousse en quantité, mélangée de Neci. Elle relève Ghourd-Khellal par 64° et se trouve à trois kilomètres à l'Ouest d'une grande cuvette, que M. Foureau avait traversée, le 14 février 1890, lors de sa précédente mission. Une magnifique récolte de coquilles, les unes marines, « Cardium Saharicum », les autres fluviales, « Amnicola desertorum », avait, à cette époque, grossi sur ce point les collections de M. Foureau.

La mission marche, le 17 mars, dans des Areg ou massifs de dunes dont les Siouf ne sont pas élevés. Les dunes sont semées de larges intervalles en sol de Reg et de Nebka à belle végétation; parfois même ces cuvettes prennent les proportions d'un véritable Feidj et s'élargissent ou s'allongent sur un assez vaste parcours. On aperçoit de temps à autre, au milieu de la Nebka du sol, la carcasse du plateau de support en calcaire gris dont les rugosités émergent çà et là.

L'Erg que parcourt en ce moment la mission se relie à l'Erg-Retmaïa. Le Ghourd-Retmaïa forme la tête N.-O. Au loin, deux méhara montés apparaissent, venant du Sud-Est. M. Foureau pense que ce sont les Chouafs des Chambba et leur envoie deux cavaliers pour avoir des nouvelles. Les quatre hommes rejoignent bientôt le gros de la caravane. Les nouveaux venus sont Mohammed-Ben-Zeggaï et Brahim-Ben-Lakhdar. Originaires des Zoua d'In-Salah, ils campent depuis quelque temps, ainsi que Mohamed-Ben-Radja, leur parent, avec les Chambba. Ils sont envoyés à M. Foureau par le gouvernement général de l'Algérie et sont porteurs d'une lettre que M. Cambon leur a confiée, lors de son passage à Ouargla. Ils ont quitté cette ville, le 11, et marchant nuit et jour à la recherche de la mission dans la direction de la Zaouïa de Temassinin, ils ont trouvé à environ soixante kilomètres au Nord de Mouilah-Maâttallah, dans les Gassi, un cadavre presque nu, dont la main était déchirée par un coup de sabre. Supposant que c'était là un des hommes de l'escorte de M. Foureau, ils en ont conclu que la mission avait péri et, renonçant dès lors à une recherche inutile, ils revenaient à Ouargla, rapporter à l'officier, chef de poste, la lettre dont ils étaient chargés en même temps que la nouvelle du massacre de la mission. Il est donc fort heureux que le hasard les ait mis sur la route de M. Foureau.

En rapprochant les dates et les faits, M. Foureau estime que le cadavre découvert par les émissaires du gouverneur général est celui du Targui Isakkamaren dont le Rezzou, qui était commandé par les Ouled-Bou-Khachba, s'était emparé, comme nous l'avons dit, le 23 février ; cet homme a peut-être été relâché par ses agresseurs, ou plutôt s'est échappé, car on avait trouvé près de lui une petite outre; il se sera sans doute engagé, pour fuir, dans les gassis où il a dû mourir de soif.

M. Foureau retient près de lui, pendant deux jours de repos qu'ils avaient bien gagnés, les courriers du gouverneur et les renvoie porteurs d'une volumineuse et très rassurante correspondance. Puis il poursuit sa route de retour, aboutissant à travers la région des guentras à sol de rochers au puits de Bel-Ktouta. Le 21 mars, M. Foureau suit pendant presque toute la journée l'Ouad Igharghar. Ses berges sont sur ce point admirablement bien marquées. Il est évident que l'on a affaire à un fleuve dont les coudes contiennent maintenant des puits importants comme celui de Bel-Kebache et celui de El-Mégarine où campe la mission. Un seul de ces puits est vivant. Il a une profondeur totale de 8^m,10, avec une épaisseur d'eau de 1^m,60, à la température de 21°2. L'altitude est de 190 mètres. L'autre puits, situé à 30 mètres du premier, a une légère couche de sable dans le fond. L'eau, qui y est habituellement bonne quand on puise régulièrement, avait, le jour où M. Foureau en a usé, une très forte odeur d'hydrogène sulfuré. Sa couleur ambrée démontrait qu'elle tenait en dissolution une masse de crottin de chameau amené par le vent. Les multiples Zeriba qui se dressaient encore sur les Siouf voisins attestaient qu'un grand nombre de Chambba avaient passé l'été près de ce puits. Ces Chambba avaient semé tout autour des pastèques et des melons qu'ils arrosaient régulièrement. M. Foureau voyait encore les traces des seguias pour la direction de l'eau et les petites murettes qui entouraient ce jardin, d'ailleurs minuscule. Jusqu'au 24 mars, M. Foureau ne cesse de rencontrer des gens qui se félicitent de le revoir vivant et le 25, de bonne heure, il rentre à Touggourt avec tout son monde sain et sauf.

IV

Deuxième partie de la mission de 1892. — De Biskra à El-Biodh. — Paysages. — Le plateau du Tinghert de l'Est et de l'Oudje Sud. — Un peu de géologie. — Temassinin. — Une vieille connaissance. — Entrevue avec les Touareg. — L'Erg oriental. — Dépouilles des Pères Blancs. — Arrivée à Hassi Touaïza. — Le Sahara des Chambba. — Détails de mœurs. — Retour à Touggourt. — Conclusion.

Foureau avait dû repartir pour le Sahara, dès la fin d'octobre 1892, pour continuer ses tentatives de pénétration. Mais cette date coïncida avec l'arrivée à Alger d'un certain nombre de Touareg Isakkamaren et Azdjer que le gouverneur général désirait recevoir en présence de M. Foureau. Cette ambassade Touareg, placée sous la direction d'un certain Abd-En-Nebi, n'avait pas de mandat bien défini. Il était évident qu'elle souhaitait bien plus de se renseigner que de nous renseigner. M. Foureau abandonna donc l'idée qu'il avait caressée tout d'abord de repartir avec elle pour le Sahara et pendant que, après un accueil habile de M. Cambon, elle se dirigeait vers El-Oued, M. Foureau s'engageait sur la route du plein Sud.

Dans l'avant-propos du rapport de M. Foureau sur la seconde partie de sa mission, il écrit quelques lignes que nous reproduisons textuellement et qui sont singulièrement frappantes depuis les événements récents de Timbouctou. Les voici : « On a beau se dire qu'il n'y a rien à craindre, que l'on dispose de forces importantes ; il ne faut omettre aucune précaution, car une minute de négligence peut compromettre la sûreté de toute la caravane, et une attaque brusque, dans une nuit sans lune, est toujours une chose fort grave, surtout à cause des animaux qui se sauvent affolés dans toutes les directions ; il n'y a pas de petits détails qui ne doivent attirer l'attention du chef de mission, depuis la présence des sentinelles, jusqu'à la vérification des attaches des jambes de chameaux pour la nuit. »

Le 4 décembre 1892, M. Foureau quitte Biskra et campe en dehors des lieux habités, à quelques kilomètres au Nord de l'oasis d'Oumach. Le 19, il est à El-Bour où il reçoit l'hospitalité chez Sahia-Ben-Babia, le vieux chef du village de Negoussa dont il a fait la connaissance en 1877.

Dans les environs du puits de Hassi-Mjeïra, choisi par la mission pour remplir les tonneaux et faire boire à fond tous les animaux avant de s'engager dans une contrée dépourvue de plantes, M. Foureau s'approvisionne de gazelles et permet à son escorte de s'en rassasier. Nous sommes au 27 décembre. Le temps est affreux. Un violent coup de vent du Sud-Ouest, une longue et forte averse accablent la caravane. C'est le 31 décembre qu'elle s'engage sur le Feidj Dhamran, large surface de Reg mélangé de Nebka avec une assez forte végétation de Dhamrane malheureusement desséchée. Au coucher du soleil, le fidèle Kaddour avertit M. Foureau qu'il a blessé une antilope, à deux kilomètres du campement. Il demande la permission de la poursuivre avec son méhari et un chameau. M. Foureau y consent d'autant plus volontiers que le clair de lune est superbe. Kaddour rejoindra demain la caravane.

L'année commence mal, le vent aveugle l'expédition. Il est vrai qu'elle parcourt en ce moment la région des grandes dunes dont les molécules ténues s'éparpillent au moindre souffle et tourbillonnent.

On avance lentement dans le sable qui constitue maintenant le terrain, à l'exclusion de toute autre matière. M. Foureau rencontre bientôt Kaddour qui a capturé pendant la nuit l'antilope qu'il avait blessée. On campe à Aïn-Teïba où des chasseurs de l'expédition rapportent trois antilopes tuées au Ghourd Khellal.

M. Foureau reprend sa marche dans les dunes confuses qui entourent l'Aïn, le 3 janvier. Dans une profonde dépression formant l'extrémité sud d'un Feidj peu étendu, il constate la présence d'un atelier de silex taillés des plus importants. Le sol est encombré de pointes de flèches, de débris de vieilles poteries avec motifs d'ornementation, de quantité de perles bleues et jaunes allongées et pourvues de trois renflements, etc., qui ne laissent aucun doute sur la présence des hommes en ce point dans des temps antérieurs.

M. Foureau subit de nouveau les impressions du mirage; à ses yeux, la région des Gassi est un pays béni pour la marche d'un convoi. Le sol est plus ou moins dur, mais toujours plan et sans végétation. Les chameaux avancent très vite et sans se laisser attirer à droite et à gauche puisqu'il n'y a point de touffes à brouter. Ceci n'implique pas que le passage d'un défilé de sable soit dépourvu d'intérêt. C'est au contraire pour le voyageur, quand il fait grand vent et beau soleil, un spectacle très attachant. Bien des peintres, écrit M. Foureau, seraient heureux de pouvoir le saisir sur le vif au milieu de l'immensité dorée des Oghroud qui dressent leur tête. Une buée s'étend au-dessus des pygmées qui s'attaquent à leurs flancs et qui dégringolent en un pittoresque désordre sur leurs pentes rapides, bousculant les charges et vociférant.

La vue des immenses surfaces planes des Gassi est également très impressionnante. Si ces surfaces sont frappées par la lumière du soleil, elles paraissent éclatantes comme un miroir et, à l'extrême horizon, elles donnent naissance à des mirages intenses où les images les plus diverses et les plus inattendues tremblottent sur le ciel; si au contraire les Gassi ne sont pas éclairés lorsque le soleil est très bas sur l'horizon ou lorsqu'il est obscurci par des nuages, la surface des Gassi prend un ton bleu verdâtre sombre qui donne l'illusion de la mer et communique au paysage un aspect d'autant plus triste et plus morne que les Oghroud perdent leur belle teinte d'or et paraissent d'un gris sale.

De toute façon, le voyageur se sent noyé dans cette immensité sans bornes et il lui semble qu'il n'arrivera jamais à un port de cette mer illimitée. Les monotones chansons des nomades du Sud, psalmodiées sans trêve pendant la route, sont évidemment inspirées par cet infini qu'ils parcourent depuis leur enfance.

M. Foureau campe successivement à Moüilah-Maâttallah et à El-Byodh. Avant de quitter la région de l'Erg, il note une particularité assez curieuse relative à la végétation des chaînes. D'après ses constatations, le flanc exposé au Nord-Est est généralement couvert de plantes, tandis que le flanc sud-ouest en est presque dépourvu. Dans cette partie de l'Erg aussi bien que dans l'Ouest, la végétation est du reste toujours confinée dans le fond des cuvettes ou à la base des dunes. Comme nous le verrons plus tard, il en est tout autrement dans l'Est du côté de Ghadamès.

Le 11 janvier 1893, M. Foureau quitte définitivement l'Erg qui fuit vers sa gauche. Ses pieds ne fouleront bientôt plus que des débris de roches, à moins que les hasards de la route ne fassent suivre à l'expédition le cours de quelques ravins à sol de gravier.

La voici sur une Hamada très dure. La roche de calcaire

noir dont elle se compose dissimule à peu près complètetement la route des caravanes, le Medjebed, en arabe. Au loin, dans le Sud, se dressent de beaux gommiers grandis par le mirage. Puis, voici une Hamada de calcaire dolomitique grisâtre, presque blanc, en larges dalles polies. Quelques siouf ponctuent de leurs larges taches jaunes d'or cette Hamada du haut de laquelle descend M. Foureau. Là, les Kef lui permettent de voir nettement la structure géologique du plateau; le sommet en roche dolomitique repose sur des assises puissantes de marnes vertes et rouges séparées par des couches de gypse. On est sur un sol de reg fin et entièrement nu établi sur un sous-sol argilo-gypseux.

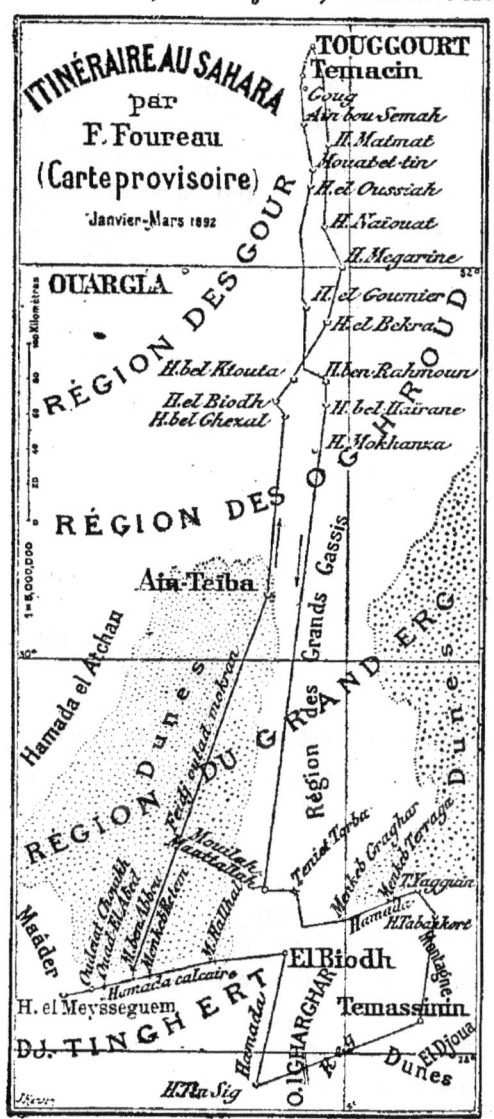

Les dunes sur lesquelles campe la mission de M. Foureau sont de même nature que celles de Temassinin. Au sommet de la plaine qui domine ce point est une falaise de roche vive, calcaire dolomitique, ancrée sur des couches épaisses de marnes rougeâtres, striées de feuilles de gypse; au-dessous s'étalent de puissantes assises de gypse en roche, puis des stratifications de calcaire sub-crayeux, soutenues par des marnes vertes et rouges coupées de lamelles de gypse cristallisé. Enfin des poudingues de galets mêlés de gypse, et tout en bas une énorme épaisseur de marnes vertes et rouges, criblées de veinules de gypse, préparent l'œil au spectacle du chaos des éboulis considérables, où se mélangent tant d'éléments disparates, qui gisent au pied de la falaise.

Nous retrouvons à Temassinin une vieille connaissance, le Hartani El-Haj-Embarek. Il accueille M. Foureau avec une joie indescriptible. Le souvenir des cadeaux de l'année précédente, l'espoir d'en recevoir de nouveaux, plus importants peut-être, ne sont point étrangers à ces démonstrations d'amitié.

Sans s'arrêter à ces réflexions, M. Foureau se renseigne. Il apprend que les Ifogha sont disséminés dans le Mouydir, que les Isakkamaren sont à Amguíd et que les Azdjer campent dans la direction d'Oahnet et de Tighan-Maline. Quant aux Kebar des Azdjer, ils sont à Ghadamès ou près de cette ville. Comme le désir de M. Foureau est d'entrer en relations avec ceux-ci et qu'il lui paraît clair qu'il vaut mieux traiter d'abord avec les notables, il se décide à mettre le cap sur Ghadamès.

Deux routes peuvent l'y conduire : l'une, effroyablement dure, passe par Belaghdamès et Timfouchay; elle suit le pied sud-est d'une série d'escarpements du plateau de Tinghert. C'est celle autrefois parcourue par Gerhard Rholfs. L'autre est aussi en terrain de Hamada, mais un peu moins dure. Elle n'a été encore parcourue par aucun Européen. M. Foureau la choisit, bien qu'il faille compter une douzaine de jours de marche avec un seul puits intermédiaire, — Hassi Tabankort, — à trois jours seulement du point de départ.

Le 17 janvier, l'expédition abreuve ses chameaux à Hassi-Tabankort. Tous ses tonneaux sont remplis de l'eau de ce puits dont la propriété essentielle est de rendre le café imbuvable. Pendant les six jours qui suivent, peu d'événements et peu de remarques. Il souffle un vent de Nord-Ouest très violent. Le froid est vif malgré le soleil. Dans un bas-fond nommé Tin-Yagguin on reconnaît des vestiges d'une station sans doute très importante jadis. Ici gisent des silex taillés, là des tombeaux de Touareg, plus loin des traces de Zériba ou campements momentanés de nomades. Ce pays est aujourd'hui désolé et infertile. Pourtant le Goulglane, petite plante de la famille des crucifères, très aimée des chameaux, qui pousse dans les interstices des roches, naît en abondance, après la pluie, sur les Hamada voisines. En quittant Tin-Yagguin, on entre dans une région désolée, sans eau, presque sans végétation autre que le Drinn des dunes et par conséquent très peu fréquentée, si ce n'est par les antilopes qui y pullulent. Jusqu'à Hassi-Imoulay le terrain aura le même aspect; à droite une plaine rocheuse, sans fin, dénudée, légèrement ondulée, coupée de quelques ravins. En somme, physionomie infiniment triste avec des teintes tantôt noires, tantôt rousses, tantôt gris foncé. A gauche, les éperons de l'Erg qui se succèdent, constituant les caps de séparation d'innombrables baies découpées dans la masse même des dunes. Là, plus de Feidj, plus de Gassi, mais une série d'Oghroud indéfiniment réunis dont la hauteur varie entre 100 et 250 mètres.

A ce moment, le grand rayonnement nocturne des immenses solitudes amène une période de froids intenses. Pendant près de huit jours, les thermomètres minima de M. Foureau indiquent jusqu'à 6° au-dessous de zéro à l'air libre et parfois 3° au-dessous de zéro sous la tente.

Le 23 janvier, la mission traverse une vallée et rencontre une tombe importante entourée de pierres levées et de nombreux petits amas de roche faits de main d'homme. M. Foureau suppose qu'il faut voir là le Kbour Moussa des cartes. Ce tombeau repose sur un sol composé de grandes dalles de calcaire crétacé gris. Bientôt la végétation réapparaît. Toutes les touffes vertes qui couvrent le sable sont vierges de la dent des animaux. Il ne passe évidemment plus de caravanes sur la route que suit la mission. M. Foureau a deux jours de marche et une nuit à passer avant d'atteindre un puits. Il ne lui reste pas 200 litres d'eau. On est obligé de se rationner. Mais c'est en pareil cas que l'endurance et la bonne volonté des Chambba se dessinent. Tous les hommes disent à leur chef : une demi-ration nous suffira amplement, et même si tu crains un ennui au puits, nous ne boirons ni demain, ni après-demain.

Nous avons dit que M. Foureau se dirigeait vers Ghadamès pour s'y trouver en contact avec les Touareg. Il n'entrait pas toutefois dans ses projets de pénétrer dans cette oasis. Aussi avait-il choisi le puits d'Imoulay, qui est à une vingtaine de kilomètres de la ville, pour y attendre les événements. Le puits est peu profond; lorsqu'on le récure bien, l'eau sourd et afflue abondamment. Mais quelle eau ! Aussi laiteuse, aussi indigeste qu'elle soit, elle n'en est pas moins l'exclusif breuvage de la caravane, non seulement pendant le séjour de M. Foureau à Imoulay, mais aussi durant les dix jours que prendra la traversée de l'Erg.

Dès le 26 janvier, M. Foureau expédie vers les Touareg quatre de ses hommes porteurs de paroles de paix et chargés de lui ramener des notables et principalement Abd-Ul-Hâkem. En attendant ses messagers, il apprend que le puits d'Imoulay est fort peu éloigné du lieu où se dessèchent les os des missionnaires assassinés en 1881. Après son entrevue avec les Touareg, il ira recueillir ce qui sera resté sur le lieu du massacre.

Les ambassadeurs de M. Foureau ne reviennent que le 31. Ils ont mené à bien leur mission. Ils ne sont pas accompagnés d'Abd-Ul-Hâkem, qui est mort, mais de son fils aîné, Ouan-Titi, et de l'escorte qui a accepté l'invitation du Français.

Tout ce monde arrive au camp sous une pluie battante, qui tombe du reste depuis deux jours. Ce phénomène peu fréquent dans le Sahara est très opportun. Il contribuera certainement, grâce aux superstitions musulmanes, à entourer la venue de M. Foureau d'une auréole favorable. Notre compatriote portera désormais pour eux le nom d'« homme aux éperons verts », expression qui désigne celui qui apporte la pluie et qui, par conséquent, compte parmi les favoris du Prophète.

Voici en substance le résultat de l'entrevue de M. Foureau et de Ouan-Titi.

Les Touareg de rang élevé savent fort bien que notre désir est de vivre en paix avec eux, ils n'imputent ni à nous ni à nos Chambba les massacres et les razzias de ces dernières années, et ils n'ignorent pas que les dissidents réfugiés chez Bou-Amama, aidés de quelques Ouled-Ba-Hammou, sont seuls responsables de l'ancien état de guerre. Ils se rappellent fort bien, tous, le premier passage du colonel Flatters et appuient sur ce point que ceux des Azdjer qu'il a pu voir, lors de son second voyage, ont fait tous leurs efforts pour l'engager à obliquer vers le Sud-Est au lieu de poursuivre sa route sur le territoire des Ahaggar.

Mais si les Kebar sont au courant de toutes ces choses, si quelques rares d'entre eux se souviennent de la convention de 1862, par contre il n'en est pas de même de la masse de la nation Touareg qui, elle, ne sait rien, si ce n'est que nous menaçons son indépendance et que nous sommes des infidèles avec lesquels ils ne doivent pas avoir de contact. Il faut donc laisser aux Kebar le temps de mettre les esprits au point et de prouver à leurs vassaux que leur intérêt est de se rapprocher de nous. Ils n'ont pas oublié les relations amicales qui, avant le massacre du colonel, unissaient Chambba et Touareg, mais il semblerait qu'une ère d'invincible crainte est née de ce fatal et douloureux événement et que, depuis, les portes se soient fermées, que les amitiés se soient rompues et que le désert se soit fait plus implacable, plus inviolable entre eux et nous. Ce sont là les propres expressions d'Ouan-Titi.

« Pourtant, dit-il à M. Foureau, voilà deux fois depuis un an que nous entendons parler de toi, d'abord par nos parents et amis que tu as ravitaillés, puis ces jours-ci, enfin, par tes serviteurs Chambba que tu nous as envoyés. Tu nous apportes la paix, tu nous amènes la pluie; moi je vois là d'heureux présages: tu es en quelque sorte l'envoyé des Français, un mïad de Chambba te sert d'escorte; tout cela était sans doute la volonté de Dieu. (Il ne faut pas oublier que celui qui parle est affilié à la secte algérienne des Tidjani et que c'est un musulman pratiquant.) Nous ne pouvons actuellement, ajoute-t-il, te faire visiter notre pays, je ne répondrais ni de ta tête ni des nôtres, et nous ne voulons pas que l'on puisse dire qu'on a tué encore un Français dans le pays des Iahaggaren.

« Aie la patience des gens sages et forts, ne cherche pas à presser les événements, il faut longtemps pour faire toutes choses, et nous ne parlons ni n'agissons rapidement. Je te promets de la façon la plus formelle qu'avant qu'il soit longtemps j'aurai vu avec mes amis, les tentes, les agglomérations d'hommes, les petits et les grands et que, s'il plaît à Dieu, tous penseront de la même façon que nous à ton égard et à l'égard des Français : c'est-à-dire qu'ils te recevront bien ; mais, je te le répète, ne gâte pas par trop de hâte une cause que je te donne comme gagnée. Pour te prouver mes bonnes intentions, je n'hésiterais pas à m'adjoindre dès maintenant quelques autres notables et à te suivre avec eux jusque chez les Français; mais j'ai perdu mon père il y a deux mois, un de mes fils tout récemment, et je ne puis quitter mon pays pour le moment; toutefois, je te promets de partir bientôt pour l'Algérie en compagnie de Kebar des Azdjer; nous formerons une sorte de mïad, envoyé par notre peuple au Ouali d'Alger, et nous irons t'annoncer à toi que tu peux venir en paix chez nous et avec qui tu voudras. Donne-nous donc un laisser-passer qui nous fasse reconnaître à notre arrivée dans ton pays. »

M. Foureau remet alors à Ouan-Titi des lettres de recommandation et des missives déclarant qu'il désire traverser les pays Touareg, vivre en paix avec eux et faciliter le retour des anciennes relations amicales qui les unissaient aux Chambba.

En outre, et toujours sur la demande d'Ouan-Titi, tous les Chambba de l'escorte rédigent et signent une sorte de lettre-proclamation dans laquelle ils sont désignés par leur nom, agissant pour eux et comme délégués de tous les Chambba de Ouargla : Ils déclarent dans ce factum adressé aux Fogha et à la généralité des Azdjer, qu'ils ne demandent que la paix, qu'ils recevront de leur mieux tous les Touareg venant à leurs campements, et ils promettent solennellement une amitié durable et sincère aux Touareg. Ouan-Titi prie M. Foureau de contresigner cette lettre et d'y apposer son cachet, ce qu'il fait aussitôt.

Il y aura, quoi qu'il puisse arriver, quelque chose de très bon dans cette démarche. Cette proclamation sincère rédigée par un mïad de Chambba garantissant la paix aura, je n'en doute pas, un grand effet utile, écrivait M. Foureau.

« Si contre mon attente, ajoutait-il, nous n'en recueillons pas le fruit, c'est qu'il ne restera plus rien à faire avec les Touareg, si ce n'est l'emploi de la force. »

M. Foureau avait-il raison? C'est ce que l'avenir nous apprendra.

Dans tous les cas, au moment où il rédigeait son rapport, M. Foureau n'osait pas trancher ce problème très obscur : qui détient le pouvoir chez les Touareg de l'Est? « Il est certain, disait-il, que s'il y avait réellement un chef unique, suprême et tout-puissant, nous pourrions agir utilement et notre rôle se simplifierait. Il n'en est point ainsi. Il n'y a plus, à proprement parler, d'émir des Touareg Azdjer, mais cependant Mohamed-Ben-Ikhenouken est resté en quelque sorte leur chef et partage le pouvoir avec quelques-uns des membres de sa famille. Mais encore faut-il s'entendre sur la signification que l'on doit donner au mot pouvoir; il se réduit en somme à bien peu de chose, il n'égale pas celui du vieil Ikhenouken, qui lui-même était bien impuissant, si on s'en rapporte à ce que dit dans son ouvrage le voyageur si sincère, H. Duveyrier, qui raconte qu'Ikhenouken ne pouvait pas même arriver à faire restituer des chameaux volés. Est-ce là ce qu'on appelle un pouvoir fort?

« Les notes laissées par le voyageur allemand Erwinde-Bary, quoique beaucoup plus récentes que le voyage de Duveyrier, signalent comme lui les mêmes faits, à savoir que le pouvoir de l'Amenokal est dérisoire et que le titre ne vaut que par l'homme qui le porte; il montre l'état de complète anarchie des Azdjer, le fractionnement infini du commandement, et la maigre influence de chacun de ceux qui portent ou qui se donnent le titre de chefs.

« Nous avons cru en France, pendant ces dernières années, que les descendants d'Ikhenouken ne jouaient plus qu'un rôle secondaire chez les Azdjer; on disait qu'un certain Oufenaït en était devenu le personnage le plus puissant. En réalité, Oufenaït n'est qu'un agitateur, fort ambitieux il est vrai. Il appartient à la fraction des Imanghassaten par sa mère qui était sœur d'Eg-Ech-Cheik, mais ni lui ni d'autres ne détiennent le pouvoir suprême. Le commandement est divisé outre mesure, et chacun fait ce qu'il veut sans s'inquiéter d'un chef quel qu'il soit. Voilà malheureusement la situation à laquelle nous nous heurtons dans le Sahara.

« Les chefs nous disent : « Nous sommes les maîtres; » mais, en réalité, ils ne sont les maîtres que de leur propre tente et ne peuvent en aucune façon diriger les événements ni maintenir les hommes. Ces gens-là ne se réunissent dans la même pensée et sous la même main que dans le cas d'un danger commun.

« Les Touareg ont été très frappés de la construction des postes ou bordjs fortifiés qui ont été édifiés dans le Sud algérien et ceci joue un très grand rôle dans leur attitude actuelle. Ils ont fort bien compris que notre intention n'était point d'être agressifs et violents, mais que nous voulions bien nettement occuper le pays, en assurer la sécurité, et pour cela y créer un service de police de frontière solidement organisé. Abd-En-Nebi et ses compagnons venus à Alger en novembre 1892, avaient, eux aussi, été frappés de notre marche en avant et ils ont dit sans détour à M. Foureau : « *Si les Français occupent effectivement In-Salah, nous deviendrons fatalement leurs vassaux.* »

Nous passons à regret bien d'autres pages intéressantes du récit de M. Foureau pour arriver avec lui à la base du petit mamelon où il retrouve les ossements des Pères Blancs massacrés. Les deux crânes sont bien visibles; les autres ossements sont à demi recouverts par le sable. Ce sable a été simplement amené par le vent, car les Pères n'ont point reçu de sépulture. Les os des bras et des jambes manquent; ils ont été probablement dévorés par les chameaux. Les vêtements du Père Morat sont entièrement détruits; quant à ceux du Père Richard, il en reste encore des lambeaux. M. Foureau en extrait les côtes, les vertèbres et les épaules. Des traces de brûlures encore visibles sur le côté gauche de la chemise de flanelle sembleraient indiquer un coup de feu tiré à bout portant.

Avec les premiers ossements on recueille une barbe noire assez forte appartenant au Père Morat, c'est le seul indice qui ait pu guider dans la reconnaissance des deux missionnaires.

M. Foureau laisse sur les lieux mêmes un troisième squelette (celui du Père Pouplard) auquel manque le crâne et qui a été entièrement enfoui dans le sable par l'action du vent. Il ne l'a laissé que parce que, croyant qu'un Arabe du Souf avait été tué avec les Pères, il a pensé que c'était là son cadavre dont l'absence du crâne ne lui permettait pas du reste de reconnaître la race.

Auprès des ossements gisaient épars sur le sol et à peine recouverts de sable une assez grande quantité de volumes relativement peu détériorés : livres de théologie, bibles, traités de physique, de géologie, d'histoire naturelle, etc.

M. Foureau trouve, de plus, des débris d'appareils photographiques, des thermomètres, des bouteilles brisées, un crucifix, un portefeuille vide, des pions d'un jeu d'échecs et une lettre adressée au Père Pouplard, lettre intacte contenue dans son enveloppe, qui portait très nets encore les timbres de la poste de Ouargla et de Tripoli de Barbarie.

Les ossements et tous ces objets ont été remis par M. Foureau au Père Duval, supérieur de la section des Pères Blancs en résidence à Biskra, qui les a lui-même expédiés à Maison-Carrée.

Deux pyramides de pierres, élevées par les soins de l'expédition sur les lieux mêmes, permettront de retrouver le point précis du massacre. Il est situé en pleine Hamada, en dehors des sentiers de caravanes, au pied nord-est d'un petit mamelon de calcaire à une dizaine de kilomètres dans l'Ouest de Ghadamès.

Ces soins pieux accomplis, M. Foureau n'avait plus qu'à se diriger vers le Nord-Ouest et à entrer franchement dans l'Erg proprement dit. Pendant les 80 premiers kilomètres, l'altitude du terrain décroît rapidement. L'élévation des dunes augmente jusqu'à 250 et 300 mètres pour décroître peu à peu jusqu'à la limite nord de l'Erg où elles n'en comptent plus que 60 ou 70. L'Erg n'a pas ici la tristesse de son frère de l'Ouest. Une végétation touffue lui donne de la gaieté. La contrée est exceptionnellement giboyeuse. Les gazelles y abondent à tel point que, dans une seule journée, la mission tue quatorze de ces élégants animaux. La route, malgré un temps superbe, n'est pas aisée à suivre. Mais M. Foureau est guidé, pendant cette traversée de l'Erg, par un des hommes qu'il emploie depuis fort longtemps et qui l'a déjà conduit d'Aïn-Teïba à Mouilah-Maâttallah. Le coup d'œil de cet homme est d'une admirable sûreté; il est impossible à un Européen de s'en faire une idée s'il ne lui a pas été donné de voir la façon dont il agit. Il est arrivé pendant dix jours à garder rigoureusement la direction d'Hassi-Touaïza, et il connaissait si bien les obstacles qu'il nous fallait tourner, et que l'expédition n'aurait pu aborder de front qu'au prix d'immenses difficultés qu'il les signalait d'avance. Cela s'exprime en arabe par les mots : « Trik Sahala », c'est-à-dire : connaître le chemin facile.

Le 5 février, M. Foureau est dans la région dite des Zemoul-El-Kebar, ce qui, en français, signifie : grandes dunes ou grandes agglomérations. La caravane est entourée de sauterelles venant du Sud. Le lendemain, elle arrive à Hassi-Touaïza, après avoir franchi plus de 320 kilomètres en huit jours et demi et soixante-treize heures de marche effective, en terrain difficile.

Nous sommes ici dans le Sahara des Chambba. Aussi, M. Foureau en profite-t-il, dans la relation de son voyage, pour nous donner sur les mœurs des braves gens de son escorte des détails on ne peut plus intéressants. Il ne faut pas croire, dit-il, que les indigènes se fatiguent au même titre que les Européens d'un voyage comme celui que nous accomplissons ; loin de là, c'est leur vie ordinaire; ils ont une nourriture constante, assurée, ils n'ont même pas la préoccupation des ravitaillements en eau qui sont toujours réglés par le chef de mission. Tout au plus peuvent-ils trouver un peu longues les étapes qu'on leur fait parcourir, surtout à cause de leurs méhara pour lesquels ils sont remplis de sollicitude et qui, à leur avis, n'ont jamais assez mangé; il faut reconnaître qu'ils étendent cette sollicitude à tous les animaux qui appartiennent au chef de la mission et qu'ils les soignent aussi bien que les leurs.

Dès que l'on a planté la tente, seuls les hommes de garde du troupeau et ceux qui sont de service à la garde du camp sont occupés; les autres, sans pouvoir toutefois s'éloigner, sont libres et alors le camp se transforme en un véritable village ; les uns raccommodent leurs chaussures (opération très importante pour eux); les autres dorment; quelques-uns tirent à la cible ou simulent des fantasias, et se livrent à des jeux variés tels que Chouayïa, Chatt-el-Habari, etc. ; d'autres, enfin, chantent des mélopées traînantes accompagnées par un orchestre composé de deux ou trois flûtes de roseau, d'une Ghaïta et d'un instrument de cuisine quelconque, casserole ou gamelle qui sert de basse et sur lequel on frappe avec la main dans le rythme voulu qui, du reste, varie avec les chansons.

Dans l'escorte de M. Foureau, il y a deux ou trois véritables trouvères, et ce sont leurs propres chansons qu'entonne toute la bande des mélomanes de l'expédition. Voici quelques-uns des titres des principales créations de ces poètes : *Sidi-Hamza*, les *Éperons*, le *Cavalier*, la *Selle*, le *Bien, Notre maître, Si Mâmar*, etc. En général, elles ont pour but la glorification d'un homme ou d'une belle action, ou encore d'un sentiment élevé ; celle qui porte pour titre *El-Kheir* (le Bien) rentre dans cette dernière catégorie ; elles ont de trente à soixante couplets que les Arabes appellent Rechag et le refrain doit être chanté après chacun d'eux. Quelques-unes sont fort belles et rédigées en un style élevé. Ce n'est pas seulement au campement mais aussi en marche que l'orchestre se fait entendre, et alors il est réduit à deux flûtistes et à un chanteur, soutenu dans le refrain par un chœur plus ou moins nombreux suivant le placement des hommes ou leur disposition du moment. Montés sur leur méhari, ils prennent la tête du convoi et psalmodient ainsi pendant des heures, célébrant les hauts faits d'un homme ou d'un cheval fameux, ou d'un marabout célèbre, etc.

Aucun incident ne marque le retour de M. Foureau à Touggourt. Il y arrive le 16 février; il classe ses notes et il écrit à cette date les lignes suivantes qu'il est bon de méditer après la mort du colonel Bonnier :

« Le résultat principal de mon voyage au point de vue politique est donc d'être entré en relation avec les Touareg et d'avoir apporté de mon entrevue l'assurance formelle de la venue prochaine de notables Azdjer, en ambassade en Algérie. Peut-être aussi aurai-je contribué à éclairer le public et à l'engager à se méfier des opinions trop enthousiastes qui nous représentent les Touareg comme des hommes bien disposés pour nous et prêts à nous accueillir à bras ouverts. Les exagérations sont toujours dangereuses, et mieux vaut, je crois, être un peu pessimiste que trop optimiste, afin d'éviter de trop douloureuses désillusions. »

Le 31 mars 1894, M. Spuller, ministre de l'Instruction publique, des Beaux-Arts et des Cultes, rendait à la Sorbonne, en présence des Délégués de toutes les Sociétés savantes des départements et de Paris, un hommage public aux efforts de M. Foureau. On venait d'apprendre le retour à Biskra de l'intrépide et modeste explorateur. Et le ministre se félicitait, en termes d'une éloquence émue, d'être appelé à proclamer, au nom du président de la République, la nomination de M. Foureau comme chevalier de la Légion d'honneur.

CHEZ LES PERSANS

I

Nos égyptologues. — La lutte avec l'Angleterre. — M. Jacques de Morgan. — Ses états de services et ses travaux. — L'inscription d'Achtala. — Les origines de la métallurgie dans la haute antiquité. — Ce que donne une mission gratuite. — Plan d'un nouveau voyage. — Un programme précis. — La nécropole de Télovan. — Les ouvriers géorgiens. — Un ancien élève de l'École des Mines. — Ses travaux; sa gratitude envers la France. — Visite aux écoles françaises. — Les montagnes Taliches. — De Choucha à Tauris. — Projets de fouilles dans le Kurdistán. — Le choléra. — Le général Seif Eddin Khan. — Le territoire des nomades. — Une inscription précieuse. — Souvenirs et collections de l'antique Ecbatane. — Deux inscriptions trilingues. — Les neiges et le col de Zagha. — Résultats linguistiques d'une excursion de 13,090 kilomètres. — Comment la Sublime Porte protège les fouilles scientifiques des Européens.

Par un décret du 5 septembre 1892, le gouvernement khédivial a nommé M. Jacques de Morgan au poste de Directeur général des musées égyptiens et du service des fouilles. En vertu de cette décision, un Français succédait à un Français, M. Grébaut, et la suite de nos travaux scientifiques sur le territoire des Pharaons n'était pas interrompue, au grand regret, n'en doutons point, de nos bons amis les Anglais.

Nous ne nous appesantirons pas ici sur cette lutte inqualifiable parfois, tour à tour éclatante ou sourde, que le cabinet de Londres a entamée et poursuit contre nous en Égypte, même sur le terrain d'une science dont l'origine et le développement nous sont dus. Albion ne saurait nier, cependant, que le déchiffrement des hiéroglyphes soit une conquête française. Champollion, Letronne, Nestor Lhôte, Charles Lenormant, Prisse d'Avesnes, Théodule Dévéria, Emmanuel de Rougé, Mariette, constituent un armorial incomparable en ce qui touche l'égyptologie. Quand on ajoute à ces noms ceux des Maspéro, de Rochemonteix, Grébaut, Guieysse, Pierret, Virey, Revillout, Baillet, Loret, Bouriant, et d'autres que j'oublie, on comprend l'exaspération de nos aimables voisins. Ils considèrent, malgré ces droits pour ainsi dire imprescriptibles, que nous sommes des intrus en Égypte; et s'ils reconnaissent, en de rares circonstances, que notre influence, au moins scientifique, a quelque raison de s'y manifester, ils estiment, avec ce détachement des choses d'ici-bas qui leur est si aisé, lorsqu'il s'agit des autres, que les Français ayant tiré les marrons du feu, il est très légitime que l'Angleterre les mange.

M. Maspéro a été l'objet d'une véritable sympathie durant son séjour en Égypte. Il a bénéficié, en dehors de ses merveilleuses qualités, d'une période d'accalmie. M. Grébaut, au contraire, s'est trouvé en pleine bataille et a subi de rudes assauts. C'est là une psychologie spéciale dont tous ceux que l'égyptologie préoccupe ont suivi, attentifs, la curieuse chronologie.

Au moment où M. Grébaut découvrait à Louqsor l'importante sépulture des prêtres d'Ammon, la presse anglaise versait sur sa tête des torrents d'injures. Elle le rendait responsable de tout ce qui arrivait de fâcheux aux monuments égyptiens, des soustractions opérées par les visiteurs, anglais pour la plupart, et demandait son remplacement par un savant anglais, ou allemand, ou même égyptien. Égyptologue d'un rare mérite, disait-elle, M. Grébaut est un administrateur pitoyable. Et ces attaques d'une violence inouïe, sans cesse renouvelées, venaient battre chaque jour, comme un flot montant, les forteresses indé-

cises à l'abri desquelles se retranchait l'énergie douteuse du gouvernement khédivial.

Les forteresses ont cédé et M. Grébaut, dont la légitime

réputation d'égyptologue demeure sauve, est devenu un véritable point noir dans l'horizon déjà troublé de notre diplomatie. Pour chasser ces vilains nuages, on a relevé M. Grébaut de ses fonctions. Mais je gagerais volontiers que les Anglais, très fiers du succès de leur campagne, ont eu l'orgueil prématuré d'un triomphe définitif et qu'ils ont cru sincèrement qu'après M. Grébaut, il n'existait plus un seul Français capable de diriger les fouilles et les musées d'Égypte. C'était là une de ces erreurs profondes qui compensent, tant bien que mal à nos yeux, la morgue dédaigneuse avec laquelle les grands hommes d'outre-Manche bénéficient, presque toujours, des pièges que leur égoïsme nous tend.

Ce n'est pas un Français qu'on pouvait désigner pour succéder à M. Grébaut; il y en avait dix. On a choisi M. Jacques de Morgan. Le choix est heureux; si heureux que, beaux joueurs, jusqu'à présent du moins, les Anglais reconnaissent la compétence, l'activité et la puissance d'organisation exceptionnelles de notre compatriote.

Des voyages et des travaux remarquables ont préparé le successeur de M. Grébaut à tenir très haut et très ferme en Égypte le drapeau de la science française.

M. Jacques de Morgan est un ingénieur des mines. Il touche à peine à sa quarantième année et il a accumulé depuis 1872 une masse de connaissances aussi précises que variées. Jusqu'en 1874, il fouille les cimetières francs de la Seine-Inférieure, de la Somme et du Pas-de-Calais. A Campigny et à Incheville notamment il se livre à des recherches d'archéologie préhistorique. En 1875, on le trouve dans le comté de Sussex, où il poursuit ces mêmes recherches, et dans la vallée de la Bresle, dont il étudie la géologie. De retour en France en 1877, il pratique des fouilles dans la nécropole de Saint-Étienne de Coldres (Jura), continue dans ce département ses études géologiques et entreprend en 1878 l'exploration des terrains jurassiques, crétacés et tertiaires du Sud de l'Angleterre et du Calvados. On le voit fouiller, en 1879, les terrains tertiaires du Cotentin et on le rencontre, l'année suivante, tantôt en Danemark, en Suède, dans le Nord de la Prusse, s'occupant de géologie et d'archéologie préhistorique, tantôt en Hollande, à Maestricht, ou en Belgique, à Mons, se bornant à des fouilles géologiques.

C'est l'Autriche-Hongrie et sa géologie, ce sont des fouilles nouvelles dans la nécropole de Saint-Étienne de Coldres et dans les tumuli de la forêt des Moidons qui constituent le labeur de M. de Morgan en 1881. Mais, en 1882, il porte ses pas plus loin et entreprend dans l'Indoustân une étude archéologique et historique de la ville de Vidjayanagaram (Mysore). Il se repose un peu en 1883, n'étudiant que les terrains crétacés et tertiaires de l'Angleterre, du Cotentin et ne pratiquant des fouilles que dans le département de la Manche. C'est en 1884 qu'il effectue dans la presqu'île de Malacca, au pays des Negritos, la belle exploration qui lui a permis de nous donner un historique précieux de la Malaisie et une foule d'indications sûres relatives à l'histoire naturelle, à l'ethnographie et à la géographie de cette presqu'île. De 1886 à 1889, il séjourne au Caucase qu'il analyse au point de vue de sa riche géologie, de son archéologie, de son histoire naturelle si remarquables. C'est là que nous allons commencer à le suivre d'aussi près que nous le pourrons.

Au mois de juillet 1886, M. Jacques de Morgan rapportait à Paris une inscription sur pierre en vieux caractères géorgiens. Il supposait avec raison que les documents en cette langue ne devaient pas abonder dans nos musées. Cette inscription provenait d'un monastère bâti à Achtala, Caucase, et remontait, d'après M. de Morgan, à l'époque de la reine Tamara, c'est-à-dire au XIIe siècle. La pierre arrachée par notre compatriote aux flancs sacrés de la chapelle du monastère ne pesait pas moins de 100 kilogrammes. Elle fut envoyée au Louvre où s'exercèrent, pour la déchiffrer, toutes les souplesses du talent éclairé des conservateurs de notre admirable Musée.

A dater de ce jour, l'estime que l'on professait déjà pour les recherches incessantes et l'activité scientifique de l'ingénieur des mines dont nous allons suivre la transformation prit un caractère plus précis. On examina, dès lors, avec une attention soutenue, la marche de plus en plus réglée de son esprit vers les hauts sommets de la science. On avait affaire à un ingénieur s'occupant, il est vrai, d'industries auxquelles il devait la majeure partie de son temps; mais on pressentait que cet ingénieur délaisserait bientôt sa carrière pour se consacrer tout entier aux travaux désintéressés de la science. Installé, ou plutôt campé à Achtala, vivant dans des maisons indigènes, au milieu de populations on ne peut plus variées, coudoyant des Grecs, des Tartares, des Arméniens, des Persans, et dans cette véritable tour de Babel, dirigeant l'exploitation d'une mine, M. de Morgan était envahi par le désir ardent d'étudier scientifiquement le pays où sa profession l'avait conduit.

Il avait à juste titre la conviction qu'un ouvrage sur l'histoire générale des peuples du Caucase et de la Petite Arménie, de tout le pays en somme qui s'étend entre la Caspienne et la mer Noire, manquait à nos bibliothèques et y deviendrait un instrument d'études puissant et révélateur. M. de Morgan n'hésita pas à entreprendre ce travail considérable. Sa méthode de préparation est excellente. Il dépouillait peu à peu tous les écrits publiés sur la région dont il voulait analyser et synthétiser à la fois les origines et les développements. Les livres écrits en langues européennes, il les lisait lui-même. Quant aux documents géorgiens, persans ou arméniens, il s'en faisait faire la lecture par son interprète. Forcé par la surveillance des intérêts dont il avait la garde de voyager beaucoup, il prenait des notes sur tous les pays qu'il traversait, afin de n'écrire plus tard qu'avec une connaissance parfaite des questions qu'il traiterait. C'est ce qu'il a fait.

C'est dans le courant du mois d'octobre 1888, que le ministère de l'Instruction publique a eu un témoignage certain de l'accomplissement des projets que M. de Morgan s'était promis de réaliser. Sept caisses renfermant des antiquités et des objets d'histoire naturelle, mollusques, coléoptères et arachnides, arrivaient en excellent état de conservation rue de Grenelle. Chaque pièce était si soigneusement étiquetée que tout rapport spécial à leur sujet devenait inutile. Il appartenait aux différents chefs de services de nos Musées d'en opérer ou d'en contrôler la détermination. En même temps que M. de Morgan expédiait cette remarquable collection, il annonçait un travail sur les origines de la métallurgie, en d'autres termes, sur l'archéologie préhistorique du Caucase. Les questions métallurgiques, en Arménie, dans la haute antiquité, sont intimement liées aux premières civilisations de la Chaldée et de l'Assyrie. Pour M. de Morgan, il semblait évident que la découverte du bronze et celle du fer ne pouvaient être appliquées aux populations caucasiennes, chaldéennes ou assyriennes de ces époques reculées. Son opinion était que les blancs allophyles du Caucase ont, comme les peuples des plaines assyriennes, reçu ces notions de l'Orient, de l'Altaï, du plateau de Pamir. Elles les ont possédées, disait-il, bien avant les peuples européens auxquels elles les ont plus tard transmises, à cause de leur proximité du peuple inventeur et du foyer d'invention. Mais elles ne doivent être considérées, ajoutait-il, que comme les élèves de populations plus anciennement civilisées et qui leur ont transmis leurs connaissances, soit par invasion, soit de proche en proche par le commerce; ce mot étant pris dans son acception la plus générale.

Nous aurons l'occasion de revenir sur le mémoire dans lequel M. de Morgan a soutenu brillamment cette thèse. S'il n'a pas résolu d'une manière définitive l'important problème des origines de la métallurgie, il est incontestable qu'il a jeté des lumières tout à fait nouvelles sur ces questions dont les origines de notre propre civilisation dépendent.

La mission gratuite au cours de laquelle M. de Morgan se livrait à des études d'archéologie préhistorique dans le Caucase lui avait été confiée par un arrêté du 24 août 1888. Voici quel était l'ensemble des résultats, dès le 1er juin 1889 :

1° Une collection d'armes, ornements, bijoux, vases, etc., recueillie dans les nécropoles de l'Arménie russe et remontant à une antiquité très reculée ;

2° Une collection entomologique également recueillie dans le même pays ;

3° Une série de mollusques terrestres et fluviatiles de la région ;

4° Un mémoire intitulé : *Les premiers âges des métaux dans l'Arménie russe;*

5° Un autre travail : *Recherches sur les origines des peuples du Caucase.*

Dans ce dernier mémoire, qui était le résultat de trois années d'études dans le pays même, M. de Morgan s'était attaché spécialement à retrouver, au moyen de données archéologiques, épigraphiques, linguistiques et géographiques, les peuples qui nous sont signalés par les monuments assyriens et par les plus anciens auteurs. La connaissance des langues turque et tartare lui facilitait l'exploration du pays. Mais ses ressources ne lui avaient pas permis des travaux plus étendus et qu'il avait dû limiter à l'Arménie russe.

C'est alors que, désireux de poursuivre ses études scientifiques et de consacrer plusieurs années à des recherches dans l'Asie antérieure, il demanda au ministère de l'Instruction publique une mission nouvelle, cette fois subventionnée, qui lui permettrait d'étendre le champ de ses travaux.

M. de Morgan se proposait d'explorer, dans l'intérêt de la science et de nos musées nationaux, les régions qui s'étendent entre le Sud de la mer Caspienne, l'Arménie, le golfe d'Alexandrette et l'anti-Taurus. Il avait accompagné sa demande d'un itinéraire prévu qui comprenait les distances à parcourir, approchées en kilomètres, le nombre de jours nécessaires aux multiples étapes et aux nombreuses investigations que comportait son projet admirablement étudié, ainsi que des évaluations prises à bonne source des dépenses indispensables. Une autre carte montrait aux yeux les moins clairvoyants que cette mission réalisée rapporterait des renseignements précieux sur tous les peuples de la frontière septentrionale du royaume d'Assyrie, ceux du Nahiri, du Koummoukh, de l'Ourartou, aussi bien que les Madaï de la « mer Supérieure » (Caspienne), les Caspii, les Saspires, les Alarodiens, etc., d'Hérodote, Thoubal et Meschech de la *Genèse*. Elle ferait suite aux précédents travaux de M. de Morgan et mettrait à profit ses études préparatoires sur l'Asie intérieure. La mission fut accordée.

En sollicitant sa nouvelle mission, M. de Morgan n'ignorait pas que les Européens n'avaient parcouru que d'une manière insuffisante le Mazanderan, le Ghilan et le Linkoran. Aussi se proposait-il de prendre pour point de départ la ville d'Asterabad.

Cette partie de la Perse, origine de certaines migrations, lieu de passage de tous les peuples qui sont venus du Tourân dans l'Irân, est encore couverte de ruines, de tumuli et de nécropoles, restes des armées scythes, mèdes, perses, macédoniennes, parthes et sassanides. Une grande muraille antique, partant de Gümich-Tépèh, fermait autrefois aux invasions du Nord la route de la Perse. Jusqu'en 1889 ces vestiges n'avaient pas été explorés. M. de Morgan estimait donc, avec beaucoup de raison, que l'examen des ruines et des sépultures qu'il voulait visiter amènerait des découvertes du plus haut intérêt. Un fait indiscutable confirmait son opinion ; c'étaient les résultats magnifiques des fouilles que pratiquait dans le voisinage du territoire visé, en Transoxiane, le général Komaroff.

Le raisonnement de M. de Morgan était fortement motivé.

Les montagnes qui séparent Asterabad du plateau de l'Irân, disait-il, sont percées de cols qui jadis furent fortifiés et qui abondent en inscriptions qui attendent encore un traducteur.

Sur la côte, les antiques cités d'Amol, de Sari, la capitale de l'Hyrcanie, n'ont pas encore été étudiées scientifiquement.

Dans les montagnes vivent des tribus iraniennes dont les dialectes sont peu connus.

Dans le Ghilan et le Linkoran, aucune recherche archéologique n'a été tentée et la langue Talysch n'a été l'objet d'aucun vocabulaire.

Qui a étudié le Linkoran, si ce n'est le directeur du musée de Tiflis, S. Exc. M. S. Radde, qui l'a parcouru au point de vue botanique? Personne. J'irai donc. Et M. de Morgan, après informations prises, se rendait compte que les pays situés au sud de la mer Caspienne ne peuvent être explorés qu'en hiver. Dès le printemps des fièvres mortelles sévissent dans ces régions. Il prévoyait en conséquence l'étude de ce pays pour le commencement de l'automne. Dans le projet remarquable, qui devrait être un modèle pour tous les explorateurs, et qu'il soumettait au ministère de l'Instruction publique, le directeur actuel des fouilles et des musées d'Égypte ne livrait rien au hasard. Les documents qu'il avait analysés en vue de son voyage lui donnaient la certitude qu'il rencontrerait, entre le Linkoran et l'Araxe, dans la plaine de Moghan des Arméniens, la Sacassène des Grecs, des traces de camps antiques et de nombreux tumuli. N'y aurait-il pas là des témoins de l'occupation scythe du VIIe siècle avant Jésus-Christ et du royaume fondé dans cette plaine avant que les conquérants se fussent rués sur l'Asie? En tout cas, il était incontestable qu'aucune fouille n'avait été pratiquée de ce côté.

Dans la vallée de l'Araxe, cette grande voie de communication de l'antiquité, M. de Morgan ne doutait pas, grâce à ses relations avec plusieurs khans tartares, d'y pénétrer les secrets des nécropoles de toutes les époques qui la jalonnent.

Et puis c'étaient les ruines de l'Araxe, les mines de cuivre, de fer, de sel, à peu près inconnues, jadis exploitées par les Saspires, situées entre le Gok Tchaï et le fleuve, les nécropoles voisines de ces mines qui le solliciteraient à leur tour. Après avoir visité les environs du Gok Tchaï et l'Alaghoz, il fallait s'éloigner de l'Araxe et traverser le pays qui sépare le fleuve du lac d'Ourmiah. Là des investigations seraient probablement fécondes. Ces pays, très connus des Assyriens, conduisaient M. de Morgan à ces conclusions : qu'ils devaient avoir été habités par des peuples de même race que ceux de la vallée où s'élevèrent plus tard Artaxata et Naxouana de Ptolémée.

Dans l'Adherbaïdjan, ancien pays des Babilous et des Andious, nul voyageur n'avait suffisamment séjourné. On ne devrait pas négliger d'y rechercher les nécropoles, les ruines et les inscriptions. A Van, l'Ourarthon des Assyriens, il importait de compléter des recherches et des fouilles qui n'avaient porté, d'ailleurs, que sur le voisinage de l'antique Dhouspas. La loi turque qui entrave les fouilles mais semble autoriser les estampages, les dessins et la levée des plans, lui était sévèrement appliquée, et M. de Morgan se promettait de fixer, les récits des guerres ninivites à la main et les inscriptions sanniques publiées par H. A. Saya sous les yeux, bien des points géographiques demeurés obscurs.

En dépit des Kourdes, il opérerait de même entre Van et Mossoul. De Mossoul à Birendjik, traversant le Sindjar, il rencontrerait des fleuves inconnus, d'innombrables tells, des ruines grecques, romaines et byzantines, le tout nouveau pour la science. Il vivrait là avec les Yezidi dont les mœurs constituent un problème et se dirigerait enfin vers

Zaïbourt, en parcourant des pays connus des Assyriens où des places fortes grecques et romaines le disputent en intérêt aux tribus des Hétéens, des Chalybes, des Toubal et des Mouschkou.

Très résolu à suivre de point en point ce programme aussi vaste que précis, M. de Morgan s'embarque à Marseille le 18 septembre 1889. Il arrive à Constantinople le 23 et à Batoum le 29.

A Constantinople, il reçoit de l'ambassadeur de la République française, M. de Montebello, le plus bienveillant accueil. Toutes assurances lui sont données que les lettres et les recommandations nécessaires à un voyage en Turquie d'Asie lui seront envoyées à Téhéran par le gouvernement ottoman, peu de temps avant son entrée sur le territoire turc.

Les autorités de Batoum, prévenues de Saint-Pétersbourg, lui ouvrent toutes grandes les portes de leur commandement. Tout s'annonce bien. M. de Morgan fait un court séjour à Tiflis et commence ses travaux en fouillant, à 15 kilomètres de cette ville et à 3 kilomètres de Mtzkhet, la nécropole de Télovan.

Cette nécropole est à une altitude d'environ 900 mètres. Elle se compose de deux parties; l'une, la moins importante, est postérieure au IIe siècle, si l'on en juge par les monnaies qui étaient renfermées dans les tombeaux et qui ont été rapportées par M. de Morgan; l'autre, moins ancienne, mais qui n'est pas postérieure au IVe siècle, date de l'introduction du christianisme dans le pays.

D'après M. de Morgan, les tombes sont composées de dalles de grès probablement jurassique et dans lequel se montrent quelques traces de conifères. Elles ont en moyenne 2 mètres de long, 1 mètre de large et 0^m,70 de profondeur. Généralement, elles sont pauvres; aussi M. de Morgan est-il obligé d'en fouiller un grand nombre pour réunir une série intéressante d'objets, tels que vases, bijoux, monnaies, squelettes. Les ouvriers employés par M. de

Morgan, pendant les sept jours qu'a duré cette fouille, étaient des Géorgiens, peu scrupuleux parfois. Un certain nombre des documents trouvés dans les soixante-six sépultures qu'ils ont ouvertes ont certainement été *égarés* par eux ainsi qu'un portefeuille ne contenant heureusement que des papiers de peu d'importance. Ce dernier vol, détail qui montre l'habileté de leurs auteurs, avait été commis en présence du consul de France, qui mit sur pied toute sa police.

Pendant que notre consul recherchait vainement à Tiflis l'habile voleur du portefeuille de M. de Morgan, ce dernier prenait la route de Téhéran où il devait obtenir les autorisations nécessaires pour accomplir en paix les étapes de sa mission. Il eût été fort imprudent, en effet, de parcourir sans ces pièces le Mazandéran, le Ghilan et l'Adherbeidjan. D'un autre côté, subir les lentes précautions qui entourent presque toujours les décisions des Orientaux était funeste à la réalisation du programme très chargé de la mission.

Un certain nombre de Français sont allés en Perse. Tous n'y ont point laissé de bons souvenirs. L'entourage du Schah et le Schah lui-même manifestent envers les explorateurs une méfiance que dissimule à peine leur courtoisie très extérieure. M. de Morgan se trouvait donc partagé entre son désir légitime d'exécuter point par point son itinéraire et la crainte de courir à un échec, s'il entreprenait son voyage sans les recommandations officielles qu'on lui faisait attendre. Il avait pourtant quelques raisons de prendre les choses du bon côté. Le chargé d'affaires de France l'avait, en effet, présenté à Eminé Sultan, grand vizir, dont il avait reçu le plus parfait accueil. Un ancien élève de l'École des mines de Paris, Mirza Nézam Gaffary, n'avait pas été étranger à la cordialité exceptionnelle de cette réception. Cette altesse conservait les traditions de camaraderie qui sont l'une des forces de nos grandes écoles nationales et montrait, en prêtant son appui à M. de Morgan, en se solidarisant à lui, qu'elle avait d'ineffaçables sentiments de reconnaissance pour l'école dont elle avait reçu une solide instruction. L'École des mines peut être fière de cet élève qui plaçait sous les yeux de M. Morgan les manuscrits d'ouvrages de mathématiques d'une sérieuse valeur.

Mirza Nézam a composé en langue persane des traités d'algèbre élémentaire et supérieure, de géométrie analytique, de trigonométrie, de calcul intégral et différentiel, de mécanique rationnelle. Pour édifier son œuvre il s'est servi de tous les ouvrages des mathématiciens européens et plus spécialement des mathématiciens français qui ont été ses professeurs. Mais le plus difficile de sa tâche était d'adapter les formules, les lettres et les signes européens à la langue persane. Mirza Nézam est arrivé à ce résultat, difficile à atteindre, en employant les lettres musulmanes et en choisissant des termes arabes et persans traduisant avec une exactitude absolue la valeur de nos termes. M. de Morgan assurait, dans l'un de ses rapports, que dans bien des cas les expressions de Mirza Nézam, au point de vue des mathématiques, avaient plus de précision que les nôtres. Ceci n'est pas un mince éloge.

Il y a gros à parier que les ouvrages du haut fonctionnaire persan dont nous parlons demeureront longtemps encore incompris dans son pays, où l'instruction est à l'état rudimentaire. Mais les principes sur lesquels ils ont été basés étant généraux, ils trouveront, sinon dans l'Iran, du moins dans les autres contrées mahométanes, une application féconde. Il n'en reste pas moins pour notre École des mines le grand honneur d'avoir instruit l'homme qui a rendu de pareils services à ses compatriotes.

Malgré tout le regret que lui inspirait son séjour trop prolongé à Téhéran, on voit que M. de Morgan n'y perdait pas de temps et qu'il y constatait d'excellentes choses. Il ne se bornait pas d'ailleurs à des relations, aussi précieuses qu'elles fussent, avec Mirza Nézam. Il relevait, tout en admirant les travaux de son ancien camarade, 800 mots persans peu connus ayant trait à l'histoire naturelle, à la minéralogie, à la géologie et à la médecine; 600 mots de la langue « dary », dialecte parlé par les Guèbres de Téhéran, avec les déclinaisons et la conjugaison d'un verbe. Puis, il visitait avec notre chargé d'affaires, M. Paulze d'Ivoy, les écoles françaises qu'il se faisait montrer dans les moindres détails.

En 1889, il existait à Téhéran trois écoles françaises : deux tenues par des religieuses et une par des missionnaires. Cette dernière était sans importance; elle n'avait que quatre ou cinq élèves. Au contraire, les écoles des religieuses étaient fort remarquables. Elles instruisaient deux cents enfants, dont 120 externes environ et 80 internes. Les internes étaient tous orphelins.

Dans chacune de ces écoles, des classes, des dortoirs, des cours étaient installés pour chaque sexe. Les élèves étaient presque tous Arméniens. Le programme des études comprenait le français, le persan, l'arménien, l'arithmétique, la grammaire, la géographie et l'histoire de la Perse. On lisait aux élèves l'histoire de France. Pour les filles, des classes de couture. Là s'arrêtaient les ressources scientifiques des religieuses. Mais leurs élèves, sans exception, parlaient et écrivaient le français et de ce fait devenaient des clients, dans le vieux sens du mot, et des amis de la France.

Dans ces écoles, le principe de l'absolue gratuité était appliqué; les internes, logés, habillés, nourris et instruits sans bourse délier.

Cela était fort beau sans doute; mais nous savons que les Américains et les Anglais tentaient de nous dépasser et consacraient au développement de leur langue, et par suite de leur influence, des dotations énormes que nos modestes écoles étaient loin de recevoir. En est-il de même aujourd'hui? A-t-on subventionné les trois écoles que M. de Morgan visitait au mois de novembre 1889? Nous l'ignorons, mais espérons qu'on l'aura fait.

M. de Morgan ne pouvait véritablement pas compromettre l'exécution de son itinéraire en attendant à Téhéran les passeports qu'il avait légitimement sollicités. Vers la fin de novembre 1889, il se résout à s'en passer momentanément et décide qu'il portera ses pas vers le bassin de l'Atreck, dans le voisinage de la frontière russo-persane. Pourra-t-il, sans choquer les susceptibilités diplomatiques, profiter de cette pointe pour dresser la carte de cette région? La question est délicate; mais au bout du compte, comme elle intéresse à un égal degré et le gouvernement persan et le gouvernement russe, on verra plus tard que l'initiative de notre savant compatriote n'a eu que des effets heureux. Le voilà à la besogne ; besogne périlleuse, accablante et délicate. Il s'y met de toute âme et greffe sur ses travaux de cartographe ses investigations d'archéologue. Cette série ininterrompue d'efforts se poursuit jusqu'au mois de juillet 1890.

A cette date nous trouvons M. de Morgan à Choucha. Six semaines auparavant, pendant qu'il fouillait les montagnes Talysch, un ordre du gouvernement du Caucase lui enjoignait de suspendre ses recherches. Cet ordre était la conséquence d'un ukase impérial daté du 11 mars 1889 et dont M. de Morgan n'avait pas eu connaissance. L'ukase réservait pour la Société impériale d'archéologie les fouilles dans tous les terrains appartenant à la couronne ou aux particuliers sur le territoire russe. En d'autres termes, le nouveau règlement plaçait les études archéologiques en Russie sous la même loi qu'elles le sont en Turquie. Il ne restait plus à M. de Morgan que la ressource de découvrir en des pays plus accessibles aux prospections et aux enquêtes scientifiques, les facilités que lui refusaient les montagnes Talysch. C'est alors qu'il se rendit à Tauris où il se proposait de déterminer aussi nettement que possible la direction qu'il donnerait à ses projets de travaux dans le Kurdistân.

Pour arriver de Choucha à Tauris, M. de Morgan avait

pris le chemin le plus direct, c'est-à-dire le Pont de Koudaférin, la Vallée de l'Araxe et le Kara-Dagh. Le consul général de France, M. Bernay, s'empresse de prêter à notre compatriote le concours de son autorité reconnue et l'appui de ses très précieux conseils. Il le présente, dès le lendemain de son installation, au prince héritier de Perse et au gouverneur émir Nizam chez lequel ils sont invités à un déjeuner d'une cordialité exceptionnelle. Grâce aux relations amicales que M. Bernay entretient avec les princes persans, M. de Morgan gagne, sans réserve, l'estime et la confiance de tous. L'émir, n'ayant aucune raison de douter, ni de sa délicatesse, ni de sa discrétion, frappé de la simplicité de ses allures et de la précision de ses plans scientifiques, loin de faire surgir des obstacles, les aplanit. Et voici M. de Morgan autorisé à pratiquer dans le Kurdistân des fouilles géologiques. Un colonel persan d'une incontestable valeur est mis à sa disposition et l'accompagnera jusqu'à la frontière turque.

Dès le 15 août, en présence d'un accueil aussi flatteur et aussi positif, M. de Morgan décide qu'il consacrera les mois de septembre, d'octobre et de novembre à l'étude du Kurdistân. Il se rendra d'abord de Tauris à Maragha, gagnera Saoudj-Boulaq, Takht-i-Soleiman et Saïn-Kalèh, pour aboutir aux montagnes dans lesquelles il compte passer la fin de l'année.

Ce voyage est difficile, très dangereux ; mais il permettra au missionnaire de l'Instruction publique d'explorer les pays encore peu connus, jadis habités par les Manna, les Parsoua, les Namri, les Kharkhar et les Madaï. Sur tous ces territoires, on assure qu'il existe des inscriptions cunéiformes en grand nombre. M. de Morgan a donc le droit d'espérer qu'il en rapportera des documents historiques de premier ordre. Le gouverneur de l'Adherbeidjan fermera-t-il les yeux sur les travaux projetés dont la nature éveille les susceptibilités faciles des fonctionnaires persans ? Probablement oui, puisque l'émir Nizam est conquis.

Par malheur, les résistances du Schah, ses ordres contre les fouilles, les embuscades des Kurdes ne sont pas les seules difficultés de la situation. Le choléra a fait son apparition, a gagné le Kurdistân et y progresse chaque jour avec une intensité redoutable. Il sévit rigoureusement dans les pays situés entre Van et Bagdad ; des cas foudroyants, et se multipliant chaque jour, sont signalés à Mossoul, Erbil, et du côté de la frontière, dans les régions que M. Morgan doit bientôt parcourir. Cet obstacle, aussi grave qu'il soit, ne l'empêchera pas de partir. S'il est insurmontable, si le fléau met en trop grand péril la vie des personnes qui l'accompagnent, le chef d'expédition modifiera son itinéraire.

Cette façon de comprendre ses devoirs a dû impressionner les Persans qui, somme toute, paraissaient très disposés à adopter des idées françaises, au moment où M. de Morgan se trouvait à Tauris. Il était question, en effet, à cette époque, de créer dans cette ville un collège laïque où les musulmans pourraient apprendre notre langue, alors qu'ils se refusaient à l'éducation des congrégations religieuses fixées dans le pays.

Ce projet, né de la collaboration du consul général de France et d'un jeune professeur, M. Lampre, devait fonctionner sans subvention de la Perse ou de la France.

Le prince héritier de Perse et l'émir Nizam paraissaient tout particulièrement s'intéresser à sa création et semblaient résolus à la favoriser de tout leur pouvoir.

C'était là une tentative dont on avait le droit de bien augurer au point de vue du développement des études françaises dans l'Iran. Jusqu'alors, on le sait, l'enseignement ne s'était adressé qu'aux Arméniens et aux Chaldéens chrétiens, parce que les professeurs étaient des religieux. Le nouveau collège offrait au contraire l'instruction à la population musulmane qui domine en Perse.

M. de Morgan quitte Tauris, après y avoir laissé les plus sincères sympathies. Nous le retrouvons à Sardarâbâd, le 15 novembre 1890, d'où il se plaît à rendre un hommage spécial à l'obligeance exceptionnelle que le général Seif Eddin Khan, gouverneur de Saoudj-Boulaq, a mise au service de sa mission.

Cet officier supérieur a donné à notre compatriote de telles preuves de sa sympathie que M. de Morgan n'hésite pas à lui attribuer la plus grande part du succès de son voyage dans les pays kurdes. Grâce aux conseils du général, dont l'érudition est vaste et l'autorité considérable, la mission a parcouru des régions pour ainsi dire interdites, sous peine de mort violente, aux Européens.

M. de Morgan, échappant aux pièges des Kurdes nomades, pillards sans foi ni loi qui ne sont soumis que de nom au pouvoir de Téhéran, a pu dresser la carte du Kurdistan, tâche d'une incroyable difficulté et dont l'accomplissement est précieux pour la science. Aussi insistera-t-il quelques mois plus tard sur la gratitude qu'il doit et que nous devons tous à Seif Eddin Khan.

Le 20 janvier 1891, en effet, M. de Morgan, parvenu, non sans peine, à Kirmanchahan, analyse tout ce qui s'est passé depuis le mois de novembre, et cette analyse donne une idée très juste des obstacles auxquels il s'est heurté, et des dangers qu'il a courus.

C'est de Sardarâbâd (Kurdistan de Moukri), qu'il avait envoyé au ministère de l'Instruction publique un rapport sur les résultats et les incidents de sa mission durant les mois d'août, septembre, octobre et novembre. Dans ce rapport, M. de Morgan appelait l'attention du ministère sur les difficultés qu'il avait à vaincre et les mauvaises conditions dans lesquelles il se trouvait pour la continuation de ses fouilles en territoire ottoman. Ce courrier avait été adressé, le 20 novembre, au général Seif Eddin Khan, avec prière de le faire parvenir à destination.

Dans la nuit du 20 au 21 novembre, le général était emporté par une attaque de choléra et les lettres de M. de Morgan étaient perdues.

Voici ce qu'elles contenaient en substance. En quittant Tauris, notre explorateur s'était rendu à Maragha, puis à Saoudj-Boulaq, résidence du général Seif Eddin Khan. Pendant que ce gouverneur, animé pour la France d'une réelle sympathie, prenait des précautions afin que M. de Morgan pût visiter, sans trop de périls, les pays habités par les nomades, celui-ci visitait toute la partie du Moukri où les habitants sont sédentaires et par suite moins dangereux. Il fouillait une sépulture antique près du village de Khâlildelil, visitait dans les environs d'Issâkent d'admirables cavernes dont il dressait le plan et dessinait des coupes.

De retour à Saoudj-Boulaq, il entrait alors sur le territoire des nomades mâmèches, aux sources du petit Zâb. Il poursuivait sa route, pénétrait dans la vallée du Ghâder-tchaï et se décidait à prendre un estampage de l'inscription assyrienne inédite de Kel-i-Chin (la stèle bleue). Cette inscription avait été signalée par le colonel Rawlinson qui n'avait pu la copier. Plus tard, le docteur allemand Rosch avait été tué ainsi que les trente hommes qui composaient son escorte, pendant qu'il en prenait un estampage. De tels précédents n'avaient pas découragé M. de Morgan, mais avaient ralenti le zèle du personnel de sa mission. Ce personnel n'avait pas hésité à l'abandonner pendant qu'il prenait l'estampage de la fameuse stèle, dont le col est à 2,860 mètres au-dessus du niveau de la mer, dans un site chéri des bandits et à 18 kilomètres du plus prochain village. M. de Morgan n'avait pas en vain risqué sa vie. La stèle de Kel-i-Chin est on ne peut plus intéressante.

Par la haute vallée du Kisil Ouzen, M. de Morgan, après un court séjour à Sihné, gagne Hamadan où il est pris par les neiges. Il avait heureusement profité de quelques belles journées pour dessiner un croquis topographique des environs de l'antique Ecbatane et de son emplacement. Il avait également réussi à photographier les deux inscriptions trilingues de Ghendj-Nâme et à en copier une. Le froid excessif l'avait empêché de les estamper. M. de Morgan avait passé vingt jours à Hamadan. Si les routes étaient coupées, si la poste ne circulait plus, les marchands d'antiquités ne chômaient pas. Furetant dans leurs boutiques, l'explorateur ne perdait pas son temps. Il achetait et envoyait en France dix cylindres assyriens ou perses, deux boucles d'oreilles grecques en or, une très belle épingle d'or et d'argent représentant des personnages de l'époque parthe, des perles d'or de collier de la même époque, une bague d'or arabe, plusieurs bagues d'argent avec intailles (sassanides), des intailles et une série considérable d'objets de bronze. Il ajoutait à cette collection des plus curieuses, dont tous les spécimens proviennent d'Ecbatane et sont à l'heure présente la propriété de la France, un Bacchus de bronze délicieux offrant à une panthère une grappe de raisin.

La neige tombe à flocons pressés, cachant les montagnes et les vallées et multipliant ainsi les périls d'une route déjà fort dangereuse. M. de Morgan ne veut pas s'éterniser à Hamadan. Il donne l'ordre du départ et parvient à Asadâbâd, en franchissant avec d'énormes difficultés le col de Zagha, d'une altitude de 2,380 mètres. De ce point, il aboutit à Kenghâver où s'élèvent chancelantes les ruines d'un palais antique, et il visite successivement Dinâver, Takht-i-Chirin et Bisoutoun. Cette région est couverte de vestiges des civilisations mortes. M. de Morgan en apprécie toute l'importance et le voilà photographiant, relevant des plans et dressant la carte rigoureuse de cette si intéressante contrée.

Dès son arrivée à Kirmânchahân, il contrôle les assertions de Rawlinson, de Loftus et de quelques autres savants qui les ont visités, en dessinant les monuments sassanides de Tagh-i-Bostan et il y prend l'estampage des deux inscriptions pèhlvies qui s'y trouvent. Il se prépare alors au voyage de Zohâb où il scrutera les ruines d'Holvâni (Sêr-i-poul) et de Kasri-Chirin. Des ruines importantes et des inscriptions inédites lui ont été signalées. Il compte consacrer deux mois à cette étude. Ce séjour relativement prolongé permettra à son personnel de se reposer d'une course sans arrêt de 13,000 kilomètres en territoire persan.

Notons en passant que, dans ces excursions au Kurdistan, et en outre de ses travaux archéologiques et géographiques, M. de Morgan avait relevé les dialectes suivants : Langues kurdes : 1º de Moukri; 2º de Sihné; 3º de Gherrous; 4º d'Awraman; 5º de Souleimanièh; 6º de Kirmânchabân; 7º des Yézidi.

Langues sémitiques : Juif de Sihné, Hamadân, Kirmânchahân.

Pour chacune de ces langues, le vocabulaire relevé comptait 800 mots, de six à quinze verbes conjugués et 34 exemples grammaticaux les plus utiles pour la connaissance de la syntaxe.

Ces résultats, on s'en rend aisément compte, étaient fort importants. Mais si l'on se reporte à l'itinéraire proposé au ministère de l'Instruction publique et accepté par lui, on constatera qu'il avait été singulièrement modifié. Il n'en faut pas tenir rigueur à M. de Morgan. Voici les raisons qui avaient amené ce changement très radical du programme conçu à l'origine du voyage. On s'en souvient, M. de Morgan devait visiter, au point de vue géographique, géologique, ethnographique, archéologique, et aussi au point de vue de l'histoire naturelle, les pays situés entre l'Euphrate et le Tigre. Son itinéraire comprenait, par suite, les régions qui s'étendent entre Mossoul et Diarbekir d'une part, et l'Euphrate, Hâlèp et Marasch de l'autre. Il se proposait, comme conséquence, de remonter l'Euphrate jusqu'à Erzinghân et de revenir en Europe par Trébizonde.

Pour réaliser ce programme, il lui était indispensable d'être muni d'une autorisation de la Porte qui lui permettrait tous levés géographiques et topographiques dans les régions placées entre le 34º et le 41º degré de longitude orientale du méridien de Paris, d'une part, et entre le 36e et le 39e degré de latitude septentrionale, d'autre part.

Il lui fallait en outre une autorisation formelle de recueillir des collections zoologiques et botaniques pour le Muséum d'histoire naturelle de Paris; une permission d'entrer en Turquie et de porter les armes nécessaires pour la chasse et pour la sécurité de la mission, c'est-à-dire un fusil à deux canons lisses, trois carabines rayées et quatre revolvers; une autorisation d'entrer en Turquie ses bagages personnels, ses instruments de mathématiques, un appareil photographique et ses dépendances, ses selles, ses harnachements, son matériel de campement, ses animaux, 5 chevaux et 5 mulets.

Savez-vous comment la Sublime Porte a répondu à ces demandes très nettement scientifiques? En autorisant M. de Morgan à faire tout ce qu'il voudrait en territoire ottoman, à l'exclusion des levés de plans et des cartes géographiques. Dès lors, toutes les études archéologiques et géographiques étaient interdites. C'est pourquoi M. de Morgan demanda en France qu'on approuvât, ce qui fut fait, le nouvel itinéraire suivant : quitter Zohâb vers le 20 mars 1891, visiter le pays à peine connu des Kurdes Kialhour et la partie Nord (absolument nouvelle, géographiquement) du Poucht-i-Kouh.

Revenir alors vers l'Orient, explorer le massif montagneux du Ghiroun et de Dacht-i-Khava, s'avancer jusqu'à Nahâvend et Malaïr, pays moins ignorés mais riches en ruines. Passer par Khorremàbâd, rejoindre la Kerkhâ, rentrer dans le Poucht-i-Kouh et en terminer l'étude. Atteindre alors Dizfoul et pénétrer dans le massif oriental inconnu. Arrivé là, visiter les profondes vallées du Zerd-e-Kouh ainsi que les ruines de la partie basse du Khousiztan.

Cet itinéraire avait pour principaux avantages que le Louristan et le Pouchti-Kouh n'étaient connus à aucun titre, que les dialectes lours n'étaient même pas signalés de nom et qu'enfin, au point de vue archéologique, les pays qu'allait explorer M. de Morgan composaient jadis l'Elam. Notre compatriote en concluait logiquement qu'il serait bien singulier de voir toutes les stèles situées entre Hamadân et Zohâb dans la seule partie connue du pays, et que par conséquent il avait de grandes chances de rencontrer dans le Louristan et le Poucht-i-Kouh de nombreux documents épigraphiques inédits, inscriptions suziennes, perses, mèdes, assyriennes.

Le Poucht-i-Kouh ne fait que nominalement partie de la Perse et son Vhâli est omnipotent. Dans le Louristan, les Persans ne se hasardent guère. M. de Morgan était très éclairé sur ces circonstances et ne s'illusionnait pas sur les difficultés on ne peut plus sérieuses qu'il aurait à vaincre dans ces pays inexplorés et très sauvages. Mais il estimait qu'en les explorant, il rendrait à la France et à la science les services qu'elles attendaient de lui. Il entreprit donc l'exécution de l'itinéraire que lui imposaient les circonstances.

II

L'inscription de Kel-i-Chin. — Situation probable de l'antique pays de Lulubu. — Un peu de linguistique. — Le Ghâder tchai et la vallée du Kialvi. — La carte du Kurdistan de Moukri. — Le tombeau achemenide de Kel-e-Daoud. — Les bas-reliefs de Ser-i-Poul et de Cheik-Khan. — Le palais d'Haouch-Kouri. — Le monument sassanide de Tagh-i-Bostân. — L'ancien fleuve Ukné. — Une lacune géographique comblée. — Les mœurs des Lours et des Vâhli du Poucht-i-Kouh. — Les ruines de Chir-Van. — Le massif du Poucht-i-Kouh. — Carte géologique. — L'art sassanide. — La ville antique de Zakha. — Analogie des formes de ossiles du Poucht-i-Kouh avec celles de la Manche. — La carte archéologique de l'Elam. — Rou-i-Délaver et son hospitalité. — Le brigandage dans le pays Lour. — Son Altesse le maréchal Seïf-el-Moulk. — Entre l'Iran et le Louristan. — Le Chotoran-Kouh. — Un nouveau lac. — Le pays des Hadjivend et des Issavend. — Une bonne fortune. — Ghermasir. — Fin du voyage. — Résultats généraux. — Un collaborateur discret de M. de Morgan.

L'inscription de Kel-i-Chin, estampée par M. de Morgan,

est l'un des plus intéressants documents que l'on pût désirer découvrir.

L'auteur de ce petit monument, assurent les savants, n'est ni un roi d'Assyrie, ni un Patesi ou un roi de Chaldée, mais un roi du pays de Lulubu, pays dont nous connaissions bien le nom, mais rien que le nom. Ce nom, en effet, nous est révélé par la tablette lexicographique que Bezold a publiée dans les *Proceedings de la SBA*, en 1887. Dans cet ouvrage, on trouve le mot *Dieu* figuré en diverses langues : en celles de Su — (Ki), de Nim (Ki) — Elam — de Mar (Ki) — Phénicie — des Kassû (Cosséens) et enfin en langue de *Lu-lu-bu* (Ki), qui exprime *Dieu* par *Ki-u-ru-um*.

Or, nous expose un orientaliste des plus érudits, dans une dissertation appuyée sur des exemples empruntés aux *Western Asia Inscript.*, t. LI, deux montagnes du pays de Lulubu sont ainsi mentionnées :

Si-Kur-ra-bi — Sad Lu-lu-bi-i
Ki-ns-bu-ra — Sad Lu-lu-bi-i

Dans la légende du Dieu de la Peste, le même peuple est nommé avec les Elamites, Assyriens, Qutî, etc., tamdiu-tamdim, sumasta sumastû, assura assuru, elamâ elamû, sutâ sutû, qutâ qutû, lullubâ lullubû. « Sans nul doute, déclare le savant commentateur de l'inscription découverte par M. de Morgan, il faut assimiler à ce peuple de Lulubu celui des Lulumî, Lullumê des inscriptions historiques toujours cités en compagnie des Kassi, Qutî, Subari. » Et il ajoute : « Le nouveau texte transcrit donne la traduction suivante : Anu-banini (Anu est notre créateur), roi puissant, roi de Lulubê (Ki), a dressé sa stèle et la stèle de la déesse Nini sur la montagne de Batir. Celui qui emportera ces images et cette tablette, que les dieux et déesses Anu et Anat, En-Kit et Bel-Kit, Rammân et Nini, Sin et Samâs... prononcent son exécration et le maudissent dans sa race... qu'ils le... et qu'ils le... » Il y a, comme on le voit, des lacunes dans les caractères estampés et soumis à un examen compétent. Mais ces lacunes n'ont pas arrêté l'orientaliste auquel la lecture et la traduction de la stèle de Kel-i-Chin avaient été confiées.

Il conclut de son étude attentive de ce document que le pays de Lulubu était situé sur la frontière de l'Assyrie et de la Médie, de la Turquie d'Asie et de la Perse. « Le mont Batir est peut-être à rapprocher, dit-il, de la ville de Paddir citée dans Samsî-Rammân comme point extrême à l'Ouest de l'Empire assyrien. »

La langue des Lulubu était sémitique babylonienne; le panthéon des Lulubu était celui de Chaldée. D'ailleurs le type des deux figures, le roi *Anu-Banini* et la déesse *Nini*, jointes à l'inscription, est l'ancien type chaldéen de Gudea et de son époque. Autant qu'on en peut juger par les raisons extrinsèques, cette inscription remonte à une très haute antiquité. L'écriture y est partie linéaire, partie cunéiforme.

Les rois constructeurs de Mésopotamie attachaient un grand prix à la conservation indéfinie de leurs monuments, et en cas de restauration, à la conservation de la tablette de leur nom, au moins. Leurs inscriptions sont pleines de menaces contre les violateurs.

La petite inscription de Kel-i-Chin, d'après son ingénieux traducteur, a pour auteur un restaurateur du monument de *Anu-Banini*. C'est un préfet, fils de..., qui a placé cette image. Comme elle tombait, il l'a restaurée. « Celui qui détruirait cette image, que Samâs et Ramman anéantissent sa race et son nom ! »

Les signes archaïques de cette inscription, à l'encontre de celle de Anu-Banini, sont tracés très cursivement, à la manière des cylindres de Gudea. Le scribe avait tracé cinq colonnes. La troisième semblait prête à recevoir un texte. Mais elle est restée vide. Un accident a sans doute interrompu le travail, toujours facile au surplus, d'une énumération de menaces contre les violateurs.

Telles sont, en résumé, les réflexions sommaires qu'avait suggérées à un homme éminent, que je ne nomme pas par respect pour sa modestie, l'inspection de l'inscription estampée par M. de Morgan. Je suis certain que ce premier travail sera plus tard l'objet d'un développement scientifique très étendu qui confirmera l'importance de la trouvaille de notre explorateur.

Pendant qu'on étudiait ainsi la stèle de Kel-i-Chin, M. de Morgan visitait le cours supérieur du Ghâder-tchai dont la vallée est couverte de tépèhs, c'est-à-dire de ruines antiques. Il rentrait ensuite sur le territoire des Mamèche et entreprenait l'exploration de la vallée du Kialvi (petit Zâb). Abandonnant cette région, il allait chez les Menghour, perpétuellement en guerre avec les Mamèche, où il assistait à d'effroyables incendies ravageant villages et récoltes. Il prenait successivement contact avec toutes les tribus nomades de la vallée du Kialvi, jusqu'à Serdecht et Alan, point où cette rivière coupe la frontière. Il comptait, à ce moment, revenir plus tard à Alan, entrer par là en Turquie, descendre le petit Zâb et en relever le cours, jusqu'à Alten Kopru (en kurde, Prdi-Sour) et se rendre à Erbil (en kurde, Hasler). De Serdecht, il avait poussé une pointe vers Bané et Sakiz où il avait été fort mal accueilli par les populations hostiles de cette fraction du gouvernement de Sihné. Rentrant alors dans le Moukri, il arrivait à Sardarâbâd, le 8 novembre. C'est là qu'il apprenait que les fameuses recommandations attendues de Constantinople étaient enfin parvenues à Tauris. Laissant alors sa caravane, il courait à la recherche de ses firmans et rentrait huit jours après à Sardarâbâd. Parmi les envois qu'il expédiait de cette ville au ministère de l'Instruction publique figurait la carte très détaillée au 1/250,000 du Kurdistan de Moukri, de la vallée supérieure du petit Zâb et du pays de Bané et de Sakiz.

Après avoir pris connaissance des passeports qui lui faciliteraient ses excursions en Turquie, après s'être informé à des sources certaines, M. de Morgan avait jugé utile de modifier son itinéraire, pour la saison d'hiver tout au moins. Il avait alors sollicité de nouvelles instructions et c'est la lettre contenant sa requête qui s'était perdue, ainsi que nous l'avons dit plus haut.

De Sardarâbâd, M. de Morgan, était venu à Sihné en traversant les hauts plateaux du Kizil Ouzen (Kotchiân et Karatoro), plateaux élevés de 2,200 à 2,250 mètres au-dessus du niveau de la mer et couverts, à cette époque de l'année, d'un mètre de neige.

Comme à Bané, comme à Sakiz, la population de Sihné est radicalement hostile aux Européens. Les lettres du grand vizir, la présence d'un colonel persan mis au service de la mission par le prince héritier lui-même, n'ont pas empêché ces fanatiques de couvrir M. de Morgan et ses compagnons d'une grêle d'insultes, de pierres et d'ordures. La mission a subi stoïquement cette désolante réception, sachant que le gouvernement persan est impuissant à Sihné où parfois les gouverneurs eux-mêmes sont traités de même façon. Personne n'ayant été blessé, il était plus sage d'agir ainsi et d'éviter des difficultés.

Nous retrouvons M. de Morgan, le 6 avril 1891, à Kirmanchahân. Qu'a-t-il fait depuis le 20 janvier, époque à laquelle il nous donnait de la même ville des renseignements, des espérances et un nouvel itinéraire?

D'abord il avait été retenu à Kirmanchahân beaucoup plus qu'il ne l'eût souhaité. Le gouvernement accumulait les difficultés et s'opposait avec une désespérante courtoisie au départ de M. de Morgan pour les frontières. C'est à la date du 18 février qu'il pouvait enfin se mettre en route. Le 20, il se trouvait à Haroûnâbâd où se dressait jadis un palais acheménide ou sassanide, dont les moindres traces ont disparu. Près de là existe une nécropole qu'il eût été intéressant de fouiller. Mais les ordres contre les fouilles sont formels et M. de Morgan, bien obligé de les respecter, constate simplement l'existence de la nécropole.

Le 23 février, il traversait les portes du Zagros, visitait, le 24, le monument sassanide de Tagh-i-Ghina et atteignait le même jour Ser-i-Poul, site de l'antique Khalmân. Il relevait à l'échelle du 5 millième le plan des ruines de cette ville que les savants prétendent avoir été florissante jusqu'à la fin (?) de l'époque sassanide. Ce travail exécuté, il se rendait au lieu dit Kel-e-Daoud, au Nord de Ser-i-Poul, et y prenait des photographies d'un intéressant tombeau achemenide taillé dans le roc. Ce tombeau porte un petit bas-relief dont l'inscription est malheureusement effacée.

C'est dans les rochers qui avoisinent également Ser-i-Poul que M. de Morgan a vérifié quatre bas-reliefs sur lesquels on ne possédait, jusqu'à son exploration, que des renseignements assez vagues. Nous savons aujourd'hui, grâce à cette vérification, que l'un de ces bas-reliefs est complètement effacé. Le second montre un personnage assez mal conservé; et le troisième, dont la photographie reproduit une image fidèle, est araméen. Il porte deux inscriptions très frustes que M. de Morgan a estampées. Quant au quatrième, auquel on peut attribuer une origine cosséenne, il est placé sur un rocher vertical, à vingt mètres de hauteur environ. Il était difficile d'en photographier les détails dans ces conditions. Aussi, M. de Morgan prit-il le parti de le dessiner en le regardant à la lorgnette.

C'est pendant qu'il accomplissait ce travail de patience, fort délicat, que la belle inscription de ce bas-relief, invisible si l'on ne se livre pas à l'examen minutieux qu'exige un dessin, apparut aux yeux du dessinateur. M. de Morgan, légitimement enthousiasmé de sa découverte, demanda à cor et à cris et acheta à prix d'or toutes les cordes qui pouvaient exister dans le pays. Elles étaient rares. Une échelle fut tant bien que mal établie avec les grelins, si difficilement acquis, et accrochée au rocher au-dessus de l'inscription, à une cinquantaine de mètres de hauteur. A l'aide de cette échelle M. de Morgan comptait prendre un estampage excellent de l'inscription, au risque de se casser le cou. Malheureusement, les cordes étant de coton, comportaient une élasticité trop grande pour qu'on pût faire une bonne opération d'estampage. Néanmoins une empreinte très fine de l'inscription a été obtenue. Si nous ne possédons pas l'estampage entier du bas-relief, comme cela eût été désirable, nous en avons, en revanche, un dessin des plus exacts que M. de Morgan a pu vérifier en se tenant, grâce à son échelle, en face de chaque détail de la stèle. Il prenait en même temps une copie à la main d'une partie de l'inscription. Cette copie existe dans les archives du Ministère de l'Instruction publique.

D'après M. de Morgan, l'inscription se composait primitivement de trois bandes renfermant chacune 22 colonnes. Mais au moment où notre voyageur en prenait le dessin, la bande inférieure était effacée, celle du milieu à demi rongée. Celle du haut seulement présentait un aspect de parfaite conservation.

Le bas-relief est d'une réelle beauté. Une divinité amène à un roi des captifs enchaînés et retenus par un anneau passé dans le nez. La coiffure du roi est la même que celle des Gudea découverts à Tello par M. de Sarzec.

Ces excellents résultats avaient retenu M. de Morgan à Ser-i-Poul, jusqu'au 2 mars, époque à laquelle il partit pour Ridjâb, où des inscriptions lui étaient signalées. Cette indication n'était pas exacte. Aucune inscription ne se présentant, M. de Morgan se livra à une étude géologique fort intéressante et recueillit le vocabulaire et les éléments de la grammaire de l'idiome kurde de Ridjâb, idiome très spécial et par suite curieux. Après quoi il se rendit à Cheik-Khân, où il estampa un bas-relief que les Kurdes de Moukri lui avaient indiqué, quelques mois auparavant.

M. de Morgan est d'avis que ce bas-relief est cosséen. Il est d'un travail très primitif. Un roi et des captifs en constituent le sujet. Le roi, coiffé de même que le roi du bas-relief de Ser-i-Poul, porte une hache à sa ceinture.

L'inscription gravée sur ce monument est de moindre importance que celle de Ser-i-Poul. Ce fait ne diminue pas l'intérêt du bas-relief qui, par sa naïveté d'exécution, indique ou bien l'ignorance du sculpteur ou une date d'exécution tout à fait reculée. Du 11 au 18 mars, M. de Morgan fait l'étude complète, plans au 1/1000, 1/100, coupes, etc., etc., des monuments sassanides de Kasr-i-Chirin et du pays qu'ils occupent; puis il visite, à trente kilomètres au Nord de Kasr, des gisements de pétrole dont les Persans se montraient désireux de connaître la valeur. Il les étudie avec soin et relève quelques jours plus tard, comme à Kasr-i-Chirin, les plans et coupes d'un palais sassanide qui existe à Haouch-Koûri. Il ne manque pas d'augmenter ses récoltes linguistiques en notant le vocabulaire et en consignant sur l'un de ses carnets les éléments grammaticaux du dialecte kurde djafi.

Haouch-Koûri n'est éloigné de la frontière turque que de 1,500 mètres. M. de Morgan, sur le conseil d'Azis Khan, chef kurde, n'y demeure que jusqu'au 26 mars. Des bandes malfaisantes ayant brûlé des villages en Turquie, à quelques kilomètres, le chef kurde en conclut que les Européens qui lui ont été recommandés ne sont pas en sûreté à Haouch-Koûri. M. de Morgan revient sur ses pas, et le 1er avril, après cinq jours de marche, à travers le pays des Kialhours, très curieux, couvert de forêts, mais sans habitants autres que des nomades, il campait de nouveau à Kirmanchahân où il complétait ses notes et ses plans et mettait ses cartes à jour.

La campagne de Zohâb était terminée.

En revenant de Zohâb et du pays des nomades Kialhour, M. de Morgan s'était arrêté quelques jours à Kirmanchahân. Il avait utilisé cette halte en se transportant à Tagh-i-Bostân, situé à deux heures de la ville, afin d'y examiner scrupuleusement l'admirable monument sassanide qui s'y trouve et les chapiteaux des colonnes qu'on avait récemment découvertes en cet endroit. Ces chapiteaux, en 1891, étaient inédits. Il y avait donc un intérêt scientifique de premier ordre à les dessiner avec le plus grand soin. M. de Morgan n'y manqua pas. Quant au monument, connu depuis longtemps, il suffisait de l'envisager au point de vue de l'histoire du costume et d'en rapporter des estampages solides propres à des moulages en plâtre. M. de Morgan se mit à ce travail qu'il exécuta en perfection et qui permet aujourd'hui de reconstituer de la façon la plus exacte les parties intéressantes des bas-reliefs du palais sassanide.

Ce n'est qu'après avoir, ainsi que sa méthode rigoureuse de travail le comportait, mis ses notes en état, que notre voyageur dirigea de nouveau ses pas vers le cours de la Kergha, près de Bisoutoun, où il l'avait abandonné en janvier.

Il fallait maintenant descendre cette rivière qui joue un rôle si important dans les guerres des Assyriens contre l'Elam, sous le nom de fleuve Ukné.

La Kergha porte trois noms; la partie supérieure se nomme Gamas-Ab, la partie moyenne, Roud-Khané-i-Seïn-Merré, la partie basse, Roud-Khani-Kergha. Une portion du cours du Gamas-Ab et le cours entier du Seïn-Merré n'avaient jamais été relevés. Les pays situés à droite et à gauche de cette rivière formaient, avant l'étude de M. de Morgan, sur les cartes les plus modernes, une tache blanche. Nous parlons du Poucht-i-Kouh, montagne extérieure, placée entre le Roud-Khani-Seïn-Merré et la frontière turque et du Louristan, qui n'est connu que sur la route Bouroudjird, Khorremâbâd, Dizfoul.

Diverses causes expliquent cette ignorance géographique, assez surprenante, du Sud de la Perse. Au premier rang il faut noter celle-ci : c'est que les populations Loures sont extrêmement dangereuses, assez redoutables et indisciplinées pour que le Schah et ses gouverneurs ne puissent s'y faire respecter. Le seul acte d'autorité que les Persans exercent avec fruit dans ce pays, ce sont des razzias opérées annuellement par des troupes régulières et au cours desquelles un nombre asssz considérable de Loures et de soldats du Schah trouvent la mort. Il y a là un régime très solidement institué d'une société brutale. Dans le Poucht-i-Kouh, le Vâhli, ancien maître héréditaire du pays, est roi dans ses montagnes. Il est aimable quand cela lui plaît; mais il ne tient aucun compte de l'autorité du Schah.

Pourtant, par un instinct diplomatique incontestablement développé et pour se mettre à l'abri de toute vexation, il sait entretenir avec de grands personnages persans des relations d'amitié. Ce sont les cadeaux d'armes, de chevaux, des tapis échangés qui perpétuent, vivifient, ou entament ces relations prudentes.

Si le Vahli est en guerre constante avec les Arabes Chammâr et Beni-Taam de la frontière turque, dans l'intérieur du Poucht-i-Kouh, en revanche, il répond de l'ordre et partout le respect de son autorité est toujours observé. Il est juste d'ajouter, afin d'éclairer cette contradiction apparente, que le maître de ces pays n'épargne jamais la vie de ses sujets qui sont, en réalité, ses esclaves.

Grâce aux précautions habiles et dévouées du ministre de France à Téhéran, le gouverneur du Louristan avait recommandé amicalement M. de Morgan au Vâhli. La mission française fut reçue de la façon la plus cordiale et se fit un plaisir de prêter au Vahli tout son concours pour établir sur ses terres un système d'irrigation vaste et conforme aux progrès de la science. Ces procédés ont amené entre M. de Morgan et le Vahli une telle cordialité que l'on peut, à présent, assurer que le Poucht-i-Kouh est désormais ouvert aux Français et qu'ils y seront reçus à merveille.

Entre le Gamas-Ab et le Poucht-i-Kouh, on rencontre, dans les massifs des montagnes, les réfugiés de la Perse et du Kurdistan. Aucun gouverneur n'est commis à la surveillance de cette zone dont l'étude, fort périlleuse, n'a pas demandé moins de trois semaines bien remplies à M. de Morgan. C'est dans cette situation délicate que le chef de la mission dut congédier deux cavaliers que le gouverneur de Kirmanchahân lui avait donnés comme escorte. Cette garde de confiance, estampillée par Essâm-El-Moulk, constituait un danger permanent. Plus féroces que la population de bandits qui couvre le pays, les deux cavaliers du gouverneur la molestaient à tout propos et sans raison. Ils avaient, par exemple, dans un village où les habitants n'étaient pas de leur avis, tué, sans autre forme de procès, un homme qui protestait et en avaient blessé deux. A chaque minute, des protecteurs pareils pouvaient provoquer le massacre de la mission. Aussi M. de Morgan préféra-t-il se priver de leur concours et traverser seul, à l'aide de son personnel et du colonel Abdi-Khan (d'ailleurs lui-même fort peu respecté) les montagnes qui le séparaient des possessions du Vâhli.

Bien armé, toujours sur le qui-vive, il y parvint sans dommages.

Nous allons reprendre, si vous le voulez bien, au point de vue entièrement scientifique, le voyage de M. de Morgan au moment où il quitte Tagh-i-Bostân et où, après l'avoir rejoint, il descend les rives du Gamas-Ab.

En route, il rencontre trois tombeaux achéménides, sans inscriptions. L'un d'eux porte un bas-relief grossier.

A 50 kilomètres environ de Bisoutoun, au Sud, M. de Morgan est en face de montagnes énormes, coupées à pic par la rivière, qui le contraignent à un détour considérable par le bas des gorges. Il trouve des pays déserts, plantés d'immenses forêts, où se glissent et se dissimulent les bandits, et constate qu'il n'existe aucune route entre Bisoutoun et Houleïlan par le Gamas.

C'est à Houleïlan que la mission découvre quelques vestiges antiques. A Chir-Van, elle dresse le plan des ruines sassanides remarquables que cette ville contient et note la présence de gros tépèhs, témoins certains d'une civilisation qui remonte à la plus haute antiquité. Entre Houleïlan et Chir-Van, M. de Morgan visite plusieurs villes en ruines, des bourgades et des châteaux sassanides. Deux ponts fortifiés permettent de traverser les rivières du Gamas-Ab, qui porte ici le nom de Roud-Khani-Seïn-Merré. Enfin, de Chir-Van, la mission entre par d'abominables sentiers, les seuls qui soient tracés, dans le Poucht-e-Kouh et s'empresse de venir saluer le Vâhli, prévenu de son arrivée par les soins attentifs de M. de Balloy.

M. de Morgan a consacré 25 jours à l'étude du Poucht-i-Kouh. Il a visité la moitié septentrionale de ce massif très intéressant à tous égards, depuis la frontière turque, au début des plaines de Mésopotamie, jusqu'au Seïn-Merré. Curieux pays de montagnes formées à la suite du soulèvement du plateau iranien. Les pentes abruptes des plis de ces colosses sont d'un accès extrêmement difficile. Si l'on suit les crêtes, on y constate un parallélisme rigoureux. Dans les vallées et sur les flancs du massif poussent d'imposantes forêts de chênes, d'essences diverses, et dont la plus utile fournit aux habitants des glands doux, qui leur servent de pain et qu'en bien des cas la mission de Morgan n'a pas dédaignés.

Le Poucht-i-Kouh est peu peuplé. En hiver, les nomades qui l'habitent descendent vers les pays chauds de la frontière; en été, ils regagnent les hauts pâturages. A l'aller, comme au retour, le voyage se fait en dix ou douze étapes correspondant chacune à des vallons où les troupeaux trouvent une abondante nourriture. Le Vâhli lui-même ne se soustrait pas à l'antique coutume; il vit sous la tente et se transporte sans cesse d'un point à un autre, esclave des modifications des températures. En hiver, il habite Husseiniyé, petit fort qu'il a bâti sur la frontière, au milieu des orangers et des dattiers. Au moment où M. de Morgan le rencontra, il était déjà à 1,300 mètres d'altitude, dans les forêts.

Sa ville nomade le suit toujours dans ses déplacements.

C'est un spectacle qui ne manque pas d'originalité que celui des trois mille tentes noires, entourées de troupeaux, des chevaux toujours sellés, des deux mille cavaliers qui constituent l'armée permanente du Vâhli!

M. de Morgan a visité la frontière et, bien que le fort du Vâhli fût déjà abandonné en raison de la saison chaude, n'a pas négligé de fouler le sol d'Husseiniyé.

Dans l'une des plaines rares, étroites, encaissées, brûlées par le soleil, que l'on découvre, au niveau de la plaine de Bagdad, au milieu des montagnes, notre explorateur a eu la bonne fortune de découvrir plusieurs tépèhs, uniques vestiges de l'antiquité qu'il ait rencontrés dans le Poucht-î-Kouh, et près de ces tépèhs deux stations préhistoriques néolithiques du plus haut intérêt. Il a fait une récolte d'environ 800 nuclés et de 500 petits objets divers. Trois fragments assez gros de casse-têtes de calcaire ont été joints à cette collection qui a été remise à l'État. De l'examen de ces objets, M. de Morgan a pu conclure que les roches employées jadis pour la taille étaient le silex des terrains crétacés du Poucht-î-Kouh, le silex résinite, le quartz blanc et gris, le jaspe jaune, rouge et brun, et enfin l'obsidienne, dont il n'avait pas rencontré de gisements naturels depuis son passage au Caucase. Ces matières, d'une taille facile, expliquent à la fois le petit volume des instruments, leur travail très soigné et les retouches qu'on y remarque, ce qui d'ailleurs ne diminue pas l'intérêt de cette série qui renferme des spécimens charmants.

Il y avait à faire une étude géologique du Poucht-î-Kouh. M. de Morgan l'a faite aussi complète que le lui permettaient les conditions périlleuses dans lesquelles on parcourt cette curieuse contrée. Ces études, pousuivies plus tard dans le Louristân, lui ont permis de dresser une coupe très détaillée de la chaîne ou, pour parler plus exactement, des chaînes montagneuses qui séparent la Mésopotamie du plateau de l'Iran. Il a de plus établi une carte géologique sommaire des pays qu'il a visités dans le Poucht-î-Kouh et le Louristan.

On peut trouver audacieux qu'un tel tracé ait été tenté dans des conditions aussi peu favorables que celles qui s'imposaient à M. de Morgan. Mais il était très légitime pour ce voyageur d'user du seul moyen qu'il eût de ne perdre aucune de ses observations de chaque jour. Et si quelques erreurs se sont glissées dans son travail, on les excusera certainement en se rappelant que M. de Morgan est le premier Européen qui soit entré dans ce pays.

Au surplus, M. de Morgan, dans un rapport très sobre et très étudié, déclare modestement qu'il n'accorde pas une confiance absolue à son croquis de carte géologique. Il répond, en revanche, de l'exactitude de la coupe géologique qu'il a relevée depuis les alluvions de la Mésopotamie, jusqu'aux roches granitiques situées entre Bouroudjird et Dôletâbâd, roches formant aussi l'Elvend, au Sud de Hamadân.

En quittant le Poucht-i-Kouh, M. de Morgan descend le cours du Seïn-Merré, jusqu'aux ruines dites Derré-i-Chahr, relevant sur son passage un grand nombre de ruines et de positions importantes. Il a groupé durant ce voyage une série de documents précieux pour l'histoire de l'architecture sassanide, de l'ornementation des palais et des mille détails qui concourent à un art dont les révélations étaient jusqu'alors imparfaites. En face Derré-i-Chahr, M. de Morgan traverse le Seïn-Merré pour entrer dans le Louristan où il continue ses études géologiques et archéologiques. Mais ce n'est pas sans dangers qu'il parcourt la distance qui le sépare de Khorremâbâd. Il met quinze jours à faire ce voyage qui pourrait être accompli en moins d'une semaine. C'est qu'il n'est pas aisé de grimper de véritables sentiers de chèvres avec des bêtes de charge nourries de l'herbe des prairies, quand on en trouve. Il faut, à tout prix, conduire à bon port les collections archéologiques et paléontologiques que l'on a si péniblement réunies. Les animaux épuisés trébuchent. Deux succombent. On répartit alors les lourds fardeaux qui les surchargeaient entre les chevaux de selle. Les cavaliers marchent à pied et aspirent à un repos qui ne leur est donné, après des souffrances horribles, qu'à Khorremâbâd, où ils peuvent heureusement déposer la majeure partie des bagages.

Il faut dire qu'en dépit des ordres formels du grand vizir, aucune escorte n'accompagnait la mission dans le Louristan. Les cavaliers du Vâhli étaient sagement demeurés sur la rive droite du Seïn-Merré, n'osant pas s'aventurer de l'autre côté de la rivière. C'est donc seuls, encore une fois, que M. de Morgan et ses compagnons avaient continué leur voyage. A Zakha, où se trouvent les restes d'une ville antique fort importante, le colonel Abdi Khan est obligé de tenir au loin les gens en respect avec sa carabine, pendant que M. de Morgan prend les notes et les angles nécessaires. On exhibe aux nomades la lettre catégorique du grand vizir. Ils la tiennent pour suspecte. Serait-elle signée du Schah lui-même que l'effet serait identique. Ces sauvages n'ont de respect que pour les fusils des gouverneurs, qui, comme nous l'avons dit, viennent, chaque année, opérer des razzias.

L'attitude énergique de la mission évite néanmoins des conflits en apparence imminents, et les notes et les récoltes s'accumulent dans une proportion véritablement étonnante.

Les collections rassemblées par M. de Morgan, au 10 juin 1891, étaient considérables. Celles qui avaient trait à la paléontologie offraient une importance capitale. M. de Morgan estimait à 450 spécimens environ l'ensemble des faunes dont il rapportait des échantillons, sans compter les roches éruptives. Deux étages renferment ces fossiles. L'un comprend, en grand nombre, des échinides, des gastéropodes, des lamellibranches, polypiers, bryozoaires céphalopodes que M. de Morgan assimilait provisoirement à notre Cenomanien de d'Orbigny de la Up. green sand des Anglais. Cet étage est riche d'au moins trois cents espèces. L'autre niveau fossilifère est l'Eocène supérieur, dans lequel M. de Morgan a facilement retrouvé des formes familières aux localités connues de Fréville et de Hauteville (Manche).

Dans le Poucht-î-Kouh et le Louristan, les assises des terrains tertiaires supérieurs sont de formation lacustre et ne renferment que très peu de fossiles en fort mauvais état. Mais elles contiennent des bancs de gypse qui, par places, dépassent en puissance mille mètres d'épaisseur.

Ce sont les mêmes gypses qui ont servi à la construction des palais sassanides de Kasr-e-Chirin et de Haoûch-Kouri et c'est du milieu des couches lacustres que jaillissent les naphtes de Ghworratou. De cette affirmation, due à M. de Morgan, il résulte que la régularité du soulèvement est grande, les coupes géologiques, prises à Zohâb et dans le centre du Poucht-î-Kouh, étant identiques.

Au point de vue stratigraphique, notre voyageur a pris une coupe du Poucht-î-Kouh et du Louristan, dont l'exactitude n'est pas discutable. Mais des doutes, que son voyage de l'Ab-i-Diz, entre Bouroudjird et Dizfoul, pouvait seul éclaircir, subsistaient encore partiellement dans son esprit au point de vue de l'identification de ces étages avec ceux de l'Europe. Ce scrupule n'empêchait pas M. de Morgan, dès son arrivée à Khorremâbâd, de mettre la main sur cinq cylindres antiques trouvés dans le pays et de les acheter.

Deux d'entre eux, pourvus d'inscriptions, présentent un grand intérêt. L'un est en hématite et porte deux personnages et 14 signes en trois colonnes. Ses caractères sont moins archaïques que ceux du second cylindre. Celui-ci est en cornaline et porte, également en trois colonnes, 14 signes des plus anciens connus.

M. de Morgan, au cours de son voyage dans le Gamas Ab, le Poucht-î-Kouh et le Séïn Merré, n'avait pas négligé le moyen si précieux, si fidèle, qui contrôle les assertions des explorateurs, la photographie. Cinq cent dix phototypes inédits avaient été tirés depuis le début de sa mission et constituaient l'indiscutable corollaire des récits sobres et précis qu'il rédigeait pour le ministère de l'Instruction publique. Durant les deux derniers mois dont nous venons d'esquisser l'emploi, le futur directeur des musées et des fouilles d'Égypte s'était rendu un compte fort exact de l'intérêt qu'offre l'étude du Louristan. Il prévoyait désormais, avec une suffisante certitude, quelles routes il suivrait pour achever dans ces montagnes un travail scientifique qu'il importait de rendre aussi fécond que possible. Dès lors, il se traçait le plan suivant.

En quittant Doletâbâd vers le 20 juin, la mission se rendrait aux ruines de Touï et de Sirkân où les Khans fouillent, sous l'égide du gouvernement et en payant une redevance. Sur ce point, qui se trouve au sud de l'Elvend à l'opposé de Hamadân, elle aurait probablement l'occasion d'acquérir à bon compte des documents précieux pour nos musées. Elle se transporterait ensuite à Velazghird, où des ruines d'un palais achéménide lui avaient été signalées, et regagnerait le versant oriental des montagnes du Louristan, couvertes de neige du premier janvier à la Saint-Sylvestre. Cet itinéraire mènerait la mission à Néhavend, à Bouroudjird et à Bahrein, point où l'Ab-i-Diz pénètre dans le Louristan, chez les nomades Baktiaris. Si rien ne s'opposait à l'accomplissement de ce projet, M. de Morgan comptait arriver à Bahrein, le 15 juillet.

Il redescendrait alors le cours non relevé de l'Ab-i-Diz jusqu'à Dizfoul, et rencontrerait la Kergha-Séïn-Merré jusqu'à Deré-i-Chahr, point où, l'on s'en souvient, il l'avait abandonnée, montant par une rive et descendant par l'autre.

Ce n'était pas tout. Pour compléter et achever l'étude du Louristan, il était indispensable de suivre le Kharoûn jusqu'au Zerd-e-Kouh et de regagner Chouchter par une autre route, les pays du Kharoûn et du Zerd-e-Kouh n'ayant jamais été explorés même au point de vue géographique.

On était en droit d'attendre de grands résultats de ce programme, au triple bénéfice de la géographie, de la géologie et de l'archéologie. M. de Morgan les escomptait plus que tout autre puisqu'il n'hésitait pas devant les difficultés multiples auxquelles il était certain de se heurter. Mais il avait, dans cette tentative des plus osées, le sentiment que des études poursuivies depuis si longtemps, avec une si exceptionnelle persévérance, deviendraient par ce dernier effort un véritable monument scientifique.

Le 5 septembre 1891, M. de Morgan date de Dizfoul la lettre qui analyse ce qu'il a fait depuis le 10 juin précédent et qui nous rassure sur l'exécution des projets que nous venons de préciser.

Rappelons-nous que le but visé par M. de Morgan était de faire en 1891 une étude très complète des pays qui appartenaient jadis à l'Elam et aux régions frontières de ce royaume. Dès le 16 décembre 1890 il avait commencé une « carte archéologique de l'Elam »; mais il avait eu la prudence de taire ce travail, redoutant que des circonstances imprévues ne vinssent s'opposer à son achèvement.

C'était pour répondre aux besoins d'une œuvre aussi étendue que M. de Morgan avait parcouru en zigzags le Kurdistan et le Louristan, que de Hamadân il était allé à Kirmanchahân et de là à Zohâb. Pour la même raison il avait descendu le cours du Gamâs-Ab, visité le Poucht-î-Kouh, encore blanc sur les cartes, et planté sa tente à Khorremâbâd et à Doletâbâd. Mais le 5 septembre 1891, la carte de l'Elam, à l'échelle du 1/750,000, était levée.

Arrivons à l'exécution du programme dressé le 10 juin. En quittant Doletâbâd, M. de Morgan avait fait route pour Touï et Sirkân dont il se proposait de fouiller les ruines.

Attaqué par la population de Rou-i-Délaver, il avait dû se mettre à l'abri et se retirer jusqu'à Nehavend. Par télégraphe il avait avisé notre ministre à Téhéran de l'agression dont il avait été l'objet. Le premier ministre du Schah prévenu avait aussitôt agi avec énergie et donné l'ordre, d'ailleurs scrupuleusement exécuté, de brûler le village inhospitalier de Rou-i-Delaver. De Nehavend, M. de Morgan revenait à Bouroudjird pour y saluer S. A. Seïf-el-Moulk qu'il n'y rencontrait pas. L'altesse se trouvait, en effet, à Aliabad où elle s'efforçait de sévir contre un Khan Lour, convaincu de brigandage. L'attitude de M. de Morgan, dans toutes ces circonstances, n'était pas pour déplaire au Schah. Nous en trouvons la preuve dans l'envoi fait par ce prince à notre compatriote, alors qu'il était à Bouroudjird, de la plaque de grand officier du Lion et du Soleil.

Revêtu d'un caractère de plus en plus marqué par la distinction que lui avait décernée le Schah, M. de Morgan avait rejoint, au camp d'Aliabad, Seïf-el-Moulk. Le prince était là avec 600 hommes, presque cerné par les Lours révoltés, n'osant pas bouger et donnant aux nomades des montagnes le spectacle un peu fâcheux d'une autorité essentiellement platonique.

Malgré sa situation difficile et son impuissance absolue, S. A. Seïf-el-Moulk, soucieuse du prestige attaché au maréchalat, octroya à M. de Morgan des papiers impératifs qui le recommandaient, de la façon la plus hautaine, aux chefs lours dont il était, à parler franchement, le prisonnier. M. de Morgan ne pouvait s'illusionner sur l'efficacité de ces passeports. Sa démarche, de même que les ordres de l'Altesse, n'étaient qu'une simple formule de politesse. Il faut bien dire que la partie du Louristan où se trouvait M. de Morgan n'est habitée que par des tribus très sauvages et radicalement indépendantes. Au moment où le maréchal prince Seïf-el-Moulk l'avoisinait, aucun Persan, s'il y avait mis les pieds, n'en était revenu. Vous appréciez ainsi la valeur relative des ukases de l'Altesse ! Aussi, M. de Morgan jugea-t-il bon et utile, avant de parcourir ce pays, de l'envisager, de le scruter dans son ensemble.

Le 19 juillet 1891, il faisait, dans ce sentiment, l'ascension de la montagne dite Ochtorân-Kouh, ou Chötorân-Kouh, haute de plus de 4,500 mètres.

De ce sommet la vue embrasse la plus grande partie du Louristan. Les chaînes énormes d'où ruissellent les eaux qui apportent leurs bouillonnements et leur masse à la rivière de Dizfoul apparaissent à l'œil nu comme une succession de monstres granitiques. Ce Chötoran-Kouh semble une muraille gigantesque formant la frontière de l'Iran et du Louristan. Après lui, à des altitudes moindres, se dressent les cimes des monts Kalian-Kouh et Zerd-î-Kouh, tous deux situés dans l'intérieur des Alpes du Louristan. Il est presque superflu d'ajouter que ces trois sommets sont couverts de neiges immaculées. M. de Morgan espérait, en quittant le Chötoran-Kouh, descendre, à partir de Bahrein où coule l'un des affluents les plus importants de l'Ab-i-Diz, jusqu'à Dizfoul. Malheureusement, aucune route ne permettait de suivre cette voie.

M. de Morgan dut alors rechercher un affluent plus au Sud, et, pour le rencontrer, passer au pied (côté occidental) du Chötoran-Kouh, dans l'intérieur de la chaîne. Ce ne fut pas peine perdue, car ce détour permit à notre voyageur de découvrir, dans l'un des plus beaux sites qu'on puisse rêver, un petit lac appelé « Gahar » dont la flore est tout à fait curieuse et qui donne asile, sur ses rives, à des mollusques gastéropodes et bryozoaires. En quittant ce lac, la mission entra dans le pays des Hadjivend, tribu d'une extrême sauvagerie où elle remarqua, avec une surprise des plus légitimes, les mêmes types et les mêmes costumes qu'elle avait relevés sur les bas-reliefs achéménides. Il fallait emporter des preuves évidentes de cette frappante analogie.

M. de Morgan étale ses appareils photographiques et invite avec une souriante et pressante diplomatie les sauvages Hadjivend à se rapprocher de l'objectif. Non sans peine, il gagne la confiance de l'un d'eux qui pose et figure dans l'unique cliché obtenu. L'opération avait demandé dix minutes. A la onzième une grêle de pierres tombe sur le photographe et son escorte qui n'a que le temps de s'armer et de montrer, en faisant parler la poudre, qu'elle saura répondre aux attaques, si elles persistent. Trois jours après cet incident, la caravane arrivait chez un certain Aslan-Khan, chef des Issavend, campé au point même où elle voulait entreprendre la descente vers Dizfoul.

L'hospitalité d'Aslan-Khan ressemblait trop à celle des Hadjivend, pour que M. de Morgan en profitât longuement. Le chef de la mission écouta avec patience les injures adressées par son hôte au Schah et au prince Seïf-El-Moulk et eut l'air d'accepter les yeux fermés les guides qui lui étaient offerts et recommandés. M. de Morgan, ne se faisant aucune illusion et sachant parfaitement que les guides avaient l'ordre d'égarer la caravane, de précipiter les bêtes de somme dans les ravins, les suivit pendant quelques kilomètres, en les surveillant de très près.

Quand il jugea qu'Aslan-Khan ne pouvait plus intervenir, il fit halte et procéda à un interrogatoire sérieux, sur la route qu'on prétendait lui faire suivre.

Les explications des guides, très confuses et ne concordant aucunement avec ce que le chef de la mission avait vu du sommet de Chötoran-Kouh, confirmèrent les soupçons qu'il avait. Il se sépara donc brusquement des émissaires d'Aslan-Khan et battit en retraite avec la plus grande rapidité vers la rivière qu'il avait abandonnée cinq jours auparavant, mais en passant plus au Sud afin d'étendre ses observations géographiques. Le soir même la caravane était hors d'atteinte. M. de Morgan ne pouvait mieux faire ni plus sagement. Il est certain que les Issavend, au nombre de 200 cavaliers armés, avaient le désir très net de s'emparer des bagages de la mission, qui comptait cinq personnes. La lutte eût été, on le voit, fort inégale. Au nouveau campement l'accueil ressembla à celui des Issavend. Mais le danger n'était pas comparable. Les possesseurs du sol étaient mal armés et paraissaient sensibles à l'aspect des carabines à répétition.

Cette succession d'alertes amena M. de Morgan à établir désormais ses campements loin des tentes noires. Il préféra la solitude des hautes forêts, et ne se remit plus entre les mains des guides que le hasard lui fournissait. C'est à la boussole et d'après ce qu'il avait retenu du pays en l'examinant de Chötoran-Kouh qu'il continua sa route. Les bêtes mangeaient l'herbe des forêts, les gens vivaient surtout du produit de la chasse. M. de Morgan ne prévoyant pas, en effet, qu'il se heurterait à une hospitalité aussi féroce, n'avait qu'une insuffisante provision de riz et de farine.

Sept jours après le départ du Kalian-Kouh, ce royaume d'Aslan-Khan, la mission arrivait, après avoir traversé quelques petits villages, chez un certain Iaïa-Khan, lui aussi chef de nomades. Au dire de gens, évidemment mal informés, ce chef était d'humeur douce et l'on pouvait compter sur lui. M. de Morgan ne tarda pas à constater qu'on avait exagéré les mérites de Iaïa. De lui, comme d'Aslan-Khan, la mission ne reçut que des injures agrémentées de menaces contre le Schah et le gouverneur. Il n'y avait aucune raison pour demeurer longtemps avec ce peu sympathique personnage. On le salue bien vite et l'on franchit, à Top-è-Kazàb, la rivière qu'on n'avait plus suivie depuis Bahrein. Après l'avoir franchie, en dehors des terres de Iaïa, on poussa un soupir et l'on campa. La chance, cette fois, est bonne. Le camp est placé, en effet, juste à côté de sources bitumineuses très riches que M. de Morgan examine en paix et qui font l'objet d'une note dont le gouvernement persan sera reconnaissant.

Après avoir mis la dernière main à son travail sur les sources bitumineuses que sa bonne fortune lui avait permis de rencontrer, M. de Morgan pénètre chez les Seghvend où il est reçu de la façon la plus hostile. Il arrive enfin à Khorrémabad et il s'y ravitaille. Comme la ville est malsaine et qu'il y règne une intolérable chaleur en été, la mission s'installe dans un village voisin, Tchoûtach. Quelques jours plus tard, elle entreprend l'exploration de Kouh-é-Hachtad-palhou et visite tout le pays compris entre ces montagnes et le Seïn-Merré, sans négliger la vallée qu'arrose cette rivière.

M. de Morgan se trouvait alors dans les pays dits Ghermasir, habitables seulement en hiver et déserts en cette saison. C'est après des fatigues et des périls sans cesse renaissants qu'il atteint Dizfoul où il trouve l'abondance, dont le personnel de la mission et les bêtes ont été si longtemps privés. C'est à Dizfoul que la mise au net de la remarquable carte archéologique de l'Elam a pu être effectuée. Ce travail est aussi complet que possible au point de vue de la géographie. Tous les restes antiques, tepés, tells, ruines, stèles, tombeaux, etc., y sont portés; toutes les routes, tous les sentiers, toutes les sources y figurent. Grâce à cette carte, à ses détails si variés et si précis, M. de Morgan a réuni les documents qui peuvent lui permettre de déterminer la position des villes citées dans les inscriptions assyriennes. Il ne possédait, à vrai dire, aucune autre donnée pour ces identifications. Mais, ayant voyagé les inscriptions en main (il avait sous les yeux les *Annales de la Syrie*, de M. J. Menant), il a modifié son itinéraire pour constater bien des faits, vérifier bien des hypothèses. Et comme, en somme, la géographie stratégique ne semble pas avoir subi de modifications, il est probable que les identifications de M. de Morgan seront exactes.

En même temps que notre laborieux explorateur dressait la carte géographique de l'Elam, il en établissait une, ethnographique et linguistique, comprenant les nombreuses tribus kurdes et loures, leur état sédentaire, demi-nomade ou nomade ; les parties inhabitées du pays, ainsi que celles réservées pour l'hiver, question qui constitue l'un des éléments les plus importants d'une étude sur les transformations ethniques et linguistiques.

C'est le 1er décembre 1891, après vingt-six mois et demi de pénibles labeurs, que M. de Morgan rentrait à Paris, rapportant d'inestimables documents sur la géographie, l'archéologie, l'ethnographie et l'histoire naturelle de vastes provinces dont on ne savait presque rien d'exact avant son voyage.

Ces résultats avaient excité à juste titre la curiosité du monde savant. Dans le courant de 1892, le ministre de l'Instruction publique désigna une sous-commission spéciale qui fut chargée de les contrôler.

Devant les membres illustres qui composaient ce comité, émanation de la Commission des voyages scientifiques et ittéraires, M. de Morgan fit le récit sommaire de son exploration si difficile et si féconde. Ce qu'on pensait déjà fut confirmé et l'on se plut à reconnaître le tact et l'énergie dont il avait donné tant de preuves.

La Société de Géographie ne demeura pas étrangère à ces hommages. Dans une séance solennelle, elle attribua à M. de Morgan une médaille d'or, Prix Dewez, institué par le directeur du *Journal des Voyages*. Enfin, sur la proposition de M. Bourgeois, alors ministre de l'Instruction publique, M. de Morgan reçut en Sorbonne la croix de chevalier de la Légion d'honneur qu'il avait si noblement conquise.

Parmi les constatations précieuses qu'il a faites et que nous avons laissé passer au cours de notre récit, je retrouve dans mes notes une analyse des tombeaux curieux du Linkoran. Quelques-uns ont jusqu'à 8 et 10 mètres de long sur 2 de large et autant de haut. D'autres monuments plus petits sont composés d'un cercle de pierres. Ces dolmens, ces cromlechs ne renferment point d'instruments en pierre. Ceux que l'on y trouve sont de bronze.

La collection formée par M. de Morgan comprend des épées, des poignards, des pointes de lances et des flèches fabriquées avec cet alliage. On y rencontre aussi quelques rares objets d'or et d'étain ; les vases sont grossiers, les perles sont en gayet, en cornaline, en quartz, enfin en une sorte de porcelaine bleue, importée, semble-t-il, de Perse.

Le plus curieux bijou recueilli par M. de Morgan est un galet d'agate poli, coupé sur une de ses faces et portant en entaille une représentation médiocre du zébu ou bœuf à bosse ; c'est aussi, sans aucun doute, un objet d'importation. Rien dans ces tombes ne révèle aucune analogie avec les sépultures préhistoriques des peuples caucasiens, et M. de Morgan paraît disposé à rapprocher plutôt les constructeurs de ces monuments grossiers des Iraniens, dont font d'ailleurs partie les Talysch, habitants actuels du Linkoran.

M. de Morgan a signalé l'existence d'une période de transition, caractérisée par des figurines d'animaux en bronze coulé, des vases grossièrement peints, et des pendeloques en forme de clochettes ; le fer et l'argent se juxtaposent au bronze et à l'or, puis vient un âge du fer, avec des céramiques en forme d'oiseaux, de chevaux harnachés, etc., des figurines de bronze et des armes tout en fer. Dans une de ces tombes s'est rencontré un vase de terre blanchâtre, analogue au kaolin et émaillé de bleu, comme ceux de Persépolis. Cette pièce est très importante, parce qu'elle permettra peut-être de dater le groupe de sépultures où on l'a rencontrée. On peut la voir, ainsi que le reste de la collection, au musée Guimet.

Les résultats de la mission de Morgan ont fait l'objet d'une publication en librairie. Trois volumes sont déjà parus. L'ouvrage en comprendra cinq qui contiendront dix-sept cartes, cent soixante-quinze planches en phototypographie hors texte, vingt-cinq planches en photoglyptographie et treize cents dessins dans le texte.

Nous avons eu le plaisir de jeter un coup d'œil sur les nombreux carnets de M. de Morgan et d'admirer le soin et la netteté avec lesquels ils ont été rédigés. A chaque feuillet, à l'appui des notes, viennent des croquis enlevés avec une étonnante adresse. Nous avons vu des centaines de photographies qui sont comme le panorama du voyage.

Jusqu'ici nous nous sommes abstenu de parler de Mme de Morgan, de peur d'offenser sa modestie. Mais nous croirions manquer à un devoir si, à la fin de ce récit puisé à des sources diverses et certaines, nous ne saluions pas cette jeune femme dont la vaillance a supporté pendant de longs mois tant de fatigues et bravé tant de périls.

Nous disions au début de ce récit que M. de Morgan tiendrait haut et ferme le drapeau scientifique de la France sur le territoire égyptien. Les événements devaient nous donner raison. Dans sa séance du 13 avril 1894, l'Académie des Inscriptions et Belles-Lettres a écouté la lecture d'un rapport dans lequel le directeur des fouilles et musées d'Égypte rendait compte des découvertes qu'il a faites dans la nécropole de Dahchour.

Il a trouvé là des richesses archéologiques et artistiques d'un incomparable prix. Ce sont, notamment, un pectoral en or, enrichi de pierres fines, représentant le cartouche du roi Usertesen II, soutenu par deux éperviers couronnés; deux bracelets, plusieurs fermoirs, des colliers, le tout en or, incrusté de lapis, de cornalines, d'émeraudes, de turquoises; plusieurs scarabées dont un portant le nom d'Usertesen III et un autre, celui de la princesse Hathor-Set; un pectoral en or incrusté de pierreries travaillées et ciselé; au centre est le cartouche du roi Amenhamhad III. Des deux côtés, le Pharaon est représenté debout, la massue levée et frappant un captif asiatique; au-dessus plane un vautour, les ailes déployées.

A ces trésors, ajoutons un collier de têtes de lions

réunis quatre par quatre et dont chaque grain est de la grosseur d'un œuf, des miroirs en argent, etc., etc.

Les Anglais déclarent que cette découverte est, pour l'Egyptologie, une ère nouvelle.

Puisqu'ils le disent, c'est que cela doit être.

DANS LES GUYANES

I

Deux lettres. — Opinion d'un savant sur les capacités de Jules Crevaux. — Les faux blocs erratiques. — Les Tumuc-Humac, ancien El Dorado. — Crevaux précise ses projets. — Le devis de l'expédition. — Premières recherches et premiers envois. — Comme quoi M. Littré aurait dû connaître la langue galibi. — La mission devient officielle. — Une exploration botanique dans la rivière Kourou. — L'épidémie des îles du Salut. — Les victimes de l'*Élim*. — En route pour le Maroni. — Quelques défections et quelques *sauts*. — Trente-deux jours chez les Boni. — La question de l'or. — Hypothèses anciennes. Conclusions modernes. — Résultats du premier voyage de Crevaux. — Une courte et bonne devise. — Considérations politiques.

L'un des éminents professeurs de la Faculté de médecine de Paris écrivait, le 17 mai 1876, au maître regretté H. Milne Edwards la lettre suivante :

Cher et illustre doyen, je prends la liberté de recommander à votre bienveillant intérêt un jeune médecin de la marine, M. le docteur Crevaux, qui est en instance pour obtenir une mission scientifique dans l'intérieur de la Guyane française. M. le docteur Crevaux est un médecin très instruit ; il connaît bien l'histoire naturelle et les sciences fondamentales, dessine à merveille, manie habilement le microscope, etc. De plus, il est animé d'un zèle ardent pour la science et je suis convaincu qu'il la servira avec succès. Je serais heureux qu'il pût obtenir votre appui et bénéficier des instructions que vous voudriez bien lui donner.

Veuillez, etc., etc.

Six mois plus tard, le ministre de l'Instruction publique recevait du docteur Crevaux une requête officielle ainsi conçue :

Monsieur le ministre,

J'ai l'honneur de vous demander une mission scientifique pour intérieur de la Guyane française.

Le principal but de mon voyage est l'exploration des montagnes du Tumuc-Humac, qui sont complètement inconnues.

Après avoir remonté le Maroni en pirogue, je séjournerais le plus longtemps possible dans les montagnes en m'occupant de géographie, d'anthropologie et d'histoire naturelle. J'effectuerais mon retour soit par l'Oyapock, soit par un des affluents de l'Amazone.

Je me charge de remplir avec le plus grand zèle vos instructions ainsi que celles des différentes sociétés savantes qui s'intéressent à mon entreprise.

J'ai l'honneur d'être, etc.

Signé : Dr Jules Crevaux,
Médecin de la marine,
hôpital de Toulon.

Le même professeur de la Faculté de médecine qui avait écrit au doyen de la Faculté des sciences, le 17 mai, insistait auprès du ministre pour qu'on accordât au docteur Crevaux ce qu'il sollicitait. « Le docteur Crevaux, disait-il, possède toutes les aptitudes du savant voyageur ; il en a d'ailleurs la vocation irrésistible et je ne doute pas que, si les circonstances lui sont favorables, il ne contribue efficacement à l'avancement des sciences naturelles. »

De son côté, la Société de géographie de Paris confirmait l'intérêt de la mission projetée et répondait des qualités exceptionnelles du candidat.

Au même moment, paraissait dans le *Bulletin de la Société géologique de France*, 3e série, t. IV, page 304, une étude curieuse du docteur Crevaux sur les *Faux blocs erratiques de la Plata*, prétendue période glaciaire d'Agassiz dans l'Amérique du Sud.

Ces blocs, souvent énormes, qui semblent isolés et disséminés au milieu des Pampas, avaient depuis longtemps attiré l'attention ; on leur avait attribué une origine glaciaire. D'Orbigny, dans son voyage en Amérique, les avait signalés, mais sans insister sur leur polissage singulier.

Agassiz, après avoir constaté sur les rives de l'Amazone des traces évidentes d'une époque glaciaire, avait déclaré que les effets du passage des glaces devaient être encore plus manifestes sur le rio de la Plata, qui est plus rapproché du pôle ; aussi quand, dans une relâche faite à Montevideo, avec le *Hasler*, il eut vu ces blocs accumulés dans les environs du Cerro de Montevideo, il n'hésita pas à les considérer comme *erratiques*. Cette opinion, qui venait confirmer ce qu'en avait dit un ingénieur de la contrée, M. Carlos Honoré, dans un mémoire publié en 1872, fit foi dans tout le Nouveau Monde.

Crevaux, étant à bord du *La Motte-Piquet*, eut l'occasion de parcourir cette région, et, après avoir souvent exploré les plaines où se présentent ces accumulations singulières de blocs arrondis, il avait été amené, par des observations attentives, à expliquer tout différemment l'usure et le polissage remarquable que présentent ces roches. Il pensait, en effet, que tous ces phénomènes ont été produits par les grands cours d'eau qui ont autrefois sillonné la région, et que, loin d'avoir une origine erratique, tous ces blocs sont parfaitement en place et n'ont nullement été transportés.

Le mémoire de Crevaux était très détaillé ; il donnait une description minutieuse de toutes les localités explorées, et de nombreuses photographies prises par l'auteur venaient appuyer ses descriptions.

Justice fut rendue par la Société géologique de France aux savantes et très nouvelles théories de Crevaux. Cet hommage venait augmenter fort à propos les témoignages dont le jeune médecin de la marine avait besoin pour gagner la confiance de la Commission des Voyages et Missions scientifiques et littéraires, de création récente.

On ne doutait pas de l'intérêt qu'offrait l'exploration des Tumuc-Humac. On était pénétré de ce sentiment, de cette vérité plutôt, que la Guyane française était encore mal connue dans ses parties intérieures. Les Guyanes anglaise, néerlandaise et brésilienne ne l'étaient pas davantage d'ailleurs. L'insalubrité du climat et les forêts impénétrables ont toujours opposé à l'exploration de ces contrées des obstacles sérieux, s'il en faut juger par les succès médiocres dont l'histoire des voyages, jusqu'en 1876, nous a conservé le souvenir.

En 1595, lord Raleigh, et, en 1596, Kaymis ouvrent la liste des explorateurs de cette partie des Guyanes qui prit au XVIIIe siècle le nom de France équinoxiale. Puis viennent, en 1674, les pères Grillet et Béchamel, en 1688, M. de la Motte-Aigron, en 1695, M. Saint-Cyprices. Le siècle suivant vit les explorations de Drouillon, Duvillard, du médecin Patris en 1766; de Simon Mentelle et Brisson de Beaulieu, en 1767. Enfin, à de plus récentes époques, nous rencontrons les noms de Leblond, Milthiade et Lorret, Le Prieur, Thibault de la Monderie, etc.

Au sud-ouest de la colonie se déroule une chaîne de montagnes peu élevées, les Tumuc-Humac, où les anciens voyageurs avaient placé l'El Dorado et dont ils avaient maintes fois tenté l'accès par le Maroni qui naît au pied de la chaîne. Néanmoins le cours de ce fleuve était resté mal connu jusqu'en 1861, époque à laquelle une commission franco-hollandaise de délimitation, dirigée par M. Vidal, officier de notre marine, fit le levé du Maroni, sur 125 lieues. Du point qui marquait le terme de la reconnaissance, on apercevait au loin les montagnes de Tumuc-Humac. Il était réservé à Jules Crevaux d'achever la tâche en arrivant jusqu'à la chaîne et de la franchir pour passer, lui le premier, du bassin du Maroni au bassin de l'Amazone. Il parvint au grand fleuve sud-américain par le Yari, affluent presque inexploré de la rive gauche.

Nous allons voir comment.

Lorsque Crevaux avait pris une résolution, elle était définitive. Il voulait traverser les Tumuc-Humac, il fallait qu'il les traversât avec ou sans mission. On ne s'étonnera donc pas qu'il ait quitté Paris le 3 décembre 1876, sans avoir une décision ministérielle. Il partait muni de recommandations officieuses, et dès le 3 janvier 1877 il se félicitait des résultats qu'elles avaient amenés dans les termes suivants :

« Les recommandations que j'ai reçues pour les Pères ont produit le meilleur effet. Plusieurs d'entre eux sont des voyageurs intrépides. Mgr Emonet, protonotaire, préfet apostolique de la Guyane française, se décide à venir visiter avec moi ses paroissiens du Haut-Maroni et des Tumuc-Humac. C'est le meilleur compagnon de voyage que je puisse rencontrer. Monseigneur est vigoureux, énergique, ne craint pas plus la fièvre et les flèches de ses fidèles que le diable lui-même.

« Un aide-médecin de la marine, qui est dans la colonie depuis cinq ans, veut prolonger son exil pour venir faire une dernière tournée dans les grands bois.

« Nous pensons partir vers le commencement de mai.

D'après les anciens du pays, cette saison est moins pernicieuse que le commencement de la saison sèche.

« Je serais donc content de recevoir de l'argent au plus vite, car, si je manque la saison possible, je risque de perdre une année.

« Je suis décidé à faire le grand voyage, tel que je l'ai projeté, c'est-à-dire, à remonter le Maroni, explorer les montagnes du Tumuc-Humac et revenir par le fleuve des Amazones. Monseigneur adopte *complètement* mon plan.

« Sur la somme qui doit être allouée à ce voyage, il serait désirable que l'on m'expédiât, sans délai, une bonne quantité de papier non collé pour faire un herbier. Si je ne recueille pas beaucoup de plantes dans le cours de mon voyage, je pourrai en récolter pendant mon séjour dans les postes. Je serais heureux si l'on pouvait m'envoyer quelques vieilles défroques de théâtre. Les nègres Boni, qui sont appelés à nous rendre de grands services, ont la passion des habits dorés. Il me faudrait en outre deux cents mètres d'étoffe connue sous le nom d'indienne, choisir les couleurs les plus riches; il faut que ce soit très léger.

« Ajouter des aiguilles en quantité. J'ai déjà pour 500 francs d'objets d'échange que je me suis procurés à Paris. »

Et dans cette lettre naïve et charmante, qui trace déjà certains traits de l'homme avec lequel nous allons vivre pendant quelque temps, Crevaux, en terminant, recommandait à ses correspondants de faire remercier le colonel Loubère, gouverneur de la Guyane, du bon concours qu'il lui donnait, ainsi que Mgr Emonet, l'un des directeurs du Collège de la Martinique.

Le colonel Loubère, en effet, n'était pas seulement un militaire. Il savait s'attacher à tout ce qui constitue l'instruction et il aidait avec passion à la développer.

Aussi avait-il pris Crevaux sous sa protection, l'avait-il conseillé. Il ne s'était pas borné à lui offrir un concours moral. Sur le budget de la colonie, il avait prélevé 5,000 francs pour les frais de la mission.

Ces témoignages confirmaient Crevaux dans ses résolutions. Loin d'être ébranlé par les difficultés qu'on se plaisait à lui objecter, sa confiance se raffermissait au fur et à mesure qu'on se rapprochait de l'époque du départ. De leur côté, Mgr Emonet, qui s'était déjà avancé très loin chez les sauvages de l'Oyapock, et le Père Kroenner, qui avait des relations avec les tribus du Maroni, persistaient de plus en plus dans leur dessein d'accompagner notre brave explorateur.

Le plan de l'expédition se précisait chaque jour davantage; c'était la chaîne des Tumuc-Humac qu'il fallait surtout atteindre et étudier. Quant au retour, il s'effectuerait, soit par l'Oyapock, comme nous le savons, soit par l'un des affluents des Amazones, la rivière Yari, qui prend sa source dans ces montagnes.

En même temps, Crevaux supputait d'une manière plus nette les frais de l'expédition. Ils étaient plus considérables qu'il ne l'avait d'abord supposé. Cette plus-value tenait au développement de l'exploitation aurifère qui produisait une hausse sensible dans les prix demandés par les canotiers.

Pour l'expédition, il fallait engager quinze pagayeurs à 5 francs par jour, ce qui donnait, pour cinq mois de voyage, un total de 11,250 francs, auquel on devait additionner le prix d'achat de trois pirogues, une provision raisonnable de conserves, des objets de campement, d'échange.

Au bout du compte, on se trouvait réellement en face d'un minimum de 15,000 francs.

Un ingénieur des mines, M. Labouglize, qui avait fait plusieurs voyages dans l'intérieur, à la recherche de l'or, avait donné comme chiffre minimum la somme de 20,000 francs. Mais Crevaux, comptant sur le concours de Mgr Emonet, sur sa grande habitude des choses du pays, avait réduit ce minimum d'un quart.

En attendant le moment du départ vers les Tumuc-Humac, Crevaux ne perdait pas son temps. Il l'employait à dresser des cartes d'après les travaux anciens et modernes que le gouverneur mettait à sa disposition. Aux alentours de Cayenne, il recueillait des échantillons de botanique et de minéralogie et s'était procuré un certain nombre de plantes toxiques qu'il se proposait de faire expérimenter par les professeurs de la Faculté de médecine de Paris.

D'autre part, Mgr Emonet avait réuni un certain nombre d'animaux qui seraient expédiés au Muséum, dès que la quarantaine provoquée par une épidémie de fièvre jaune serait levée.

Ceci n'empêchait pas d'ailleurs Crevaux d'envoyer au ministère de l'Instruction publique, à la date du 2 février 1877, des spécimens de gomme-gutte et de jalap destinés au laboratoire du professeur Gubler. A cet envoi étaient jointes des photographies d'Indiens de l'Oyapock, amorce d'une collection projetée de tous les types de sauvages existant en Guyane et complètement inconnus en Europe.

« Il faut se hâter d'étudier ces races, écrivait Crevaux, parce qu'elles ne tarderont pas à disparaître complètement. » Il était frappé de l'attrait qu'offrait l'étude de leurs différents langages et il affirmait plaisamment que, si Littré avait connu le langage *galibi*, il n'eût pas fait dériver le mot « hamac » du substantif allemand *hangenmatte* (*hangen*, suspendre, *matte*, natte). Car en 1877, comme du temps du Père Biet — voyage de la France Equinoxiale en 1652 — les Galibis appelaient « hamac » le lit dont se servent les matelots.

D'après Crevaux, il y a un grand nombre de mots légués à la langue française par le *galibi*. Tels sont, par exemple, caïman, pirogue, ara, tapir, colibri, macaque, toucan, ananas, caret, hocco, etc., etc. Cela dit, Crevaux partait pour les îles du Salut, où il attendrait, en faisant son service médical, l'avis officiel de sa mission, ou tout au moins l'époque favorable à son départ. Il s'y trouvait le 3 mars.

C'est le 11 avril 1877 qu'un arrêté ministériel donne au docteur Crevaux, médecin de première classe de la marine, la mission d'exploration qu'il attendait aux îles du Salut. Une somme de 12,000 francs lui est attribuée par la même décision, à titre d'indemnité. Le 15 mai, on expédie à l'explorateur les divers objets qu'il avait demandés, le 3 janvier, et qui avaient été réunis avec le plus grand soin. Cet envoi se croise avec un rapport de Crevaux sur les onze jours de voyage qu'il vient de faire dans la rivière Kourou, à bord d'un petit bateau de guerre, *Le Serpent*. Ce document donne des détails nouveaux sur cinq cents espèces de plantes environ et notamment sur une légumineuse appelée « Sinapou ». La racine de cette plante est employée par les Indiens Galibi pour pêcher dans les petits cours d'eau.

Cette substance séchée, un peu écrasée et jetée dans une crique, amène bientôt à la surface, incapables de fuir, intoxiqués, les poissons qui en habitent les profondeurs. Tel est aussi l'effet, quoique moins violent, du conami. Par le même courrier, Crevaux adressait à ses maîtres de la Faculté de médecine de Paris les horribles vers macaques qui, dans les régions boisées de la Guyane, attaquent hommes et bêtes et des échantillons d'un poisson hideux, sans écailles, analogue au fameux poisson crapaud du Cap, dont la chair est un poison redoutable. Il complétait son envoi par une note sur l'histologie pathologique de la fièvre jaune.

Le regretté M. de Quatrefages écrivait au ministre de l'Instruction publique, le 1ᵉʳ juin suivant, pour établir l'intérêt que présentaient les recherches de Crevaux. « Les expériences qu'il a faites en si peu de temps, disait-il, sur l'action de la racine de sinapou, les observations qu'il a recueillies sur le pouvoir émétique du bois de balle-balle, sur l'utilité pratique de l'emploi d'une styracée, montrent que le voyageur saura réunir non seulement des objets matériels, mais aussi des faits dont la connaissance peut avoir une valeur inattendue. »

Le 2 juillet on recevait de Crevaux une lettre à laquelle j'emprunte les passages caractéristiques suivants :

« Je pars pour ces fameuses montagnes du Tumuc-Humac, qui sont depuis deux siècles le rêve des voyageurs américains. Serai-je plus heureux que mes devanciers ? Je le pense, parce que mon expédition se trouve dans de meilleures conditions. Mgr Emonet et le Père Kroenner m'accompagnent. Le premier est résolu à me suivre jusqu'au terme du voyage. Nous pensons renvoyer le Père Kroenner dès que nous aurons atteint les sources du Maroni. Il ramènera nos embarcations chargées de collections et donnera de nos nouvelles. »

Ce Père avait été envoyé en avant, muni de pleins pouvoirs pour l'achat des pirogues et l'enrôlement d'un équipage. Il était essentiel que tout fût paré à l'arrivée de Mgr Emonet et de Crevaux à l'embouchure du fleuve. Les nègres Boni qui occupaient une assez grande étendue du Maroni étaient prévenus du voyage. Il était possible que le Père Kroenner les décidât à venir au-devant des explorateurs. Ce serait, pensait Crevaux, une grande fortune pour l'expédition. Les Boni sont les seuls pilotes capables de faire franchir à des Européens les *sauts* si difficiles et si dangereux de ce fleuve. Et il ajoutait : « Nous serons obligés d'abandonner nos pirogues au pied des montagnes. C'est là que commencera la partie la plus dure du voyage. Nous ne pouvons nous avancer que lentement à travers les grands bois. La plus grande difficulté sera le transport des vivres jusqu'à l'Oyapock. Mgr Emonet est un homme valide et très énergique. Pour ma part, je me porte très bien et commence à m'acclimater.

« J'ai eu dernièrement la fièvre jaune ; je n'ai plus rien à craindre de ce côté. Il est indispensable d'avoir eu cette maladie pour se livrer à des voyages dans l'Amérique équatoriale. Avoir eu la fièvre jaune est aussi important dans ces pays que d'avoir été vacciné en Europe. »

Crevaux parlait de la fièvre jaune en pleine connaissance de cause. Il avait assisté à une épidémie épouvantable aux îles du Salut. En six semaines une compagnie d'infanterie de marine avait présenté 122 cas sur 129 hommes. Cette compagnie était arrivée de France depuis huit jours. Les deux officiers qui la commandaient et 35 soldats étaient morts. L'aide de camp du gouverneur, le comte de Gontaut-Biron, sous-lieutenant d'infanterie de marine, avait succombé en deux jours.

Le mal sévissait avec une telle violence qu'il frappait des individus appartenant à toutes les races. Un Indou et trois Arabes, dont deux presque nègres, n'avaient pas été épargnés.

L'Indou habitait le pays depuis quatorze ans ! Quatre nègres avaient été atteints en même temps après avoir transporté le corps d'un soldat. Au moment où l'épidémie finissait, il était arrivé aux îles du Salut un bateau norvégien en détresse et contaminé. Ce navire, venant de Para (Ste-Marie-de-Belem) et se dirigeant sur Londres, avait perdu son capitaine au moment du départ. L'épidémie se déclare pendant la traversée. Un matelot succombe rapidement, trois autres sont bientôt atteints et il ne reste plus pour la manœuvre du navire qu'un nouveau capitaine, un mousse et un sujet portugais qui remplissait les fonctions de second. Et déjà le capitaine et le mousse éprouvaient les premiers symptômes de la maladie.

C'est dans ces conditions que l'*Elim* paraît devant les îles du Salut. Le commandant, voyant que le navire est en détresse, envoie une embarcation portant Crevaux pour lui prêter assistance. En mettant le pied à bord, Crevaux se trouve devant un spectacle navrant. Trois malades agonisent : l'un étendu au milieu de la cuisine, les deux autres sur le pont. Deux d'entre eux moururent dans la soirée et le lendemain matin. L'autre bénéficia d'une médication énergique et fut sauvé. Ne pouvant laisser ce bateau communiquer avec les îles où l'épidémie paraissait s'être arrêtée, Crevaux résolut de le mettre en quarantaine pour tout le monde à l'exception du médecin qui ne pouvait laisser les survivants sans secours.

Lorsque, le lendemain matin, il revint à bord, voici le drame dont il fut témoin. Deux cadavres gisaient sur le pont. Le capitaine et le mousse avaient le délire de la fièvre qui débutait. Le Portugais, exténué de fatigue, était assoupi dans un coin. Les deux cadavres furent discrètement poussés à la mer avec tous leurs objets de literie. « Je vous fais grâce, écrit Crevaux en relatant ces faits, de la scène des requins se disputant la proie que je leur jetais ! » Malgré les soins du docteur, les fumigations dont toutes les parties du navire avaient été l'objet, le capitaine succomba. Mais, au bout de dix-neuf jours, le mousse et le matelot furent capables de reprendre la mer. Un complément d'équipage, formé de nègres, fut envoyé de Cayenne, et l'*Elim* put reprendre sa route vers Londres. En somme, sur sept Norvégiens qui montaient le bateau, cinq sont morts en dix jours. On se demande ce qui serait survenu des deux autres s'ils n'avaient rencontré sur leur route les bien nommées îles du Salut ?

Cette préparation au mépris de la vie était excellente. Aussi voyons-nous, dans les lettres de Crevaux, dès qu'il se laisse glisser sur les eaux du Maroni, percer un stoïcisme qui ne se démentira pas.

Au moment où l'expédition de Crevaux allait franchir le premier *saut* et se trouver en dehors des pays civilisés, quelques défections s'étaient produites parmi les hommes engagés à Cayenne. Ceux qui avaient persisté paraissaient assez résolus. Ils étaient au nombre de sept, sans compter quatre Indiens qui devaient conduire Crevaux dans une bonne pirogue, à une vingtaine de lieues, vers Pouligoudou, où il arrivait le 23 juillet.

Ce n'était pas sans une certaine émotion que les premiers *sauts* avaient été franchis. Mais Crevaux s'était bientôt fait à ce genre de navigation et il prétendait, dès son séjour à Pouligoudou, « qu'il se trouvait aussi tranquille dans sa pirogue que dans le canot major d'un vaisseau de guerre ».

Les sauts de Man-Caba, Man-Bari, Singa-Tetey lui avaient inspiré quelques hésitations; mais, déjà, à son compte, ils ne répondaient pas aux noms effrayants que leur donnent les indigènes. Man-Caba signifie, en effet, l'homme fuit; Man-Bari, l'homme crie; Singa-Tetey, doublez la corde. Il est à supposer que ces appellations ont été imaginées pour effrayer les ennemis dont on redoutait l'invasion.

Avant de poursuivre leur route, Mgr Emonet, le Père Kroenner et Crevaux recueillent tous les mots qu'ils peuvent saisir de la langue Bosh. Ces nègres, évadés de la Guyane hollandaise, vers le milieu du xiiie siècle, sont revenus à l'état sauvage. Ils forment trois tribus principales : les Youka, les Pouligoudou et les Boni. Nos voyageurs, qui pensent que le pays gagnerait beaucoup à se servir de ces bras vigoureux, s'efforcent de nouer avec les noirs qu'ils rencontrent des rapports amicaux; puis ils mettent le cap sur l'Awa, après avoir renforcé leur personnel de cinq nègres Boni qui les accompagneront jusqu'aux Indiens. Ils précipitent leur marche de façon à ne pas attaquer les vivres destinés au voyage par terre.

Le 2 avril 1877, Crevaux rédige au crayon la lettre suivante qu'il adresse au ministre de l'Instruction publique :

> 145 milles.
> Intérieur des Guyanes Franco-Hollandaise.
> Soir.

Notre dernier trajet (6 jours de canotage à 7 ou 8 heures par jour) nous a beaucoup fatigués. Ayant trouvé la rivière (l'Awa) littéralement parsemée de roches sur une étendue d'environ 6 milles, il nous a fallu deux longues journées pour franchir cet obstacle, derrière lequel les Boni ont cherché un refuge contre les blancs.

Mgr Emonet a rempli deux fois sa pirogue ; nous avons été obligés de décharger et de traîner nos embarcations à la corde. Pendant que nos hommes faisaient ces travaux, nous étions obligés de rester des heures entières exposés au soleil sur des cailloux brûlants. Il en est résulté que je me suis couché aussitôt après avoir reçu les honneurs que les Boni ont rendus à notre pavillon.

3 jours de fièvre sans sortir de mon hamac. Je me trouve assez bien depuis ce matin. J'ai pu assister à l'inhumation des cheveux et des ongles du grand Man; c'est très curieux. Le Père Kroenner, malgré ses 20 années de Guyane, est tombé malade hier soir. Mgr Emonet a eu la fièvre toute la journée.

Ne nous plaignons pas trop, il est fort heureux que nous soyons arrivés à cette distance sans plus *d'avaries*.

De Cotica, pays des Boni, Crevaux écrit, quelques jours plus tard, que la maladie de monseigneur Emonet est devenue très grave. Un accès de fièvre pernicieuse a mis la vie du prélat dans le plus grand danger, pendant quarante-huit heures.

La fièvre du Père Kroenner a duré 6 jours. C'est Crevaux, celui-là même qui affronte le climat pour la première fois, qui résiste le mieux et qui bientôt se relève complètement. Il prend des mesures pour diriger en toute hâte ses deux compagnons épuisés par la maladie sur l'hôpital de Saint-Laurent, qui se trouve dans le bas du fleuve. Il procède ensuite au complément des provisions nécessaires à son équipage et s'entête dans son projet de revenir par l'Amazone. « Si je me porte bien, dit-il, dans un mois je serai sur un petit ruisseau qui me conduira au grand fleuve. » Ces diverses préoccupations ne ralentissent pas son activité. Il cherche des choses nouvelles dans le pays Boni et il trouve une huile qui pourra rendre des services en thérapeutique.

Cette huile ou plutôt cette essence est celle de Bamba, qui est employée par les nègres Bosh pour tuer les chiques, les vers macaques et autres parasites incommodants. Crevaux recueille d'autres produits pharmaceutiques qui foisonnent sur le territoire qu'il parcourt et qu'on n'utilise pas. Il pense au parti que pourrait en tirer le commerce français et insiste pour qu'on prévienne de ses trouvailles des négociants de Paris. Son séjour forcé d'un mois chez les Boni lui permet d'étudier la question aurifère et de l'envisager au point de vue géologique. Un ancien sous-officier d'infanterie de marine, M. Labourdette, qui possède une longue pratique des mines d'or, le seconde dans cette étude. C'est ce jeune homme intelligent et audacieux qui a établi le placer d'Awara-Soula, à 163 milles dans l'intérieur du fleuve Maroni.

Crevaux remarque les principaux faits suivants :

1º Les roches qu'on trouve dans les criques aurifères sont identiques à celles des montagnes voisines. L'or d'une crique coulant entre des montagnes ferrugineuses est souvent ternie par la rouille qui reste dans les anfractuosités des pépites ;

2º Les montagnes avoisinant les criques aurifères sont constituées par des roches qui renferment de l'or. C'est la désagrégation de ces roches qui alimente la production aurifère des cours d'eaux ;

3º Beaucoup de criques, chargées d'or et déjà obstruées, ne datent que d'une époque tout à fait moderne. Les preuves de cette origine sont nombreuses pour Crevaux. La première, c'est que des arbres qui vivent encore ont assisté au dépôt de l'or. En effet, on trouve généralement une quantité beaucoup plus grande de ce métal autour de leurs racines. Faut-il d'autres témoignages? En voici un formel. M. Cazala a trouvé une hache en silex des Indiens sur la glaise, immédiatement au-dessous de la couche aurifère, dans le lit obstrué d'une crique débouchant dans la rivière de Sparwini. M. Jean Saint-Flour aurait trouvé dans la même couche, à la Casaté et à l'Orapu, des débris de vase en terre des Indiens Galibis ;

4º Les criques changent souvent de lit, à cause des bois qui les encombrent dans le Haut-Maroni ; les bois qui se trouvent entre la glaise et la couche aurifère présentent souvent une teinte noire qui est un commencement de carbonisation. En plusieurs endroits Crevaux avait trouvé de véritable charbon. De ces observations il concluait qu'il était en contradiction complète avec cette théorie admise depuis des siècles que tout l'or de la Guyane provient des monts Tumuc-Humac. Les faits les plus positifs démontrent que l'or des criques ne provient absolument que de la désagrégation des montagnes qui forment leur bassin.

L'hypothèse d'un déluge est absolument inutile pour expliquer la formation des dépôts aurifères, puisqu'on voit le phénomène se produire chaque jour par la simple intervention de la pluie. On doit donc cesser de considérer les montagnes du Tumuc-Humac comme la source unique des richesses aurifères de la Guyane. Nous admettons au contraire, déclare Crevaux, que toute montagne ou colline qui contient de l'or est une source isolée et indépendante qui déverse ce métal dans le cours d'eau le plus voisin. La désagrégation incessante des roches par les racines des grands arbres qui portent dans le sol l'oxygène, c'est-à-dire l'agent destructeur des roches par excellence, forme chaque jour de nouveaux dépôts aurifères qui empêchent les mineurs de détruire à jamais la production de l'or à la Guyane.

Les Tumuc-Humac donneront sans doute de l'or, comme presque toutes les montagnes du pays. Peut-être sont-elles plus riches que celles de la Basse-Guyane, à cause de la nature des roches qui les constituent. On dit vaguement, personne n'en a vu, qu'elles sont formées par des masses de quartz. Ce serait un indice pour rencontrer des filons de métaux précieux et du diamant.

Ainsi se terminait une correspondance qui apprenait en France que Crevaux, obligé de renvoyer son domestique, malade à mourir, licenciait son équipage, faute de vivres suffisants, et demeurait, le 1er septembre 1877, à la merci de trois sauvages.

Le 20 décembre 1877, le journal *O Diaro popular*, de Lisbonne, rendait compte des résultats du voyage dont nous avons suivi les péripéties ; et ce n'est que dans le numéro de novembre 1878 que le *Bulletin de la Société de géographie de Paris* imprimait la notice que lui avait donnée Jules Crevaux. Cela n'est pas une critique. A cette époque, le mouvement de curiosité qui s'est depuis manifesté pour toutes les tentatives d'exploration était, à Paris, d'une indolence tout à fait extraordinaire. Les questions coloniales et la nécessité de l'expansion, plus tard démontrée, étaient l'objet d'une indifférence qu'on ne peut imaginer. Quelques écrivains convaincus avaient fait appel au patriotisme des journaux sérieux et leur avaient offert des études consciencieuses sur les explorations subventionnées ou non par le gouvernement. Ces offres et cet appel avaient été nettement dédaignés.

Il nous est agréable de constater que les mêmes organes, devancés dans cette œuvre sincère et utile de la vulgarisation des entreprises tendant à créer pour la France un empire colonial, ont modifié leurs sentiments de jadis.

Poussés par la vitalité de plus en plus puissante des publications spéciales, contraints de répondre à un besoin qui s'est développé dans toutes les classes de la société de ce temps, ils ont changé leur fusil d'épaule et sont arrivés à créer des rubriques consacrées aux voyages, aux missions et même, lorsqu'une expédition présente un caractère un peu tapageur, à éditer des suppléments extraordinaires, avec dessins, autographes, portraits et cartes à l'appui.

Mais revenons au récit du journal de Lisbonne. Il établissait que Crevaux avait exploré en 142 jours un espace presque double de celui qu'il s'était proposé d'étudier. En dépit des obstacles, des fièvres, des abandons, il avait relevé, à la boussole, le cours du Maroni et celui du Yari. Après avoir parcouru le versant nord de la chaîne des Tumuc-Humac, il avait effectué son retour par le versant sud. Au point de vue géographique, ses observations allaient permettre de compléter dans une large mesure les cartes de la Guyane française et brésilienne et de rectifier les cartes antérieures. Pour la première fois, le cours du Yari, connu seulement dans sa partie inférieure, allait être entièrement représenté et pour la première fois aussi nous allions avoir des données sur le régime de ce fleuve, comme sur la chaîne des montagnes qui séparent le bassin du Maroni du bassin de l'Amazone. « En résumé, disait dans un rapport remarquable, pareil d'ailleurs à tous ceux qu'il rédige, M. Maunoir, secrétaire général de la Société de géographie de Paris, le voyage extrêmement dangereux et difficile que M. Crevaux a réussi à accomplir est l'un de ceux qui méritent le plus de fixer l'attention ».

Le succès de Crevaux dans cette première expédition, il le déclare lui-même, avait été dû à deux circonstances heureuses. La première, c'était d'avoir résisté à la maladie qui avait détruit les forces de ses compagnons, vaillants, robustes et acclimatés par un séjour de vingt années dans la zone tropicale. La deuxième, c'était d'avoir rencontré un sauvage qui s'était intéressé à son entreprise.

« Le nègre Boni Apatou, a écrit Crevaux, entraîné par le désir de voir le grand fleuve des Amazones, poussé par l'orgueil de faire un voyage qu'aucun de ses camarades n'avait osé entreprendre, a risqué plus d'une fois sa vie pour assurer le succès de ma mission. C'est grâce à l'intrépidité et au dévouement de cet homme que j'ai pu franchir les chutes du Yari. »

Crevaux aurait pu ajouter que l'énergie de son pagayeur en face des dangers sans cesse renouvelés lui avait inspiré une devise qu'il se plaisait à inscrire dans ses lettres intimes et qui a été aussi connue dans les Guyanes qu'en Lorraine, à Lorquin, où il se reposait parfois, devise claire et significative : *Tiens bon !* Et il a fallu qu'il la pratiquât strictement pour résister aux trente-trois jours de canotage qu'il a subis dans le Maroni et aux quarante journées du même exercice qu'il a exécuté dans le Yari.

En somme, dans l'intérieur du continent, Crevaux avait parcouru 118 lieues sur le fleuve Maroni ; 25 à travers les Tumuc-Humac ; 26 sur la rivière Apaouani ; 30 en remontant le Yari jusqu'à ses sources ; 147 en descendant ce fleuve ; 15, sur la crique Courouapi ; 139 sur le fleuve des Amazones, depuis l'embouchure du Yari jusqu'à Sainte-Marie-de-Belem. C'était, comme nous l'avons dit, un total de 500 lieues dont 225 en pays complètement inexploré.

La rapidité avec laquelle Crevaux avait accompli son voyage ne l'avait pas empêché de faire des remarques fort sensées sur les relations qu'il lui paraissait utile d'établir entre Cayenne et les indigènes qu'il avait visités. Il avait observé que les nègres du Maroni (Youca, Boni, Poligoudou et Paramaca) n'avaient que fort peu de rapports avec notre colonie. « C'est à la Guyane hollandaise, disait-il, que ces sauvages apportent leurs produits. Des scieries mécaniques établies à Surinam sont alimentées par les bois précieux qu'ils y conduisent. »

L'émigration de ces noirs, qui augmente chaque jour, se fait exclusivement sur la Guyane hollandaise. Et cette préférence n'a d'autre cause que la facilité des communications avec Surinam. Une crique faisant communiquer le fleuve Maroni avec la rivière de Surinam, on a l'avantage d'aller du Maroni à cette capitale sans prendre la mer. Au contraire, pour se rendre à Cayenne, on est obligé de s'embarquer sur un bateau à vapeur, ce qui est trop onéreux pour des sauvages.

Aussi Crevaux proposait-il : 1º de donner le passage gratuit sur le navire de guerre qui apportait le courrier à Saint-Laurent à tous les sauvages qui voulaient se rendre à Cayenne ; 2º de donner un abri pour la nuit aux nègres Boni et autres qui venaient sur le pénitencier de Saint-Laurent. Ces hommes se plaignent, assurait-il, d'être obligés de passer la rivière pour demander asile à une maison hollandaise; 3° d'attribuer une subvention pécuniaire aux chefs Boni, que l'on ferait venir au moins une fois par an à Cayenne, pour toucher leur solde; 4° de concéder des terrains à tous ceux qui voudraient s'établir sur le fleuve Maroni.

En échange de ces avantages, on exigerait des chefs Bonis : protection et assistance pour les explorateurs et mineurs se dirigeant vers le Haut-Maroni, à la recherche de l'or; libre circulation pour les Indiens qui descendent le fleuve et les Youca et les blancs qui le remontent.

Ces idées étaient fort belles, pratiques : un émule de Crevaux, M. Henri Coudreau, les a, croyons-nous, également répandues et défendues.

Qu'en est-il advenu?

Pas grand'chose, jusqu'à présent.

Les meilleures semences sont, dit-on, les plus longues à germer.

II

Nouvelle demande de mission. — Compte scrupuleux. — Les sources de l'Oyapock. — Comment on navigue sur le Rouapir. — Une heureuse rencontre. — La poste en Guyane. — Ultimes décisions. — Un excellent compatriote. — Conquête de l'Yça. — Un dangereux compagnon. — Les Indiens du Japura. — A la recherche des Ouitoto. — Les barrages de l'Arara. — Ce qu'on trouve chez les Ouitoto. — Les Carizona. — Les dangers recommencent et se multiplient.— La boucle de l'Apapuri. — Arrivée sur l'amazone. — Retour en France. — Une addition et un déficit. — Coup d'œil sur les résultats obtenus. — Les collaborateurs de Crevaux. — Crevaux prépare un nouveau voyage. — Quelques paroles de M. Debidour.

Plus nous avancerons dans le récit de la carrière d'exploration de notre brave Crevaux, et plus nous admirerons la sobriété de ses paroles et la netteté de ses actes. Le 2 avril 1878, le séjour de Paris lui pèse ; la fièvre de l'inconnu le reprend ; et de son écriture ferme et claire il trace les lignes suivantes :

> Monsieur le Ministre,
>
> J'ai l'honneur de vous demander une subvention de 25,000 francs pour continuer mes voyages d'exploration dans l'intérieur des Guyanes.
> Sur cette somme j'ai à pourvoir, en outre des frais de voyage, à l'achat d'environ 5,000 francs d'instruments et à la solde d'un compagnon instruit que je prendrai en France ou à Cayenne. *Sur le montant de 25,000 francs, vous avez à défalquer 3,700 francs que j'ai économisés dans mon dernier voyage.*
> Mon projet est de remonter l'Oyapock et de m'avancer le plus loin possible dans l'intérieur. Au lieu de rentrer en France pendant l'hiver, que je ne pourrais supporter à cause de l'état d'anémie qui est la conséquence fatale de ces voyages, je me rendrai dans la République Argentine où je profiterai des relations que j'ai établies pendant un séjour de deux ans, pour organiser un voyage en Patagonie. M. Moreno, mon ami, m'accompagnera très probablement dans ce pays qu'il vient d'explorer.
>
> J'ai l'honneur, etc., etc.

Nous avons, à dessein, souligné la phrase par laquelle Crevaux constate les économies qu'il a réalisées durant son dernier voyage. Il ne veut pas, on le voit, bénéficier des deniers de l'État. Il le prévient avec une rare naïveté, et l'État, moins pauvre d'ailleurs à cette époque qu'aujourd'hui, en profite aussitôt pour réduire à 20,000 francs la subvention qui, d'après le compte extraordinairement honnête de Crevaux, eût dû s'élever à 21,300 francs ! Ceci n'est qu'une boutade bien inoffensive. Ceux qui suivent de près les difficultés à travers lesquelles un service bien organisé est obligé de se mouvoir pour faire face, avec des crédits misérables, à d'innombrables et pressantes nécessités, savent par quels moyens héroïques on arrive, quand même, à triompher des mauvaises volontés, à combler le vide des caisses et à couper les liards en quatre, — pour le bon motif s'entend.

Donc, en accordant à Crevaux, le 16 avril 1878, une somme de 20,000 francs qu'il sollicitait, le ministère de l'Instruction publique se disait que, plus tard, s'il y avait lieu, il ferait largement la différence. Ainsi pensait Crevaux qui s'embarquait bientôt et qui, dès les premiers jours du mois d'août 1878, nous apprenait son arrivée à Cayenne après des arrêts dans les Guyanes Anglaise et Hollandaise, où il avait photographié plusieurs types d'Indiens et recueilli un grand nombre d'objets ethnographiques. « J'ai pris toutes mes dispositions, écrit-il, pour faire une belle collection de tous les objets appartenant aux indigènes de toutes les Guyanes (Anglaise, Hollandaise, Vénézuélienne et Brésilienne). »

Il annonce avec complaisance les libéralités dont il a été l'objet de la part de Mgr Emonet et du gouverneur de la Guyane Anglaise. Celui-ci lui a remis une hache des anciens habitants du haut Essequibo, 3 crânes d'Indiens, etc. Celui-là, un vase contenant des os humains provenant des terrains contestés entre la France et le Brésil! Un jeune Anglais enfin, E.-J. im Thurm, doit lui faire cadeau d'une copie d'inscriptions qu'il a trouvées sur des roches dans l'intérieur de la Guyane Anglaise! Et dans son enthousiasme scientifique, qui veut tout embrasser, Crevaux note tous les faits qui défilent sous ses yeux. Il remarque, par exemple, que les anciens habitants du pays, dans leurs sculptures, comme les Roucouyenne que vient de visiter Crevaux sur le Yari, dans leurs peintures grossières ont pris la grenouille comme sujet de prédilection. Et il ajoute philosophiquement : « D'ailleurs, au point de vue culinaire, ces sauvages placent cet animal au premier rang. »

Ces inscriptions relevées sur les territoires anglais faisaient espérer à Crevaux des découvertes analogues en territoire français. Ses espérances se multipliaient en raison de l'état de plus en plus parfait de sa santé : parti de France indisposé, il s'était rétabli durant la traversée. Il n'avait trouvé ni compagnons de voyage, ni canotiers ; il était obligé de retourner sur ses pas pour recruter une bande de nègres Bosh à la Guyane hollandaise et profiter de la saison sèche afin de pénétrer dans l'intérieur ; mais qu'importait. L'état sanitaire de la colonie était satisfaisant ; pas d'épidémie. Le seul point dangereux, malsain était l'Oyapock, point visé par Crevaux ! Alors ? *Tiens bon !* Et le 21 août, le voilà en route. Pendant ce temps, arrive à Cayenne le courrier qui apporte à Crevaux sa nomination de chevalier de la Légion d'honneur ! Quand en aura-t-il la nouvelle ? Il est parti depuis huit jours, heureusement accompagné du nègre Boni Apatou, au dévouement et à la fidélité duquel il peut se confier. Crevaux, un moment, avait espéré que ce Boni déciderait certains de ses compagnons à se joindre à l'expédition ; mais cette espérance ne s'est pas réalisée. Et c'est avec quatre noirs engagés grâce à l'intervention aimable du gouverneur de la Guyane Néerlandaise que Crevaux est allé de l'avant.

Et quelles désillusions !

La situation de Crevaux sur le fleuve Oyapock n'était rien moins que réjouissante. Il n'avait trouvé qu'un vieil Indien phtisique qui eût consenti à l'accompagner. La mauvaise mine et le langage barbare (créole hollandais) des hommes de son équipage effrayaient les timides Indiens de l'Oyapock. Aussi avait-il eu une peine infinie à atteindre un point situé à une journée de canotage en aval de l'embouchure du Canopir.

Il écrivait de ce point, le 3 septembre 1878, au gouverneur de la Guyane, les difficultés contre lesquelles il avait à lutter. Elles étaient graves. Des pluies torrentielles rendaient la navigation extrêmement pénible et périlleuse. L'équipage ignorait, au surplus, et d'une manière radicale, le maniement des pirogues. Deux fois l'embarcation de Crevaux avait été remplie d'eau, et deux fois il avait eu la bonne chance de ne pas chavirer et de soustraire ses chronomètres au contact de l'eau.

Malgré tout, ce philosophe ardent et naïf trouvait que tout allait bien puisqu'il se portait bien et qu'il avait pu faire de bonnes observations astronomiques. « Je suis presque certain, disait-il, d'arriver au but de mon voyage, c'est-à-dire aux sources de l'Oyapock. Il est même plus que probable que je ne m'arrêterai pas à ce point ; je pense traverser une seconde fois les monts Tumuc-Humac et de là me rendre dans le Yari. Je tâcherai d'effectuer mon retour par quelque cours d'eau inconnu, par exemple, le Parou qui coule parallèlement au Yari et se rend dans l'Amazone. Ce que je redoute le plus, c'est qu'il n'y ait pas de saison sèche cette année ; dans ce cas, je trouverais tant de difficultés à naviguer dans les affluents de l'Amazone que je serais obligé d'attendre une autre saison sèche pour descendre. Je ne vous donnerai pas de nouvelles avant longtemps. »

Crevaux se trompait, car il datait du Haut Oyapock, le 15 septembre, une lettre qui parvenait à Cayenne et qui apportait au gouverneur une série d'observations astronomiques. Une autre missive du 17 annonçait qu'il avait remonté le fleuve jusqu'au point où il cesse d'être navigable pour les plus légères embarcations. Il était au terme de sa mission et avait recueilli toutes les observations nécessaires pour établir une bonne carte. N'ayant pas trouvé d'habitants en haut de l'Oyapock, il avait été obligé d'abandonner ses vivres, ses bagages et une partie de ses hommes. Il demeurait avec trois noirs : Apatou et deux indigènes de Surinam. C'est à un nommé Jean-Pierre, chef indien rencontré vers le milieu du fleuve et qui lui avait rendu de bons services, qu'il confiait le soin de descendre ses canots. Ces canots partis, l'équipage ne pouvait plus abandonner l'explorateur et il fallait à tout prix gagner le bassin de l'Amazone. Ce fut fait. Le 21 septembre, Crevaux écrivait au crayon le billet suivant :

Hier, grande journée. J'ai vu l'Oyapock finir et j'ai franchi la crête des montagnes qui séparent le bassin de l'Oyapock de celui de l'Amazone. Je suis au cœur du pays des Oyampy. Je n'ai que huit jours de marche à pied pour atteindre le point où la crique Kou devient navigable. Ma santé est parfaite.

P.-S. J'ai passé avec tous mes instruments d'observation !

Ce chant d'allégresse devait s'éteindre bientôt. A quelques jours de là, Crevaux pouvait constater qu'il n'était pas au bout de ses peines. Ses guides, qui ne voulaient pas aller plus loin, lui assuraient qu'il arriverait en deux journées à la partie navigable du Rouapir, affluent de la rivière Kou. Ce trajet avait duré cinq jours et avait été des plus pénibles. Crevaux avait dû traverser plus de cent petits cours d'eau sur des troncs d'arbre ou dans l'eau jusqu'à la ceinture. Apatou avait failli se tuer en tombant dans une rivière et, pour sa part, Crevaux avait contracté de violentes fièvres qui l'avaient contraint à demeurer un jour couché. Mais le lendemain il s'était remis en route malgré son état presque désespéré afin que ses porteurs ne l'abandonnassent point. Les Oyampy, en effet, comme toutes les tribus des Guyanes, ne redoutent rien plus que la maladie.

C'est le 27 septembre que Crevaux atteignait le joli cours d'eau appelé Rouapir. Là, il choisissait deux gros arbres bien droits, en faisait détacher l'écorce et fabriquer deux pirogues à la manière oyampy. C'est sur ces espèces de peaux roulées en demi-cylindre, relevées à l'avant et à l'arrière et cousues avec des lianes, que l'expédition s'était embarquée avec armes et bagages. Les guides de Crevaux s'étaient esquivés au moment du départ. Un seul, menacé de mort, était resté.

Le Rouapir n'était navigable que dans un espace de 200 mètres ! Tout le reste de ce cours d'eau, au moment où Crevaux s'y engageait était absolument impraticable. Cette petite rivière, traversant des terres marécageuses, se divisait à l'infini et se trouvait encombrée par une végétation vierge qu'il fallait couper avec le sabre ou la hache. L'expédition mit cinq jours pour parcourir une distance de cinq lieues en naviguant dix heures par jour. Cette excursion accidentée avait eu comme moindre inconvénient la chute au fond de l'eau des bagages qui étaient dans un état déplorable. Heureusement, le théodolite du docteur, un cahier de notes et la poudre avaient été préservés. Enfin, le 2 octobre, Crevaux arrive au confluent de la Kou et du Rouapir. Sa pirogue coulait bas lorsqu'il aperçoit un canot d'Indiens. Ce sont des Roucouyenne, c'est l'ami Yelemen qui s'écrie de loin : Apatou ! Major ! Quelques minutes plus tard, l'expédition est au milieu de cinq canots d'Indiens. Un accueil enthousiaste est fait aux voyageurs. « Je n'ai jamais éprouvé un plaisir plus vif, écrit Crevaux. » Et nous le comprenons.

Crevaux apprend que Yelemen fait route pour l'Oyapock et qu'il va porter une lettre que le docteur lui a remise, un an auparavant, lors de son passage dans le Yari. L'occasion est bonne. Dix hommes continueront le voyage et porteront des nouvelles de la mission et les nombreux objets de collection. Yelemen et deux Indiens conduiront Crevaux au Yari et de là au Parou. Crevaux exulte. Il est sûr de la fidélité de ces hommes, non pas jusqu'à la mort mais au moins pour quinze jours de marche. C'est tout ce qu'on peut demander à ces indigènes.

Au premier voyage, on s'en souvient, Crevaux avait exploré le Maroni et le Yari; au deuxième, l'Oyapock. Il avait résolu de revenir, cette fois, par le Parou, pour avoir à son dossier, comme il disait, l'exploration de deux fleuves et de deux rivières en Guyane. Lisez la lettre suivante et vous verrez comment il prenait ses décisions.

Sources du Yari (Guyane), le 24 octobre 1878.

Monsieur le ministre,

Les voyages d'exploration sont des guerres livrées à la nature pour lui arracher ses secrets. Or, je suis à la veille d'une bataille décisive. Battu, je serai forcé de revenir par le Yari, que j'ai fini d'explorer; vainqueur, j'effectuerai mon retour par une rivière nouvelle, le *Parou,* qui est un bel affluent de gauche de l'Amazone. Je suis dans de mauvaises conditions pour entrer en lutte; les Indiens mes alliés m'abandonnent précisément parce que je suis faible. Mon patron Apatou est malade; je n'ai que deux noirs vigoureux, mais incapables. Quant à moi, depuis dix jours, je n'ai pas été un instant dans un état normal. Le matin, je suis sous l'influence d'une excitation qui double mes forces physiques et ma volonté; le reste du temps, je frissonne; j'ai une soif intense ou je transpire. Par bonheur, l'excitation du matin est accompagnée d'un besoin de mouvement qui me permet de lutter avec les meilleurs marcheurs parmi les Indiens. C'est pour ma vitesse à la course, qui n'est que le résultat d'un état morbide, que les Indiens Oyampy m'ont qualifié de oyampy, *pied d'agami.* Je pense que mes jambes sauveront le succès de mon entreprise.

Vainqueur ou battu, je serai très fatigué à la suite de cette nouvelle expédition. Ne pouvant rentrer en France pendant la saison froide, j'irai passer quelques mois dans la République Argentine. J'ai l'honneur de vous prier de me faire accréditer près du gouvernement de ce pays. Ci-joint ma dernière observation astronomique qui est d'aujourd'hui. Mon compagnon Apatou me suivra jusqu'en France. Ce n'est qu'à cette condition que je l'ai engagé. Agréez, etc., etc.

A Sainte-Marie-de-Belem, le docteur Crevaux est admirablement accueilli par un négociant français qui n'a cessé de lui rendre des services aussi importants que désintéressés : M. Barrau. On se souvient que notre explorateur avait l'intention de passer quelque temps dans la République Argentine avant de rentrer en France.

L'hospitalité de M. Barrau est telle que les forces physiques et morales du docteur Crevaux se relèvent avant le départ du vapeur du Sud. Une excursion dans l'Amazone, se dit-il, doit être plus fructueuse pour la science qu'une promenade à Buenos-Ayres. Il s'embarque donc pour le Haut-Amazone. En route, il recueille des informations sur les affluents de ce fleuve; il apprend que presque tous sont inconnus.

« C'est que, écrit-il, dans un rapport général rédigé à bord de l'*Ambrose*, le 6 août 1879, les voyageurs modernes se contentent de sillonner les voies battues. A part le vaillant Chandless, qui a exploré le Parus et le Tapajos, de Castelnau et de Saint-Crick, et divers ingénieurs, qui ont remonté le Madère pour faire un projet de chemin de fer, je vois qu'on n'a rien fait de nouveau depuis le temps où Mme Godin a descendu la Patassa, et de la Condamine le Napo pour aller de Quito au Para. »

Il est certain qu'au moment où Crevaux constatait ces faits, un certain nombre de rivières du volume, et parfois deux ou trois fois plus vaste que le Rhône, étaient complètement inexplorées. Aucun voyageur n'avait remonté le Xingu, le Jutahy, le Jurua, le Javary, le Trombette, le Rio Negro et le Japura. On parlait beaucoup à cette époque d'une rivière qui pouvait devenir très importante à cause de l'absence de chutes; il s'agissait du Rio-Yça, qu'un négociant colombien, M. Raphael Reyes, avait descendu depuis son pays jusqu'à l'Amazone. Cette rivière n'était connue que par une ébauche tracée à bord d'un vapeur, marchant jour et nuit, et par des gens incompétents. Une exploration scientifique de ce grand cours d'eau présentait donc le plus grand intérêt.

Crevaux se décide immédiatement à l'entreprendre. Il achète des vivres et des objets d'échange à Manaos et s'embarque pour Tocantins à la la bouche de l'Yça. Dès l'entrée de la campagne, pour ainsi dire improvisée, Apatou tombe malade. Les habitants du pays ne veulent pas accompagner le docteur. Cette rivière, assurent-ils, est des plus malsaines, infestée d'insectes qui tourmentent jour et nuit le voyageur; en outre la saison n'est pas propice, les rives sont noyées, le courant est d'une rapidité extrême; il faudrait au moins cinq mois pour atteindre les sources!

Forcé d'abandonner cette entreprise, Crevaux continue son expédition dans l'Amazone jusqu'à Tabatinga, à la frontière du Brésil et du Pérou. Il se promène dans Javary et aux alentours de Calderon où il trouve en pleine floraison la plante qui sert à la fabrication du curare du Haut-Amazone.

En s'en retournant au Para, il essaye d'affréter un petit vapeur pour remonter l'Yça; mais on lui demande 50,000 francs à cause des dangers de la navigation. Il n'y a plus qu'à retourner en France et qu'à prendre un billet pour le Havre. Un hasard modifie cette solution. Dans quelques jours, un vapeur doit se diriger vers le haut Yça et y embarquer un chargement de quinquina. En attendant son départ, Crevaux se rend à l'île de Marajo où il étudie une maladie appelée « quebrabunda » qui sévit sur les chevaux, les moutons, les chèvres et les capiaï. Il envoie à Paris une série de flacons contenant des pièces pathologiques de cette maladie inconnue; leur étude offrira un intérêt d'autant plus sérieux que le docteur a identifié d'une manière certaine la *quebrabunda* à l'affection qui atteint l'espèce humaine sous le nom de *Beriberi*. Le voilà enfin parti pour le Rio-Yça. Il n'avait plus un sou; mais M. Barrau n'hésite pas à lui faire les avances nécessaires et à le munir de lettres de crédit pour le parcours de l'Amazone.

En quarante-cinq jours, Crevaux explore l'Yça depuis l'embouchure jusqu'à 800 milles à l'intérieur. Il fait de bonnes observations à la boussole et au théodolite avec des chronomètres en parfait état; il recueille un grand nombre d'objets ethnographiques et cinq crânes d'Indiens. Sa santé demeure parfaite. Il ne peut s'arrêter en si beau chemin; à côté de l'Yça se trouve la rivière la moins connue de tous les affluents de l'Amazone, la plus redoutée à cause de ses chutes, de son climat et de ses habitants. Ces obstacles excitent au plus haut degré sa passion des voyages; c'est par là qu'il faut revenir.

Une grande difficulté se présente : Crevaux n'a plus d'équipage et il ne peut en créer à cause du mauvais vouloir d'un agent de la Compagnie Reyes qui veut à tout prix l'empêcher de passer. Il se heurte là à cette autocratie déplorable, au point de vue tout au moins des explorateurs, des compagnies privilégiées par les gouvernements; tous les habitants d'une région étant sous leur domination, l'étranger est complètement à leur merci. Crevaux va se trouver de nouveau dans l'impossibilité d'exécuter le programme qu'il s'est tracé.

Mais de même qu'il est un dieu pour les ivrognes, il en est un pour les voyageurs quand ils ont surtout la trempe de Crevaux. Un coureur de grands bois, accompagné de deux Indiens de l'Yça, les plus grands et les plus vigoureux qu'il ait jamais rencontrés, sont mis en rapport avec notre héros. Voilà une chance inespérée. Ce *pirate des Andes*, ainsi qu'on l'appelle, apparaît à Crevaux comme une excellente recrue avec laquelle la descente du Japura est certaine.

Il l'enrôle séance tenante avec ses deux Indiens et souscrit à toutes ses conditions. L'affaire est conclue, lorsque des personnes dignes de créance déclarent au docteur que son nouveau compagnon est un assassin. Il n'y a pas un mois qu'il a tué un Anglais qu'il escortait dans le Napo! Et puis après? *Tiens bon*, se dit Crevaux. Et il part malgré les réflexions, les observations et les objurgations des personnes qui s'intéressent à son existence. Quand il a dévoré un espace considérable, il confie au seul homme dans lequel il puisse avoir confiance, Apatou, ce qu'on lui a dit de son guide. Apatou sourit avec la sérénité d'un esprit qui ne redoute rien.

Le voyage a été entrepris dans des conditions particulièrement défavorables, on est en pleine saison de pluies. On n'en atteint pas moins en huit journées les sources du Guines, affluent de tête du Rio-Yça.

En sept heures de marche, Crevaux passe de cette rivière dans le Japura qu'il descend immédiatement. Nous sommes au 26 mai 1879. C'est à peine si le voyageur a le temps et le pouvoir de se retourner pour examiner le Japura ou Caqueta, comme l'appellent les Colombiens, jaillissant, pareil à un torrent, de deux portes taillées dans les hautes montagnes des Andes. Son canot court avec une rapidité effrayante entre les derniers contreforts de ces montagnes recouvertes de quinquinas.

En trois jours, Crevaux a dépassé les derniers avant-postes de la civilisation. Il rencontre une tribu d'Indiens qui l'accueille avec sympathie. Ce sont des Carizona dont, à leur grande surprise, Crevaux et Apatou comprennent le langage. Ils parlent à peu près le même idiome que les Roucouyenne et qui est parlé dans le Yari et le Parou! C'est une preuve nouvelle des migrations singulières des peuples de l'Amérique du Sud. Il est incontestable que la langue, les dessins, les peintures des tribus qui vivent au pied des Andes, près du Pacifique, sont identiques à ceux des Roucouyenne et autres tribus qui habitent près de l'océan Atlantique. Leurs chants et leurs danses sont également analogues. Crevaux est assez heureux pour décider quelques membres importants de la tribu des Carizona à l'accompagner jusqu'aux chutes. Le 1er juin, l'expédition est reçue par une grande tribu d'Indiens Coreguaye qui se livrent en son honneur à des libations assez prolongées pour que Crevaux ait l'occasion d'étudier les effets du *yaké*, plante enivrante employée par tous les Indiens de ces contrées. Huit jours plus tard aux fêtes avait succédé l'isolement.

Voici ce qu'écrit Crevaux le 7 juin 1879 : « Les rives sont désertes; nous n'avons pas vu un être humain depuis une semaine, nous allons manquer de farine. Je découvre une piste d'Indiens *Ouitoto*, et me décide à la suivre. Apatou, un Indien et moi marchons quatre heures avec une ardeur extraordinaire pour trouver un village. La nuit nous surprend dans la forêt, sans vivres et sans avoir mangé depuis douze heures; nous nous couchons par terre et ne dormons pas, dans l'inquiétude d'une attaque.

« Le lendemain, mes compagnons fatigués ne consentent pas à aller plus loin. Je bats en retraite vers mon canot. Le 11, nous rencontrons une petite chute, ou plutôt un remous très violent, où nous manquons de chavirer à cause d'une panique qui s'empare de mes hommes, qui n'ont pas la pratique de cette navigation. Il nous faut un jour pour arriver au saut de Cuémany où Apatou s'engage avec mon patron colombien et les deux Indiens de l'Yça. Je les rencontre en bas, nus, ayant jeté leurs pantalons et tous les bagages à la rivière. Ils reconnaissent que sans l'habileté d'Apatou, ils ne seraient jamais sortis de ce mauvais pas.

« Je suis obligé d'abandonner mon grand canot, et de faire transporter les bagages à une distance de 7 à 8 kilomètres à travers la montagne. Le 13, je descends avec mon petit canot convoyant un radeau portant une partie des bagages et des hommes. Le 14, à midi, nous rencontrons le grand saut « Araraquara », ainsi nommé parce que les berges de la rivière sont si hautes que les aras y font leurs nids. »

C'est là que Crevaux est contraint d'abandonner sa dernière embarcation et qu'il lui faut chercher un chemin par terre. Il atteint un grand plateau formé par une pierre de sable, quartzite, analogue à celle qu'on trouve dans les Vosges. C'est au milieu de cette montagne que le Japura a été obligé de creuser son lit. Ses rives blanches, semées de roches fendues en long et en travers, ressemblent à des murailles élevées par des géants. Les eaux de cette rivière mesuraient tout à l'heure une largeur de 7 à 800 mètres et elles étaient calmes comme celles d'un lac. Jugez quelle vitesse elles acquièrent tout à coup en pénétrant dans un espace qui n'excède pas 50 à 60 mètres!

Après un kilomètre d'une course vertigineuse, la rivière redevient calme. Il semble qu'on arrive à un port. Il n'en est rien. C'est tout simplement un barrage où les eaux s'arrêtent quelques secondes pour retomber dans un abîme de 30 à 40 mètres. La marche est très pénible et dangereuse à cause des crevasses qui coupent la roche.

Un des hommes de l'expédition tombe dans l'une de ces crevasses avec une dame-jeanne de farine. Le ventre de la dame-jeanne, plus large que l'ouverture du précipice, le sauve d'une mort certaine.

Crevaux s'inquiète très fort de cette situation périlleuse. Il part en éclaireur avec Apatou et marche pendant six heures, sans trouver un sentier. La nuit approche, que va-t-il devenir? Tout à coup, une piste et un vieil abatis se présentent à ses yeux désespérés. Il reprend courage et parvient au pied de la chute. Une plage de sable, où les eaux sortant du gouffre déferlent comme des vagues, invite Crevaux à prendre un bain qui le délasse. Le lendemain un radeau est construit avec les bois les plus légers qui se trouvent dans la montagne et la navigation recommence. L'expédition rencontre bientôt trois Indiens *Ouitoto*. Crevaux les appelle ; ils lui offrent de le conduire dans leur village. Le docteur part avec Apatou. Deux bonnes heures sont employées pour atteindre une habitation construite sur les bords de l'*Arara*. Une grande agitation règne chez ces sauvages, nus comme Adam et Eve avant le péché originel. Les hommes font des gestes qui sont des menaces ; les femmes circulent avec précipitation et les enfants se sauvent dans les bois.

Écoutons les impressions de Crevaux. « En entrant dans la maison, dit-il, je remarque tout d'abord un maxillaire inférieur suspendu au-dessus de la porte avec quelques flûtes faites avec des os qui ne sont pas de biche, comme celles des Roucouyenne. Dans un coin j'aperçois un tambour surmonté d'une main desséchée et recouverte de cire d'abeilles. Les hommes ont les bras et les jambes peints en noir bleuâtre avec du genipa ; les lèvres et les dents en noir foncé, avec la tige d'un balisier ; le bord des paupières est coloré en rouge vif avec du roucou.

Ils portent des bouts de roseaux peints en rouge dans des trous pratiqués aux oreilles, au lobule du nez et à la lèvre inférieure. Quelques-uns ressemblent à des diables.

Les femmes ont tout le corps, à l'exception du cou, enduit d'une substance noire sur laquelle sont figurés des dessins blancs et jaunes. C'est une espèce de caoutchouc blanc, laiteux lorsqu'il coule de l'arbre, et qui noircit au contact de l'air. Ils l'étendent à l'état liquide, et le saupoudrent pendant qu'il durcit avec des matières colorantes. Ils emploient pour les dessins blancs une argile semblable au kaolin, et pour les jaunes de l'amadou en poudre provenant du nid de certaines fourmis.

« Pendant qu'Apatou surveille la maison, je vais faire une ronde dans l'abatis. Là, je trouve, sous des feuilles de bananier, un vase en terre contenant de la viande bouillie encore fumante. Je discerne des organes que mes connaissances anatomiques ne me permettent pas de confondre avec ceux du singe. »

Ces constatations pénibles n'ont rien de réjouissant. Crevaux déclare aux *Ouitoto* qu'il veut acheter un canot et rejoindre son radeau. A son départ, nouvelle agitation. Des hommes vieux qui paraissent être des chefs se querellent au sujet d'un jeune homme que le Touchaô, premier chef, fait embarquer. On s'embarque dans deux pirogues. Apatou fait remarquer que les bancs sont formés de gros morceaux de bois ronds, portant une corde à l'extrémité. Ce sont des massues avec lesquelles les *Ouitoto* pourraient bien les assassiner.

Crevaux paye l'embarcation que le Touchaô consent à lui vendre. L'expédition est déjà en route lorsque Crevaux aperçoit un Indien blotti au milieu de ses bagages. Il l'invite à rejoindre ses compagnons. L'Indien obéit mais en adressant à Crevaux un regard dont la signification suppliante n'est comprise que plus tard, alors qu'il gesticule avec désespoir et reproche aux visiteurs d'être partis sans lui. Crevaux devine enfin que ce jeune et malheureux Indien est un prisonnier que les *Ouitoto* lui eussent volontiers vendu. Combien il eût été heureux d'échapper à ses ennemis! Il est maintenant trop tard. L'Indien fera connaissance avec la marmite.

Le 18 juin, Crevaux passe devant une grande rivière habitée par les Indiens Carizona, qui ont des relations fréquentes avec les indigènes du rio Negro. Il rencontre, le lendemain, la petite habitation d'un vieux nègre qui vit avec les Carizona. Un peu avant Crevaux est arrivé là un Indien naviguant tout seul dans une espèce de pirogue appelée *boubou*, faite d'un tronc de palmier évidé. Cet homme jette sur le canot de Crevaux des regards persistants. « C'est mon canot et ce sont les *Ouitoto* qui me l'ont pris, » dit-il.

L'homme qui réclamait son canot au Dr Crevaux ne mentait pas. C'était bien sa propriété. Quelques jours auparavant, il voyageait avec deux *Ouitoto* dans la rivière Arara pour acheter des hamacs. Un beau soir, un de ses compagnons avait été saisi par deux hommes vigoureux, attaché à un arbre par les mains et par les pieds et tué au moyen d'une flèche empoisonnée qui lui fut enfoncée dans le dos. Le malheureux pleurait comme un enfant. « Pourquoi me tuez-vous ? » disait-il. Les *Ouitoto* répondaient : « Nous voulons te manger parce que les tiens ont mangé un des nôtres ! »

C'était la peine du talion. Œil pour œil, dent pour dent.

Bref, les *Ouitoto* passèrent une perche entre les pieds et les mains amarrés et transportèrent le corps à la plage comme un simple pécari. Les morceaux furent distribués par le Touchaô ; la moitié environ fut expédiée par des messagers rapides au village voisin. L'autre compagnon de l'Indien qui reconnaissait le bateau monté par Crevaux était le pauvre garçon que les *Ouitoto* de la rivière Arara avaient voulu vendre au docteur. Il est probable qu'il fut égorgé et mangé avec appétit.

La suite du voyage de Crevaux, à partir du 19 juin, est des plus dangereuses et des plus pénibles. Le jour, les membres de l'expédition ont les pieds, les mains et la figure dévorés par des mouches qui sucent le sang et laissent dans la plaie un venin qui détermine de la tuméfaction et souvent des ulcères. La nuit, c'est tantôt la pluie, tantôt les moustiques, tantôt les Indiens qui les empêchent de dormir. Les tigres, les serpents, ne sont que des incidents négligeables. On a pris l'habitude de vivre avec eux.

Le 22, un chef *Ouitoto*, qui avait d'abord bien reçu Crevaux et lui avait révélé les secrets de la fabrication de son poison des flèches, le somme inopinément de lui livrer tous ses bagages. L'audace de cet Indien révolte Crevaux, qui le bouscule rudement. Un des lieutenants du chef couche le docteur en joue avec un superbe fusil à deux coups; mais son arme s'abaisse rapidement devant le regard d'Apatou, qui se prépare lentement à lui envoyer une balle entre les deux yeux.

A tout instant l'expédition est assaillie par des provocations qui irriteraient les natures les plus débonnaires.

« Mes hommes, écrit Crevaux, ragent de ce que je ne leur laisse pas tuer quelques-uns de ces misérables. En maintes circonstances, j'ai beaucoup de peine à me contenir moi-même. Ce chef qui veut me traiter en vaincu sans combat n'a pas moins de dix fusils et autant de sabres de cavalerie, de véritables lattes semblables à celles de nos cuirassiers. Bien que vivant à une distance de deux cents lieues de l'Amazone, il possède des coffres remplis de tous les objets qui servent à la vie civilisée. »

Pourquoi donc ces sauvages de l'intérieur sont-ils plus riches que les habitants de l'Amazone? Crevaux vous répond, à notre avis, avec une incontestable logique. Il estime que cette différence anormale provient d'un trafic que les chefs indiens de l'intérieur entretiennent avec des négociants brésiliens qui remontent le Japura, pendant la belle saison, jusqu'à une centaine de lieues. Les Brésiliens apportent leurs marchandises, et l'année suivante ils en reçoivent le paiement. Un enfant à la mamelle est coté la valeur d'un couteau; une fille de six ans est évaluée un sabre, et quelquefois une hache ; un homme ou une femme adulte peuvent atteindre le prix d'un fusil. C'est avec ces armes que les Indiens vont faire des incursions le long des petites rivières voisines, attaquent des populations armées seulement de flèches, tuent les récalcitrants, font les autres prisonniers et descendent les livrer à leur *compère:* c'est ainsi qu'ils appellent leur correspondant en affaires.

Ce compère risque d'ailleurs assez souvent sa peau. Il arrive qu'il est mal reçu lorsqu'il vient réclamer le prix de sa marchandise. Chaque fois que les Indiens se sentent plus forts que lui, ils le dévalisent et le massacrent avec ses propres armes.

Crevaux franchit, le 26 juin, la quatrième et dernière chute, qui est suffisante pour empêcher la navigation à vapeur, mais qu'un canot traverse assez facilement. Si les Indiens étaient un peu pratiques, il leur serait aisé de détruire cet obstacle en minant la languette de terre qui intercepte le cours de la rivière et en la faisant sauter. En bas se trouve une jolie montagne de sable s'élevant presque à pic sur la rive gauche. Elle ressemble aux belles collines du bas Parou. Le 27, l'expédition passe devant la boucle de l'Apapuri (rive gauche) que les Brésiliens considèrent comme la limite entre leur empire et la Colombie. Les hommes sont obligés de coucher par terre sous un mince abri de feuilles. La fièvre les prend tous, les uns après les autres. Un séjour de quelques semaines dans cette affreuse rivière les anéantirait infailliblement. Aussi Crevaux s'efforce-t-il de donner de l'entrain à son équipage. Il est le premier debout et commande le départ entre 6 heures un quart et 6 heures et demie du matin. On marche jusqu'à 5 heures et quelquefois 6 heures du soir. Pour ne pas perdre dix minutes, on mange dans le canot la nourriture cuite durant la nuit. Crevaux a toujours deux ou trois malades couchés derrière lui; mais, aussitôt la fièvre passée, ils vont s'asseoir sur leur banc de rameur et font place à d'autres malades.

Enfin, le 9 juillet, à cinq heures du soir, on débouche dans l'Amazone. « Merci, mon Dieu, s'écrie Apatou, de nous laisser voir encore la grande rivière ! »

Crevaux et ses hommes passent la nuit dans une habitation appelée Caiçara, et le lendemain matin ils se dirigent sur Teffé. Les hommes sont tellement fatigués qu'ils ne peuvent vaincre le faible courant de la rivière sur laquelle est établie cette bourgade. Tous ayant la fièvre en même temps, Crevaux est obligé de se mettre lui-même aux avirons. Les moins malades donnent un dernier effort pour atteindre le but. A une heure, on arrive enfin à Teffé, où l'expédition est reçue à bras ouverts par un Français, M. de Mathan, qui s'occupe d'histoire naturelle.

Le 15, Crevaux et son équipage embarquent à bord d'un vapeur qui les conduit à Manaos, et le 19, après avoir réglé ses hommes, assuré le retour de chacun dans son pays, Crevaux s'embarque avec Apatou pour le Para. La mission complètement terminée, c'était au tour de son chef de tomber malade. La fièvre le prend le 22 et ne l'abandonne que le 30. Le 31, il abandonne son hamac pour prendre place sur le vapeur *Ambrose*, à destination de Saint-Nazaire.

Crevaux rentrait en France après avoir accompli un travail géographique considérable. Il avait relevé au moyen de la boussole et du théodolite :

En remontant l'Oyapock, de Saint-Georges aux sources.	70 lieues.
A travers les monts Tumuc-Humac (10 jours sous bois).	30 »
En descendant la crique Kou	30 »
En remontant le Yary	60 »
Du Yary au Parou (quatre jours sous bois)	10 »
En descendant le Parou	180 »
En remontant le Yary jusqu'à la « Pancada »	20 »
Dans le Rio-Yça, environ	400 »
Dans le Japura	500 »
Au total :	1,300 lieues.

Onze cents lieues environ avaient été parcourues en pays inexplorés, dans les régions les plus malsaines et les plus dangereuses de l'Amérique équatoriale. Crevaux avait ainsi triplé le programme qu'il s'était proposé de remplir et il avait dépensé plus du double de la somme qu'il avait prévue. Son voyage en Guyane lui coûtait dix mille francs de plus qu'il ne l'avait estimé, et celui de l'Yça et du Japura s'était élevé à vingt mille francs. C'était un déficit de trente mille francs couvert par les obligeantes avances de MM. Barrau, Denis Crouan et Thiry, et qu'il fallait rembourser. Crevaux ne manqua pas à ce devoir. Dès son arrivée à Paris, il n'eut rien de plus pressé que de solder sur son modeste avoir les sommes qu'on lui avait prêtées au Para. Ce devoir était d'autant plus impérieux qu'en prêtant au voyageur on avait un peu fait crédit à la France. Crevaux reconnaissait d'ailleurs ce qu'avait d'aventuré, dans ses proportions, son voyage aux tributaires de l'Amazone. Il déclarait, et on pouvait l'en croire, qu'en cas d'insuccès il eût supporté la perte de la somme qui lui avait été avancée. Certes il courait bien d'autres risques!

Au bout du compte, Crevaux, qui ne marchandait pas avec lui-même quand il s'agissait de dévouement, avait péché par cette audace qui était le fond de son caractère et l'un des éléments de ses succès. Désireux de doter d'une belle exploration l'administration dont il était l'envoyé, il avait fait hardiment et avec bonheur acte d'initiative. Qui donc lui aurait jeté la première pierre ?

Cette hardiesse se soldait par un déficit de 30,000 francs? D'accord, mais si, en regard de ce déficit, on plaçait les résultats acquis, on voyait toute leur importance et l'on souhaitait qu'ils fussent pareils pour tous les explorateurs.

En plein inconnu de l'Amérique coulaient des cours d'eau immenses, d'autant plus dangereux et difficiles à suivre qu'ils n'avaient guère ou pas été suivis avant la tentative de Crevaux, malgré l'intérêt qu'on pût avoir à les connaître.

Eût-on refusé la somme dépensée à un missionnaire qui eût garanti le succès d'un parcours complet du Japura et de l'Yça, accompagné d'observations scientifiques de tous ordres ?

Fallait-il rendre ou devoir à un explorateur, qui avait d'ailleurs parfaitement rempli sa tâche, les résultats d'une rude campagne, fructueuse pour la science et qui honorait l'administration, disons même la nation qui l'avait fait entreprendre ? Le ministère de l'Instruction publique devait-il redouter que le cas du docteur Crevaux constituât un précédent ? N'était-il pas suffisamment armé contre ce danger ?

La Commission des voyages et missions scientifiques et littéraires répondit à toutes ces questions, qu'elle avait le devoir de se poser, par la négative, et, sur un rapport de M. Maunoir, proposa au ministre de demander au Parlement un crédit supplémentaire qui déchargeait Crevaux du poids très lourd des dépenses qu'il avait supportées. Le Parlement accorda ce crédit. Et ce n'était pas trop cher payer une carte comprenant 900 lieues en pays nouveau (l'Yça et le Japura), qui à elle seule avait nécessité une dépense de 20,000 francs, et les découvertes connexes. Crevaux avait trois années d'Amérique Équatoriale. Il avait dépensé en chiffres ronds 60,000 francs. Mais on lui devait le tracé de six rivières mesurant ensemble 1,800 lieues, et entre autres choses essentielles l'exploration du Maroni et de l'Oyapock, fleuves français. La carte du Yari et du Parou ne devait-elle pas être plus tard précieuse pour la délimitation de notre frontière dans la région des territoires contestés entre la France et le Brésil ? D'un autre côté l'exploration de l'Yça avait montré que cette rivière était navigable jusqu'au 79° de longitude ouest de Paris, c'est-à-dire à une faible distance du Pacifique.

Si le gouvernement témoignait à Crevaux sa gratitude, il n'oubliait pas les collaborateurs que son chargé de mission lui avait signalés et il remerciait par lettres spéciales ou par des distinctions honorifiques : le gouverneur de la Guyane Française, M. Huart; M. Quintrie, directeur de l'intérieur de la même colonie; M. Gourie, médecin en chef; M. Denis Crouan fils, armateur à Nantes, et M. Barrau, négociant au Para, dont le crédit illimité avait permis à Crevaux d'accomplir son œuvre; M. Van Suypestein, gouverneur de la Guyane Hollandaise; Mgr Emonet, préfet apostolique de la Guyane Française; le père Kroenner, pionnier de la civilisation française dans les Guyanes depuis vingt années.

Enfin, dans un rapport spécial, Crevaux énumérait comme il suit les services que lui avait rendus Apatou : « Grâce au dévouement absolu et exceptionnel de ce nègre, j'ai pu aboutir. Dans les circonstances les plus difficiles, Apatou a fait preuve d'une abnégation que l'on rencontre rarement chez les individus de sa race. Il mérite à tous égards une distinction qui montre à sa tribu que la France sait reconnaître ce qu'on fait pour elle. »

M. Jules Ferry partagea ce sentiment et il fit frapper une médaille d'or qui fut remise à Apatou et qui portait la mention suivante : Le ministre de l'Instruction publique et des Beaux-Arts à Apatou — 1879. Ce n'était pas, comme nous le constaterons bientôt, la seule marque de satisfaction que la République Française devait donner au fameux Boni. Nous le retrouverons avant longtemps renouvelant ses prouesses et digne de nouveaux lauriers. Crevaux, en effet, ne veut pas s'attarder en France. Il demande déjà à repartir pour un troisième voyage. Son fidèle Apatou, conduit en France en prévision d'une exploration délicate, ne peut supporter longtemps les rigueurs de notre climat. Quant à Crevaux, un séjour prolongé en Europe lui ferait perdre les avantages de l'acclimatation que son séjour de trois ans dans les pays chauds lui a donnés. En attendant, on lui fait partout des réceptions enthousiastes. L'une d'elles a lieu à Nancy, le 4 septembre 1879, et je ne saurais mieux terminer cette page qu'en reproduisant les paroles que prononça M. Debidour, à la suite de la conférence du docteur, applaudie à tout rompre.

« Ces applaudissements sont pour M. Crevaux, dit-il, la plus glorieuse et la plus douce des récompenses. Mais si sa modestie ne demande pas d'autre preuve de reconnaissance, je crois qu'il est de notre devoir de lui donner, au nom de la Société de géographie de l'Est, au nom de Nancy, au nom de la Lorraine entière, un témoignage de notre estime et de notre admiration. Trop souvent nos cœurs ont subi l'entraînement de la fausse gloire; trop souvent les peuples ont applaudi des vainqueurs qui s'étaient signalés par la conquête et le massacre. Félicitons-nous d'avoir à célébrer aujourd'hui le triomphe d'un vainqueur qui n'a jamais versé de sang, qui ne laisse derrière lui ni deuil, ni larmes, et qui n'a jamais exposé d'autre vie humaine que la sienne. L'ambition du savant qui se jette seul dans les pays inconnus procure la véritable gloire. C'est une guerre aussi qu'entreprend le savant, une bataille incessante contre la fièvre, le froid, les fleuves, les animaux féroces, les sauvages quelquefois plus féroces, contre la nature entière conjurée à sa perte. Oui, monsieur Crevaux, vous êtes un de ces vaillants dont le succès excite la plus légitime admiration. Permettez-moi de vous féliciter. Vos victoires sont les victoires de la science sur l'inconnu. Quatre grands fleuves explorés, deux autres pour ainsi dire découverts, des voies commerciales entr'ouvertes, la médecine et la botanique enrichies, la philanthropie encouragée, tels sont les résultats de votre belle exploration. La France a le droit d'être fière de vous, car si le sort de la guerre a bien pu lui arracher le coin de terre qui vous a vu naître, vous nous êtes resté, et votre gloire est bien à nous! »

Je laisse à penser si ces belles paroles eurent un formidable écho.

III

Un troisième voyage. — Comment Crevaux comprenait cette exploration. — Une lettre à Henry Liouville. — Crochet dans le Haut-Magdalena. — A la recherche du Guayabero. — Un baptême compromis. — Naufrages successifs. — Un peu de gibier et beaucoup d'émotion. — Une terrible *angostura*. — Crocodiles qu'on appelle; crocodiles qu'on n'attend pas. — Comment reçoivent les Mitoua. — La Terre Promise. — Descente de l'Orénoque. — De l'influence de la toux et de l'éternuement. — Une étrange chasse au tapir. — Les momies Piaroa. — Trio de curares. — Les raies d'eau douce. — François Burban en est victime. — Sa mort. — Le Delta de l'Orénoque et les Indiens Guaraouno. — La correspondance d'Apatou.

« Les demandes du docteur Crevaux sont plus courtes que ses voyages, » disait le rapporteur chargé par la Commission des missions d'examiner le troisième projet de l'explorateur des Guyanes.

Ce rapporteur disait juste. Voici, en effet, dans quels termes Crevaux écrivait, le 24 novembre 1879, au ministre de l'Instruction publique :

Monsieur le Ministre,

J'ai l'honneur de vous demander de faire un troisième voyage d'exploration dans l'Amérique du Sud.

J'ai déjà traversé cette région de l'Est à l'Ouest, je désirerais maintenant l'explorer du Sud au Nord. (De Buenos-Ayres à l'Amazone.)

Cette mission durerait de douze à quinze mois, et nécessiterait une dépense de quarante mille francs.

J'ai l'honneur d'être, etc., etc.

La Commission des missions est à l'unanimité favorable à ce voyage. Un crédit supplémentaire est sollicité du Parlement et, le 29 juillet 1880, un arrêté ministériel confie au docteur Crevaux le soin d'explorer le Rio Negro, depuis ses sources dans les Andes jusqu'à son embouchure. Un pharmacien de 2ᵉ classe de la marine, M. Le Janne, est adjoint à la mission.

Dès le 18 août, une lettre de Crevaux, datée de la Pointe-à-Pitre, nous montre que le caractère du voyageur est toujours aussi bon, aussi droit, aussi courageux, aussi simple et aussi net. Lisons cette lettre.

  Monsieur le Ministre,

En route pour accomplir la mission dont vous m'avez chargé, je viens de faire une première escale à la Guadeloupe.

Depuis le départ de Paris, nous n'avons pas eu le moindre incident. Nous jouissons tous d'une parfaite santé. Un des grands écueils de mon voyage est d'éviter les maladies; j'aurai fort à faire, car tous les points que je vais visiter sont malsains. Je viens d'apprendre la mort de trois collègues et amis qui ont succombé dans l'espace de huit jours à la Guadeloupe. Les docteurs Dubois, Beaufils et Pocard-Kerviller avaient tous les trois le grade de médecin de 1ʳᵉ classe. C'est un gros vide dans le petit corps du service de santé de la marine, qui a déjà laissé 21 médecins ou pharmaciens dans la dernière épidémie de fièvre jaune du Sénégal.

Je dois débarquer à l'embouchure du Magdalena, le 26 août et atteindre Santa-Fé-de-Bogota, vers le 15 septembre. Ce n'est qu'à partir de ce point que mon voyage présentera de l'intérêt. Je traverserai la Cordilière orientale des Andes et chercherai les sources du Maupès, que je crois être non pas seulement un grand affluent du Rio Negro, mais la continuation de ce cours d'eau. Le Rio Negro, qui est de beaucoup le plus grand de tous les affluents de l'Amazone, ne saurait prendre sa source que d'une très grande montagne; il doit naître des Andes. La descente du Maupès présente de sérieuses difficultés, non seulement à cause des chutes, mais des habitants, qui ont dernièrement attaqué un vapeur brésilien. Ils ont les habitudes d'anthropophagie que nous avons observées chez leurs voisins du Japura.

J'ai l'honneur, etc., etc.

P.-S. — En quittant Paris, j'ai négligé d'appeler votre attention sur les services qui ont été rendus à ma mission par MM. Riou et Hansen.

M. Riou a exécuté les dessins de mon deuxième voyage avec tant de conscience et de talent qu'il contribuera presque autant que moi à faire connaître les pays que j'ai parcourus. Vous connaissez les services de M. Riou rendus à l'instruction publique. Voilà vingt ans qu'il illustre des livres de voyage ou des publications destinées à la jeunesse. Son talent connu dans le monde entier mérite une haute récompense.

M. Hansen, dessinateur géographe, dresse les cartes des rivières que j'ai parcourues, avec une exactitude et un talent remarquables; vous en jugerez vous-même, lorsqu'il vous présentera son travail terminé.

C'est presque une indiscrétion que d'imprimer ce *post-scriptum*. Mais n'est-ce pas aussi un hommage rendu à celui qui l'a écrit avec tant de simplicité et à l'artiste charmant et au cartographe consciencieux qui en sont l'objet? Les ingratitudes sont trop fréquentes pour négliger la divulgation des actes de reconnaissance et de loyauté lorsqu'ils se présentent.

En route pour explorer le Maupès, suivant l'itinéraire de Savanilla au Para, Crevaux se trouvait, le 8 septembre, à deux jours en aval de Honda. A en juger par la lettre suivante qu'il écrivait à son ami le député Henry Liouville, il était rempli d'espoir et comptait sur un succès complet:

Mon cher ami,

Nous atteindrons bientôt le milieu du cours du Magdalena.
Tout va bien.
Apatou n'est que trop gras.
Le marin François Burban, qui a quitté la France quatre mois après son mariage, ne fait que reprendre des forces.
Mon compagnon Le Janne ne change pas, et quant à moi, je suis mieux portant qu'au départ. L'ascension du Rio Magdalena est difficile; le vapeur s'échoue à chaque pas.
Voilà deux jours que nous ne sortons pas du même banc de sable. Les passagers maugréent, invoquent tous les saints du Paradis pour faire tomber la pluie.
Nous ne nous plaignons pas de ces retards qui nous donnent l'occasion d'observer les caïmans qui se chauffent sur la rive, — et de faire quelques promenades.
La végétation y est superbe.

Nous ne cessons de dessiner, de photographier cette belle nature que nous voulons vous montrer.

Nous ne tarderons pas à quitter la navigation pour aller à cheval jusqu'à *Neiva*, qui se trouve près des sources.

Apatou se réjouit de faire de l'équitation : il ne lui manquait plus que ce noble exercice pour compléter son éducation.

De Neiva, nous nous dirigerons vers l'Est, à travers les Andes, tantôt montés sur des mules, tantôt à pied.

Il nous faut faire de longues pérégrinations pour atteindre les sources immaculées du *Maupés*.

Je n'ai pas le temps d'écrire à nos compatriotes. Je vous prie de leur donner des nouvelles. On peut m'écrire chez M. Barrau, négociant au Para — Amazone — Brésil par Liverpool.

Je veux arriver à l'Amazone vers la fin de décembre. Nous avons 700 lieues de pirogue à faire, pour atteindre Manaos.

Gare les chutes, gare les indigènes, et surtout gare la fièvre !

Une fois engagés dans le Maupés, il n'y aura pas de retraite possible.

Nous passerons.

Amitiés.

En arrivant à Honda, Crevaux apprend par M. Whitney, vice-consul de France, qu'un vapeur se propose d'essayer la navigation du Haut-Magdalena. L'occasion est trop belle pour n'en pas profiter. Que sont pour Crevaux vingt-cinq jours de voyage de plus, lorsqu'on peut les employer à un travail d'une entière nouveauté et d'une sérieuse importance? Il s'embarque donc et comme le bateau marche avec lenteur et s'échoue très souvent, il a le loisir de dresser la carte du Magdalena, de relever tous les détails de cette rivière et d'indiquer le chenal pour les navires à vapeur.

M. Le Janne a fait de son côté des observations de température, d'altitude, avec l'hypsomètre, et mesuré la largeur du fleuve dans ses points principaux. Cette navigation à vapeur sur le Haut-Magdalena était un événement pour la Colombie, absolument privée de voies de communication.

Le président des États-Unis de Colombie avait admirablement accueilli Crevaux, à la suite de son exploration du Haut-Magdalena. Son hospitalité avait permis aux membres de l'expédition de résister à une chaleur excessive, souvent plus élevée que dans l'Amazone, et de braver la fièvre jaune qui les poursuivait jusqu'au centre du pays. Tous se portaient à merveille. Aussi, le 6 octobre 1880, Crevaux n'hésitait pas à se mettre en route pour traverser la Cordillère orientale et y rechercher le Guayabero, grand affluent de l'Orénoque.

M. Andrès Humania, beau-frère du savant botaniste Triana, alors consul de Colombie à Paris, avait mis Crevaux sur cette piste qui offrait un attrait puissant à l'esprit d'aventures du docteur.

Le Guayabero était, en effet, inconnu non seulement des géographes, mais des gens du pays. Le général Codassy, que M. Humania avait suivi dans ses explorations, n'avait même pas vu les sources de cette rivière qui était indiquée dans la carte d'ensemble de la Colombie. On pouvait considérer le Guayabero comme un grand affluent, si l'on en jugeait d'après le volume de ses eaux près des Andes. Quel secours pour le transport des quinquinas que l'on était obligé de conduire à dos d'hommes ou à l'aide de mules, si on en démontrait la navigabilité! Un explorateur, qui avait déjà parcouru le Putumayo et le Caqueta, n'avait pas découvert dans cette région de cours d'eau plus important que le Guayabero, qui était peut-être navigable en vapeur, tandis que tous les affluents de tête du Rio Negro étaient souvent inaccessibles même aux grands canots.

« Ce projet, écrivait Crevaux, me sourit d'autant plus que j'aurais l'occasion de parcourir des tribus d'Indiens nouvelles. La descente d'un affluent de l'Amazone offrirait l'inconvénient de nous faire visiter des gens dont j'ai déjà décrit les mœurs et le langage.

« Il n'y a qu'un obstacle pour l'exécution de ce beau voyage, c'est que l'argent que nous portons avec nous est sur le point de s'épuiser et toutes nos lettres de crédit sont pour l'Amazone.

« La grande attraction pour le Guayabero, c'est que c'est une rivière *toute neuve* tandis que les affluents du Rio Negro ont été déflorés par un Anglais. »

C'est le 14 octobre que la mission Crevaux franchit la crête de la Cordillère orientale à une hauteur de 1,970 mètres. Dans le rapport que nous avons sous les yeux, Crevaux s'extasie sur le spectacle merveilleux qui se déroule devant lui. C'est une immense mer de verdure, s'étendant à perte de vue. Des hautes collines qui coupent l'horizon sortent des filets d'eau. Il n'y a plus qu'à suivre leur cours pour atteindre le Guayabero, la rivière des Goyave. Les ruisseaux grandissent, on ne les traverse qu'avec des difficultés énormes. Enfin, le 21 octobre, Crevaux aperçoit une fumée blanche qui se dirige de l'Ouest à l'Est. Ce sont, lui dit un guide, des brouillards qui s'élèvent sur le cours du fleuve désiré. On en est tout près ; mais il est tellement inaccessible qu'il faut des heures entières pour arriver à son lit. Crevaux se plonge enfin dans ses eaux vierges, aussi triomphant que s'il avait découvert le nouveau monde.

Pendant qu'on décharge les bagages, le docteur et Apatou vont en reconnaissance. Il s'agit de découvrir un arbre et d'en tirer un canot. Apatou a bientôt fait son choix et dès le lendemain la forêt retentit des coups de sa hache. Le canot primitif est construit en trois jours, on le met à l'eau. Pendant ce temps les guides travaillent à la confection d'un radeau. M. Le Janne tue des canards et des biches que François, le cuisinier, accommode avec art. Pauvre François! très brave, mais fort impressionnable toutes les fois qu'il se trouve face à face avec des tigres. Il y en a beaucoup, et il les respecte.

Le 25 octobre, à midi, sonne l'heure solennelle du voyage. Les bagages sont chargés sur le radeau, les cœurs palpitent avant de se lancer sur ces eaux qui vont entraîner la mission à travers le continent américain. C'est le moment de vider une bouteille de champagne que l'on a garantie de tout accident jusque dans ces régions extrêmes et de baptiser d'un nom français le fleuve redoutable. Avant la célébration du baptême, Crevaux, distrait par une opération de tour d'horizon à la boussole, donne un coup de pied dans la bouteille. Le vin mousseux, délivré brusquement de sa prison, arrose en grésillant les cailloux du Guayabero, pendant que, mélancoliques, les explorateurs admirent ses gouttes pareilles à de l'argent effervescent.

Apatou ne veut pas quitter le port sans laisser une trace du passage de la mission. Déférant à son désir, Crevaux grave sur un arbre les mots suivants :

QUATRE FRANÇAIS
25 *octobre* 1880.

Tout le monde est à bord. L'amarre est larguée; radeau et canot partent au fil de l'eau vers l'inconnu, d'abord lentement, puis, à mesure que la rivière se rétrécit, avec une rapidité vertigineuse. Pendant quelques instants, on craint que le voyage ne soit de courte durée. Des blocs de grès, des troncs d'arbre menacent de disloquer et de couler les embarcations. Déjà une partie des bagages est tombée à l'eau. Heureusement, à un coude, le fleuve s'élargit et le courant s'apaise. Quel drame, quelles angoisses durant ces vingt minutes! Il faut redescendre à terre, construire un nouveau radeau et passer une nuit sur le sable humide, dans le voisinage de marais où l'eau clapote singulièrement, comme si des légions de crocodiles s'y étaient donné rendez-vous.

Au point du jour, on se lève, on fait sécher les bagages et l'on vérifie les avaries. Elles sont graves. Un chronomètre a été mouillé; M. Le Janne n'a plus de paletot; Crevaux a perdu une chemise de flanelle, François un pantalon, et Apatou deux belles paires de souliers rapportées de Paris. Les cartouches de l'expédition n'ont pas souffert. C'est là une compensation capitale.

Dans la journée, Crevaux est obligé de mettre à profit sa science de chirurgien en faveur d'Apatou, qui vient de se donner un coup de sabre d'abatis. La blessure va jusqu'à l'os. François a la figure tellement bouffie par des piqûres de moustiques qu'il lui est impossible d'entr'ouvrir les paupières. « Mais nous n'avons pas le temps d'être malades », écrit Crevaux dans le rapport que nous parcourons.

Il faut à tout prix se remettre en route et quitter au plus vite ces désolants parages.

L'expédition reprend sa marche. Les mêmes dangers se présentent bientôt. Le fleuve, selon sa largeur, est clément ou féroce. Le radeau suit le courant qui le jette constamment sur des obstacles où il peut se briser. Les chocs violents se succèdent. Apatou tombe dans la rivière et ne se sauve qu'à force d'habileté. Crevaux est repris de crises hépatiques, mais il n'en continue pas moins ses tours d'horizon. Le Janne multiplie ses observations avec le baromètre, l'hypsomètre et le thermomètre. Dans un passage où les eaux coulent avec une terrible rapidité, le canot est écrasé. Il faudrait huit jours pour le remplacer, la région que l'on parcourt ne possédant pas d'arbres propres à cet usage. Huit jours! alors que les provisions s'épuisent et qu'on ignore où et quand on rencontrera des êtres humains, fussent-ils inhospitaliers et anthropophages comme dans le Japura!

La situation difficile de la mission persiste pendant plusieurs journées. Un beau matin, on distingue sur la rive de gros rongeurs aquatiques. Il y a quelque temps que Crevaux et ses compagnons sont privés de viande; on ne peut, en effet, s'arrêter quand on veut et chasser à propos. M. Le Janne profite donc de l'occasion et tue l'un des rongeurs que l'on a aperçus. Il s'agit maintenant d'aller chercher la victime; c'est François Burban que l'on charge de ce soin. Il débarque : on essaie de maintenir le radeau à l'aide de fortes lianes ; elles se brisent et l'expédition, emportée par le courant, abandonne le malheureux François, au milieu d'une forêt inextricable, sans armes, sans même un couteau pour se frayer un passage. Dès que la violence du courant le permet, on aborde et l'on attend François, non sans anxiété. Une heure se passe; il apparaît enfin en amont du fleuve sondant et cherchant à le traverser. Ce serait impossible en cet endroit. On décide donc qu'il tentera plus tard le passage et que le radeau et François marcheront autant que possible de conserve jusqu'à ce qu'on ait atteint un gué. A ce moment précis, le chien de Crevaux se rapproche en tremblant de son maître et lui indique avec insistance un amas de lianes. Une panthère l'habite et regarde les intrus avec l'insouciance d'un chat apprivoisé. Le Janne arme son fusil, arrive à six pas du gros félin qui ne bouge pas et l'abat. En examinant la nature de ses griffes, de son pelage et de sa dentition, Crevaux identifie cette panthère à l'animal que les Roucouyenne appellent « maracaï ». C'est de là sans doute que la presqu'île de Maracaybo, dans la mer des Caraïbe, tire son nom.

La mission, au bout de quelques heures, parvient enfin à retrouver François et à le haler jusqu'au radeau avec des cordes et des perches.

Quelques instants après, Crevaux arrive à l'embouchure d'un grand affluent de droite qui débouche à angle droit et qui mesure environ le tiers du cours principal. Ce doit être la rivière Unilla, dont les chercheurs de quinquina lui ont parlé et dont ils ont vu les sources sortir des Andes, à la hauteur de Neiva.

L'eau de cet affluent est vert foncé, tandis que celle du Guayabero est blanchâtre. Au commencement de novembre, les péripéties du voyage se précipitent et tournent au drame. Le 2, l'expédition voyant la rivière s'engager à travers une montagne, veut s'arrêter et tenir conseil. Déjà il est trop tard. Le courant a entraîné le radeau dans un entonnoir où il faut passer bon gré, mal gré. La rivière, qui mesurait des centaines de mètres de largeur à l'entrée de ce défilé, de cette *angostura,* comme le désignent les Espagnols, n'a plus qu'une vingtaine de mètres. « L'eau tourbillonne, écrit Crevaux, puis court avec force au milieu de grès taillés à pic qu'Apatou compare aux grandes maisons en pierres de taille des belles rues de Paris.

« Le radeau, après avoir tourné trois ou quatre fois sur lui-même, part comme une flèche et se bute bientôt contre une roche en forme de table. Apatou le dégage ; derechef il se heurte à de nouveaux obstacles, s'incline, s'échoue, se relève et finit, après des angoisses répétées, par voguer sur des eaux plus calmes. On descend à terre pour déjeuner et se réjouir à l'aise de l'heureuse fortune qui a permis et ordonné à la fois de franchir un aussi mauvais pas. »

Cette satisfaction n'est pas de longue durée. Crevaux aperçoit là-bas, en aval, une deuxième chaîne de montagnes plus élevée que celle qui vient d'être traversée. Il se fait le raisonnement suivant qu'Apatou appuie : le premier défilé du Japura n'était qu'un rapide ; le deuxième se terminait par une chute immense. N'en serait-il pas de même pour l'affreuse rivière que l'on parcourt ?

Dans tous les cas, il est impossible de songer à rétrograder. La mission est forcée d'aller en avant et au plus vite ; ses provisions diminuent avec une désespérante rapidité.

En avant donc !

« Le 4 novembre, écrit textuellement Crevaux, nous voyons un caïman sur la plage ; Apatou l'appelle avec un petit cri de gosier ; l'animal nage droit sur nous et, arrivé à quinze mètres, disparaît sous l'eau. Apatou, qui était à mon côté, se prépare à donner un bon coup de pagaye sur le nez de l'imbécile qui se laisse prendre à ses feintes; mais voilà que le caïman ne reparaît pas. Nous le cherchons de mon côté, lorsqu'il se montre subitement avec sa grande gueule ouverte devant le nez de Le Janne; il lui effleure le visage en laissant retomber ses énormes mâchoires, bruit comparable à celui d'une malle qui se ferme.

« Je recommande à Apatou de ne plus appeler ces caïmans, qui paraissent plus audacieux que ceux que nous avions vus dans nos précédents voyages.

« Le surlendemain, nous voguions tranquillement; je relevais mon tracé à la boussole, Le Janne écrivait ses impressions, François pêchait à la ligne, tandis qu'Apatou se livrait à des travaux d'aiguille sur nos moustiquaires. Le silence profond de la forêt vierge est interrompu par des cris. Je regarde derrière moi; c'est Apatou qui a disparu; l'eau bouillonne, je vois du sang; notre fidèle compagnon est perdu. Bientôt une main apparaît; je la saisis, Apatou s'enlève; le voilà revenu au milieu de nous. Le caïman, qui n'a lâché prise qu'à fleur d'eau, trouve un dédommagement en avalant une casquette pendant qu'une balle de Le Janne ricoche sur sa tête comme sur un rocher. La cause réelle de ce sauvetage qui paraît miraculeux, c'est qu'Apatou, entraîné par l'animal qui cherchait à le noyer, a pu saisir une liane déchirée qui pendait au-dessous du radeau. Notre blessé en est quitte pour la perte d'un large morceau de peau de la région externe du genou; il a eu la chance d'être saisi par la partie la moins charnue de tout le membre inférieur. »

Le 9 novembre, la mission arrive à la porte d'un défilé où le radeau est entraîné par le courant. Mais les craintes de Crevaux ne se justifient pas. Le danger est moins grand que dans la première *angostura*.

Au milieu de grès abruptes qui présentent un aspect des plus fantastiques, on remarque quelques roches qu'on dirait sculptées par la main de l'homme. Elles donnent l'illusion de ces statues qui ornent le portail des cathédrales gothiques et ne sont que le résultat du travail ininterrompu des eaux.

La fatigue des membres de la mission est énorme. Il faut rattraper par une demi-journée de plein repos un peu des forces que le soleil et le manque d'alimentation ont singulièrement épuisées. C'est un supplice de Tantale qu'on a subi ! Dans le pays le plus giboyeux du monde ne se nourrir que de riz bouilli à l'eau !

Jusqu'ici, Crevaux n'a rencontré âme qui vive. La mission vient de passer devant l'embouchure de l'Aré-Aré qui prend sa source dans les grandes prairies de San-Juan, à l'est de Bogota. Cette rivière est des plus intéressantes parce qu'elle n'a pas de rapides et qu'elle peut servir pour le transport des produits du versant oriental de la Cordillère. Le Guayabero au contraire est absolument impraticable. Personne ne l'a descendu avant Crevaux et l'explorateur suppose dans ses rapports qu'il n'y aura jamais de gens assez insensés pour marcher sur ses traces. C'est un bonheur inappréciable que d'en être sorti sain et sauf, puisque s'il était arrivé un mois plus tôt, c'est-à-dire pendant la saison des pluies, les eaux trop hautes, trop puissantes, eussent brisé la mission contre les rochers ! Un mois plus tard, pendant la sécheresse, elle n'aurait pas trouvé assez d'eau pour naviguer ! L'Aré-Aré est à une distance d'environ 150 lieues du point où la mission s'est embarquée. Il a fallu dix-sept jours pour faire ce trajet.

Les vivres sont épuisés; où s'en procurer? Pas une figure humaine. A un tournant de rivière, une savane se montre, pourvue de huttes recouvertes de paille. François pousse un cri retentissant, un cri de triomphe. Il signale à ses compagnons des enfants barbouillés de rouge, accroupis sur des troncs d'arbres, pareils à des singes. Des coups de fusil sont tirés par les voyageurs; Apatou arbore sa chemise blanche au bout d'une perche, en signe de paix. On atterrit enfin et l'on se trouve dans un village de Mitoua. On y couche et on y négocie l'achat de quelques vivres et d'une pirogue. L'espérance renaît; pas pour longtemps. Le second jour, à neuf heures du soir, Apatou réveille tout le monde et déclare que les Indiens se sont sauvés.

Que va-t-il arriver? Vont-ils attaquer la mission? Vont-ils s'emparer du radeau? Crevaux, suivi de ses hommes, s'engage dans la brousse. L'obscurité est profonde; on craint des flèches ou des pièges. On aboutit à la rivière. Toutes les pirogues ont disparu; mais le radeau et les bagages sont intacts. Les Indiens paraissent avoir pris pour tactique de faire le vide autour des étrangers. Les canots que l'on rencontre s'enfuient dans les petits affluents où il est impossible de les poursuivre. A trois reprises différentes, Crevaux et Le Janne excursionnent à la recherche des habitants. Ils en trouvent, mais ils sont partout l'objet d'un accueil rébarbatif. Ils réussissent, à force de patience et de diplomatie, à acheter une toute petite pirogue et quelques régimes de bananes. Une nouvelle disette d'êtres humains se fait bientôt sentir. Le voyage devient d'un ennui mortel. Douze heures par jour couler sur une rivière offrant le même aspect, quelle monotonie! D'un côté, sur la rive concave, une berge argileuse taillée à pic, et de l'autre, sur la rive convexe, un grand banc de sable recouvert de bois canons. Au pied des arbres toujours une quinzaine de caïmans, qui semblent protéger des canards contre les attaques de l'homme.

Le 27 et le 28, la mission traverse deux petits défilés intitulés Mapiripan. Ils constituent une limite naturelle entre le Vénézuela et la Colombie qui se disputent la possession du Guayabero. En effet, tous les Indiens qui se trouvent en amont de l'*angostura* vont chercher leurs petits couteaux et les verroteries à San-Juan; ceux qui sont en aval ne connaissent par contre que les habitants de

San-Fernando. Les provisions achetées aux Mitoua sont épuisées. En guise de pain, Crevaux et ses hommes en sont réduits à manger des bourgeons de palmiers. La situation redevient tout à fait inquiétante, lorsqu'on se trouve en face d'une brave tribu, celle des Piapoco. Elle reçoit les voyageurs à bras ouverts. Cassave, bananes, tabac et une liqueur fermentée, le *couria*, sont mis en abondance à leur disposition.

« Nous buvons et mangeons tellement pendant deux jours, raconte gaîment Crevaux, que nous avons tous la colique. » Crevaux, pourvu d'un canot solide, arrive à San-Fernando. Ce village était jadis le centre des missions des jésuites qui donnèrent l'hospitalité à Humboldt, lors de son voyage dans le Haut-Orénoque. Au moment où Crevaux y parvenait, il n'avait plus d'autre splendeur que sa position géographique remarquable. La mission s'y arrête quinze jours, y passe la nuit de Noël. La descente de l'Orénoque commence le 26 décembre. Trois Indiens Baniva de l'Atahuapo ont renforcé l'équipage. Ils accompagneront Crevaux jusqu'à la ville de Bolivar.

Dans le récit de ce voyage, Crevaux rend hommage à la courtoisie et à la bonté avec lesquelles un négociant de San-Fernando, dom Mirabal, l'a traité. « Grâce à ses indications, à sa collaboration, raconte le voyageur, j'ai pu signaler, dans mon tracé, des détails qui ont échappé à mes prédécesseurs. Nous tenons d'un trafiquant, ajoute-t-il, qu'il existe des sépultures d'Indiens Piaroa, près de la bouche du Mataveni. Ayant remonté cette rivière à quelques centaines de mètres, nous trouvons quelques-uns de ces Indiens campés sur une roche. Le Janne reproduit quelques types qui sont remarquables par les dessins rouges qui les recouvrent des pieds à la tête, et je m'en vais faire une reconnaissance jusqu'à leur habitation.

« Je trouve ces Indiens occupés à faire rôtir un serpent boa qu'ils s'apprêtent à dévorer. Je suis d'abord bien accueilli; mais m'étant mis à éternuer, je vis le cercle qui m'entourait s'éclaircir subitement. Les gens timorés s'écartèrent au loin et les plus braves se bouchèrent le nez avec le pouce et l'index. J'ai su depuis que ces Indiens, qui sont décimés par des maladies de poitrine, accusent les blancs de leur en donner les germes. On cite des négociants qui ont été abandonnés par leur équipage pour avoir eu le malheur de tousser ou d'éternuer. »

On conçoit que Crevaux ne soit pas très tenté de passer la nuit avec ces gaillards-là. Ils ne sont pas faits pour inspirer confiance. En retournant au camp, l'un des Indiens Piaroa donne au chef de l'expédition des renseignements précieux sur la colline qui sert de sépulture à ses compatriotes. Il s'agit d'en profiter, sans éveiller l'attention. Au lever du soleil, on trouvera un prétexte.

Le prétexte choisi par Crevaux est une chasse au lapin dans la montagne. Escorté d'Apatou, le docteur marche des heures entières sans rien trouver. Au sommet d'une roche haute de cinquante mètres qu'il a fallu gravir pieds nus, les faux chasseurs aperçoivent une sorte de pierre branlante qui menace de les écraser. Apatou, qui a du flair, s'écrie : « C'est là-haut que nous devons trouver les morts. » Quelques instants après Crevaux découvre, en effet, sous la roche, trois paquets d'écorce ficelés comme des carottes de tabac. Les liens sont aussitôt tranchés et trois belles momies, ornées de colliers, de divers autres bijoux, munies d'un hamac, apparaissent. A côté de chacune se trouve une poterie qui a contenu une suffisante provision de liqueur fermentée pour permettre aux défunts de ne pas mourir de soif en allant de ce monde dans l'autre.

Apatou et Crevaux confectionnent une hotte avec des feuilles de palmiers, y dissimulent les momies et reviennent à bord du canot. Ils y embarquent difficilement leur précieux fardeau. Une vingtaine d'Indiens, sans doute prévenus par un espion de la nature du colis, sont sur la plage et montrent des dispositions on ne peut plus hostiles. Aucune querelle ne s'engage pourtant et les violateurs de sépultures ont le temps de décamper sans échange de horions.

Le 29 décembre, la mission aboutit au grand saut de Maïpouré où elle séjourne quatre jours. Crevaux lève le plan de la rivière et rend visite à des Indiens Guahibo qui habitent à deux lieues de la rive gauche. Ces gens sont diversement occupés. Les uns se bourrent le nez d'une poudre noire qu'ils aspirent au moyen de deux os d'oiseaux placés dans leur narine. La manière dont ces priseurs affreux se mouchent est étrange. Ils se bouchent une narine et soufflent avec l'autre; c'est un système analogue à celui de nos paysans. Les autres sont en train de s'appliquer sur le corps des cachets ou rouleaux imbibés d'une couleur rouge : ils obtiennent ainsi des arabesques qui ne manquent pas d'élégance. Crevaux est enchanté d'avoir assisté à cet exercice de peinture et les Guahibo se font un plaisir de le multiplier sous ses yeux.

Le lendemain, Crevaux est bien autrement ravi. On se rappelle quel intérêt il porte à l'étude du curare. Or, il en déniche une nouvelle espèce, grâce à l'amabilité d'une jeune et jolie Indienne Piaroa que l'offre d'un collier rouge a séduite.

Voici ce que nous dit Crevaux à cet égard :

« La feuille et la tige de la liane que m'a signalée la petite Indienne du Saut Maïpouré ont été examinées par M. le professeur Planchon. Il a reconnu le strychnos toxifera que le voyageur Schomburgk avait déjà vu employer pour le même usage par les Indiens de la Guyane anglaise.

« Pour faire le curare, les Piaroa râpent l'écorce de la plante, puis la concassent avec un pilon. Ils la mettent ensuite dans un grand entonnoir en feuilles de palmier et l'arrosent avec de l'eau chaude qui filtre lentement. En résumé on fait une opération tout à fait semblable à la préparation du café. On la termine en chauffant le liquide dans une marmite de terre jusqu'à consistance sirupeuse.

« Nous avons maintenant entre les mains de nombreux échantillons des trois curares connus dans l'Amérique du Sud. La question du curare est dès lors vidée, au point de vue botanique et géographique ; il ne reste qu'une lacune, c'est l'extraction des principes actifs qui ne manqueront pas de recevoir des applications médicales. »

Le calme était revenu dans l'esprit de tous les membres de la mission. Crevaux travaillait en paix, accumulait des matériaux de toute sorte sur la langue, les mœurs et l'histoire naturelle des contrées qu'il parcourait. On était au beau fixe. Cela ne pouvait durer : avant d'arriver à Bolivar un accident navrant allait assombrir les cœurs. J'en emprunte le récit à Crevaux.

« J'étais occupé, dit-il, à apprendre le caraïbe, lorsqu'un Indien vint me prévenir que François Burban venait d'être piqué aux deux pieds par des raies. Ces poissons, qui présentent la plus grande analogie avec la raie de mer, portent près de la queue un dard venimeux. Les Caraïbes l'appellent Siparé et sa notoriété fait que plusieurs cours d'eau portent son nom. Le Maroni, l'Oyapock, l'Esquibo ont des affluents désignés sous le vocable de Siparini. Les Indiens prétendent que les grosses raies sont inoffensives parce que leur dard est émoussé et quelquefois brisé. Ces dards sont employés comme pointes de flèches. Pour en revenir à François, ce brave garçon a négligé de suivre l'exemple des Indiens qui ne s'aventurent pas dans le lit de ces rivières sans frapper avec une perche. La raie aplatie sur le fond est invisible dans les eaux limpides, parce qu'elle est recouverte de sable ou de limon.

« J'arrive un quart d'heure après l'accident. Je constate deux petites plaies, l'une à la partie interne du talon droit, et l'autre à l'extrémité du quatrième orteil.

« Bien qu'Apatou ait sucé ces blessures aussitôt après l'accident, bien que Le Janne les ait cautérisées avec de l'acide phénique, le venin semble déjà avoir passé dans les vaisseaux lymphatiques ; on voit des traces rouges qui remontent jusqu'à la racine des deux membres lésés.

« C'est que, sans doute, les plaies sont profondes et que l'agent caustique n'a pu détruire tout le venin. Il aurait fallu débrider largement les plaies avant de les cautériser. Malheureusement Le Janne n'avait jamais vu de ces piqûres et ne se doutait pas de leur gravité ! François, ce rude marin, gémit comme un enfant. Je débride néanmoins les plaies et je m'aperçois que les vaisseaux sectionnés saignent à peine. A défaut de mieux, et suivant les conseils d'une vieille femme, j'arrose les blessures avec du jus de tabac. Je constate que la douleur ne revient qu'à des intervalles très éloignés. Les gens du pays augurent favorablement des suites. Les douleurs qui avaient cessé dans l'après-midi, reviennent subitement au milieu de la nuit. Le lendemain matin, Burban demande à grands cris une intervention chirurgicale. « Donnez-moi des coups de bistouri, dit-il, je sens que cela me fera du bien ! » En effet, un œdème considérable du tissu cellulaire étrangle les plaies, et une incision profonde provoquant l'écoulement d'une notable quantité de sérum, le patient éprouvera un soulagement immédiat.

« Quarante-huit heures après l'accident, la cyanose, qui a gagné insensiblement, forme de larges plaques qui envahissent les deux pieds. Burban délire toute la nuit. Les symptômes deviennent généraux. Il faut aborder au plus prochain village. Apatou soulève Burban pour le débarquer. Un trouble subit envahit la physionomie du malheureux ; je m'approche ; Burban est mort, mort comme un marin, au milieu d'un grain terrible qui avait mis la mission en perdition. Il n'est pas moins glorieux de succomber sur une pirogue que sur un vaisseau de haut bord. Nous le transportons à terre dans son hamac et l'ensevelissons dans une fosse que nous creusons nous-mêmes. Notre brave compagnon a partagé toutes nos misères et il n'aura pas les joies du retour; il est mort pour l'avancement de la géographie. La science lui doit une couronne et l'État une pension à sa veuve. »

C'est à la suite de cet événement que la mission Crevaux laissa la barbarie pour rentrer dans la civilisation. Elle atteignait Bolivar.

A peine entré à Bolivar, pieds nus, sans paletot, Crevaux n'a pas de soin plus pressé que d'étiqueter une caisse à destination du ministère de l'Instruction publique. Des Français offrent au voyageur leur maison et leur coffre-fort. Le voilà bientôt présentable.

De Bolivar on va à la Trinité en moins de deux jours. En traversant le delta de l'Orénoque la mission remarque, à sa grande surprise, des Indiens qui sont aussi primitifs que ceux qui habitent les régions les plus reculées. Ne serait-il pas criminel, pense Crevaux, de rentrer en France sans étudier ces sauvages qui manquent à sa collection? Il s'embarque donc, bien portant, sur un vapeur qui doit le déposer dans le Delta, pendant que Le Janne, très fatigué, se rend en Europe.

Accompagné d'un photographe, muni de plâtre destiné à des moulages, Crevaux fait un séjour de deux semaines chez les Indiens Guaraouno. Il les photographie, les mensure, dessine les paysages qui les abritent et recueille une riche moisson de documents anthropologiques. Il s'empare d'une boîte entourée de palmiers qui est le cercueil des Indiens Guaraouno. Crevaux a l'occasion, et s'en félicite, d'assister à deux enterrements. Cette cérémonie ne manque pas de pittoresque. Le cadavre est placé dans un tronc d'arbre creusé, avec son hamac de voyage et ses ornements familiers. On ferme avec des lattes juxtaposées dont les interstices sont obstrués par une épaisse couche d'argile. Les Guaraouno n'ensevelissent pas en terre. Le sol qu'ils habitent est si bas, en effet, qu'on arrive à l'eau à un mètre de profondeur. Au moment des grandes eaux, ils sont obligés de percher sur les arbres, où ils vivent pareils à des singes.

Ce climat marécageux ne tarda pas à modifier la santé de Crevaux et de ceux qui l'accompagnaient.

« Je tombe gravement malade, écrit le docteur, ainsi que le capitaine de la goélette qui m'a conduit dans le Delta. Ce vieux capitaine, un Italien, est emporté en quelques jours. J'ai le regret de manquer le premier paquebot ; mais enfin, le 3 mars, la fièvre a complètement disparu et je m'embarque pour Saint-Nazaire. Pour la deuxième fois, j'ai eu le bonheur extrême de n'être malade que lorsque ma mission était complètement remplie.

« La partie géographique de ce troisième voyage se résume dans un tracé de 850 lieues de rivière, dont 425 en pays nouveau. Au point de vue anthropologique, nous avons rapporté 52 crânes, des squelettes recueillis en sept points différents et 300 reproductions des indigènes par le dessin et la photographie.

« Je termine en remerciant mon collègue Le Janne, qui a montré le plus grand sang-froid au milieu des périls que nous avons encourus et qui m'a secondé, non seulement comme botaniste et comme dessinateur, mais encore comme chasseur en me défendant contre des animaux féroces que l'assiduité de mes relevés à la boussole m'empêchait d'apercevoir. »

Telle est la conclusion du rapport que nous avons analysé et dont nous avons reproduit autant que possible le texte si simple et si original parfois.

A la date du 14 mai 1881, Crevaux est à Paris, encore fort souffrant ; mais il n'a garde d'oublier les services qui lui ont été rendus. Voici ce qu'il écrit au ministre de l'Instruction publique :

Monsieur le ministre,

J'ai l'honneur de proposer pour une médaille de sauvetage de 1re classe mon fidèle compagnon de voyage Apatou qui a les titres suivants :

1° Il a sauvé les résultats de ma première mission en Guyane, en 1877;

2° Il m'a sauvé la vie au deuxième voyage, 1877-1878;

3° Il m'a sauvé la vie au troisième voyage, 1879-1880, ainsi qu'à M. Le Janne et au marin Burban.

J'ai l'honneur d'être, etc., etc.

Cette lettre est bientôt suivie de celle-ci, plus pressante et plus détaillée :

Lorquin (Alsace-Lorraine).
Le 20 mai 1881.

Monsieur le ministre,

J'ai l'honneur de proposer Apatou pour une médaille de 1re classe (or) de sauvetage.

Ses titres vous étant déjà connus, je les résume brièvement.

Apatou m'a secondé dans mes trois missions dans l'Amérique équatoriale. Au premier voyage (1877-1878), j'étais abandonné de tous ; mes compagnons malades, il ne me restait pour escorte que mon cuisinier. Ma mission était perdue si je n'avais pas rencontré le noir Apatou qui habitait le Maroni, à 21 jours de canotage de la mer. C'est grâce à ce sauvage de la tribu des Boni que j'ai pu traverser le premier la chaîne des Tumuc-Humac (voyage tenté un grand nombre de fois depuis des siècles), et explorer le Yari, qui était absolument inconnu.

Deuxième mission (1878-1879). Rentré en France très malade, j'avais dit à mon compagnon de venir m'attendre à la côte, six lunes après notre séparation. Cet homme dévoué n'a pas manqué le rendez-vous ; il a quitté ses femmes, ses enfants, pour me suivre dans un voyage de Cayenne aux Andes qui a duré quatorze mois. Sans l'habileté du brave Apatou, j'aurais perdu mes cahiers, mes instruments, et la vie dans la descente du Parou.

Dans le Japura, il risque son existence pour passer une de nos pirogues dans le défilé de Guémani qui est réputé infranchissable. Quelques jours plus tard, sa vigilance m'a empêché d'être massacré par les indigènes qui étaient anthropophages.

Dans la troisième mission (1880-1881), il s'est jeté à la rivière plusieurs fois, au milieu des caïmans, pour éclairer notre marche et porter des amarres à terre, afin d'arrêter notre radeau au moment de se déchirer sur des roches ou des troncs d'arbres.

Une fois, en passant un défilé, il nous a sauvé la vie à tous en faisant éviter notre radeau au moment où, emportés par un courant vertigineux, nous allions nous faire écraser par une roche tabulaire qui s'avançait comme une corniche.

Apatou a contracté deux blessures en service commandé :
L'une par un tamanoir ;
L'autre par un caïman.

J'ai l'honneur d'être, monsieur le ministre, etc.

P.-S. — La Société de géographie de l'Est nous fait l'honneur d'une réception au théâtre de Nancy. (Vendredi, 27 mai.) La récompense que j'ai l'honneur de vous demander pourrait être remise à mon compagnon, le jour de cette séance, par M. le recteur de l'Académie de Nancy.

Le 5 juillet enfin, Crevaux complète sa proposition de la manière suivante :

Monsieur le ministre,

J'aurais la plus grande peine de ne pas voir mon compagnon de voyage (M. Le Janne, pharmacien de la marine) récompensé pour la mission que nous avons accomplie sous vos ordres.

M. le ministre de la Marine pense que vous pourrez combler cette lacune, et si le fait était impossible à cause du nombre restreint de vos décorations, j'ai l'honneur de vous proposer d'abandonner la croix d'officier de la Légion d'honneur que vous avez sollicitée pour moi, pour permettre à M. Le Janne d'être nommé chevalier.

J'ai l'honneur d'être, etc.

A la suite de ces pressantes requêtes, Apatou reçut une médaille d'honneur, M. Le Janne fut nommé chevalier et on attribua à la veuve du matelot Burban une indemnité et une pension.

A la fin de 1881, Apatou, d'après Crevaux, était devenu un véritable missionnaire de l'Instruction publique. Pour en être convaincu, il suffit de lire la lettre suivante adressée au docteur par Apatou :

Saint-Laurent-du-Maroni, 12 août 1881.

En arrivant à Saint-Laurent, je me suis rencontré avec ma mère et ma sœur, et j'ai retrouvé un de mes frères au saut Hermina, ce qui fait que jusqu'à présent je suis resté avec eux tant à Saint-Laurent qu'au saut Hermina, mais maintenant je vais remonter jusque chez moi. J'ai parlé au commandant de Saint-Laurent afin de pouvoir faire mettre à l'école les petits enfants Boni; celui-ci a écrit à ce sujet à Cayenne et il vient de recevoir une réponse favorable. A mon retour à Saint-Laurent j'amènerai donc nos petits enfants ici. Je compte revenir ici dans six ou sept mois; vous voudrez bien me faire savoir si vous êtes dans l'intention de faire un nouveau voyage et si je dois vous attendre au Maroni. Une fois chez moi, je vais essayer de vous procurer, comme vous me l'avez demandé, des têtes d'Indiens Ayacoulet.

Depuis que je suis à Saint-Laurent, j'ai été bien reçu par les médecins et les officiers, aussi bien qu'à Paris, etc., etc.

« Vous voyez par cette lettre, concluait Crevaux, que les voyages d'exploration ne servent pas seulement à la connaissance du globe, mais ils jouent un grand rôle dans les progrès de la civilisation. »

Nous verrons bientôt que ce progrès ne s'était pas fait sentir chez les Indiens Toba.

IV

L'ultime voyage. — Un drame ignoré. — Nouvelles demandes de missions. — Préparatifs et pressentiments. — Un itinéraire de 3,600 kilomètres. — Appui du ministre de l'Intérieur du gouvernement bolivien. — Les Indiens Toba et les Tape-Chico. — Assassinat de la mission. — Les sentiments de la presse bolivienne. — A la recherche des restes de la mission. — Renseignements contradictoires. — Un télégramme du journal de Tarija. — La fatale journée. — Le récit de Francisco Zeballos. — Des preuves indiscutables. — L'opinion du colonel Fontana. — Intervention de M. Thouar. — L'expédition bolivienne au Chaco — Les vestiges de la mission.

LE dernier voyage de Crevaux indique, dans sa préparation, une indécision que nous n'avons jamais eu l'occasion de remarquer précédemment. Il semblerait qu'un événement ait violemment troublé les facultés si nettes du malheureux docteur. On sait d'ailleurs que, dès son retour en France, il avait regagné sa chère Alsace-Lorraine et que, pris d'amour pour une femme dont il espérait obtenir la main, il avait à peu près renoncé aux explorations. Ses intimes se rappellent le complot qu'ils avaient formé et qui consistait à demander en faveur de Crevaux la création d'une chaire en Sorbonne. — Les matériaux considérables si péniblement amassés par le jeune et brillant médecin de la marine constituaient un bagage énorme, dont il était logique de faire profiter la science. Arrivé à la première classe de son grade, officier de la Légion d'honneur, Crevaux s'était suffisamment exposé; il avait largement payé sa dette au pays. Une magistrature assise lui était due désormais. Et personne ne doutait du succès des cours qu'il professerait ni des avantages que les étudiants en retireraient. Crevaux semblait sur ce point être tout à fait d'accord avec ses amis.

Tout à coup cet échafaudage s'écroule. Que s'est-il passé? Le 21 octobre 1881, Crevaux écrit de Lorquin au ministre de l'Instruction publique la lettre suivante :

Monsieur le Ministre,

J'ai l'honneur de vous demander une allocation de 40,000 francs pour exécuter un 4º voyage d'exploration dans l'Amérique du Sud.

Je pense être accompagné par M. Le Janne, pharmacien de la Marine.

Mon projet, qui m'a été inspiré par l'amiral Mouchez, directeur de l'Observatoire, est de remonter le Paraguay et de descendre un grand affluent de l'Amazone, par exemple — (du Rio de la Plata à l'Amazone). — Ce voyage, tenté il y a trente ans par un Russe, a donné les résultats suivants : On a dépensé 100,000 francs; le chef de l'expédition est devenu fou, l'astronome a perdu ses instruments, et un dessinateur français s'est noyé. (Voir une notice du commandant Tavarez sur le Tapajos que j'ai déposée à la Société de Géographie. Ce mémoire est accompagné d'une carte inédite du bas de cette rivière.)

Je m'engage à ne pas dépasser la somme demandée.

J'ai l'honneur d'être, etc., etc.

P.-S. — Je serai obligé de me mettre en route dans six semaines pour remonter le Paraguay pendant la belle saison. Je sais que les crédits de la Commission des missions sont déjà épuisés, mais la maison Denis Crouan, armateur à Nantes, m'offre un crédit. L'allocation peut être portée sur l'exercice 1882.

Cette première demande a été écrite au moment où le plan de la mission n'était pas entièrement mûri. Crevaux, ayant pris de nouveaux renseignements et choisi son personnel, se trouve dans la nécessité de préciser ses intentions et d'augmenter son budget. Il fait part au ministre de l'Instruction publique de ces modifications dans la lettre suivante :

Paris, le 13 novembre 1881.

Monsieur le Ministre,

J'ai l'honneur de vous demander une 4ᵉ mission dans l'Amérique du Sud.

Mon projet est de remonter le Paraguay jusqu'à ses sources. De là, je conduirai M. Billet, qui me servira de second, aux sources du Tocantins, et il n'aura qu'à descendre cette rivière pour atteindre l'*Amazone*. Ce jeune homme, très instruit, se prépare depuis deux ans aux observations à faire en voyage.

Pour ma part, j'ai l'intention de descendre le Tapajos depuis ses sources jusqu'à l'embouchure.

Je désire emmener dans cette mission : 1º M. Billet, astronome ; 2º A. Ringel, dessinateur; 3º deux timoniers de la flotte sortant de l'observatoire de Montsouris, offerts par l'amiral Mouchez ; — l'un d'eux pourra remplacer M. Billet en cas de maladie ; — 4º un domestique.

Je formerai mes deux équipages à Buenos-Ayres, où j'ai fait de nombreuses connaissances pendant un séjour de dix-huit mois.

J'ai l'honneur de vous demander une subvention de 70,000 francs pour effectuer ce voyage.

La solde de tous les employés, les frais de transport, les instruments (2 théodolites, 1 lunette astronomique, 6 chronomètres) sont à la charge de la mission.

J'ai l'honneur d'être, etc., etc.

Le 14 novembre, Crevaux s'assure le concours d'un jeune et brave Alsacien-Lorrain, nommé Didelot, et qui lui a été d'une fidélité à toute épreuve. Voici ce qu'il lui écrit :

« Ma mission est décidée en principe, bien que la Commission des missions ne doive se réunir que dans dix jours. Déjà le rapport est fait pour le Parlement qui doit voter les fonds. Le secrétaire général de la Société de géographie a même déjà annoncé mon départ en séance publique. (Voir le *Temps* du 6 novembre.)

« Tu peux te préparer à venir. Je ne te presse pas trop, tu peux venir à Paris jeudi matin. Didier te remettra 50 francs pour le voyage et te fera conduire à Heusiny. Je serai à l'hôtel des Étrangers, rue Racine, jusqu'au moment de l'arrivée du train. Prends une voiture pour conduire ta malle.

« L'affaire est bien convenue. Je te payerai à raison de 200 francs par mois à partir du départ de France, jusqu'à la fin de notre voyage, c'est-à-dire à l'arrivée au Para. Je me charge de ton retour à Buenos-Ayres ou en France suivant la détermination que tu auras prise en passant dans la République Argentine.

« Il est bien entendu que tous les frais de passage, de nourriture, et de vêtements spéciaux sont à ma charge, c'est-à-dire que pendant tout le cours de la traversée tu recevras tes deux cents francs intacts.

« Je verserai aussitôt que tu voudras 500 francs à ton père, à titre d'avance.

« Bien à toi. »

Cette lettre contenait l'engagement suivant qui indique chez Crevaux une inquiétude sur l'issue de son voyage — inquiétude qui n'est jamais apparue dans ses précédentes explorations.

Paris, le 14 novembre 1881.

Je soussigné, docteur médecin, médecin de 1re classe de la Marine, enrôle Joseph Didelot pour un voyage d'exploration dans l'Amérique du Sud (d'une durée de 7 à 8 mois). Je lui payerai 200 francs par mois pendant tout le cours du voyage, me charge de tous les frais, habillements, passage, etc., etc.

Au retour, il sera transporté à mes frais, soit dans la Plata dans le cas où il y aurait trouvé une position convenable à notre passage, soit à Lorquin, suivant ses désirs.

En cas d'accident pendant le voyage, je me charge de verser à sa famille une somme de 3,000 francs.

Le 18 novembre, Crevaux quittait Paris en compagnie de M. Billet, astronome; Jules Ringel, dessinateur; Joseph Didelot, aide; Ernest Haurat, marin timonier breveté. Son itinéraire comprenait 3,600 kilomètres en ligne droite. Il avait à traverser ou à longer, surtout dans la seconde moitié du trajet, d'immenses territoires inexplorés dont le figuré était fort vague sur les cartes les meilleures et dont la connaissance profiterait au commerce non moins qu'à la science.

Le voyage de Crevaux, commençait sous les auspices les plus favorables, si l'on en juge par les extraits suivants, d'une lettre datée du 23 décembre 1881, et adressée au ministre de l'Instruction publique :

« La mission scientifique française (c'est ainsi qu'on nous appelle ici), a reçu les plus grands honneurs à Rio-Janeiro et à Buenos-Ayres.

« Sa Majesté l'Empereur du Brésil, don Pedro II, nous a offert une petite canonnière pour remonter le Paraguay. Le Président de la République Argentine (le général Roca), nous a envoyé prendre à bord du paquebot français, par un aviso de guerre qu'il a mis à notre disposition.

« J'ai l'honneur de vous prier de remercier Sa Majesté l'Empereur du Brésil et le Président de la République Argentine, pour le concours qu'ils prêtent à la mission dont vous m'avez chargé. Je serais très heureux si vous pouviez nommer M. Netto (Ladislao), directeur du Muséum de Rio-Janeiro, officier de l'Instruction publique. Il est officier d'Académie depuis six ans;

« M. Moreno (Francisco), l'explorateur de la Patagonie, qui a obtenu une médaille d'or à la Société de géographie de Paris, officier d'académie;

« Je sollicite également la même récompense pour le docteur E.-S. Zeballos, également explorateur en Patagonie, directeur de l'Institut géographique de Buenos-Ayres. »

On voit que Crevaux persiste dans la voie que son cœur lui a toujours tracée. Il veut que tous ceux qui lui rendent service et par suite honorent la France, soient remerciés de leur concours.

Le 17 avril, il écrit à M. de Vienne, représentant de la France à Buenos-Ayres, la lettre que voici :

San-Francisco du Pilcomayo.

Monsieur le Ministre,

Nos préparatifs sont finis et nous partons après-demain.

Nous marcherons très vite dans les premiers jours puisque le courant est de 7.200 mètres à l'heure (4 milles). Nous sommes dix-sept personnes : cinq Français, deux marins Argentins, neuf Boliviens et un Indien Chiriguano, qui nous servira d'interprète. Nous avons quatre canots que nous avons fait construire sur les lieux; ce sont des embarcations très simples à fond plat, qui, avec la charge, ne calent pas plus de 10 à 15 centimètres. Deux d'entre eux sont si légers qu'on pourrait au besoin les transporter à dos d'hommes.

Notre armement se compose de 12 fusils Remington que nous avons dû faire venir de Potosi en remplacement des armes qui nous ont été volées par les brigands de la province de Jujuye. Ces armes ont mis quatre mois à nous parvenir, parce qu'il a fallu attendre l'autorisation de la Paz. Vous pouvez dire au gouvernement argentin, que le mauvais vouloir du gouverneur de Jujuye a retardé de trois mois l'accomplissement de notre mission.

Par contre, nous sommes très contents des bons procédés du gouvernement bolivien, et particulièrement du ministre de l'Intérieur, M. A. Quijarro.

Voici un passage d'une lettre du 9 mars que nous avons reçue hier : « ... Je crois, en outre, que votre présence dans ma patrie et le fruit certain de vos travaux serviront de motif au rétablissement des relations officielles et diplomatiques entre la Bolivie et la France, pour laquelle nous professons de tout temps les plus vives sympathies, etc., etc. L'expédition d'exploration que je fais organiser à Tarija par ordre de mon gouvernement, pourrait s'unir à la vôtre. Dans ce cas, vous seriez naturellement le chef de l'expédition scientifique, et dirigeriez la marche en fixant l'itinéraire. Le chef militaire et le chef civil seraient subordonnés à votre direction. »

Le retard qu'a mis cette lettre à me parvenir m'empêche de répondre à cette invitation; la rivière baisse rapidement, il faut que je parte sans délai.

Nous avons bon espoir dans le succès de la mission, et pourtant nous prévoyons des difficultés assez sérieuses.

D'abord les Indiens, excités par une sortie récente des habitants de Caïza, qui ont tué neuf Indiens Mataca, ne manqueront pas de nous faire mauvaise figure. Ces sauvages ne sauront donner foi à nos paroles de paix. S'il faut en croire les indigènes, nous aurons à franchir une chute à pic de 4 ou 5 mètres de hauteur. Ce que je redoute le plus, ce sont les grandes lagunes dont parlent les anciens voyageurs. En considérant la faible altitude de notre point de départ (environ 350 mètres), en voyant la nature du terrain, en interprétant les vagues renseignements fournis par les Indiens, je crois que nous aurons à traverser quelques marécages qui rendront la navigation difficile, sinon impraticable. Cette considération nous a conduits à faire des canots plats et aussi légers que possible. Nous pensons atteindre l'Assomption en vingt ou trente jours. En cas de retard vous pourrez avoir quelques inquiétudes sur notre expédition. Je laisse à votre initiative éclairée le soin de nous faire sortir de quelque mauvais pas.

J'ai l'honneur, etc.

P.-S. — Nous sommes tous en parfaite santé.

Ce document testamentaire ne précédait que d'une semaine la nouvelle de l'assassinat de Crevaux. Notre malheureux compatriote avait quitté la mission de San-Francisco, le 19 avril, à neuf heures du matin et commencé le même jour la descente du Pilcomayo. Le soir, il arrivait à Irua, où il rencontrait les premiers Indiens qu'il couvrait de présents.

Le 20, la mission continue sa marche et Crevaux s'adjoint un indigène nommé Calinis qui lui servira de guide jusqu'à Teyo. Là, des Indiens très nombreux, pour la plupart des Toba et des Chiriguano, reçoivent les voyageurs avec de grandes protestations d'amitié et s'offrent à les accompagner jusqu'à Caballo-Repoli. Crevaux, dont la confiance était inaltérable, se réjouit de cet accueil et le considère comme entièrement sincère. Il s'endort. Pendant qu'il repose avec ses compagnons, les Indiens tiennent conseil et décident de massacrer les voyageurs. Crevaux, prévenu par l'Indien qui lui a servi de guide jusqu'à Teyo, ne veut pas ajouter foi à ses paroles. Il se borne à répondre qu'il est venu sans intentions mauvaises, et que les Toba ne peuvent vouloir sa mort puisqu'il ne leur a fait que du bien.

Les Toba, qui avaient arrêté leur plan, accompagnent la mission jusqu'à Cabalto-Repoli où un nombre considérable de sauvages semblent s'être réunis pour fêter les explorateurs.

Sur les instances des Indiens, Crevaux descend de son canot, et comme les Indiens l'engagent à laisser ses armes, puisqu'ils n'en ont pas eux-mêmes, le docteur donne l'ordre à ses compatriotes de débarquer sans fusils.

A peine à terre, les explorateurs sont entourés par les Indiens qui leur offrent des vivres et manifestent leur joie de les traiter en amis.

Comme les voyageurs, sans défiance, s'apprêtaient à faire honneur au repas si hospitalièrement préparé, les Indiens les entourent, se précipitent sur eux et les massacrent. Le carnage accompli, les Toba se jettent sur les canots où ils trouvent un enfant d'une douzaine d'années, Zeballos, qu'ils font prisonnier. Le même sort est réservé au cuisinier qui était également resté à bord. Cet abominable massacre, accompli en quelques minutes et qui dénote chez les sauvages qui l'ont préparé un esprit de dissimulation incroyable, eut lieu, selon les uns, le 26 avril 1882, à dix heures du matin.

J'ai sous les yeux un télégramme de Tupiza, daté du 28 mai, qui n'est pas d'accord avec cette version.

La catastrophe a eu lieu, dit ce télégramme, au point connu sous le nom de « Tello », le 24 avril, à six heures de l'après-midi. La tribu des « Tape-Chico », après avoir reçu les explorateurs avec de grandes démonstrations de paix, s'est empressée de les mettre à mort.

En rendant hommage à l'explorateur français qui venait de succomber victime de son dévouement à la science et à la civilisation, la presse bolivienne, dès le 19 juin 1882, déplorait la légèreté avec laquelle Crevaux avait entrepris sa périlleuse expédition. Ni les conseils du gouvernement, disait-elle, ni les avis des personnes les plus autorisées de Bolivie ne lui avaient fait défaut. Il avait, d'après elle, obstinément refusé de s'associer à l'expédition militaire, qui, suivant par terre les rives du Pilcomayo, aurait pu lui prêter un concours efficace. Il répondait à toutes les observations « que les difficultés qu'on lui signalait ne lui étaient pas étrangères, qu'il en était à son huitième voyage d'exploration ».

De son côté, le chargé de France à Buenos-Ayres, M. de Richemont, annonçait à la même date qu'une expédition organisée par le gouvernement argentin pour aller à la recherche des restes de la mission, devait se mettre en route sous peu de jours. La direction en était confiée au lieutenant-colonel Fontana.

Cet officier, après avoir vécu plusieurs années au Grand-Chaco en contact avec les tribus indiennes qui peuplent ce vaste territoire, avait publié un ouvrage contenant de précieux renseignements géographiques et ethnologiques. Le cours du Pilcomayo, sur une étendue de 40 milles, à compter de son confluent avec le Paraguay, y est décrit avec un soin infini; de curieuses indications sur les Indiens Toba, meurtriers présumés alors de la mission française, donnent un intérêt tout particulier à cette œuvre. Dans la pensée du gouvernement argentin, le colonel Fontana devait remonter le Pilcomayo en chaloupe à vapeur. En prévision des difficultés invincibles qui pouvaient entraver la marche de cette première expédition, on avait projeté d'en former une seconde.

Celle-ci, forte de soixante-dix hommes, partirait de Rivadavia, dans la province de Salta, et se dirigerait vers le Pilcomayo, en descendrait le cours depuis le 22e degré de latitude, point où le fleuve coule en territoire argentin.

Il était difficile de prévoir les résultats d'une entreprise aussi pénible. Mais il convenait toutefois d'applaudir aux sentiments de généreux enthousiasme dont se montraient animés les Argentins. Tout en cherchant la solution du problème qu'avait tenté de résoudre le docteur Crevaux, il était manifeste que le gouvernement argentin avait pour premier objectif de retrouver les restes et de châtier les assassins de notre regretté compatriote et de ses compagnons.

Malgré ces préparatifs, en dépit de ces nouvelles venant de sources différentes, on n'était pas nettement éclairé, le 3 juillet 1882, sur les circonstances qui avaient accompagné le massacre de la mission. On doutait encore. De Lima on écrivait en France : « *La Estrella*, journal de Tarija, publie une lettre d'un missionnaire apostolique espagnol, qui ne peut laisser aucun doute sur l'assassinat des membres de la mission Crevaux. Les détails particuliers manquent encore sur ce lugubre événement.

« L'expédition composée de quinze personnes, MM. Crevaux, Louis Bittet, Ernest Haurat, Jean Dumigrou, deux Argentins et neuf Boliviens, s'embarqua, le 19 avril, au port d'Omiste, sur trois bateaux construits dans cette ville. L'expédition, après quelques jours de voyage seulement, fut attaquée, suivant les uns, par les Indiens Papiati, suivant les autres par les Toba, qui massacrèrent toutes les personnes qui la composaient, sauf deux Boliviens qui parvinrent à s'échapper, dit-on, mais qui n'ont toutefois, pas encore reparu. Le gouvernement a envoyé de suite une centaine de cavaliers à la recherche des survivants, avec mission de châtier les coupables, mais on n'a encore aucune nouvelle de cette expédition. La lettre du missionnaire confirme tous ces détails, qui lui auraient été donnés par un cacique qui s'était chargé d'accompagner les explorateurs, du Magua à Cavayurepote, et qui n'avait pas pu les suivre jusqu'à ce dernier endroit. Suivant lui, les assassins devaient être des Indiens Toba des régions basses, venus du Paraguay pour se venger des souffrances qu'ils avaient endurées, lors de la dernière expédition faite récemment contre eux par les habitants de Caïza. »

On reconnaissait unanimement en Bolivie la grande perte que de la France faisait, mais on constatait que le deuil de Crevaux était plus cruel peut-être pour la Bolivie.

Il était, en effet, d'une extrême importance pour ce pays alors que par la guerre il avait perdu tous ses débouchés sur le Pacifique, de s'ouvrir une route commerciale du côté des riches contrées que traverse le rio de la Plata, débouché naturel pour le commerce de Tarija, Santa-Cruz et Chuquisaca. La composition remarquable de la mission française avait fait naître de grandes espérances qui se trouvaient momentanément anéanties par la mort de Crevaux.

Le 18 juillet, le journal de Tarija, *La Estrella*, donne sur le massacre de la mission les nouveaux détails suivants :
« Par lettre datée de Acquarivenda le 4, écrite par le préfet des Missions à ce « Guardian », on sait que les Toba ont rendu au père « Conversor » le captif Zeballos qui déclare que M. Blanco, Argentin, est resté prisonnier.

« Au moment de l'attaque, un Indien Lenguara s'est échappé vers le Nord; un marin français, Ernest Haurat, avec Romero Rodriguez, se sauvèrent vers Itivuro, poursuivis en vain, et on suppose qu'ils ont échappé. »

Enfin, à la fin du mois d'août, les doutes ne sont plus permis et l'on recueille, de la bouche même du jeune Francisco Zeballos, des détails précis. Nous les transcrivons textuellement. Le 19 avril, la mission, partie de San-Francisco, arriva au point connu sous le nom de *Strua* Le 20, elle abandonnait ce parage et atteignait *Bella-Espéranza*. Le 21, elle fit halte à Teyo, et jusqu'au 24, elle marcha sans encombre, passant par divers endroits que le jeune Zeballos dit ne point connaître ou des noms desquels il ne se souvient pas.

Le 25, le docteur Crevaux et ses compagnons atteignaient *Cabyu-Repoti* et passaient, à quelque distance de là, un rapide dont ils ne soupçonnaient pour ainsi dire pas l'existence. Le 26, rien de particulier ne s'était encore présenté dans le voyage et Zeballos entendit dire au docteur Crevaux que six jours seulement le séparaient du Paraguay.

C'est à partir de ce moment qu'apparaît dans tout son jour l'aveugle confiance de Crevaux, confiance qui devait lui être si fatale, et causer sa mort et celle de ses compagnons. Tel était le mépris de cette âme courageuse pour le danger, la conviction de sa supériorité était telle, que, dès le 21, il avait fait retirer les armes et les munitions qui étaient entre les mains de l'équipage, sous prétexte qu'on n'en avait aucun besoin au milieu des tribus amies que l'on visitait, et que lui-même dormit du plus profond sommeil au milieu d'un campement Toba, près de Teyo, dans la nuit du 22. En rappelant la malheureuse confiance du docteur Crevaux, le pauvre Zeballos ne pouvait s'empêcher de sangloter et de verser des larmes qui impressionnaient vivement ceux qui l'écoutaient.

La fatale journée arriva.

C'était le 27 avril.

Comme les canots naviguaient tranquillement sur la rivière, à une assez grande distance les uns des autres, Crevaux aperçut une tribu, qui, de la rive, lui faisait des signes d'amicale bienvenue.

Sans réfléchir aux conséquences de son imprudente confiance, le docteur sauta aussitôt à terre et se mit en devoir, après avoir distribué des cadeaux aux Indiens, de débarquer les instruments nécessaires à ses observations.

Ses compagnons, qui montaient les autres canots, suivirent son exemple, et, en un clin d'œil, il ne resta plus dans les embarcations que le charpentier Stanislao Zeballos, père de l'enfant dont les journaux argentins, auxquels nous empruntons ces détails, tenaient le lamentable récit de la catastrophe.

Au moment où Crevaux prenait ses dispositions scientifiques, un tumulte se produisit et l'on vit le marin français Ernest Haurat et le Correntin Rodriguez fuir vers le Sud, tandis qu'un Toba déchargeait un terrible coup sur la tête du nommé Bernardo Valverde.

Terrifié par ce spectacle, Francisco Zeballos se jeta immédiatement à l'eau; mais, à peine avait-il fait quelques brasses, qu'il reçut un coup de feu heureusement mal ajusté.

Zeballos eût été néanmoins victime des Indiens, si l'un d'eux, moins barbare, ne se fût interposé et ne lui eût sauvé la vie.

Là s'arrêtent les souvenirs du jeune Zeballos. Il ne sait plus rien de précis. Il ignore de quelle façon ont été tués le docteur Crevaux et les membres de sa mission. Il n'a aucun renseignement sur la mort de son père. Les assassinats dont il a été témoin sont ceux d'Ernest Haurat, de Rodriguez et de Valverde, qui ont vainement tenté d'échapper aux Indiens.

Ce qu'il peut assurer, c'est que, pendant les deux mois qu'il a vécu avec les Toba, il a vu plusieurs d'entre eux vêtus avec les habits de leurs victimes et les armes de la mission suspendues aux arbres, en guise de trophées, sur les bords de la rivière.

A Teyo, tandis qu'il retournait à San-Francisco, il a, assure-t-il, retrouvé dans un campement indien le marin argentin Blanco, prisonnier comme lui. Celui-ci l'a supplié d'intercéder pour son rachat auprès des missionnaires qui l'ont racheté lui-même. Mais les Toba ne lui ont pas permis de parler plus longtemps avec lui et il ne sait, depuis, ce qu'il est devenu.

Zeballos déclare que ceux qui, parmi les Indiens, ont conseillé de le rendre aux missionnaires de San-Francisco, sont *Caligagaé*, son parent *Pelocoliqui-Guazu* et le père de *Petrová-Yalla*.

Pendant toute sa captivité, Francisco Zeballos a eu à

souffrir beaucoup du manque de vivres et de vêtements. Mais il ajoute que les Indiens l'avaient pris en grande affection et qu'ils ne l'ont jamais maltraité, en quoi que ce fût.

Au moment où ce récit était fait par la presse de Buenos-Ayres, Zeballos se trouvait à Caïza, incorporé au bataillon *Potosi*, qui se disposait à partir pour le théâtre du crime.

Quant à l'expédition tentée par ce bataillon envoyé par le gouvernement bolivien pour châtier les Toba, elle se termina d'une façon regrettable. Après quelques jours de marche, le détachement se débanda, désertant avec armes et bagages, et abandonnant, avec ses officiers, la cause qu'il était appelé à venger.

D'autre part, à Buenos-Ayres, vers la fin de septembre, la municipalité votait une somme de quatre mille francs pour élever un monument à la mémoire de Crevaux et de ses compagnons. L'expédition organisée par le gouvernement argentin pour remonter le Pilcomayo sous les ordres du colonel Fontana avait vainement parcouru, à la recherche des restes de la mission, une distance de près de quatre cents lieues.

Revenu à Corrientes, le chef de l'expédition inclinait à penser que le massacre de Crevaux et de ses compagnons, ne pouvait avoir eu lieu, comme on l'avait dit, au 22° 50. Il avait fait débarquer les soldats dans ces parages, dont les taillis et les cours d'eau avaient été scrupuleusement fouillés. Toutes les recherches étaient demeurées vaines. Aucune trace des dépouilles de nos compatriotes n'avait été retrouvée.

C'est à M. Thouar qu'il devait appartenir de restituer à la France les restes de la mission Crevaux.

Au mois de janvier 1884, on apprenait à Paris que M. Thouar était arrivé vers le 25 novembre précédent à Caïza (Grand Chaco boréal de la Bolivie), et qu'il se croyait sur les traces des deux survivants de la mission Crevaux restés au pouvoir des Indiens Toba.

M. Thouar s'était joint à l'expédition bolivienne partie pour explorer le Chaco et pour rechercher une voie de communication entre la Bolivie et le Paraguay.

Cette expédition comprenait le docteur Daniel Campos, délégué du gouvernement bolivien, le colonel don Miguel Estensaro, secrétaire de la délégation, le lieutenant don Andrès Romero, aide de camp du délégué et cent cinquante hommes de troupe.

Partie le 10 septembre de Teyo, où avait été établie, par les soins de M. Daniel Campos, une colonie à laquelle on a donné le nom de « Colonie Crevaux », la colonne expéditionnaire avait suivi la rive droite du Pilcomayo, toujours en vue de la rivière, jusqu'au 11 octobre, jour où elle avait passé sur le côté gauche du fleuve..

Les marais qui se trouvaient sur cette rive l'avaient alors obligée à s'éloigner. Le voyage entre le point où le cours d'eau avait été traversé et Barranquerita, lieu d'arrivée, avait duré trente jours.

L'expédition n'avait rencontré d'hostilité de la part des Indiens qu'en un seul point, sur la rive droite, où elle avait été obligée, le 3 octobre, de combattre une tribu d'Indiens sauvages, les « Tupiété ». Cette escarmouche ne lui avait d'ailleurs coûté aucune perte : tout le personnel, y compris cinq femmes, était arrivé en bonne santé au Paraguay.

M. Thouar, durant ces événements, avait multiplié ses tentatives pour sauver les deux prisonniers de la mission Crevaux. Malgré la diligence qu'il avait faite, il était arrivé trop tard. On assurait que le timonier français Ernest Haurat, et Blanco, le marin de la République Argentine, étaient morts dans d'atroces souffrances, après cinq mois de captivité. M. Thouar disait, en outre, qu'il lui avait été impossible de retrouver les restes du docteur Crevaux et de ses compagnons, non plus qu'aucun des papiers ou instruments ayant appartenu à la mission.

D'un autre côté, les journaux de Buenos-Ayres annonçaient au contraire que l'expédition du gouvernement bolivien avait retrouvé le crâne du docteur Crevaux attaché à un arbre, dans un endroit connu sous le nom de Yanduyanca (tête d'autruche), à deux lieues de la colonie Caïza. Le crâne en question, rapporté par M. Thouar, et qui est au Muséum, est un crâne d'Indien, comme l'a montré M. le docteur E.-T. Hamy.

Où était la vérité ?

M. Thouar protestait contre la prétendue découverte du crâne du malheureux Crevaux. Il affirmait en échange que, s'il n'avait pu réussir à se faire livrer les restes de notre compatriote, il avait du moins recueilli un baromètre et quelques lambeaux de papiers qui avaient appartenu à la mission, et qu'il connaissait les circonstances précises dans lesquelles la catastrophe s'était produite.

Le rôle de M. Thouar, très peu connu, croyons-nous, du public, vaut la peine qu'on s'en souvienne.

Tous ses efforts, toutes ses recherches avaient été sans résultats auprès des Indiens auxquels il demandait compte des prisonniers Haurat et Blanco. Il avait eu la preuve du martyre de ces deux compagnons de Crevaux, martyre de cinq mois, et il avait fini par se faire désigner le point précis où Crevaux, blessé à mort, était tombé.

En cet endroit, il avait planté deux bâtons en croix.

Ce n'avait point été une promenade que l'expédition à laquelle M. Thouar avait pris part. La marche de la colonne expéditionnaire, à travers cette fourmilière d'Indiens qui n'était pas inférieure à soixante-dix mille individus, avait été des plus dures.

Le 3 octobre, sept ou huit cents Tupiété avaient assailli les explorateurs; le combat, extrêmement ardent, avait duré près de trois heures, et cinquante Indiens avaient été tués. Du côté de M. Thouar, qui avait été atteint légèrement d'une flèche au côté droit, on n'avait que quatre blessés, dont deux grièvement.

Le jour suivant on avait été obligé de se défendre encore à deux reprises différentes, et les Indiens avaient alors tenté de refouler l'expédition dans les marais qui bordent le Rio Pilcomayo au-dessous du 24°40′ latitude sud et de la brûler toute vive dans les hautes herbes.

Au total, le voyage avait duré soixante trois jours; mais à partir du trentième les vivres avaient manqué. Il avait fallu, pour se nourrir, abattre des mules de transport, mastiquer des feuilles de palmier et des racines.

A l'approche des régions que M. Thouar appelle : « mésopotamiques », à environ quinze lieues du Paraguay, l'expédition n'avançait plus qu'au prix d'efforts surhumains.

Elle faisait au plus une lieue et demie par jour !

La cavalerie, rendue, épuisée, demeura en partie embourbée dans les marais. Un seul orage détruisit quinze animaux, et l'on dut abandonner munitions et bagages.

Les Indiens, qui suivaient l'expédition, comme des vautours, s'emparèrent de l'une des mules de charge de M. Thouar, demeuré en arrière, éventrèrent le *pétaca* contenant ses collections et lui volèrent son shoke-bored et sa tente.

Il ne sauva qu'à grand'peine sa personne, ses papiers et ses instruments scientifiques.

C'est ainsi que l'expédition atteignit le Rio Paraguay, le samedi 10 novembre 1883, pataugeant dans les marais, avec de l'eau jusqu'à la ceinture, exposée à toutes les intempéries, sans abri, dévorée par des nuées de moustiques, des sangsues et d'horribles *garapata*.

C'est en vérité un devoir que de constater ici l'intrépidité de M. Thouar. C'est à son initiative, à sa persévérance et à son savoir que le succès de l'expédition du Pilcomayo a été dû.

Les rapports émanant de gens dont l'opinion est indiscutable déclarent que tous les chefs militaires boliviens qui accompagnaient M. Thouar n'ont pas hésité à répéter que, sans la présence des voyageurs français, ils eussent tous péri de la façon la plus misérable.

On le voit, même après sa mort, le malheureux

Crevaux était pour la France une cause d'honneur. En recherchant ses restes, M. Thouar portait fièrement le drapeau français et montrait ce qu'un fils des Gaulois peut faire. Il avait récolté toutes les données nécessaires pour dresser un plan complet du Rio Pilcomayo depuis le 21°55' jusqu'au 24°40' latitude sud, c'est-à-dire jusqu'à une douzaine de lieues, en ligne droite, de l'embouchure de cette rivière dans le Rio Paraguay, en face d'Assomption.

L'événement était important. Une voie nouvelle, à la poursuite de laquelle on avait couru vainement jusqu'en 1882, était découverte, grâce à un Français. Non seulement M. Thouar avait eu à lutter contre les difficultés sans nombre que l'on rencontre dans une expédition de ce genre, mais il avait dû combattre l'inertie et le mauvais vouloir de ceux qui avaient ordre de l'aider. Le gouvernement argentin, après avoir montré à M. Thouar des dispositions indifférentes, presque hostiles, avait fini par lui faire moins grise mine. L'Institut géographique de Buenos-Ayres lui avait donné le titre de membre correspondant, et cela dans une séance très solennelle où un buste de Crevaux était inauguré.

Au milieu de ces luttes, de ces critiques, M. Thouar n'oubliait pas ce qui avait trait à Crevaux. Il essayait de réunir par tous les moyens en son pouvoir ce qui avait appartenu à son prédécesseur. C'est ainsi qu'au mois de février 1886 il recevait, par l'entremise du P. Dorotes Gianneccini, ancien préfet des Missions, le revolver du docteur Crevaux et une vareuse de matelot qui avait appartenu au timonier Ernest Haurat. Ces objets avaient été remis au Père par les Indiens Toba repentants.

Deux mois plus tard, M. Thouar faisait parvenir au ministère de l'Instruction publique le baromètre Fortin dont se servait Crevaux; le parasol de peintre de Ringal; un crâne renfermé dans une petite boîte recouverte de velours noir que l'on considérait à Tarija comme celui du docteur et auquel on avait rendu les honneurs funèbres; un crâne d'un capitaine Toba nommé Cuserai, l'un des assassins de la mission.

Ces documents ont été exposés en 1889 dans la salle des Missions, au Palais des Arts Libéraux. Une enquête conduite par M. Hamy a permis d'établir que le baromètre dont se servait Crevaux, baromètre aujourd'hui déposé au Musée d'ethnographie, porte le numéro de l'instrument vendu à cet explorateur par M. Alverquiat, avant son départ.

En feuilletant avec moi les pages incohérentes, contradictoires, que j'ai réunies sur l'action scientifique du docteur Crevaux, sur les dangers qu'il a courus et sur les circonstances un peu obscures de sa mort, j'espère que les lecteurs auront partagé l'admiration affectueuse dont l'explorateur des Guyanes était si digne.

Que de simplicité dans la façon dont il entreprenait et poursuivait ses périlleuses campagnes !

Que de bonté et que de noblesse dans ce cœur brûlant et tout conquis à la gloire d'un pays !

Tous ceux qui ont connu Crevaux garderont jusqu'à la dernière heure le souvenir de sa délicatesse constamment éveillée, de son énergie indomptable et de sa loyauté.

La figure de cet homme demeurera comme un modèle pour les soldats de l'exploration, et dans les jours de découragement, si elle apparaît à ceux que la fièvre terrasse, que les privations anéantissent, elle sera comme un clairon qui sonne et qui rallie autour du drapeau les cœurs anémiés.

SOUS LES MERS

I

Hypothèses sur la profondeur des mers. — Le livre de M. H. Filhol. — Ce que rapporte à la science la rupture d'un câble télégraphique. — Découvertes de M. A. Milne-Edwards. — Les travaux du marquis de Folin et de M. Périer. — Une initiative heureuse des savants bordelais. — La commission des dragages. — Instruments de travail. — Les phosphorescences des gorgoniens. — Une seconde campagne. — La vie animale dans les eaux de la Méditerranée. — La plus grande profondeur atteinte avec la drague dans les mers européennes. — Troisième campagne. — Six mille lieues parcourues. — Les féeries des profondeurs sous-marines. — Quatrième exploration. — Exposition des résultats au Muséum. — Publications particulières et publications officielles. — Les mœurs des crustacés.

Peu de questions scientifiques ont excité plus d'attention dans les deux ou trois premières années qui suivirent la guerre, que les recherches exécutées en Angleterre et en Amérique au fond des mers.

L'importance de ces recherches apparaissait nettement à l'esprit des naturalistes et l'on agitait un peu partout, en France, la question de savoir comment on développerait des études entreprises au siècle dernier, études imparfaites et souvent contradictoires. On ne pouvait se contenter des appréciations d'un auteur italien cité par Buffon et d'après lequel l'Océan aurait une épaisseur de 230 toises, ou autrement dit 440 mètres. Si Lacaille, l'astronome, donnait à la mer une profondeur moyenne de 300 à 500 mètres, Laplace l'évaluait à 1,000 mètres. Young, tirant ses déductions de la théorie des marées, estimait à 5,000 mètres la profondeur des eaux de l'Atlantique et à 6 ou 7,000 celle des mers du Sud. On voit tour à tour analyser avec passion cette question passionnante, des mathématiciens, des

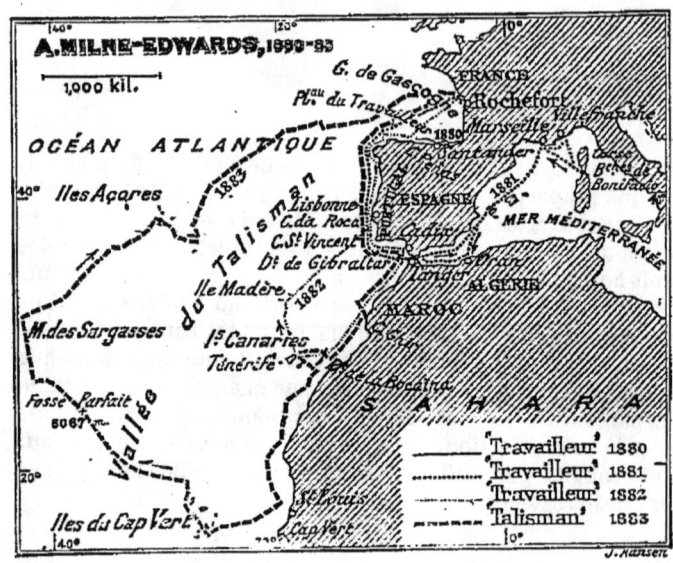

astronomes, des géologues, des naturalistes. Tantôt c'est Arnol Guyot, tantôt Airy ou Franklin Bache qui établissent des calculs de probabilités. Puis arrive la période des expériences pratiques, c'est-à-dire les expéditions organisées pour exécuter des sondages sur la surface des océans.

C'est à John Ross qu'on prête le plus ancien d'entre eux. Son observation remonte à 1818. Trente ans plus tard, sir James Clarke Ross raconte les dragages qu'il a opérés et à l'aide desquels il a non seulement évalué d'une manière très exacte certaines profondeurs, mais constaté la variété et l'abondance de la vie animale au fond de ces gouffres. Les travaux de MM. Audouin et H. Milne-Edwards, de Sars et de Forbes permirent de diviser le lit de la mer, dans le voisinage des côtes, en quatre zones principales. Mais Forbes, Mac Andrew, Darwin, Dana, de Löven avaient abouti à cette conclusion : qu'à une certaine profondeur, il y avait un zéro de vie animale. C'est au point que, au moment où le capitaine Ross et postérieurement Wallich ramenèrent quelques animaux sur les cordes de leurs sondes descendues à une profondeur de plus de 1,000 mètres, on supposa que ces êtres avaient été accrochés au passage, dans les environs de la surface des eaux, ou qu'ils avaient coulé à fond après leur mort et que c'étaient des cadavres ou des débris qui s'étaient attachés à l'appareil sondeur.

Rien de plus curieux que de lire ces divergences d'opinions, ces tâtonnements dans le volume publié chez M. Masson par M. H. Filhol sous le titre de : *La Vie au fond des mers*. A ce volume j'emprunterai maints détails, de même que nous relirons avec profit le discours prononcé par M. A. Milne-Edwards sur le même sujet dans la séance publique annuelle des cinq académies, le 25 octobre 1882.

Vers 1857, Thomas Bell, le célèbre naturaliste anglais, écrivait les dernières pages d'un ouvrage consacré à l'histoire des crustacés de la Grande-Bretagne. Il croyait avoir élevé un monument durable, et il se flattait que ses successeurs auraient peu de choses à ajouter à celles qu'il avait fait connaître. « Les mers de l'Europe occidentale, disait-il à M. A. Milne-Edwards, ont été si bien étudiées qu'il faut renoncer à l'espoir d'y trouver encore des animaux qui aient échappé à nos recherches. »

Combien il aurait été étonné, ajoute le savant directeur actuel du Muséum d'histoire naturelle, en apprenant que, quelques années après, des découvertes inattendues révéleraient dans le sein des eaux tout un monde d'êtres inconnus et que, même près de nos côtes, l'océan est une mine inépuisable de richesses dont on n'a encore exploité que les filons superficiels.

Les faits nouveaux, dévoilés depuis, ont profondément modifié les idées qui avaient cours dans la science. On pensait que la vie est impossible dans les abîmes de la mer et que les eaux y sont condamnées à l'obscurité, à la solitude et à l'immobilité.

En 1860, un fait imprévu permit de résoudre définitivement cette question.

Écoutons le récit qu'en donne M. H. Filhol.

A cette époque, dit-il, une rupture vint à se produire dans le câble télégraphique immergé entre l'île de Sardaigne et Bône. M. Fleeming Jenkin reçut l'ordre d'exécuter les réparations nécessaires. Le câble était cassé en un point où la profondeur était de 1,200 brasses. On constata avec surprise qu'il était couvert de coraux et d'animaux marins se rapportant à des formes très variées. Un fragment du câble fut remis à M. Hervé-Mangon qui le communiqua à M. A. Milne-Edwards. Ce naturaliste constata que plusieurs polypiers et diverses coquilles étaient fixés à sa surface. Les animaux étaient évidemment vivants au moment de leur sortie de l'eau, car leurs parties molles étaient préservées, et ils s'étaient sûrement développés sur place, car leur base était moulée sur les inégalités existant à la surface du câble, au niveau du point de fixation. M. A. Milne-Edwards fit remarquer qu'un des mollusques ayant vécu sous la pression d'une colonne d'eau salée de plus de 1,500 mètres de hauteur, était une espèce d'huître (*Ostrea cochlear*) existant en des points nombreux de la Méditerranée. On savait antérieurement que des corailleurs amenaient souvent des exemplaires de cette même espèce, pris dans leurs engins par des fonds de 100 à 150 mètres.

En un autre point du câble, repêché d'une profondeur de 2,000 mètres, se trouvait fixé un petit *Pecten* assez commun dans la Méditerranée, le *Pecten opercularis*.

M. A. Milne-Edwards nota que sa coquille était fortement colorée, fait digne d'intérêt, si on songeait à l'obscurité devant régner au point où vivait ce mollusque. C'est là la première observation de la présence de la couleur chez les animaux de grands fonds.

A côté du *Pecten opercularis* vivait un autre mollusque du même genre, *Pecten testa*, dont les valves sont ornées de stries très fines formant un élégant treillis. Filippi avait décrit cette jolie coquille comme se rencontrant à des profondeurs de 50 à 60 brasses, mais on n'avait jamais supposé qu'elle s'étendît à 2,000 mètres de la surface.

M. Milne-Edwards trouva associés à ces trois genres de mollusques une infinité d'autres animaux. Les observations eurent un grand retentissement. Vers 1863, les Américains entreprirent les premières recherches méthodiques concernant la faune sous-marine. Ces investigations, interrompues par la guerre de Sécession, furent reprises vers 1866 par le professeur Peirce. En 1867, c'est le steamer du Coast Survey, *Le Corwin*, qui tente la première campagne d'exploration sous-marine. Puis viennent celles du *Bibb*, du *Lightning*, du *Porcupine*, du *Challenger*, etc., etc. C'est seulement en 1880 qu'une expédition française est organisée, nous allons voir dans quelles circonstances.

Bien avant la campagne du *Travailleur*, vers 1873, le marquis de Folin, capitaine de port à Bayonne, avait entrepris des fouilles sous-marines dans le golfe de Gascogne. Avec des ressources très médiocres il avait obtenu des résultats dont les congrès scientifiques n'avaient pas méconnu l'importance. Aussi M. de Folin, appuyé par des savants et des administrateurs, réclamait-il, et de la préfecture des Basses-Pyrénées et du ministère de l'Instruction publique, la continuation des secours pécuniaires qui lui avaient été fournis. Ces secours se chiffraient par des sommes variant entre deux et quatre cents francs ! M. Périer collaborait avec fruit aux expériences qui se poursuivirent jusqu'en 1879.

En 1880, l'Académie nationale des sciences, belles-lettres et arts de Bordeaux prit l'initiative de recherches plus vastes, à l'occasion du voyage que se proposaient de faire à Bayonne M. Gwyn-Jeffreys et quelques autres naturalistes anglais. Nos voisins d'outre-Manche voulaient consacrer les trois dernières semaines du mois de juillet à explorer la dépression sous-marine du cap Breton et celle bien plus profonde, du golfe formé par la côte des Basses-Pyrénées et celle du Guipuscoa.

Cette dernière avait été à peine explorée faute de suffisants moyens d'action, et l'on comprenait par ce qu'avaient fourni les fonds de la première tout ce qu'il était possible d'espérer, au point de vue de la géologie et de la zoologie, de recherches bien conduites, exécutées par les hommes les plus compétents en ce genre de travaux. Le docteur L. Micé, alors président de l'Académie bordelaise, pénétré de ces idées, les exposa au ministre de l'Instruction publique. Il les entoura d'arguments on ne peut plus sérieux. « Les savants anglais, disait-il, ont réclamé le concours des naturalistes français et particulièrement celui de MM. de Folin et Périer, membres correspondants de l'Académie de Bordeaux, dont le nom est depuis longtemps attaché à l'étude des « Fonds sous-marins » et dont les publications sur la matière ont été couronnées par le Comité des travaux historiques et des sociétés savantes. Des membres de l'Institut doivent répondre à cet appel, et il n'est pas impossible que, conformément à la proposition qui en sera faite, une société internationale d'explorations sous-marines ne naisse de l'espèce de congrès que réaliseront les savants anglais et français. »

Une autre circonstance donnait à M. Micé l'espoir de convaincre le ministre et d'attirer son attention et sa bienveillance sur la partie océanique des Basses-Pyrénées. Un heureux hasard faisait, en effet, que précisément, au mois de juillet 1880, la Société de botanique de France tiendrait sa session annuelle dans la même région. C'étaient donc deux congrès scientifiques au lieu d'un qui auraient lieu dans les Basses-Pyrénées durant la dernière quinzaine du mois de juillet.

Ces coïncidences avaient amené le président de l'Académie de Bordeaux à demander au ministre de la Marine d'entrer dans la voie suivie, en semblable circonstance, par les gouvernements anglais, américain, russe, suédois, en mettant à la disposition des travailleurs, désireux d'explorer nos mers, un bateau à vapeur assez fort pour pouvoir draguer par 2,000 mètres de profondeur, nombre qui représentait l'évaluation approximative de la dernière dépression. Et c'est pour cela que, le 11 mai 1880, M. Micé suppliait le ministre de l'Instruction publique de plaider sa cause auprès de son collègue de la rue Royale. Il était évident que, tout en aidant nos naturalistes nationaux à bien recevoir leurs émules d'Angleterre, on assurerait par là le succès d'une œuvre qui avait paru à ceux-ci valoir largement les fatigues et les frais d'un long déplacement.

Le ministre de l'Instruction publique s'empressa de répondre au désir de l'Académie nationale des sciences, belles-lettres et arts de Bordeaux en réclamant du ministre de la Marine le concours du stationnaire de Rochefort, qui lui fut immédiatement accordé, et en prenant un arrêté ainsi conçu :

« Le ministre, etc., etc.,

« Arrête :

« ARTICLE PREMIER

« Une commission est instituée à l'effet de diriger les dragages qui seront exécutés, pendant les mois de juillet et d'août prochains, dans le golfe de Gascogne par le bâtiment de l'État *Le Travailleur* et d'étudier l'histoire naturelle des fonds de la mer de cette région.

« Article 2.

« Sont nommés membres de cette commission :

« MM. H. Milne-Edwards, membre de l'Institut, doyen de la Faculté des sciences de Paris, président;

« L. de Folin, capitaine de port à Bayonne;

« Alphonse Milne-Edwards, membre de l'Institut, professeur au Muséum d'histoire naturelle;

« Léon Vaillant, professeur au Muséum d'histoire naturelle;

« Marion, professeur à la Faculté des sciences de Marseille;

« L. Périer, professeur à la Faculté de médecine de Bordeaux;

« Fischer, aide-naturaliste au Muséum d'histoire naturelle.

« Fait à Paris, le 23 juin 1880.

« *Signé :* Jules Ferry. »

Le ministre ne se borna pas à cet acte, dont les conséquences scientifiques devaient être on ne peut plus fécondes. Il invita officiellement les naturalistes anglais, MM. Gwyn-Jeffreys et Norman, à suivre, à bord du *Travailleur*, les travaux de la commission. Le commencement de ces travaux était fixé au 15 juillet et ils devaient comprendre un dragage dans la fosse de Cap-Breton, dans ses environs, et, si cela était possible, dans de grandes profondeurs que des capitaines et des pêcheurs espagnols assuraient exister sur les côtes Cantabriques et des Asturies. Le gouvernement espagnol avait autorisé avec empressement cette incursion dans ses eaux.

Le lundi 9 août 1880, M. Alphonse Milne-Edwards adressait au ministre, au nom de la commission, un rapport préliminaire qui fut inséré à l'*Officiel* du 11 et qui va nous donner une idée du succès de cette première entreprise et des moyens de recherches que la commission avait employés.

Fort peu de nos lecteurs ont sans doute eu l'occasion de lire ce rapport. Nous allons le parcourir, non sans intérêt, j'en suis convaincu.

D'abord, qu'était le *Travailleur* mis à la disposition de la commission par le ministre de la Marine et commandé par M. E. Richard, lieutenant de vaisseau? M. A. Milne-Edwards va nous l'apprendre.

Le *Travailleur* était un aviso à roues, pourvu d'une machine de 150 chevaux, très stable à la mer et jaugeant près de 1,000 tonneaux. A raison du service exceptionnel que l'équipage avait à faire, on l'avait composé de 130 hommes, 40 de plus que d'ordinaire. Cette précaution n'avait pas été inutile, car elle avait permis d'effectuer en un court espace de temps un travail qui, dans des conditions ordinaires, eût été impossible. Le succès des opérations, la commission se plut à le reconnaître et à le déclarer, fut dû en grande partie au zèle du commandant Richard, à l'excellente organisation à laquelle il avait présidé et à l'ardeur scientifique qui animait tous les officiers, MM. Mahieux, Jacquet, Villegente et Bourgat.

Des dragues de différentes grandeurs et de différents modèles avaient été construites en vue de la nature des fonds que l'on pourrait rencontrer. Les unes étaient protégées contre le contact possible des rochers par une enveloppe de toile à voile ou même par une peau de bœuf; les autres étaient simplement formées de filets; l'armature de quelques-uns de ces appareils était découpée en dents de scie, en avant, de façon à labourer la vase avec le sable, tandis que le cadre des autres était formé d'une lame aplatie et devant glisser sur le sol sans l'entamer. 12,000 mètres de cordage de chanvre étaient destinés à remonter les dragues; 25,000 mètres de lignes de sonde avaient été préparés. Les appareils de sondage construits dans l'arsenal de Rochefort sur un modèle un peu différent de celui dont avait fait usage le vaisseau anglais *L'Hydre*, étaient disposés de manière à rapporter des échantillons du fond qu'ils avaient touché et à se débarrasser en même temps du poids qui les avait entraînés. Il est très important de pouvoir faire un sondage avec rapidité et précision, car cette opération doit toujours précéder celle du dragage, et elle doit aussi être répétée pendant que la drague est immergée, car on ne pourrait sans cela se rendre compte des différences de niveau qui peuvent se présenter sur un espace restreint. Les dragues étaient mouillées à l'arrière, leur corde passait dans une poulie maintenue elle-même à l'aide de fortes bandes de caoutchouc, afin d'adoucir les secousses et les chaos qu'amenaient à chaque instant les mouvements de tangage du navire.

Ainsi armés, les explorateurs des fonds sous-marins avaient confiance dans le résultat de leurs opérations. Ils ne doutaient pas qu'ils arracheraient bien des secrets aux grands fonds du golfe de Gascogne, malgré l'épaisse couche de limon vaseux, de couleur gris verdâtre, qui les couvrent. Et, pour atteindre leur but, ils employaient les moyens les plus ingénieux. S'ils s'étaient contentés des dragues ordinaires, les récoltes eussent été médiocres. Mais la commission présidée par M. Milne-Edwards avait eu soin d'employer en même temps que ces engins de grandes vergues alourdies par des poids et auxquelles on suspendait des houppes de chanvre, des fauberts, des filets et même des brindilles. Ces différents objets, déclare M. A. Milne-Edwards, balayaient le fond de la mer, les animaux y restaient accrochés, et ramenaient souvent des espèces d'assez grande taille et d'une grande fragilité.

C'est par ce procédé que, le 28 juillet, la commission captura, à une profondeur de 1,160 mètres, des poissons, de beaux oursins et de nombreuses Astéries du genre *Brisinga*. D'ailleurs, tous les moyens d'investigation étaient utilisés par l'équipage scientifique du *Travailleur*, et les simples *chaluts* des pêcheurs lui ont procuré des espèces remarquables qui n'eussent pas été arrachées aux fonds sous-marins sans leur secours. Un soir, pour ne citer qu'un exemple fourni par le rapport que nous analysons, le chalut avait été traîné à une profondeur de près de 600 mètres et on le retirait vers minuit ; il ramenait de grands Gorgoniens du genre *Isis* qui offraient un spectacle merveilleux : toute la partie du sarcome située entre les zooïdes émettait une lumière phosphorescente verte d'une telle intensité que, lorsqu'on agitait ces animaux, ils semblaient produire une pluie de feu, et, au milieu d'une nuit des plus obscures, il a été possible de lire ainsi des caractères très fins.

Ce fait n'était pas absolument nouveau, aussi intéressant qu'il fût. Dans les dragues du *Porc-Épic*, des Astéries et des Pavonaria avaient antérieurement donné lieu parfois à des remarques analogues. Durant cette première campagne du *Travailleur* et dans le cours de la seconde quinzaine de juillet, la commission scientifique a dragué à vingt-quatre reprises différentes; souvent elle descendait deux dragues à la fois, l'une à l'arrière et l'autre par le côté du navire. La plus grande profondeur atteinte a été de plus de 2,700 mètres, et la moindre a dépassé 300 mètres. Les richesses découvertes ont été considérables. Elles comprenaient non seulement la plupart des espèces décrites par les naturalistes anglais et scandinaves et que nos musées ne possédaient pas, mais aussi beaucoup d'animaux qui n'étaient pas connus.

On confia l'étude de ces richesses aux différents membres de la commission.

A M. Vaillant échut l'étude des Poissons, des Nemertiens et des Spongiaires; à M. Fischer, celle des Mollusques. Les Annélides, les Échinodermes et les autres Zoophytes constituèrent la part de M. Marion. Ce fut M. de Folin qui plaça sous son microscope les Foraminifères, et les Crustacés subirent le scalpel de M. A. Milne-Edwards. Enfin, M. Périer eut à examiner, après avoir inscrit les observations thermométriques, les échantillons des fonds rapportés soit par les sondes, soit par les dragues.

M. A. Milne-Edwards faisait remarquer dans son rapport que les 103 sondages faits depuis la fosse du cap Breton jusqu'au cap Peñas rendaient un compte exact de la configuration du fond de la mer dans cette région qui semble continuer sous l'eau notre massif des Pyrénées.

A peu de distance des côtes, écrivait-il, des profondeurs de 3,000 mètres ont été trouvées; on a pu constater l'existence de ponts abrupts, de fentes presque verticales, surtout au nord de Santander et du cap Machichaco, et ces brusques différences de niveau sont venues bien souvent contrarier les dragages. Au contraire, à l'Ouest, entre Tina-Mayor et le cap Peñas, il existe un plateau que la commission scientifique a désigné sous le nom de *Plateau du Travailleur*, qui n'est couvert que d'environ 170 mètres d'eau; il contraste par son horizontalité avec la région accidentée située plus à l'Est; celle-ci se relie à la fosse du cap Breton par une série d'ondulations.

Ce travail hydrographique ne pouvait manquer d'offrir aux géologues un intérêt des plus puissants. Ce fut le commandant Richard qui en réunit tous les éléments avec un soin extrême et qui les groupa en un rapport destiné au ministre de la Marine.

Le résultat de cette si heureuse campagne impressionna très vivement le monde savant et la Commission des voyages et missions scientifiques qui en avait été l'inspiratrice.

Aussi, vers la fin du mois de décembre 1880, cette commission demandait-elle la continuation pour 1881 d'une exploration qui avait apporté à la science une telle récolte de documents nouveaux et précieux.

Cette fois, la campagne devait commencer le 1er juillet et durer un mois. Elle se ferait dans la partie de la Méditerranée comprise entre les côtes de Provence, la Corse et les Baléares. Mais il importait d'avoir un bâtiment de la même force ou même plus grand que le *Travailleur*, et à aubes plutôt qu'à hélices. Ce bâtiment serait pourvu d'un outillage analogue à celui qui avait été mis à la disposition de la commission de 1880 par l'arsenal de Rochefort et complété à l'aide des appareils suivants : 1º un système de paniers métalliques, mus par la machine auxiliaire et pouvant séparer rapidement les animaux de la boue que ramène la drague et économiser ainsi la main-d'œuvre; 2º plusieurs appareils de sondage avec fil métallique; 3º des cordages pour draguer jusqu'à 3,000 mètres; 4º quelques filets en forme de chaluts. Ces améliorations furent réalisées et la commission scientifique, cette fois augmentée par l'adjonction de M. H. Viallanes, préparateur à la Faculté des sciences de Paris, entreprit sa deuxième campagne. Elle était pourvue de cartes indiquant le tracé des câbles télégraphiques qui lui permettaient d'éviter les zones parcourues par ces câbles et de s'en tenir même à de longues distances. Il fallait éviter avec grand soin les avaries quelconques que l'on pouvait faire aux câbles et les précautions les plus minutieuses devaient être prises afin que ni sondages ni dragages ne fussent pratiqués dans les régions où les fils télégraphiques sous-marins étaient immergés. La question était grave. En 1881, les câbles dont il s'agit représentaient un capital d'environ vingt millions de francs, et le moindre accident pouvait interrompre les communications d'une manière irrémédiable ou tout au moins donner lieu à des pertes considérables en matériel et en profits d'exploitation. Aussi la commission du *Travailleur*, après avoir étudié les cartes, se proposait-elle d'explorer principalement un grand bassin dont le fond était absolument libre et qui s'étend entre la Provence, les côtes ouest de la Corse et le nord de la Sardaigne. De cette manière, elle était certaine de ne rencontrer sur le théâtre de ses opérations aucun câble sous-marin et elle pouvait en toute sécurité fouiller les profondeurs de la mer.

Cette seconde exploration s'effectua durant les mois de juin, juillet et août. Elle comprenait le bassin occidental de la Méditerranée, et dans l'Atlantique les côtes Ouest et Nord de la péninsule Ibérique.

Les résultats acquis intéressaient à la fois l'histoire naturelle et la physique du globe. Ils démontraient que la Méditerranée est beaucoup moins peuplée dans ses profondeurs qu'on aurait pu le croire. La commission y constata cependant la présence d'un assez grand nombre d'animaux qui n'avaient encore été signalés que dans les grands fonds de l'Océan et dans les mers du Nord. Elle y découvrit plusieurs espèces nouvelles appartenant à des types zoologiques connus jusqu'alors dans les abysses de la mer des Antilles. En somme, la Méditerranée ne paraissait pas posséder une faune qui lui fût spéciale, mais il devenait évident qu'elle s'était peuplée par l'émigration d'animaux venus de l'Océan. Ceux-ci, trouvant dans ce bassin nouvellement ouvert un milieu favorable à leur existence, y avaient pullulé et quelquefois s'étaient légèrement modifiés suivant les conditions biologiques particulières où ils se trouvaient vivre. Telles étaient les conclusions d'un compte rendu rapide dû à la plume de M. Milne-Edwards, qui nous éclairait de plus sur une infinité de points tout à fait curieux. C'est par lui que nous apprenions que la température de l'eau de la Méditerranée offre, au delà d'une profondeur de 200 mètres environ, une constance remarquable; elle est partout de $+13°$ jusqu'au lit même de la mer, à quelque profondeur que l'on ait atteint. Il y a sous ce rapport une bien grande différence avec l'Océan, dont le fond est parcouru par des courants froids n'ayant souvent pas plus de 2 ou 3 degrés. L'absence de marées et le relèvement du seuil de Gibraltar, qui forme une barrière aux courants froids de l'Atlantique, pouvaient, aux yeux du rapporteur, expliquer cette température uniforme, dont l'influence sur la vie animale est incontestable.

Durant cette seconde campagne, les côtes de la Provence, ainsi que celles de la Corse, furent fouillées avec un soin tout particulier jusqu'à la profondeur de 2,660 mètres.

Le *Travailleur*, après avoir quitté les côtes de Provence et de la Corse, mit le cap sur Oran, en draguant entre les Baléares et la côte d'Espagne. Puis, suivant de près les rivages du Maroc, il sortit du détroit de Gibraltar pour aller relâcher à Tanger. Ce fut là le point de départ de la seconde partie de cette seconde campagne, qui s'effectua d'abord sur la côte du Portugal, où de nombreux sondages furent pratiqués et donnèrent au large de Sétubal des résultats remarquables. Les récoltes furent d'une extrême richesse au nord du Ferrol; à une profondeur variant de 900 à 1,200 mètres, le lit de l'océan, au lieu d'être caché sous une vase épaisse, est rocheux et couvert de coraux au milieu desquels vivent des animaux très variés : les uns étaient tout à fait inconnus; les autres présentaient beaucoup de ressemblance avec ceux des mers américaines.

En rentrant à Rochefort, le *Travailleur* a exploré la plus grande profondeur qui ait été atteinte avec la drague dans les mers européennes, celle de 5,100 mètres. C'était par latitude Nord 44° 48′ 30″ et longitude Ouest 7° 00′ 30″; le limon rapporté par l'appareil contenait un très grand nombre d'espèces nouvelles de Foraminifères, de Radiolaires, plusieurs Crustacés et une Annélide. La présence de ces animaux, sous une pression aussi énorme, est fort remarquable.

Ce que nous venons de rapporter des deux premières explorations sous-marines avait été le point de départ de discussions très intéressantes de la part de MM. Blanchard, Daubrée et Hébert sur les points suivants :

La Méditerranée a-t-elle une faune qui lui soit spéciale? A-t-elle été peuplée par l'émigration des animaux de l'Atlantique? A-t-elle eu des communications à une époque peu ancienne avec l'océan Indien? Telles étaient les questions qui étaient à l'ordre du jour au mois de janvier 1882.

Pour les résoudre, il importait que des dragages très multipliés fussent faits depuis le golfe de Gascogne jus=

qu'aux Canaries, c'est-à-dire dans toute la partie de l'Atlantique qui avoisine Gibraltar. Plus tard on tenterait d'instituer une série d'explorations dans la mer Rouge, bassin dont les profondeurs n'avaient jamais été fouillées.

On se mit à l'œuvre dès le mois de juillet 1882. MM. Vaillant et Périer se trouvant dans l'impossibilité de s'embarquer, ils furent remplacés au sein de la commission par M. Sabatier, professeur de zoologie à la Faculté des sciences de Montpellier, qui dirigeait alors le laboratoire de Cette, et par un jeune naturaliste, M. Charles Bertalos.

L'armement du *Travailleur* avait été l'objet de soins de plus en plus spéciaux, suggérés par la pratique des deux premières explorations. Il avait été pourvu d'une bobine à axe horizontal pouvant recevoir 8,000 mètres de câble d'acier de 10^{mm} de diamètre, actionnée par une machine à vapeur pouvant développer au minimum 10 chevaux de 75 kilogrammètres mesurés au frein. Un treuil à vapeur à 2 cylindres avait été installé pour amener le câble à bord ; la machine de ce treuil développait une force minima de 20 chevaux de 75 kilogrammètres mesurés sur l'arbre. Une chaudière en tôle de fer timbrée à 6 kil. et d'environ 33^{m2} de surface de chauffe actionnait les deux machines. Enfin, cinq poulies de $0^m,45$ de diamètre étaient placées au fond de la gorge pour retour du câble.

Les dispositions de ces nouveaux engins étaient les mêmes que celles des appareils analogues du croiseur américain *le Blake*, installé spécialement pour exécuter des dragages à de grandes profondeurs et dont le matériel est décrit en détail dans l'ouvrage : *Deep-sea sounding and dredging*, by *Charles D. Sigsbee* (*Washington*, 1880).

C'était une trentaine de mille francs que l'État consacrait supplémentairement aux fouilles sous-marines.

Personne n'a songé à critiquer cette dépense, qui donna l'occasion de recueillir une moisson plus riche encore que celle des années précédentes. Comme précédemment, le concours de la marine prépara et assura le succès de cette troisième campagne, à laquelle collaborèrent d'une manière infatigable les officiers du bord et leurs commandants successifs, MM. E. Richard et T. Parfait.

Le *Travailleur*, durant cette troisième croisière, s'était avancé jusqu'aux îles Canaries. En totalisant les lieues parcourues depuis le début des explorations présidées par M. Milne-Edwards, on arrive au chiffre éloquent de six mille. Pendant les trois campagnes, le treuil à vapeur avait déroulé et enroulé environ 1,200,000 mètres de fil de sonde ou de corde de drague. Dans le golfe de Gascogne, on avait atteint des profondeurs supérieures à 5,000 mètres et on en avait encore retiré des animaux vivants. Que d'émotions lorsqu'on opérait à ces grandes profondeurs! Que de précautions à prendre pour dégager les appareils, pour éviter la rupture des câbles qui les traînaient! Il est facile de comprendre le soin avec lequel on procédait. Pour citer un exemple, le dragage du fond, 5,100 mètres, que nous avons signalé, n'a pas duré moins de treize heures. Commencé vers le milieu du jour, il n'était terminé qu'à trois heures du matin.

Dans la note qu'il a lue à l'Académie des sciences en 1882, le président de la commission d'exploration dépeint avec une sincérité émue les angoisses des explorateurs. « Parfois, dit-il, les filets revenaient vides, soit que le lit de la mer ait été inhabité, soit que les appareils n'aient pas atteint le fond, mais le plus souvent ils étaient chargés de trésors zoologiques. Aussi, quand après des heures d'attente la lourde drague remontait lentement, c'était avec une vive émotion que nous cherchions à deviner de loin, à travers la transparence de l'eau, les surprises qui nous étaient réservées. Nous avons eu des déceptions cruelles et jamais je n'oublierai une journée néfaste où la drague, chargée jusqu'aux bords de limon et de cailloux, sortait peu à peu de la mer. Déjà nous pouvions distinguer des animaux bizarres et inconnus enchevêtrés dans les mailles du filet, quand, brutalement enlevée par une vague énorme, elle retomba de tout son poids, brisa les amarres qui la retenaient et alla retrouver les abîmes qu'elle venait de quitter. Les pêcheurs à la ligne supportent mal des déconvenues de ce genre; on se figure facilement ce qu'elles devaient être pour nous. D'autres journées suffisaient à payer toutes nos peines, et plus d'un heureux coup de filet nous a apporté la révélation de tant de faits nouveaux, qu'au milieu de nos richesses nous ne savions de quel côté diriger notre attention. »

Il est difficile de donner une idée des véritables féeries dont les explorateurs ont été les témoins. Pour recevoir les innombrables espèces que rapportaient dragues et chaluts, les zoologistes ont dû singulièrement élargir les cadres de leurs classifications. Ils voyaient avec surprise des centaines de formes animales nouvelles s'intercaler entre des types organiques que l'on supposait fort distincts et que ces jalons intermédiaires rattachaient, au contraire, étroitement. Un jour, sur la côte de Portugal, à peu de distance de l'embouchure du Tage, le *Travailleur* captura à 1,500 mètres de profondeur vingt et un requins. C'était un fait inattendu.

Évidemment les requins capturés par la Commission du *Travailleur* n'étaient pas des monstres énormes comme ceux qui suivent les navires à la recherche d'une proie, mais des poissons d'une taille encore fort respectable et de plus d'un mètre de longueur.

Ils vivent là en grandes troupes, mais jamais ils ne quittent leurs retraites, jamais on ne les voit près de la surface ou sur les rivages.

A lire le rapport de M. Milne-Edwards, on croit assister aux tableaux d'une pièce fantastique. Tantôt vous apparaissent avec leurs formes si étranges les Crustacés, tantôt les Mollusques ou les Zoophytes dont quelques-uns atteignent des dimensions colossales si on les compare à celles des espèces des mêmes groupes zoologiques qui habitent la surface.

Voici des animaux qui vivaient déjà aux époques géologiques et qui constituent aujourd'hui les derniers survivants d'une faune ancienne. Plus loin, des Foraminifères, êtres microscopiques à enveloppe rigide et d'une remarquable élégance. Dans le golfe de Gascogne, près de la côte d'Espagne, un centimètre cube de limon, puisé à 1,100 mètres de la surface, contenait plus de 100,000 de ces animaux!

La lumière solaire pénètre difficilement à travers les couches de l'eau la plus transparente, et, au-dessous de quelques centaines de mètres, l'obscurité doit être complète. Comment donc se dirigent les animaux si variés qui y vivent?

Voici la réponse de M. Milne-Edwards.

« Les uns sont aveugles; ils marchent à tâtons et ils n'ont pour se guider que les perceptions du toucher, de l'odorat ou de l'ouïe; aussi, par un juste système de compensation, certains organes se développent outre mesure; les antennes de plusieurs crustacés dépourvus d'yeux sont d'une longueur extraordinaire : c'est le bâton de l'aveugle. D'autres animaux ont, au contraire, des yeux énormes et resplendissants de phosphorescences; ils portent ainsi partout avec eux un foyer lumineux qui explique le développement de leur appareil visuel. Cette phosphorescence s'étend souvent sur presque toute la surface du corps, et beaucoup d'espèces, surtout les Étoiles de mer, les Polypiers branchus et bien d'autres, étincellent dans l'obscurité. »

Une nuit, le filet remontait à bord, chargé de Zoophytes rameux de la famille des *Isis*. Ils émettaient des lueurs d'un admirable effet; des éclairs verdâtres s'allumaient tout à coup pour s'éteindre et se rallumer encore, courant sur les tiges de ces coraux et s'y succédant avec une telle rapidité et une telle intensité qu'il était possible aux membres de la Commission de lire à la clarté de ce singulier flambeau.

« On admet généralement, ajoute le rapporteur, que la couleur est inséparable de la lumière et que les êtres qui ne voient jamais le soleil sont de nuances sombres ou pâles et effacées. Il n'en est pas toujours ainsi, car dans les parties les plus obscures de l'océan habitent des animaux dont les teintes brillent d'un vif éclat; le rouge, le rose, le pourpre, le violet et le bleu sont répandus avec profusion. La plupart des crevettes qui foisonnent au fond des eaux sont d'une riche couleur carminée. Des Holothuries énormes ont l'aspect de l'améthyste, et une grande Étoile de mer dépasse en beauté celles qui sont répandues sur nos côtes; l'élégance de ses formes, ses vifs reflets orangés en font une véritable merveille. Découverte dans les mers du Nord par un naturaliste norvégien qui est aussi un poète distingué, elle a reçu de lui le nom de *Brisinga*. Ce nom, dans les légendes scandinaves, est celui de l'un des bijoux de la déesse Fréja, et, conclut M. Milne-Edwards, c'est en effet un charmant bijou que cette étoile des fonds de l'océan. »

Il est assez curieux qu'à côté de ce nombre incroyable des habitants sous-marins, on ne trouve aucune des plantes qui constituent la nourriture des animaux vivant à des profondeurs moins considérables. C'est sans doute à l'aide de matières organiques préparées à la surface par l'action des rayons solaires et qui se précipitent peu à peu dans les abîmes, que se nourrissent les herbivores et, par leur intermédiaire, les espèces carnassières. Dans le rapport que nous citons avec tant de plaisir, M. Milne-Edwards parlait aussi de la température des fonds de la mer et il signalait qu'au voisinage des îles Canaries, par exemple, les thermomètres plongés à 4,000 mètres ne marquaient que — 2°, tandis que l'eau de la surface marquait + 25°, d'où il tirait cette conclusion que les conditions d'existence, si variées près des côtes, suivant le climat, deviennent uniformes à une certaine distance de la surface et que les mêmes animaux peuvent alors habiter au Nord et au Sud, près des pôles et sous l'équateur, pourvu qu'ils sachent se maintenir dans la couche dont la température leur convient. Il ne faut donc pas s'étonner si la mission du *Travailleur* a trouvé dans les profondeurs du golfe de Gascogne ou sur les côtes de la péninsule Ibérique, à côté d'espèces qu'on croyait particulières aux régions du Nord, d'autres espèces qui n'avaient été signalées que dans les mers des Antilles.

On le voit, l'océan nous avait déjà beaucoup appris, mais il était loin d'avoir révélé tous ses secrets. Les ministres de la Marine et de l'Instruction publique ne pouvaient pas laisser incomplète l'œuvre si féconde qu'ils avaient entreprise.

Dès le mois de décembre 1882, ces deux administrations organisaient une nouvelle campagne. Les machines dont le ministère de la Marine avait ordonné la construction pour les dragages à de grandes profondeurs, ainsi que le câble d'acier commandé par le ministère de l'Instruction publique allaient être terminés et envoyés au port de Rochefort. Il ne restait plus à déterminer que le choix du navire qui serait mis à la disposition de la Commission durant les mois de juillet et d'août 1883.

Les recherches bathymétriques faites par le *Travailleur* en 1880, 1881 et 1882, les études préliminaires et fort importantes des naturalistes du *Travailleur* permettaient d'aller, presque à coup sûr, explorer les fonds de l'océan que l'imperfection d'un outillage improvisé avait jusqu'alors empêché de fouiller. Il y avait un intérêt capital à étudier le lit de l'Atlantique dans la région occupée par la mer des *Sargasses;* mais pour s'éloigner autant de France, le *Travailleur* paraissait insuffisant, sa marche trop lente, et de plus, sa provision de charbon se serait trop rapidement épuisée. Un bâtiment plus grand, plus rapide, était désirable. Sur le *Travailleur* on était obligé, à cause des roues, de jeter la drague par l'arrière, ce qui gênait beaucoup la manœuvre. Il fallait donc un navire à hélice d'où l'on pourrait draguer par le travers, ce qui se pratique toujours pour les opérations à de grandes profondeurs.

La Commission des Voyages et Missions comprit si bien les nécessités nouvelles qui s'imposaient pour l'exploration plus complète des fonds sous-marins, qu'elle demanda au ministre de l'Instruction Publique l'autorisation de déléguer quelques-uns de ses membres auprès du ministre de la Marine afin d'obtenir tout son concours.

MM. Charton, Paul Bert, de Quatrefages et Georges Périn furent désignés. Ils reçurent du ministre un accueil cordial, et dès le 13 février les intentions de l'administration de la Marine devenaient officielles. Il était entendu que ce département, désireux de contribuer à la réalisation du programme arrêté par la Commission des Voyages et Missions, lui prêterait tous les moyens d'action qu'il avait en son pouvoir. Déjà le préfet maritime de Rochefort avait été invité à hâter les travaux du *Talisman* afin que ce bateau fût en mesure de prendre la mer, vers le 15 mai au plus tard. Les desiderata de la Commission scientifique visant les installations spéciales qui devaient être exécutées à bord pour faciliter les sondages et les dragages, avaient été également communiqués à M. le vice-amiral Véron, avec prière d'y donner satisfaction aussi complètement que possible. De cette entente il résultait que le *Talisman* se trouverait dans les meilleures conditions pour continuer les travaux d'exploration sous-marine. On apprenait de plus que le commandement du *Talisman* serait confié au capitaine de frégate Parfait, dont les services avaient été si appréciés lors des campagnes du *Travailleur*. Enfin, le 18 avril 1883, un arrêté ministériel constituait la Commission scientifique chargée de diriger les dragages qui seraient effectués dans l'Atlantique par l'éclaireur d'escadre le *Talisman* et d'étudier les fonds sous-marins au large des côtes du Maroc, des Canaries, des îles du Cap-Vert, des Açores et dans la mer des Sargasses.

M. Alphonse Milne-Edwards était nommé président de cette commission dont les membres s'appelaient MM. L. Vaillant, E. Perrier, Marion, H. Filhol, de Folin, Fischer.

MM. Ch. Brongniart et Georges Poirault étaient adjoints à la Commission, à titre auxiliaire.

Le 28 juin, les savants explorateurs arrivaient dans les eaux de Sainte-Croix de Ténériffe. M. Chassériau, notre consul, s'efforçait, avec une bonne grâce particulière, de faciliter leurs travaux. Mis par cet agent en relations avec les personnes du pays en état de leur être de quelque utilité, favorisés par un temps superbe, les membres de la Commission scientifique visitaient les curiosités naturelles de l'île, rencontrant, dans leurs nombreuses excursions, une ample récolte d'objets intéressant la science. M. Milne-Edwards ne reculait même pas devant l'ascension du Pic de Ténériffe, qu'il accomplissait avec un rare bonheur.

C'était entre les visiteurs et les habitants de l'île un échange constant de bons procédés. Si les membres de la Commission paraissaient enchantés de leur séjour, les habitants de Sainte-Croix ne cachaient pas leur admiration pour l'aménagement spécial et la magnifique installation du *Talisman*. Ils ne se lassaient pas de contempler et d'analyser les machines électriques, les treuils, les appareils de sondage, etc., etc., dont le navire était pourvu.

Le 5 juillet, le *Talisman* prenait le large à destination de la Grande Canarie, où il séjournait vingt-quatre heures pour rendre visite au savant docteur Chil, possesseur de riches collections.

Il levait l'ancre le 6 et se dirigeait vers les îles du Cap-Vert, où il continuait sa féconde moisson, bientôt grossie par les récoltes provenant des Açores et de la mer des

Sargasses. Au mois de septembre la quatrième campagne d'exploration sous-marine était achevée.

Ce fut un émerveillement général lorsque M. A. Milne-Edwards — le 30 janvier 1884 — eut l'excellente idée d'exposer au Muséum le résultat des recherches du *Travailleur* et du *Talisman*. On s'arrêtait longuement devant les plus gros animaux et devant les plus microscopiques. C'était un monde nouveau ouvert à la science et aux simples curieux. On sentait quels matériaux précieux avaient été découverts et on avait soif de les voir mettre en œuvre, expliquer, commenter. Le livre de M. Filhol, les communications faites à l'Institut donnèrent au public sur ce point les premières satisfactions, et l'État se réserva de fournir aux spécialistes les moyens d'élever un monument durable qui montrerait dans tous les détails l'effort tenté et ses résultats. Il fut décidé qu'un ouvrage serait publié sous les auspices du Ministère de l'Instruction Publique et qu'il porterait le titre de : « Expédition scientifique du *Travailleur* et du *Talisman*. » Les trois premiers volumes de cette œuvre considérable ont paru. Nous les analyserons plus tard.

Pour le moment revenons au volume si intéressant de M. Filhol.

Ouvrons-le de nouveau et lisons quelques-uns de ses chapitres. Nous lui avons déjà emprunté des faits en ce qui concerne l'historique des explorations sous-marines, les sondages et les dragages profonds, l'eau de mer, les conditions de la vie dans les grandes profondeurs. Voyons ce qu'il dit des Crustacés dont les formes sont si variables et qui sont toujours, de la part des naturalistes, l'objet d'une étude passionnée.

Ils sont, en vérité, bien surprenants, ces animaux. Crabes, langoustes, crevettes, écrevisses sont placés dans l'échelle des êtres à une grande distance des poissons et des autres vertébrés. Ils sont, en effet, dépourvus de squelette intérieur et de système nerveux cérébro-spinal et par conséquent, à ce double point de vue, semblables aux insectes. Mais ils sont admirablement pourvus contre toute attaque d'un ennemi. Leur intelligence est extrême. Ils voient, ils entendent, ils sentent à merveille et leur toucher est d'une délicatesse incomparable. Les Crustacés, dit M. Filhol, présentent au plus haut degré un caractère batailleur, et la nature est venue seconder ce vice en les dotant du pouvoir merveilleux de reconstituer les membres brisés ou détachés durant les combats. Un crustacé a-t-il perdu ses pinces à la bataille, il s'enfuit au plus vite et va se cacher dans un coin obscur, inaccessible, sous un gros rocher. Il reste là pendant quelque temps, ne s'aventurant qu'à peu de distance et avec de grandes précautions pour chercher ce dont il a besoin pour vivre, et ce n'est que lorsque ses bras ou ses pattes ont repoussé qu'il reprend son allure arrogante et court à de nouvelles luttes. Dévorer ses voisins, dévorer ses semblables, telle pourrait être la devise de ces animaux dont le naturaliste Rymer Jones a constaté la férocité.

Ce naturaliste raconte qu'ayant placé un jour des crabes tourteaux dans un aquarium, il vit l'un d'eux s'emparer d'un de ses compagnons en étreignant le bord de sa carapace avec une de ses pinces, briser cette cuirasse avec l'autre pince et se mettre alors tranquillement à fouiller dans le corps, arrachant des lambeaux de chair qu'il s'empressait d'avaler. Mais, par un juste retour, pendant qu'il était ainsi occupé, un autre crabe s'approcha de lui par derrière, le saisit et, le maintenant vigoureusement lui fit subir le même supplice. On pourrait croire que notre tourteau, en semblable péril, dut s'empresser de lâcher sa proie et d'essayer une défense désespérée. Pas du tout, il continua son repas, que la mort seule fut capable d'interrompre. Quelle heureuse organisation que celle de ces animaux ! dit M. Filhol. Leurs mutilations ne sont que passagères, leur vie se passe à aimer et à manger, alors que la douleur semble rester inconnue.

On trouve des crustacés au fond comme à la surface des mers. Le *Talisman* en a pêché à 4,787 mètres. Quelques-uns, comme les Brachyures, deviennent cependant de plus en plus rares à mesure qu'on descend vers le fond de l'océan. Entre 1,200 et 1,500 mètres, ils disparaissent complètement, tandis que des formes moins perfectionnées se retrouvent aux environs de 5,000 mètres.

II

Le Lithode féroce. — L'habitation et les tendresses du Pagure. — Le Nematocarcinus. — Variétés d'êtres et de couleurs. — Les Pygnogonides. Crinoïdes. — Brisingidæ et Holoturies. — Les méduses. — Les animaux-fleurs. — Les Epizoanthes. — Le corail — Les éponges cornées et les éponges calcaires. — Les éponges siliceuses. — Cladorhiza et Hyalonema. — Les Euplectelles. — Le Pheromena. — Les Aphrocallistes. — Protozoaires et leurs divisions. — Foraminifères et Radiolaires. — Coloration des Foraminifères. — Le Bathybius. — Opinion de M. de Folin sur l'ancêtre du monde animal.

On ne saurait croire à quel point est infinie la variété des animaux sous-marins, quelle originalité de forme et quelles éclatantes couleurs ils possèdent. Voyez le *Scyramathia Carpenteri* caché sous sa carapace de forme triangulaire et qui se termine en avant par deux énormes cornes excessivement aiguës à leur sommet. Quel joli rose foncé en certaines parties, se dégradant dans d'autres jusqu'au rose pâle ! A côté de lui, vous apercevrez l'un des êtres les plus étranges qui ait été capturé par le *Talisman* dans les fonds de l'Atlantique.

Revêtu d'un manteau rouge clair, il semble un amas d'épines longues et acérées. Bras, jambes, son corps entier est épineux et, de quelque côté qu'on veuille le saisir, on se pique cruellement. Le *Lithodex ferox* doit être la terreur des contrées où il habite, et devant lui doivent fuir les rouges Rascasses et les énormes crevettes teintées en rouge plus ou moins sombre, en rose plus ou moins vif, qui s'appellent *Heterocarpus, Gnatophausia* et *Pentacheles*. Devant lui tremblent d'effroi les Oursins mous à couleur brique ou violacée, les Marginelles et les magnifiques Anémones d'un violet si tendre. Le Bernard-l'Ermite, lui-même, si ingénieux pourtant, prend envers les Lithodes des précautions spéciales.

On sait que ce crustacé, cuirassé seulement à la tête et à la poitrine, se loge dans une coquille vide dont la taille est en rapport avec la sienne, afin de protéger son abdomen, revêtu simplement d'une peau molle. A mesure qu'il grandit, il change de domicile. Sur nos côtes et jusqu'à une certaine profondeur, il rencontre toujours une demeure à sa taille mais, nous apprend M. Filhol, dans les abysses, comme les coquilles sont toujours de proportions très réduites, le Bernard-l'Ermite ne peut que très imparfaitement abriter son train postérieur. Aussi quelle vie pleine d'inquiétude doit être la sienne et quel souci doit-il avoir de soustraire à la convoitise de ses voisins, ou même de ses semblables, son abdomen gras et rebondi, mets succulent pour les gourmets des abîmes !

Une des espèces de Pagures — Bernard-l'Ermite — recueillie sur les côtes du Maroc et dans la mer des Sargasses, ajoute M. Filhol, présente un habitat fort singulier.

Elle est logée, non dans une coquille, mais dans une véritable colonie animale formée de ces êtres élégants, sorte d'anémones de mer qu'on appelle des Épizoanthes. Ces animaux se sont primitivement développés sur une coquille dont le test a été progressivement résorbé, et c'est dans la cavité qui lui correspond que vient s'installer une espèce toute particulière de Bernard-l'Ermite. L'association singulière des Pagures, des Anémones de mer et des Actinies était déjà connue depuis longtemps, à la suite d'observations faites sur nos côtes. Aussi la Commission scientifique du *Talisman* n'a-t-elle pas été autrement surprise de la voir se perpétuer à quelques mille mètres de profondeur. Ces animaux ont certainement pensé que la vie devait être plus facile à deux, et ils ont mis alors, au service l'un de l'autre, leurs aptitudes diverses. Tous les pêcheurs de la Méditerranée connaissent un Bernard-l'Ermite, le Pyade, comme ils le nomment, qui a pour commensal une Anémone. La bouche de cette dernière est toujours tournée vers celle du crustacé, afin que les débris des aliments broyés par les pinces tombent dans son intérieur. Quant au Bernard-l'Ermite, masqué par l'animal qu'il transporte, il se dérobe aux recherches de ses ennemis et il peut s'approcher, sans éveiller de soupçon, d'une proie qu'il convoite et qui n'aurait pas manqué d'essayer de fuir s'il fût venu à découvert.

Sur la côte d'Angleterre, vit une autre espèce de Pagures ayant également pour commensal une Anémone de mer. Ce Pagure est surtout remarquable par la bonne entente qui règne entre lui et son acolyte : c'est un modèle d'amphitryon. Le lieutenant-colonel Stuart-Warthy s'est fait le spectateur indiscret de sa vie intime et raconte ainsi le résultat de ses observations : cet animal ne manque jamais d'offrir après sa pêche les meilleurs morceaux à sa voisine et s'assure très souvent dans la journée si elle n'a pas faim. Mais c'est surtout quand il s'agit de changer de demeure, qu'il redouble de soins et d'attention. Il manœuvre avec toute la délicatesse dont il est capable pour faire changer l'Anémone de coquille; il vient à son aide pour la détacher, et si par hasard la nouvelle demeure n'est pas goûtée, il en cherche une autre jusqu'à ce qu'elle soit complètement satisfaite.

D'après M. A. Lloyd, si, au moment d'un déménagement, l'Anémone est souffrante, le Bernard renonce à changer de domicile. De si bons procédés ne sont pas payés par l'ingratitude, assurent certains auteurs, et les Anémones aiment leur bon Pagure jusqu'à en mourir.

Lorsque le Bernard, qui a pour commensal l'*Anémone à manteau*, vient à succomber, cette amie fidèle serait prise d'une telle tristesse qu'elle ne tarderait pas à quitter la vie. Ne confondrait-on pas dans ce cas la douleur avec la faim?

Et c'est d'observations semblables, toujours exactes, originales et séduisantes, que M. Filhol accompagne sa description des habitants des fonds de la mer. Dans les pages de son livre se déroulent les mystères tour à tour gracieux et sévères de ce monde fertile qui nous est à peine entr'ouvert et qui renferme des trésors que nous lui ravirons un jour, il faut l'espérer. Quel plaisir artistique et scientifique que de multiplier la somme des connaissances acquises! Ne sera-t-il pas précieux pour un naturaliste de découvrir demain une nouvelle espèce de Galathéens dont l'originalité pourra égaler, peut-être dépasser celle des espèces déjà décrites? Si l'on pense au *Galathea spongicola*, cela ne sera probablement pas aisé. Mais qu'importe, si l'on y parvient.

Quelles intéressantes petites bêtes que ces Galathéens, toujours locataires des belles éponges siliceuses, pareilles à de la dentelle et nommées *Aphrocallistes!* C'est un inoubliable spectacle que de voir leurs mines effarées, au moment où leur demeure est retirée de la mer. Agitant leurs antennes, elles se précipitent aux diverses ouvertures, braquent leurs yeux dans toutes les directions, puis, affolées, se retirent brusquement au fond de leur palais de cristal pour apparaître de nouveau quelques instants après. A la quiétude des grands fonds, écrit M. Filhol, à la douce lumière tamisée par les eaux, ont brusquement succédé les bruits violents et la clarté étincelante du soleil. Quel monde étrange révélé en quelques instants à ces pauvres animaux, et combien l'engourdissement de la mort doit sembler doux à leurs nerfs meurtris!

Parmi les Crustacés Macroures des grands fonds, c'est la couleur rouge qui semble dominer. Suivant les espèces qu'on observe, cette couleur passe des teintes claires aux teintes vineuses.

L'un des Crustacés les plus surprenants est le *Nematocarcinus*. Cet animal a des pattes d'une telle ampleur qu'il paraît être monté sur des échasses. Les antennes se sont accrues à proportion des pattes et constituent de longs filaments d'une ténuité extrême possédant trois à quatre fois la longueur du corps. Quelques échantillons de ce crustacé sont conservés au Muséum dans un état de perfection absolue. Il en est de même pour quelques spécimens de *Peneus* rouges ou vert d'eau, parsemés de taches roses, que l'on admire à côté de l'*Acantephira pellucida* au corps rosé et piqueté finement de rouge intense, alors qu'une large plaque rouge s'étend sur la partie antérieure et supérieure de la carapace, et du *Nephropsis Agassizié*, orange sur le dos et rouge pour les autres parties du corps. Tout près apparaît une toute petite crevette, pêchée aux îles du Cap-Vert, dont la carapace est jaune dans sa partie antérieure et bleue dans sa partie postérieure. L'abdomen est blanc, rayé de bandes rouges dans toute sa longueur. On ne saurait, après ces quelques exemples, contester la puissance des palettes dont la nature s'est servie pour décorer les habitants du fond des mers.

Bien que la nature ait créé des groupe de petits crustacés ayant des pattes mâchoires et des pattes thoraciques, comme les Schizopodes, elle a eu également le génie de fabriquer des géants, de même allure, qu'on nomme *Gnathophausia*.

M. Filhol constate que ces remarquables animaux ont été dragués pour la première fois à une centaine de milles à l'ouest de Madère par 1,700 à 1,800 mètres. L'organisation de leurs pattes mâchoires est tout ce qu'il y a de plus extraordinaire. Au bout de chaque deuxième paire de maxillaires, il y a un œil. Vous lisez bien ? Un œil ! C'est-à-dire que les ténèbres sont tellement absolues au fond des mers pour certains animaux que la nature a pris le soin de doter chacune de leurs mâchoires d'un appareil visuel qui leur permet de choisir une nourriture appropriée à leurs besoins. Nous ne suivrons pas M. Filhol dans la répartition savante qu'il fait des habitats préférés par les Gnathophausia. Nous tournons, trop rapidement à notre gré, les pages de son livre et nous signalons le phénomène très singulier qui apparaît à l'examen du naturaliste lorsqu'il étudie l'isopode énorme que M. A. M. Edwards a décrit sous le nom de *Bathynomus giganteus*. Les yeux du Bathynome géant sont très développés, chacun d'eux comprend près de 4,000 facettes. Ils sont placés à la face inférieure de la tête, tandis que sur les Cymathoadiens, qui de tous les Isopodes paraissent avoir le plus d'analogie avec l'animal dont nous parlons, ils sont situés sur le dessus de cette portion du corps. Il est évident qu'il y a là encore une précaution de la nature en rapport avec les territoires faiblement éclairés où vit le Bathynome. Comme aux Gnathophausia, des lanternes spéciales lui sont indispensables.

De même que chez Nicolet on allait de plus fort en plus fort, de même, au fond des mers, le merveilleux devient de plus en plus merveilleux. Fouillons avec M. Filhol un sol couvert par une hauteur de 4 kilomètres d'eau. Nous allons rencontrer des animaux sur la nature desquels les zoologistes ne sont pas absolument d'accord. Les uns les tiennent pour des crustacés. Les autres estiment que ce sont des arachnides modifiées. Ce qui est certain, c'est qu'à l'unanimité on les a dénommés *Pyynogonides*.

C'est près des côtes, au milieu des algues, à l'abri desquelles ils progressent lentement, qu'on les rencontre. Leur corps est très mince et allongé; de ses parties latérales partent quatre paires de pattes terminées par des griffes acérées. De l'extrémité antérieure se détache un rostre conique portant à sa base des appendices en forme de pinces, qu'on a quelquefois regardées, remarque l'auteur de la *Vie au fond des mers*, comme des pièces homologues à certaines parties de la bouche des araignées, et au-dessous des palpes tantôt semblables à des pattes, tantôt en formes de pinces. L'abdomen est complètement atrophié, ce qui a pour conséquence d'amener l'estomac à prendre une disposition toute spéciale. En effet, au moment où l'abdomen disparaissait, il n'y avait plus de place pour un intestin devant digérer et absorber. Afin de remédier à cet état de choses, il s'est constitué des prolongements de tube digestif, qui se sont avancés dans l'intérieur des pattes. Ceci nous fait souvenir, dit M. Filhol, d'un vieux dicton français, prétendant que lorsqu'on a grand'faim, l'estomac descend dans les talons.

C'est à regret que nous sautons les pages qui traitent des mollusques et des vers, dont les mœurs offrent des particularités on ne peut plus remarquables, pour arriver aux chapitres qui terminent l'ouvrage de M. Filhol. Nous voici maintenant en face des Échinodermes, dont un groupe, celui des Crinoïdes, a toujours été considéré par les naturalistes comme un objet d'études du plus haut intérêt. Les planches qui représentent par exemple l'animal appelé *Comatula rosacea* et les jeunes comatules à l'état de *Pentacrinus Europeus* expliquent la séduction qu'ils inspirent. Rien de plus gracieux que les enroulements symétriques de ces Crinoïdes qui apparaissent semblables à des fougères délicates dont le dessin exquis a certainement servi de modèle aux artistes qui montent les parures de diamant.

Les Crinoïdes des grands fonds affectent des formes encore plus surprenantes, et voici ce que dit M. Filhol, à ce propos, d'un dragage opéré au large de Rochefort, à une profondeur de 1,500 mètres :

« Les *Pentacrinus* revêtaient le sol en quantité considérable, formant une sorte de prairie animée du milieu de laquelle s'élevaient des Mopsées de grande taille. Le sol rocheux était couvert de Polypiers très élégants, ressemblant à de véritables fleurs ayant ouvert leur calice, et au milieu de ce monde vivant enchaîné à la terre s'agitaient des crustacés encore inconnus (les *Paralomis microps* A. M.-Edw.) dont la carapace était garnie de fines épines. Des *Actynometra*, Crinoïdes libres, détachés de leur tige après leur accroissement complet, flottaient au milieu des eaux ou se cramponnaient par instants par leurs cirres aux branches des mopsées. Les *Pentacrinus Wyrille Tompsoni*, les *Actynometra* étaient d'un beau vert d'herbe, les mopsées d'une teinte orangée, les Polypiers d'un violet foncé, les Crustacés d'un blanc nacré. Cette exubérance de vie, cette débauche de couleur à 1,500 mètres de la surface de l'océan, constituent certainement un des faits les plus féeriques qu'il ait été réservé aux naturalistes de découvrir. »

On comprend, après de pareils tableaux, le désir des savants de pousser toujours plus loin les investigations. Chaque coup de drague leur révèle de nouvelles richesses. Après les *Pentacrinus*, les Astéries, ces étoiles de la mer, parmi lesquelles les *Brisingidæ* sont merveilleuses. Les Astéries ont la faculté de se multiplier en brisant leurs bras dont les fragments se développent, se complètent et finissent par reconstituer des animaux identiques à ceux dont ils ont fait partie. Aussi fantastique que cela paraisse, cela n'en est pas moins d'une rigoureuse vérité.

Nous disions tout à l'heure que les *Brisingidæ* étaient des merveilles. Dans le rapport que nous avons analysé déjà, M. Milne-Edwards l'avait constaté. Elles sont admirables ces *Brisingidæ* que Ch. Absjörusen découvrit le premier sur les côtes de la Norvège, un peu au-dessous de Bergen. Leurs bras, longs et flexibles, peuvent s'élever au nombre de dix-neuf. De leur corps se dégagent des lueurs phosphorescentes d'une indéfinissable beauté. Elles méritent bien le nom qui leur a été donné, *Gloria maris*.

Un autre groupe d'Échinodermes comprend des animaux fort étranges, les Holothuries, vulgairement appelés *Cornichons de mer*. Ces bêtes, de couleur vive, soit violette, soit rouge, soit d'une blancheur mate, ont un aspect assez déconcertant. Leur bouche est placée à l'un des bouts du corps, tandis que près de la terminaison de l'intestin, qui s'ouvre à l'autre extrémité de la bête, se remarquent les orifices de tubes ramifiés constituant les organes respiratoires. Quand on irrite les holothuries, en voulant par exemple les saisir, on les voit se contracter et rejeter brusquement leurs viscères. Mais ce qu'il y a de plus singulier chez ces animaux, c'est qu'au bout de quelque temps les organes expulsés se sont reproduits de nouveau.

Bien attrayants à étudier sont aussi les animaux connus des baigneurs sous le nom d'*Orties de mer* et que les savants dénomment Méduses. Bêtes vagabondes, flottant à la surface des eaux, cloches transparentes, parées, en différents points de leur surface, des couleurs les plus vives, elles vont où la vague les pousse, en dilatant et contractant d'une manière rythmique leur disque transparent. Fuyez-les. Quelques-unes d'entre elles vous piquent et vous apportent d'horribles démangeaisons. Livrez-vous plutôt, et d'aussi près que vous le pourrez, à l'analyse des *Coralliaires*

On répartit en deux grands groupes les Coralliaires, ces animaux si charmants de formes et de couleurs : celui des Zoanthaires et celui des Alcyonnaires.

Celui-là est le groupe des animaux fleurs. Suivant que les individus qui le composent ont le corps mou, suivant que dans leur intérieur un axe solide se développe, une sorte de squelette, un polypier, les Zoanthaires sont distribués dans des groupes différents. Voulez-vous que nous nous entretenions d'abord des Zoanthaires à corps mou, parmi lesquels nous allons retenir d'abord les Actinies, ces Anémones de mer dont les espèces variées autant que nombreuses enrichissent de leurs formes capricieuses et de leurs élégantes colorations les rivages que nous avons coutume de fréquenter?

Admirons sans réserve la peinture que nous en fait M. Frédol, et apprenons de sa bouche ce que sont en réalité ces fleurs animales qui peuplent nos côtes.

Comme tous les Coralliaires, les Anémones de mer sont des Polypes, c'est-à-dire des animaux ayant la forme d'un sac dont l'ouverture est garnie de tentacules. Le sac, c'est le corps; la cavité qu'il limite, l'estomac; l'ouverture, la bouche; les tentacules, des bras servant à la défense individuelle ou à capturer les animaux à dévorer.

Les Anémones ont provoqué la verve parfois très poétique des naturalistes.

« Lorsqu'une vive lumière, dit Frédol, éclaire une Anémone, elle épanouit ses tentacules, comme une capitule de pâquerette qui étale ses demi-fleurons. Ces organes s'allongent ou se raccourcissent, vont et viennent, se balancent et se tordent autour de sa bouche dilatée. Touchez l'animal avec le bout d'une baguette, ou bien agitez l'eau qui l'environne, et soudain tout se rapproche, se ferme, se contracte et s'amoindrit.

« Pendant que l'Anémone étale sa brillante collerette, si un petit ver, un jeune crustacé, un poisson nouvellement éclos vient s'y heurter étourdiment, aussitôt, par un brusque mouvement, l'animal vorace pousse l'imprudente victime vers sa gueule béante et la précipite dans sa bourse, c'est-à-dire dans son estomac... et *consummatum est!* »

La vie des Anémones est un affût continuel.

« Les tentacules filamenteux de certaines espèces semblent être de véritables armes offensives. M. Gosse a surpris un de ces filaments au moment où il s'attachait à un petit poisson. La pauvre bête fit quelques efforts pour fuir et ne tarda pas à succomber. M. Hollard a vu de jeunes maquereaux se coucher sur le flanc et mourir au simple contact d'une Actinie. »

Elles ont la vie dure, les Anémones! Et leur reproduction est d'autant plus assurée qu'on les mutile davantage, si l'on en croit les expériences et les affirmations de l'abbé Dicquemare. D'après lui, ce n'est point être cruel que de séparer en plusieurs parties le corps d'une Anémone. C'est au contraire prolonger sa vie, la rajeunir et multiplier l'espèce. Il est de fait que si l'on arrache violemment une Anémone du rocher sur lequel elle est fixée, il arrive souvent qu'on déchire sa base et que des parties de son corps restent adhérentes. C'est alors que s'accomplissent des phénomènes de vitalité que nous avons déjà remarqués chez d'autres animaux. L'Anémone mutilée reconstitue en peu de jours les morceaux qui lui ont été enlevés, alors que ces derniers, conservant leur vitalité, ne cessent de s'accroître et finissent par donner naissance à autant de jeunes Actinies. On écrirait des volumes sur ces fleurs sans cesse renaissantes, et l'on pourrait gager qu'ils ne lasseraient jamais l'intérêt du lecteur.

Peut-être en serait-il de même pour d'autres actinies qui, au lieu de posséder une vie indépendante comme celles dont il vient d'être question, constituent par leur groupement des colonies animales.

Parmi ces Polypes agrégés, M. Filhol cite les Épizoanthes et leur belle couleur violette. Ils s'établissent sur une coquille dont le test est à peu près résorbé; ils s'accroissent par bourgeonnement et leur colonie finit par prendre un aspect circulaire, en forme de roue dentée dont chaque saillie est un Polype.

Dans un second groupe d'Actinies, celui des Madréporaires, il se constitue un squelette au fond de chaque polype. Les Madréporaires vivent isolément ou en volumineuses colonies.

C'est parmi les isolés qu'on rencontre les formes les plus belles et les plus élégantes des Polypiers. Tels les *Stephano-trochus* dont les tentacules sont disposés autour de la bouche et les *Flabellum* ou éventails. Viennent enfin les séries qui ont donné à Darwin l'occasion d'émettre de séduisantes théories sur la formation des récifs. Au fur et à mesure qu'on apprend leur nom de la bouche de M. Filhol, les travaux d'Agassiz, les déclarations de M. Reins, celles de M. Murray, les études puissantes de M. Lacaze-

Duthiers absorbent tour à tour votre esprit. Que de choses à retenir, si l'on y ajoute les observations de M. Guppy et les remarques de M. de Lapparent!

Avec la seconde division de la classe des Coralliaires, celle des Alcyonnaires, nous entrons dans l'examen du Corail, de ce bijou connu aux temps les plus anciens et dont Orphée a dit en vers les propriétés et l'origine.

Rappelons avec M. Filhol que d'après Ovide le Corail était mou sous l'eau et se durcissait au contact de l'air. En 1700, Tournefort admettant une idée ancienne défendue tour à tour par Théophraste, Dioscoride, Pline, regardait le Corail comme un végétal. Le comte Marsigli, en 1706, annonça qu'il venait de voir les fleurs du Corail, et ce ne fut que plusieurs années après qu'un jeune médecin de Marseille, Peyssonel, releva cette erreur et montra que « le calice de la prétendue fleur était le corps même de l'animal avancé et sorti hors de la cellule ». Cette découverte ne fut admise qu'avec beaucoup de difficultés et qu'après un temps assez long.

La très belle étude que M. Lacaze-Duthiers a faite du Corail nous a appris sur l'histoire naturelle de cet animal des faits nouveaux et définitifs. Ils précisent ses transformations et mettent à néant les erreurs précédemment affirmées.

Les amateurs de Corail ignorent peut-être que dans l'Atlantique Nord et la Méditerranée, l'espèce rouge vit dans des fonds de 50 à 60 brasses. Dans quelques cas on en a pêché à plus de 100 brasses.

Durant les dragages du *Talisman*, on a rencontré des spécimens vivants qui ont permis de constater l'identité absolue d'espèce entre le Corail de la Méditerranée et celui de l'Atlantique Nord. Par 500 et 600 mètres de fond, on a dragué une forme d'Alcyonnaires encore inconnue et voisine du Corail, le *Coralliopsis Perrieri*. Lorsque cet Alcyonnaire est vivant, ses tiges sont d'un très beau blanc et ses polypes d'un rouge éclatant.

Délicieux aussi sont les Polypes qu'on appelle *Pennatules* ou *Plumes de mer*. L'élégance de leurs formes, les lueurs qu'ils dégagent en font des êtres merveilleux d'un rouge intense mélangé de jaune. Voici les *Vérétilles* avec leur parure orangée et l'exquise colonie des *Umbellulaires* qui apparaissent comme autant de fleurs vivantes d'une belle teinte violette. Les campagnes de dragages sous-marins n'ont point fait connaître seulement ces multitudes d'animaux considérés à un point de vue général. Ils ont aussi révélé diverses particularités de structure très remarquables offertes par des animaux que l'on considérait à tort comme de vrais Coralliaires. Mais il nous faut pourtant abandonner ces ravissants Polypiers aux branches flexueuses, dire adieu au *Stylaster flabelliformis* de l'île Bourbon, dont l'axe coloré en blanc pur ne le cède point en beauté au *Stylaster roseus* des îles Sandwich. La série des *Éponges*, qu'elles soient isolées ou groupées en colonies, mérite qu'on s'arrête un instant à les considérer.

Aux temps anciens, on regardait les éponges, tantôt comme des végétaux, tantôt comme des animaux parmi lesquels on prétendait découvrir des mâles et des femelles. A propos de ces bêtes, les idées les plus étranges ont été émises, et M. Filhol ne manque pas d'applaudir à la boutade d'Érasme qui disait : on doit passer l'éponge sur tout ce qui a été avancé à son sujet.

Il existe des éponges dont la charpente est de nature fibreuse ; ce sont les éponges de toilette. Chez d'autres, le squelette est formé par des spicules calcaires ou des spicules siliceux.

Le rôle des spicules est extrêmement varié. D'après M. Filhol, certains de ces éléments sont répandus dans les tissus de l'éponge et servent de point de soutien ; d'autres réunissent entre eux diverses parties de l'animal ou de ses colonies. Car chez les éponges, l'individu isolé existe comme aussi existe l'agrégation de plusieurs individus. Il y a enfin des spicules qui se projettent au dehors ou font saillie dans l'intérieur des canaux et deviennent ainsi des moyens de défense.

Dans quelques éponges siliceuses, une portion des spicules prend un grand développement et constitue alors, soit une sorte de longue chevelure, comme dans les *Holtenia*, soit une torsade, comme dans les *Hyalonema*. Ce n'est pas au hasard que la nature les pare de cette pittoresque façon. Chevelure ou torsade permettent à l'éponge de se fixer, de s'ancrer dans le fond vaseux où elle vit.

L'étude des Spongiaires est à la fois très intéressante et particulièrement difficile. On découvre constamment, au fur et à mesure que l'on parvient à délimiter des genres, des espèces, des formes intermédiaires qui les réunissent et contredisent les déclarations déjà déduites. De là l'opinion de certains naturalistes, Hœckel, Os. Schmidt, par exemple, que l'espèce n'existe pas chez les éponges.

Leur reproduction s'effectue très différemment. Et, pour s'en rapporter à l'opinion de M. E. Perrier, dans une colonie d'éponges la masse entière des individus qui la constituent ressent des impressions et peut exécuter des mouvements d'ensemble.

Les éponges cornées et calcaires paraissent faire uniquement partie de la faune littorale. Aucun de leurs représentants, au moment où M. Filhol écrivait son livre, n'avait été remonté de fonds excédant 450 brasses.

Quant aux éponges dont nous nous servons pour nos usages domestiques, elles proviennent en grande partie de la Méditerranée, où elles sont surtout pêchées entre Beyrouth et Alexandrie.

Elles vivent peu profondément et c'est en se servant de plongeurs qu'on procède à leur récolte. Dans le golfe du Mexique, où elles sont également abondantes, on les arrache du fond au moyen de sortes de longs râteaux.

Contrairement aux précédentes, nous dit M. Filhol, les éponges siliceuses font partie de la faune profonde dont elles sont l'un des éléments les plus importants. Certains genres s'observent jusqu'à 5,000 mètres. Leurs formes sont très variées et leurs squelettes possèdent dans plusieurs genres une extrême élégance. Les Monaxonides — dont le squelette est formé de spicules en formes d'aiguilles, — sont répandues dans toutes les mers ; on les a pêchées au-dessus de 100 brasses et à 3,000 brasses. Deux de leurs formes les plus remarquables sont celles qui portent le nom de *Cladorhiza* et de *Condochladia*.

Les *Cladorhiza* forment au fond des mers d'épais buissons « qui, dans certaines parties, recouvrent des espaces considérables, comme la bruyère revêt une lande ». A cette affirmation de W. Thompson, nous ajouterons avec M. Filhol que dans certaines espèces les branches sont raides, tandis que dans d'autres elles sont plus souples. Les rameaux latéraux sont quelquefois insérés sur un rachis central, comme des barbes sur l'axe d'une plume. La tige, les branches, sont composées dans leur partie centrale de longs spicules aiguillés, disposés en faisceaux allongés. Les *Cladorhiza* vivent sur des fonds de vase, dans lesquels la partie inférieure de leur colonie est profondément enfoncée. Leurs rameaux peuvent atteindre jusqu'à 80 centimètres de longueur.

Les *Hyalonema* ne sont pas moins curieuses. Elles sont constituées par deux parties : l'une inférieure, l'autre supérieure. La partie inférieure, formée de longs spicules de silice, a l'aspect d'une torsade de 40 à 50 centimètres de longueur ; les spicules, qui ont le volume d'une aiguille à tricoter, se terminent à chacune de leurs extrémités en une pointe fine. Les parties moyennes et supérieures, dit M. W. J. Sollas dans le travail qu'il a publié à la suite des explorations du *Challenger* « sont soudées, enroulées en hélice par le fait de la torsion des fils dont elles sont composées. La partie inférieure de la torsade, lorsque l'animal est vivant, plonge dans le limon et est éraillée de façon que chaque fil se trouve isolé des autres, comme les poils d'une brosse luisante ; la partie supérieure, serrée et compacte, est assujettie perpendiculairement dans une éponge conique ou cylindrique ». Par conséquent la partie inférieure des *Hyalonema* joue le rôle d'un câble résistant, destiné à maintenir fixé, au fond de la mer, une colonie animale.

Ce mode de structure, si simple, a été longtemps ignoré par suite de circonstances fort singulières que M. Filhol va nous révéler.

Les *Hyalonema* ont été primitivement connues en Europe par un échantillon que Siebold rapporta du Japon en 1835.

Seulement, au lieu de considérer sa torsade de spicules comme la base de l'éponge, on la regarda comme s'échappant de son intérieur et comme devant s'étaler au-dessus d'elle en éventail. D'autre part, la présence d'une espèce d'Alcyonnaire, établi en parasite sur les tiges des *Hyalonema*, fit absolument méconnaître leur origine. Les naturalistes se posèrent cette question : les *Hyalonema* sont-ils un unique organisme ou bien ne correspondent-ils pas à l'assemblage de deux ou trois êtres distincts ? Ce fut cette dernière opinion qui fut admise. Gray supposa que la tige des *Hyalonema* était due à une colonie dont il faisait un parasite de l'éponge. Cette même opinion fut défendue par le docteur Brandt en 1859, après l'examen d'une nouvelle série de spécimens rapportés également du Japon. Ce fut seulement en 1857 que H. M. Edwards, en se basant sur ce que les Alcyonnaires ne forment jamais de Polypier siliceux, fit de l'éponge et de la torsade un seul organisme. Il déclara en même temps que les Polypes étaient de simples parasites de l'éponge. Cette opinion fut confirmée plus tard par les recherches de Max Schultze, de Bonn, qui montra que les Polypes (les *Palythoa*) étaient des êtres entièrement distincts de l'éponge sur laquelle ils s'établissaient en commensaux, afin de prendre dans les courants déterminés par l'appareil ciliaire de leur hôte l'oxygène et les matières organiques nécessaires à leur vie.

Ce genre d'associations a été retrouvé depuis par Os. Schmidt, sur deux éponges vivant dans l'Adriatique. On a tour à tour, et dans diverses expéditions sous-marines, découvert de nouvelles espèces d'*Hyalonema*. Le *Talisman* a recueilli des *Hyalonema Lusitanicum* en divers points de la côte du Maroc, jusqu'aux îles du Cap-Vert et enfin au Açores et dans le golfe de Gascogne, par des fonds de 800, 2,210, 3,200 et 3,655 mètres.

En passant au groupe appelé *Euplectelles*, nous allons trouver une éponge de toute beauté prise sur les côtes du Maroc, par 865 mètres de profondeur. Elle s'appelle : *Thrycaptella elegans*, vit fixée à des coraux et voici comment M. Filhol la décrit : sa base est formée de spicules siliceux agglutinés les uns avec les autres et formant ainsi un réseau d'une grande solidité. Le restant du corps de l'éponge, qui s'élargit dans sa partie moyenne, est souple comme chez les *Euplectelles*. L'oscule, fermé par un treillage à mailles grandes et irrégulières, est entouré par une collerette de longs spicules d'une extrême délicatesse.

Les éponges siliceuses, on peut le constater au Muséum d'histoire naturelle, si l'on ne se souvient pas de l'effet qu'elles produisirent dans la salle des *Missions* du ministère de l'Instruction publique, lors de l'Exposition universelle de 1889, les éponges siliceuses, disons-nous, affectent des formes absolument surprenantes. Quelques-unes semblent prêtes à tous les offices que doit rendre le filtre feutré que l'on aperçoit chez les distillateurs, à moins que, renversées, elles deviennent pour l'œil l'image légendaire des chapeaux familiers aux médecins de Molière. D'autres, soutenues par des racines très nettes, amènent l'esprit à les comparer à des molaires humaines et gigantesques; de plus originales encore rappellent l'architecture d'un nid d'oiseaux. Ces dernières, les *Pheromena*, sont tout à fait curieuses. L'espèce la plus commune est le *Pheromena Carpenteri*, découvert par M. Thompson, lors de la croisière du *Lightning*. « Cet animal, a écrit ce savant naturaliste, est une sphère de 90 à 100 millimètres de diamètre. A sa partie supérieure, se trouve un oscule d'environ 30 millimètres de diamètre; de cette ouverture part un conduit cylindrique qui se termine en forme de coupe, après avoir traversé verticalement la substance de l'éponge jusqu'à la profondeur de 55 millimètres. La paroi extérieure de l'éponge est faite d'un treillis compliqué de spicules à cinq pointes. Une des pointes de chaque spicule plonge dans le corps de l'éponge, et les quatre autres, plantées à angles droits, forment une sorte de croix à la surface; cette disposition donne à l'animal un bel aspect étoilé. Les pointes siliceuses de chaque étoile se recourbent dans la direction des pointes de l'étoile voisine, elles se rencontrent et se prolongent en lignes parallèles. »

N'est-ce point là une merveilleuse construction?

Mais poursuivons la lecture de la description de M. Thompson. Elle va nous étonner sur bien d'autres points. Chez les *Pheromena*, toutes les pointes de tous les spicules sont enduites d'une matière épaisse, gélatineuse, demi-transparente, qui unit les pointes voisines par un lien élastique et garnit les angles de chaque maille d'une substance visqueuse. Cet arrangement des spicules qui, bien qu'indépendants, adhèrent pourtant les uns aux autres par des liens élastiques, produit un tissu flexible, extensible et d'une grande résistance. La cavité cylindrique de l'intérieur de l'éponge est doublée d'un réseau à peu près semblable.

Quand l'éponge est vivante, les intervalles du filet siliceux sont garnis à l'intérieur et à l'extérieur d'une membrane fenestrée très mince, formée d'un liquide glaireux semblable à du blanc d'œuf, et qui est constamment en mouvement, étendant ou contractant les ouvertures des mailles, et glissant sur la surface des spicules. Cette substance (sarcode), qui est la chair vivante de l'éponge, renferme un nombre infini de spicules presque imperceptibles, dont les formes élégantes et originales caractérisent chaque espèce d'éponges. Un courant d'eau continuel, provoqué par l'action des cils, s'introduit par les ouvertures de la paroi extérieure, traverse les mailles de la substance intermédiaire, déposant dans les interstices des matières organiques en solution et des particules nutritives, et s'échappe par l'ouverture supérieure. Sur un tiers environ du volume de l'éponge et à sa partie supérieure, rayonne, semblable à une collerette, une masse de spicules siliceux et hérissés, pendant que du tiers inférieur s'échappe une masse de filaments déliés et semblables à du verre filé ou à de fins cheveux blancs, qui pénètrent dans le limon à demi fluide, soutiennent l'éponge sur cette espèce de pied, en élargissant indéfiniment sa surface sans augmenter son poids d'une manière appréciable.

De même que nous avons cité textuellement la plupart des descriptions si nettes de M. Filhol, de même nous avons eu grand plaisir à mettre sous les yeux de nos lecteurs la peinture si parfaite, si claire que Thompson a faite des *Pheromena*.

Parmi les éponges recueillies par le *Talisman*, nous n'aurions garde d'omettre l'*Askomena Setubalense*, draguée sur les côtes du Maroc, dans le voisinage du cap Bojador, par un fond de 410 mètres. Cette éponge, avant l'expédition du *Talisman*, n'avait été trouvée que sur les côtes du Portugal. En même temps qu'elle, le chalut rapporta, ce même jour, à la Commission scientifique un exemplaire de ce singulier poisson, le *Malacosteus niger*, qui porte des plaques phosphorescentes sur les parties latérales de la tête.

Faut-il maintenant vous parler des *Aphrocallistes* à la structure très différente des éponges avec lesquelles nous avons fait connaissance et qui affectent des dessins aussi tourmentés que les précédents étaient réguliers ? Ce serait alors prendre d'un bout à l'autre le chapitre consacré par M. Filhol à ces Spongiaires si variés, si nombreux et si attachants.

Marchons encore dans ses plates-bandes toujours fleuries, mais, cette dernière fois, en nous intéressant avec lui aux Protozoaires. A propos de ces animaux, M. Filhol cite cette proposition de Bierzi : « Plus un animalcule est petit, plus sa dépouille occupe de place dans l'univers. »

En effet, les grandes nécropoles du fond des océans n'ont pas été constituées par l'accumulation des débris de cétacés gigantesques. Des coquilles microscopiques, ayant abrité des êtres infiniment petits et en même temps d'une organisation très simple, les Protozoaires, pavent les immenses cimetières sous-marins.

En examinant du sable, recueilli auprès de Ravenne, Beccaria signala la multiplicité de ces organismes. D'autre part, en étudiant les dépôts vaseux des sources de Carlsbad et de Frauzenbald, en Allemagne, Ehrenberg fut surpris de les trouver composés de corpuscules parfaitement définis. Il reconnut dans ces corps des pièces solides ayant fait partie d'animaux de taille très minime, et, en poursuivant ses recherches, il signala plus tard d'autres dépôts semblables, qui dataient soit de notre époque, soit d'époques géologiques assez anciennes.

Que sont donc ces Protozoaires ?

Des animaux vivant dans les eaux douces et dans la mer, dépourvus d'organes et pouvant sécréter une enveloppe ou bien une sorte de charpente intérieure, de squelette.

C'est en nombre incalculable, prodigieux, que les coquillages de ces organismes si simples, vivant près de la surface de la mer, soit sur ses plus grands fonds, s'accumulent sur les côtes et dans les abysses. Max Schultze a calculé qu'une once de sable, recueilli auprès du môle de Gaëte, en contenait un million et demi, et d'Orbigny en a compté 3,840,000 dans une quantité semblable de sable rapporté des Antilles ! On comprend alors que Frédol ait écrit : « Un mètre cube de ce dernier dépôt en renferme un nombre qui dépasse tout ce que nous pouvons imaginer. »

L'une des formes des Protozoaires, les Foraminifères, date de fort loin. On rencontre les premiers Foraminifères dans les assises siluriennes et dévoniennes. Les formes fossiles les plus remarquables de ces animaux sont enfouies au milieu de couches puissantes du tertiaire (*Nummulites*, *Miliotes*). On a fait le calcul fantastique que voici : un mètre cube de certaines assises du calcaire grossier des environs de Paris, fournissant une excellente pierre à bâtir, renfermait 20 milliards de ces bêtes !

Une autre forme de Protozoaires, les Radiolaires, n'est pas moins du domaine de l'invraisemblable.

En raison de leur organisation, les Radiolaires sont plus haut placés dans l'échelle des Protozoaires. Ils sont composés d'une masse sarcodique enveloppant une vésicule membraneuse. De cette masse, des prolongements simples ou ramifiés, qu'on appelle *Pseudopodes*, émergent. Tantôt, il n'y a là qu'un progrès de l'animal qui se développe ; tantôt c'est une arme dont il se sert pour saisir des proies, arme douée d'un pouvoir vénéneux. Le docteur Schultze, en effet, a remarqué que si un infusoire est atteint par ces pieds ou ces mains d'un radiolaire, il est instantanément paralysé.

L'architecture du squelette des Radiolaires, si délicate, si surprenante, a été très heureusement représentée dans l'ouvrage de M. Filhol. Ces squelettes, nous dit le savant auteur, sont dus, dans certaines espèces, à des spicules isolés, lisses ou barbelés et formant une sorte de réseau analogue à celui des éponges. Dans d'autres formes, les spicules sont plus forts et disposés très régulièrement à partir du centre ; il peut s'ajouter à ces éléments, qui deviennent alors des points de soutien, des aiguilles accessoires restant libres ou se soudant entre elles de manière à composer une ou plusieurs sphères emboîtées les unes dans les autres à la manière de certains objets d'ivoire chinois ou japonais. Les spicules, généralement très résistants, sont pourtant dans quelques espèces d'une grande flexibilité, ce qui les a fait comparer à des filaments de verre filé. Chez quelques Radiolaires, on trouve un grand spicule en forme de double glaive, constituant une sorte d'axe dont la partie moyenne est occupée par la masse sarcodique traversée de toutes parts par des épines plus petites et rayonnant dans tous les sens. Dans certains types on découvre une partie centrale, en forme de disque, constituée par des anneaux concentriques reliés les uns aux autres par des barres transversales. Sur ce disque sont insérées trois ailes, formées d'arcs de cercle concentriques, également réunis entre eux. Une sorte de dentelle, due à un réseau siliceux, remplit l'intervalle de ces trois sections. Enfin le squelette de certains Radiolaires revêt les formes les plus inattendues, celle d'un casque ou d'une cage, par exemple.

Si les Radiolaires constituent des dépôts marins de considérable importance, un second groupe de Protozoaires, celui des Foraminifères, ne leur cède rien sur ce point. Ceux d'entre eux qui habitent les grandes profondeurs se fixent à des corps étrangers, coraux, éponges, etc. « Dans les espaces chauds du Nord de l'Atlantique, dit M. Thomson, et partout où le fond se compose de limon, les formes calcaires dominent, ainsi que les gros Cristellaires recouverts de sable durci par un ciment calcaire, qui fait ressortir chaque grain en sombre sur la surface blanche de la coquille. Les Milliolines abondent et dépassent tout ce que l'on peut trouver dans les régions tempérées, si on les considère au point de vue de la taille. Les Foraminifères dont le test est garni de sable sont très nombreux dans la région froide. Qu'on trouve ces animaux dans l'Atlantique, dans le Pacifique ou dans l'Océan Indien, qu'ils soient plus ou moins abondants dans l'une ou l'autre de ces mers, leur coloration est toujours d'une admirable variété. Dans les formes pélagiques, elle est quelquefois d'un rouge éclatant. S'il s'agit des Globigérines, vous trouvez le jaune, l'orange ou une teinte d'un rose délicat. La couleur brunit jusqu'au noir pour les Foraminifères vivant sur le fond; elle jaunit lorsqu'elle pare les formes arénacées. Cette question des Protozoaires, de leurs formes et de leurs transformations a donné lieu à des études profondément opposées dans leurs conclusions. On a vu bien des choses dans les boues des fonds de la mer et on a cru y surprendre de précieux secrets. On a identifié les Foraminifères actuels aux espèces fossiles éocènes, etc., etc. » MM. Munier-Chalmas et Schlumberger ont montré que cette identification ne pouvait être exacte. « Il faut abandonner, ont-ils dit, cette conception d'une mer crétacée se continuant de nos jours dans les abîmes de l'océan, car on ne peut établir de points de comparaison certains qu'entre les Foraminifères actuels et les espèces du Pliocène et du Miocène moyen. »

« En 1868, écrit M. Filhol, à la fin du dernier chapitre de sa *Vie au fond des mers*, durant une croisière du *Porcupine*, MM. Carpenter et Wyville-Thompson aperçurent, entre des particules du limon ramené par la drague, une sorte de gelée animée de mouvements très lents. Dans son intérieur, il existait des corpuscules calcaires de formes particulières, dans lesquels certains naturalistes voulaient voir des produits de la substance sarcodique elle-même, d'autres des débris d'algues calcaires. Cette sorte de gelée vivante, rencontrée sur de vastes étendues au fond de l'Atlantique, fut nommée par Huxley, *Bathybius Hæckeli*. »

Cette découverte causa une profonde sensation et on se demanda si ce limon vivant n'avait pas subi à certains moments des évolutions, et s'il n'avait pas donné alors naissance à des êtres nouveaux. Quelques naturalistes soutenaient cette manière de voir et ils étaient portés à reconnaître en lui l'ancêtre du monde animal, lorsque l'expédition accomplie par le *Challenger* vint nous renseigner d'une manière définitive à ce sujet. M. Wyville-Thompson ne put retrouver le *Bathybius* et on reconnut qu'on avait été trompé par une réaction chimique. La prétendue monère n'était autre chose qu'un simple précipité gélatineux de sulfate de chaux, comme il s'en forme lorsqu'on verse de l'alcool concentré dans de l'eau de mer. Le mode de préservation du limon avait créé le *Bathybius*.

Durant les campagnes du *Travailleur* et du *Talisman*, et durant le cours de ses patientes recherches dans le golfe de Gascogne, M. de Folin a cru avoir rencontré une glaise ayant les caractères que devait posséder le *Bathybius*; il lui a donné le nom de *Bathybiopsis simplicissimus*.

Voici comment il s'exprime à l'égard de ses transformations : « Nous l'apercevons progressant peu à peu en passant d'un genre à un autre pour arriver à une situation telle qu'elle permet d'opérer sa soudure avec la catégorie qui doit succéder à ce premier groupe. Ces progrès résultent d'une faculté qui devient, presque immédiatement après le début, le propre de l'ordre. Elle consiste dans la production d'une sécrétion dont nous voyons l'efficacité devenir de plus en plus utilisée, en même temps que les résultats qui lui sont dus se perfectionnent, car, grâce à son secours, l'animal le plus faible et le plus misérable de tous, le *Bathybiopsis*, parvient d'abord à acquérir plus de consistance, plus de force, puis finit par s'abriter en se créant des demeures. Elles sont d'abord composées d'éléments étrangers qu'il sait réunir ; mais ce système est abandonné quand la sécrétion est devenue suffisamment puissante pour être employée presque exclusivement à la formation d'un véritable test, celui que l'on trouve chez les Foraminifères vitreux et porcellanés. »

M. Filhol rend hommage à l'intérêt qu'offrent les vues de M. de Folin. Mais il ne nous cache pas qu'il réserve son opinion définitive sur la découverte d'une monère primordiale, ayant donné naissance dans la série des temps, par des perfectionnements graduels, à des êtres de plus en plus complexes.

Il nous paraît prudent de faire les mêmes réserves en

attendant que des témoignages moins théoriques soient venus confirmer les sentiments de M. de Folin.

Ce qui n'est pas théorique, ce sont les publications entreprises sous les auspices du ministère de l'Instruction publique à la suite des campagnes du *Travailleur* et du *Talisman*. Elles sont tout à fait remarquables.

III

Publications entreprises sous les auspices du ministère de l'Instruction publique. — Le volume de M. Vaillant. — Une pêche de squales à Sétubal. — Le *Neoscopelus macrolepidotus*. — Les Brachiopodes. — MM. Fischer et OEhlert. — Province lusitanienne. — Résultats comparatifs de diverses expéditions étrangères et françaises. — L'ouvrage de M. Perrier. — Les différentes familles d'Échinodermes. — Classifications anciennes et nouvelles. — La morphologie du squelette.

Après les efforts tentés, les dépenses considérables qui avaient été faites, il importait que le monde savant eût sous les yeux les résultats obtenus par la « Commission des explorations sous-marines ».

Le ministère de l'Instruction publique décida en conséquence qu'un ouvrage, intitulé *Expéditions scientifiques du « Travailleur » et du « Talisman »*, serait publié sous la direction de M. A. Milne-Edwards. Il fut entendu, dès le mois de mars 1884, que cet ouvrage serait confié aux presses de la librairie G. Masson et qu'il comprendrait quatre volumes in-4°, qui contiendraient chacun 40 feuilles de texte et 40 planches.

Le premier volume de cette magnifique publication a été consacré aux poissons. Il est rédigé par M. L. Vaillant, professeur-administrateur du Muséum d'histoire naturelle, et porte le millésime de 1888.

Il est presque superflu de dire que le remarquable travail de M. Vaillant est admirablement documenté. Qu'on lise la partie désignée sous le nom de *Considérations géné-*

rales ou qu'on s'attache à l'analyse de chacun des animaux qui figurent dans l'ouvrage, l'intérêt ne faiblit pas un instant. D'une liste méthodique des poissons de la région abyssale, vous passez à l'énumération statistique, par ordre de profondeur, des dragages dans lesquels ces poissons ont été pêchés. Vous trouvez ainsi, par exemple, le dragage entrepris sur un fond de 60 mètres, au golfe de Cadix, qui a rapporté 71 poissons; celui pratiqué avec le petit chalut, au canal de Saint-Vincent-Saint-Antoine, par 410 à 460 mètres de fond, qui a donné 935 poissons; et les dragages des Açores, avec le chalut descendu, tantôt à 4975 mètres, tantôt à 5005, qui n'ont rapporté qu'un poisson.

L'étude des espèces est d'une clarté véritablement supérieure.

Aussi peu versé que l'on soit dans les questions ichtyologiques, on suit les descriptions de l'auteur comme si elles étaient appuyées sur des dessins. On imagine à leur lecture que l'animal est placé vivant sous nos yeux.

M. Vaillant ne se borne pas à ces études techniques. Il nous donne souvent des détails extrêmement curieux sur la façon, par exemple, dont certaines pêches sont pratiquées.

La pêche des Squales, à Sétubal, est notamment décrite avec un soin méticuleux. Que d'efforts, pour de minces résultats, s'imposent les pêcheurs dont nous parle M. Vaillant! Jugez-en.

Le bateau sur lequel la pêche s'est effectuée sous les yeux de M. Vaillant, était monté par neuf hommes, plus un jeune garçon de douze à quinze ans. L'engin employé se compose en premier lieu des lignes portant les hains. Ce sont de petites cordes de 16 à 20 millimètres de circonférence, longues d'une trentaine de mètres, armées à des distances égales de vingt cordelettes plus fines, de $1^m,50$ de long, à l'extrémité desquelles sont enfilés les hameçons. Ces derniers, analogues à ceux qu'on emploie habituellement pour la pêche de la morue au banc de Terre-Neuve, ont une hauteur de 140 millimètres à partir du sommet de la courbure jusqu'à l'extrémité d'attache; le diamètre du fil de fer étamé, avec lequel ils sont établis, est de 4 millimètres. Ces lignes, analogues à ce que les pêcheurs de l'Océan désignent sous le nom de *pièces d'appelets*, sont réunies bout à bout au nombre de vingt à quarante, formant une *tessure*, laquelle porterait par conséquent de 400 à 800 hameçons. Le tout est fixé à une maîtresse corde de même grosseur, mesurant de 1200 mètres à 1300 mètres (700 brasses). Les pêcheurs portugais désignent l'engin sous le nom d'*espinheis*, qui au propre signifie *épine dorsale* et fait allusion à la ressemblance qu'on peut saisir entre cet instrument et l'aspect du rachis des poissons avec ses longues apophyses partant à des intervalles réguliers.

Pour mettre ces lignes à l'eau et exécuter les manœuvres que nécessite cette opération, il faut environ une heure et demie. L'équipage se repose pendant trois quarts d'heure et se met en devoir de relever l'engin. C'est la partie pénible de l'opération.

La durée du coup de ligne, auquel M. Vaillant a assisté, a été d'un peu plus de cinq heures et demie. La mer était remarquablement calme. Vingt et un squales furent capturés et l'on ramassa, en outre, huit *Mora mediterranea Reisso*.

M. Vaillant s'est demandé quels bénéfices on retirait de cette pêche. Il n'a pas pu s'en rendre compte d'une manière complète. Le produit principal lui a paru être la peau des squales; mais sauf le *Centrophorus granulosus*, qui, pouvant être employé pour la fabrication d'un galuchat, a sans doute une certaine valeur, les autres ne doivent servir qu'au polissage des bois. Le prix en est minime; une peau de *Scymnus lichia* a été vendue à M. Vaillant sur les lieux pour 280 reis, soit environ 1 fr. 50. Elle était séchée, étendue sur deux bâtons en croix, l'animal ayant été fendu le long du dos, la tête et toute chair enlevées. On la prépare également en arrachant des lanières de huit à dix centimètres de large et de la longueur du poisson. Le foie donne une huile dont les gens du pays se servent pour l'éclairage; elle serait aussi, paraît-il, particulièrement estimée pour le graissage des bois, qui doivent frotter l'un sur l'autre. Enfin le corps des squales, habillé comme la morue, c'est-à-dire fendu pour retirer l'arête, étalé, salé et séché, constitue un aliment; il est consommé sur place.

On se demande, conclut M. Vaillant, comment de tels produits peuvent indemniser des frais d'équipage et d'outillage que nécessite une semblable pêche.

Parmi les poissons décrits au chapitre consacré aux Téléostéens abdominaux, je remarque le *Neoscopelus macrolepidotus*. Ce poisson, analysé et figuré par Johnson avec beaucoup de soin, a été deux fois rencontré dans les dragages du *Talisman*. Il est à l'état frais, dit M. Vaillant, remarquable par ses brillantes couleurs, où le rouge vif se mêle au bleu d'azur, le tout relevé par les points argentés, brillants, cerclés de noir, qu'on voit sur l'abdomen.

Le *Neoscopelus* a montré, mieux peut-être que toute autre espèce, la dilatation qu'éprouvent les gaz contenus dans la vessie natatoire, sur les poissons ramenés brusquement des grandes profondeurs. Tous les individus sont arrivés à la surface énormément distendus, l'estomac projeté hors de la bouche, le corps tellement gonflé que les écailles étaient comme hérissées à sa surface. Nous aurions à prendre aussi de fort intéressantes citations dans les pages où il est traité des Anacanthiniens, ou des Acanthoptérygiens. Mais, ce serait étendre plus que nous ne le pouvons l'espace que nous avons réservé aux campagnes d'explorations sous-marines. Il nous faut donc passer au deuxième volume publié par la librairie Masson.

Une seconde publication, consacrée aux explorations du *Talisman* et du *Travailleur*, a paru en 1891. Elle traite des Brachiopodes et porte la signature de MM. P. Fischer et D.-P. Œhlert.

Quelques années avant la première expédition du *Travailleur*, les auteurs de la savante monographie qui nous occupe avaient, en collaboration avec leur collègue et ami, M. le marquis de Folin, donné des renseignements sur la zoologie du cap Breton et ils avaient signalé l'existence, dans ces parages, de nombreuses colonies de Brachiopodes, dont l'association n'est possible qu'à une assez grande profondeur.

En rappelant ce fait dans leur avant-propos, MM. Fischer et Œhlert établissent que les quatre expéditions du *Travailleur* et du *Talisman* se complètent et comprennent ainsi l'étude des animaux marins des grandes profondeurs, inclus dans la région zoologique marine à laquelle E Forbes a donné le nom de *Province Lusitanienne*, et qui a pour limites la Manche au Nord, le Soudan au Sud, la Syrie à l'Est et les diverses îles de l'Atlantide (Madère, Canaries, Açores) à l'Ouest.

La faune des petites profondeurs de cette province a été l'objet de travaux nombreux, parmi lesquels MM. Fischer et Œhlert citent plus spécialement, au point de vue de la bathymétrie, les notes de R. Mac Andrew. Mais ils ajoutent que les documents sur les animaux des grandes profondeur de cette région se bornaient aux explorations du *Porcupine* (1870) sur les côtes du Portugal, du Sud de l'Espagne et de la Méditerranée ; de la *Joséphine* (1869), sur le banc qui porte ce nom et qui est situé par le travers du détroit de Gibraltar; du *Beacon* (1841), dans la mer Egée, et du *Challenger* (1873), dans les parages du Portugal, des Canaries et des Açores. Le *Washington* (1881) a étudié la zone abyssale de la Méditerranée en même temps que le *Travailleur*.

Les naturalistes embarqués à bord du *Porcupine* et du *Challenger* avaient négligé le golfe de Gascogne.

C'est grâce à ces circonstances que, seuls, des Français ont pu examiner la faune abyssale du fond du golfe, de 1880 à 1883.

Les espèces citées dans l'ouvrage de MM. Fischer et Œhlert ont été toutes recueillies à de grandes profondeurs. Cela n'a pas été sans peine, la plupart de ces espèces vivant dans des fonds coralligènes et leur récolte, par conséquent, offrant de nombreuses difficultés.

Les explorateurs ont employé divers moyens pour s'en emparer. Au début de leurs opérations, ils ne se servaient que de la drague. Bientôt, ils reconnurent l'imperfection de ce système. La drague, disent-ils, balaye très peu de surface ; elle se remplit rapidement de boue ou de sable et dès lors ne capture plus rien. Sur les fonds coralligènes, sa poche est mise en pièces. C'est principalement au Nord de l'Espagne où les Brachiopodes abondent sur les Polypiers, que nos explorateurs ont été victimes de cet accident.

Aussi MM. Fischer et Œhlert ont-ils finalement adopté le chalut qui ramène toujours, alors même qu'il est endommagé, quelques spécimens des fonds coralligènes. Si les fonds sont sablonneux ou vaseux, comme sur les côtes occidentales du Soudan, il permet de faire d'admirables récoltes.

D'après MM. Fischer et Œhlert, les Brachiopodes sont loin d'être toujours fixés sur des coraux ou de vivre uniquement sur des fonds de roche. Ils adhèrent, très souvent, à des débris de coquilles ou à des cailloux de faible dimension. Tel est le cas d'une infinité de Magellania, de Terebratula et de Rhynchonella, que le chalut enlevait avec sable et vase. A l'arrivée à bord, les poches du filet étaient bourrées de Brachiopodes, enlevés aux abîmes en compagnie d'Holoturies, d'Actinies et de Poissons. Les mêmes auteurs attestent qu'on n'a aucune idée de la profusion des Brachiopodes sur certains points des mers, et quand on a vu ce spectacle, écrivent-ils, on comprend ainsi le rôle considérable que ces animaux ont joué dans les mers paléozoïques, en formant des bancs d'une étendue extraordinaire.

Aujourd'hui, les Brachiopodes, peu nombreux spécifiquement, suppléent à cette indigence de formes par l'abondance des individus. Cette abondance ne frappe pas les naturalistes au même degré que celle des mollusques marins, parce que, selon la remarque de MM. Fischer et Œhlert, les Brachiopodes vivent en général à une profondeur assez grande, que nos engins de pêche n'atteignent que dans des circonstances exceptionnelles.

Quoi qu'il en soit, le nombre total des espèces obtenues dans les campagnes du *Travailleur* et du *Talisman* n'a pas dépassé 16. Si l'on ne tenait pas compte du petit nombre de formes actuelles de Brachiopodes, ce chiffre pourrait paraître très peu élevé. Mais il en est différemment, si l'on considère que les dragages opérés par le *Challenger*, dans les mers les plus importantes du globe, n'a rapporté que 34 espèces, parmi lesquelles un certain nombre ont été recueillies à de très faibles profondeurs.

Le *Travailleur* et le *Talisman* n'ont pas eu, il s'en faut, des champs d'expérience aussi vastes. Ils n'ont pas, comme le *Lightning* et le *Porcupine*, opéré depuis les îles Feröe jusqu'à la Méditerranée et par conséquent dans trois provinces zoologiques marines distinctes (boréale, celtique et lusitanienne). Ces deux derniers bâtiments, malgré la variété des fonds qu'ils exploraient, n'ont pourtant dragué que 22 espèces.

MM. Fischer et Œhlert signalent également les expéditions du *Blake*, dans la mer des Antilles, qui n'ont donné que 13 espèces et constatent que le nombre des Brachiopodes des mers d'Europe, du Spitzberg à la Méditerranée, est de 29. Par eux, nous savons enfin que le nombre total des Brachiopodes connus à l'état vivant était de 140 en 1880, d'après Davidson, en comprenant même les principales races ou variétés. Cependant, l'ouvrage posthume de Davidson, publié de 1886 à 1888, ne cite que 130 espèces. Il est à supposer que l'étude plus approfondie des Brachiopodes actuels a permis à l'auteur d'opérer quelques réductions dans le nombre des formes spécifiques.

Tel est, dans ses lignes presque totales, l'avant-propos de l'ouvrage de MM. Fischer et OEhlert.

Le lecteur passe ensuite à l'étude des espèces. Bien que la plupart d'entre elles soient déjà connues, l'abondance et le parfait état des matériaux dragués par le *Travailleur* et le *Talisman* ont permis aux auteurs d'analyser un certain nombre de détails qui avaient été négligés par leurs devanciers. Ce très beau travail a exigé des comparaisons avec les types authentiques qui étaient entre les mains des confrères de MM. Fischer et OEhlert. MM. Edgard Smith, du *Bristih Museum* de Londres, S. Loven, du *Musée de Stockholm*, et W.-H. Dall, du *National Museum* de Washington, de même que MM. Dautzenberg, de Guerne, Richard, Douvillé et Munier-Chalmas, ont été sur ce point les collaborateurs dévoués et obligeants de MM. Fischer et OEhlert, qui n'ont pas manqué de publier leur gratitude. L'ouvrage se termine par huit magnifiques planches qui représentent les principales variations des Brachiopodes.

Les vingt-six planches, qui accompagnent le troisième volume de la collection dont nous nous entretenons, forment un éloquent corollaire du considérable travail que M. Edmond Perrier, membre de l'Institut, professeur au Muséum d'histoire naturelle, a rédigé sur les *Echinodermes*. Ce volume, de plus de 400 pages, sorti des presses de M. Masson dans les premiers jours de 1894, offre un intérêt aussi vif que ses aînés et laisse, je pense, peu de choses à glaner à ceux qui voudraient actuellement s'occuper des Étoiles de mer.

En tous cas, il précise le nombre des spécimens recueillis par le *Travailleur* et le *Talisman*, durant les quatre campagnes de 1880, 1881, 1882 et 1883. Ce nombre est de 630. Les Etoiles de mer, arrachées aux fonds sous-marins, appartiennent à 78 espèces dont 61 étaient, au moment où elles furent récoltées, nouvelles pour la science.

C'est dans des profondeurs variant entre 26 et 5,005 mètres et sur un espace qui s'étend du 46° au 15° degré de latitude Nord, du 6° degré de longitude Est au 30° degré de longitude Ouest que les dragues ont opéré.

En constatant que la plupart des familles d'Étoiles de mer sont représentées dans les régions où ont porté ses recherches, M. Perrier fait remarquer pourtant le petit nombre de quatre espèces (*Asteriadæ*, *Echinasteridæ*, *Linckiadæ*, *Pentacerotidæ*) et l'absence totale des *Asterinidæ*. Un fait curieux est que, dans les familles largement représentées, certains genres très communs sur les côtes manquent complètement dans les régions profondes. En somme, ce sont huit familles qui constituent, dans les régions abyssales, le fonds de la faune des Stellérides.

Aucune de ces familles, ajoute M. Perrier, ne compte de représentants franchement littoraux dans la région explorée par le *Travailleur* et le *Talisman*. Mais toutes émergent en quelque sorte sur quelques points du globe. Et M. Perrier nous le prouve.

Les *Brisingidæ* qui n'ont été trouvées, dit-il, que de 540 à 4,060 mètres et qui, même sur les côtes de Norvège et à Lofoden, se trouvent encore à plus de 300 mètres de profondeur, sont représentées sur le littoral de la pointe Sud de l'Amérique par les *Labidioster*.

Les *Pedicellasteridæ* comptent dans la même région trois espèces littorales. Et ainsi de suite, pour d'autres familles, d'autres espèces que l'on trouve sur les côtes de l'Angleterre et de la Norvège, dans le Nord ou dans les régions chaudes du Pacifique, sur les côtes de l'Australie, au cap Nord et dans les hautes latitudes de l'Atlantique.

M. Perrier en conclut que la faune des Stellérides des grandes profondeurs ne contient, dans les régions explorées, aucun type qui n'ait pour équivalent quelque forme littorale. Mais pour trouver des représentants littoraux de la faune profonde, il ne suffit pas de remonter vers une région déterminée, par exemple vers le Nord, il faut aller un peu partout.

M. Perrier avait déjà insisté sur ces conclusions dans son ouvrage, *Les Explorations sous-marines*, où il déclare qu'on peut considérer les animaux des grandes profondeurs comme des animaux descendus de la surface libre de l'Océan ou des rivages, mais que les rivages de toutes les régions du globe semblent avoir fourni leur contingent à cette émigration.

D'ailleurs, ajoute-t-il, si toutes les espèces recueillies par le *Travailleur* et le *Talisman* rentrent, comme celles qui ont été recueillies dans la mer des Antilles, dans les mêmes familles que les espèces littorales, fort peu d'entre elles se rencontrent simultanément dans les zones littorale et abyssale.

L'espèce la plus remarquable sous ce rapport est le *Psilaster Andromeda*, trouvé de 26 à 1,617 mètres. Viennent ensuite le *Tethyaster subinermis* de 69 à 1,425 mètres, e *Plutonaster bifrons* de 106 à 2,324 mètres.

Avant d'entrer dans la description des espèces, M. Perrier expose au lecteur, en des termes d'une simplicité extrême, les divers systèmes de classification en usage et rappelle quelques-uns de ses précédents travaux sur la matière.

Dans sa *Revision des Stellérides du Muséum*, il avait présenté l'histoire des principaux systèmes de classification qui ont été proposés jusqu'en 1875 pour les Stellérides et modifié une première fois les classifications publiées en Allemagne par Müller et Froschel, en Angleterre par Gray ; ces classifications étaient, à cette époque, les plus communément adoptées. En 1879, M. le docteur Viguier, dans l'*Anatomie comparée du squelette des Stellérides*, exécutée dans le laboratoire de M. Perrier, au Muséum d'histoire naturelle de Paris, a mis en relief tout un ensemble de caractères nouveaux, susceptible d'être employés dans la classification de ces animaux, et rectifié, dans un certain nombre de cas, la répartition des genres entre les diverses familles adoptées par M. Perrier, en y ajoutant deux familles et deux sous-familles.

Combinant les travaux de M. Viguier avec les siens, M. Perrier, en 1884, a proposé à son tour de diviser la classe des Stellérides en quatre ordres, entre lesquels il a d'abord réparti les familles généralement adoptées, familles dont, après une discussion nouvelle, il a quelque peu modifié les limites et porté le nombre à 16, puis à 18.

La division définitive de ces travaux était, en 1885, la suivante : classe de Stellérides, ordre I — cinq familles ; ordre II — cinq ; ordre III — cinq ; ordre IV — quatre. M. Percy Sladen a substitué à cette classification une classification qui comprend seulement deux ordres. Le premier comporte huit familles, le second six.

Au premier abord, les deux classifications paraissent être fort dissemblables. Mais, en comparant la liste des familles, on peut se convaincre, avec M. Perrier, qu'en lisant à rebours le tableau de M. Sladen, on y voit les familles presque exactement dans le même ordre que celui adopté par M. Perrier.

La seule différence notable, c'est que M. Sladen considère comme les plus anciennes les formes que M. Perrier considère comme les plus récentes.

Il n'y avait donc aucun intérêt réel pour l'auteur des *Echinodermes* à abandonner son système de classification. Toutefois, la multiplication des espèces, permettant aujourd'hui de serrer de plus près le problème de la morphologie des squelettes des Stellérides et de le faire intervenir plus directement dans la classification, M. Perrier a tenté de le faire.

C'est pourquoi nous trouvons dans son livre de remarquables indications sur la morphologie du squelette, sur les modications de forme des pièces du squelette fondamental.

Les modifications numériques dans la constitution du squelette fondamental, celles qui résultent pour la forme du corps du degré de développement des arceaux ventraux ; les rapports de la sténopneusie et de l'adétopneusie avec le degré de différenciation de la face ventrale ; le nombre des bras, les caractères fournis par les formations squelettiques tégumentaires, sont tour à tour l'objet d'une étude nouvelle et approfondie.

Très curieuses aussi sont les listes, par ordre de profondeur des espèces recueillies.

L'ouvrage de M. Perrier clôt, pour le moment, la série des publications parues. Il sera suivi bientôt de travaux aussi remarquables, nous en sommes certain, qui compléteront une œuvre digne à tous les points de vue de l'admiration du monde savant.

INDEX ANALYTIQUE

Les noms d'hommes cités dans l'*Index* sont imprimés en capitales, les noms géographiques en minuscules italiques, les autres mots en minuscules romaines.

A

ABBADIE (d').....................	15
ABD-EL-BAHARI-BEN-SI-ALI......	135
ABD-EL-KADER..................	137
ABD-EL-KADER-BEN-DERKICH	104
ABD-EL-KADER-BEN-HAIBA 105,	
..............................109,	112
ABD-EN-NEBI...............141,	152
ABDI-KHAN (Colonel)..........192,	196
ABD-UL-HAKEM..............148,	149
Ab-i-Diz..............197, 198,	201
ABSIROUSEN (Ch.)	325
Acacia gommé (bois d')...........	24
Acantephira pellucida............	322
Acanthoptérygiens (les)...........	345
Achtala......................163,	164
Açores (les)............... 315,	343
Actinies (les)........319, 326, 327,	347
Actynometra (les)................	325
Adherbaïdjan (l').......169, 171,	175
Afrique romaine (l').......41, 42,	43
AGASSIZ................210, 211,	328
Agouda (l')....................	80
AHAGHAR (les)..................	118
Ahenet (le).....................	103
AHMED-BEN-AHMED-BEN-CHEIK	
..............................96,	97
AHMED-BEN-DJABBOUR..........	128
AHMED-SALAH..............104,	123
AHMIDA-BEN-KHEIR	138
Aïn-Beïda	26
Aïn-Bou-Driès	29
Aïn-Bou-Semah	122
Aïn-Cherichira	25
Aïn-Dokkara	106
Aïn Draham............27, 32,	33
Aïn-Ouled-Seba.................	32

Aïn-Rabouch...................	33
Aïn-Senour....................	29
Aïn-Tabalbalet.................	138
Aïn-Teïba. 92, 94, 96, 108, 136,	
.....................138, 143,	155
Ses cratères...94,	95
Aïn-Tunga	56
Aïn-Zitouna	83
Aïr (l').......................	121
AIRY...........................	294
Alaghoz.......................	169
ALARODIENS (les)...............	167
Alan..........................	185
Alcyonnaires (les)................	326
Alexandrie	331
ALI-BEN-AISSAB-EN-MOUMEN. 128,	129
ALI-BEN-MOATTALAH........135,	137
Aliabad.......................	280
Alimentation des êtres profondément immergés	312
Alten-Kopru, voir *Prdi-Sour*....	185
Amadou provenant de nids de fourmis	242
AMANDABILE (les)...............	79
Amazone (l'). 210, 227, 232, 235,	
.......236, 244, 246, 251, 252,	274
Ambassades Touareg. 149, 150, 151,	157
Aménokal Touareg (l')............	152
ANGHRAD (les).................	128
Amguid................... 133,	146
Amnicola desertorum............	139
Amol..........................	168
Ana-Banini	184
Anacanthidiens (les).............	345
Anagyris fœtida.................	30
« Anatomie comparée du squelette des Stellérides »...............	331

Audes (les).................. 234, 271
Anémones ou Etoiles de mer (les).
.............319, 320, 326, 327
Anémone à manteau............. 321
Anes sauvages sahariens....... 106
Angostura (les)........ 260, 261, 263
« Annales de Syrie »........... 204
Annélides (les).............. 303, 307
Anthropologie des Guyanes et de l'Amazone, voir CREVAUX.
Anthropologie du Zambèse, voir DÈCLE.
Apaouani (l')................... 227
Apapuri (l')..................... 245
APATOU. 226, 231, 234, 235, 236, 239, 240, 241, 242, 244, 245, 249, 253, 254, 256, 257, 258, 260, ...261, 262, 265, 268, 271, 272
Aphrocallistes (les).......... 321, 336
Arabie (l').................. 20, 35
Arara (l').................. 241, 243
Araraquara (Saut de)........... 240
Araxe (l').............. 168, 169, 175
Archéologie africaine et tunisienne, voir CAGNAT, DELATTRE, GUÉRIN, PELLISSIER, RENIER, REINACH, ROY, DE SAINTE-MARIE, etc.
Archéologie chaldéenne, voir DE SARZEC.
Archéologie de Perse et Susiane, voir DIEULAFOY.
Archéologie persane, voir DE MORGAN....

« Archives des Missions »........ 20
« Archives des Missions (nouvelles) ». 77
Aré-Aré (l').................... 262
Areg (les). Voir *Reg*.............
Argoub-El-Ahrnar............... 31
Arish (l')................. 108, 109
ARNAUD-BEY..................... 15
ARNOL-GUYOT................... 294
Artaxata...................... 169
Asadâbad..................... 179
Askomena Setubalense........... 336
ASLAN-KHAN.............. 202, 203
Assomption (l').............. 279
Assyrie (l')............... 37, 167
Asterabad............... 167, 168
Astéries (les)................. 307
— Brisinga......... 302, 312
— phosphorescentes...... 303
Astériadae..................... 350
« Astrolabe » (l')............... 15
Atahuapa (l')................. 264
Ateliers préhistoriques...... 126, 143
Atreck (l').................... 174
AUDOUIN....................... 295
Autruches préhistoriques... 123, 124
Awa (l')..................... 221
Awara-Soula................. 223
AWEMBA (les)................... 82
Awraman (dialecte)............. 180
AYACOULET (les)............... 273
Azal (l')...................... 95
AZDJER (les). 141, 146, 149, 151, 152
AZGAR (les)................ 93, 94

B

BABELON........................ 52
BABILOU (les).................. 169
Bagdad....................... 176
Bagamoyo...................... 9
BA-HAMMOU (les)............... 137
Bahar (le)................... 138
Bahour (calcaire).............. 123
Bahrein............... 198, 201, 203
BAKTIARI (les)................. 198
BALANSA. Travaux botaniques dans le Tonkin nord........ 20, 35
BALDWIN (Révérend).......... 69

BALÉA (les).................... 68
BALLAY......................... 18
Balle-balle (bois émétique de)... 217
BALLOY (DE)................... 193
BALOUBABI (les)................ 68
BAMAGWATO (les)................ 61
Bamba (huile de).............. 222
Bané........................ 185
Bangouelo (lac).............. 82
BANIVA (les).................. 264
BARATTE. Mission botanique dans

INDEX ANALYTIQUE

le nord de la Tunisie. 25, 28, 29, 32
Bardo (le).................... 54
Barranquerita................ 287
BARRAU............ 237, 249, 254
BARTH........................ 124
BARCOTSÉ (les)...... 61, 63, 68, 71
Basuotoland (le)........... 60, 63
Bathybiopsis simplicissimus...... 341
Bathybius Haeckeli............... 340
Bathynomus giganteus............ 323
Batîr (ou *Paddir*).............. 184
BATOKA (LES).................... 68
Batoum.......................... 170
« Beacon » (le)................. 346
BECCARIA........................ 337
BECHOUANA (les). Voir BUSHMEN.
Bechouanaland (le).......... 61, 66
Beja........................ 27, 33
Bela............................ 132
BELL (THOMAS)................... 295
Bella-Esperanza................. 283
Belaghdamès..................... 146
BÉNADIR (les)................... 85
BEN-BOUDJEMA........... 96, 97, 98
BEN-DJABBOUR (les).............. 130
BENI-JAAM (les)................. 191
BEN-NACEUR...................... 136
BENT........................ 61, 73
BÉRARD.......................... 15
Bergen.......................... 325
Beriberi (la)................... 237
Bernard l'Ermite (le)... 319, 320, 321
BERNAY.......................... 175
BERTALOS (CH.).................. 308
BEULÉ (en Tunisie)........ 15, 42
Beyrouth........................ 331
« Bibb » (le)................... 297
BILLET.......................... 275
BITTET (L.)..................... 282
Bir-Ech-Chahaba................. 108
Birendjik....................... 169
Bir-Naïli....................... 100
Bir-Oum-Ali..................... 26
Bir-Tamarouzit.................. 26
Biskra. 18, 90, 105, 117, 122, 142, 154, 157
Bisoutoun............. 179, 190, 192
Bizerte..................... 27, 28
« Blake » (le)........... 308, 348
BLANCHARD....................... 307
BLANCHÈRE (DE LA).............. 54
BLANCO........... 283, 285, 287, 288
Blantyre........................ 80
Bled-El-Khouf............... 98, 113
BLERZI.......................... 337
Blocs prétendus erratiques de la Plata................ 210, 211
BLOSSEVILLE..................... 15
Bolivar............. 264, 267, 269
Bon (cap)............... 25, 27, 28
BONI (les). 214, 218, 221, 222, 228, 271, 273
BONN............................ 333
Bonne-Espérance................. 60
BONNET...................... 25, 27
BONVALOT. Recherches botaniques dans le Turkestan...... 20, 25
BORDIER (Capitaine)............. 57
Bordj-Drakiroun................. 29
Bordjs fortifiés du Sud-Algérien.. 153
BOSH (les)................ 222, 231
Bosh (dialecte)................. 224
Botaniques (travaux) dans l'Afrique orientale. Voir REVOIL.
Botaniques (travaux) en Arabie. Voir DEFLERS.
Botaniques (travaux) en Californie. Voir DE CESSAC.
Botaniques (travaux) dans les colonies espagnoles et hollandaises d'Asie. Voir DE LA SAVINIÈRE, MARCHE, REY, etc.
Botaniques (travaux) au Congo. Voir DYBOWSKI.
Botaniques (travaux) dans les Guyanes et dans l'Amazone. Voir CREVAUX.
Botaniques (travaux) en Islande. Voir LABONNE.
Botaniques (travaux) au Japon. Voir FAURIE.
Botaniques (travaux) en Laponie. Voir RABOT.
Botaniques (travaux) dans l'Orénoque. Voir CHAFFANJON.
Botanique saharienne. Voir FOUREAU.
Botaniques (travaux) dans le Sud-Algérien. Voir FLATTERS.
Botaniques (travaux) en Tunisie. Voir BARATTE, COSSON, DOU-

MET-ADANSON, DUVAL, LETOURNEUX, ROUX, etc.
Botaniques (travaux) dans le Turkestan. Voir CAPUS, BONVALOT.
BOTTA 15, 37
BOU-AMAMA. 124, 126, 133, 138, 149
« Boubou » en palmier 243
BOUCHOUCHA. 96
Bou-Fas 116
BOUGAINVILLE (DE) (le fils).... 14
Bou-Mesran 29
Bourbon (île) 330
BOURGAT 301
Bouroudjird. 190, 195, 197, 198, 200
Brachiopodes (les). 345, 346, 347, 348
Brachyures (les) 318
BRAHIM-BEN-LAKHDAR 139
BRANDT (Docteur) 333

BRAVAIS 15
BRAZZA (DE) 18, 36
BRÉAL 57
Breton (cap) 298, 304, 346
Brézina 89
Brisingidae Asteriae 325, 350
BRONGNIART (CH.) 315
Buenos-Ayres. 251, 275, 276, 277, 278, 281, 286, 287, 290
Bulla regia 56
Bulletin du Comité des Travaux historiques et scientifiques (section africaine) 57
Buluwayo 73, 74
BURBAN (FR.). 253, 256, 258, 259, 267, 268, 271, 272
BUSHMEN (les) 66, 67, 79
Butomus umbellatus 3

C

Cabalto-Repoli 279
Cabyu-Repoli 284
Cadix (golfe de) 343
CAGNAT (RENÉ). Missions archéologiques en Tunisie. 20, 43, 44, 45, 47, 48, 49, 50, 51, 53
Caiçara 246
CAILLAUD 15
Caïza 279, 283, 286
Calcaires sahariens. 125, 139, 145, 146, 148
Californie 36
CALIGAGAÉ 285
CAMBON (M.) 139
CAMPOS (DANIEL) 287
Canaries (les) 20, 346
Cap-Vert 315
CAPUS. Mission botanique dans le Turkestan 20, 35
Caqueta. Voir Japura 238
Cardium Saharicum 139
CARIZONA (les) 538, 243
CARLOS HONORÉ 211
Carlsbad 337
CARPENTER 340
Carte archéologique de l'Elam. 199, 204
Carte archéologique de Tunisie.. 58

Carte ethnographique et linguistique du Kourdistan et du Louristan. 204
Carte géologique du Poucht-i-Kouh. 195
Carte géologique du Louristan... 195
Carte du Kourdistan 177
Carte du Sahara-Nord ....
Carthage 42
CARTON (Docteur) 56, 57
Casaté (la) 223
CASPII (les) 169
CASTELNAU (DE) 15, 236
Caucase (le) 163
Cavayurepote 282
Cayenne 216, 227, 272, 273
CAZALA 223
Cejenan (plaine de) 31
Centrophorus granulosus 344
CESSAC (DE) 36
CHABYLES (les) 170
CHAFFANJON 20, 36
Chaldée 37
« Challenger » (le). 297, 332, 340, 346, 348
CHASSÉRIAU 315
CHAMBBA (les). 91, 96, 99, 105, 107, 108, 109, 117, 122, 126, 135, 137, 139, 148, 149, 150, 151, 155

CHAMBBA-ABERREH (les)	96
CHAMBBA D'EL-GOLÉAH (les). 91,	95
CHAMBBA-EL-MONADHI (les)	103
CHAMBBA-OULED-DOUI (les)	92
CHAMBBA-OULED-ISMAIL (les)	91
Chambi	26
CHAMMAR (les ARABES)	191
CHANDLESS	236
Chants sahariens	156
CHARMES (X.) 17,	45
CHARNAY	18
Chartered-Company	62
Chebika	26
CHEIK-BEN-AISSA	126
CHEIK-BEN-BOUDJEMA. 96, 123, 124,	126
CHEIK-KHAN	188
CHEIK-OTHMAN	128
Chemtou 29,	49
Chêne-liège 29, 31,	32
— Zen	29
— Kermès	31
Cherichira	28
Chiens (île des) 28,	30
CHIL (Docteur)	315
Chilomo	80
Chir-Van 192,	193
CHIRIGUANO (les) 278,	279
Chizizuluy-Nassaland	81
Chôtorân-Kouh	201
Chott-el-Fedjedj	26
Chott-El-Gharsa	28
Chott-Malath	106
Chott-Radjem-Et-Ma	43
Ghoucha	174
Chouchter	198
Cladorhiza (les)	332
CLARKE ROSS (JAMES) 294,	295
Classification des *Hassi* 119,	120
CODASSY (Général)	255
COILLARD	63
Collections scientifiques du *Caucase*	165
Colonie Crevaux	287
Comatula rosacea	324
Commission de l'Afrique du Nord. 57,	58
Commission d'études sous-marines du golfe de Gascogne	300
Commission des explorations sous-marines	342
Commission du « Talisman ». 314,	315
Commission des voyages et missions scientifiques et littéraires. 16,	17
Commission (sous-), *Idem*	102
Conami (le toxique)	217
Condochladia	332
Congo 18,	36
« Coquille » (la)	14
Coralliaires (les)	326
Coralliopsis Perrieri	329
Cornichons de mer. Voir Holothuries 325,	326
CORREGUAYE (les)	239
Corrientes	286
« Corwin » (le)	297
COSSON (E). Missions de botanique en Tunisie. 19, 24, 28, 29, 31, 32,	33
Costume touareg	129
Cotica	222
COUDREAU (H.)	238
Couria (le)	264
COURBIS (Capitaine)	115
Courouapi (le)	227
Crédits des missions et voyages. 17,	18
CREVAUX (Docteur). Missions ethnographiques, anthropologiques, minéralogiques, toxicologiques, météorologiques et hydrographiques dans le bassin de l'*Amazone*, du *Parou*, de l'*Oyapock*, de l'*Yça*, du *Japura* et du *Maroni* 209 à	291
Crinoïdes (les) 324,	sqq
Cristellaires (les)	339
Crocodiles (rivière des) 61,	62
CROUAN (D.) 249,	275
Crustacés. 295, 303, 307, 310, 312, 316, 317,	318
Cuémani 240,	271
Curare (le) 236, 266,	267
CUSERAI	293

D

Dacht-i-Khara....................	181
DALL (W. H.)....................	349
DANA............................	295
Dar-Bessel	32
Dary (dialecte) ou Guèbre........	173
DARWIN,.........................	295
DAUBRÉE.........................	307
DAUTZENBERG.....................	349
DAVIDSON........................	348
DEBAIZE (Abbé)........ 7, 8, 9,	18
DÈCLE (LIONEL). Missions anthropologiques et ethnographiques dans le Sud-Africain (*Haut-Zambèse, Baruotséland, Mashonaland, Béchouanaland* la région des *Grands-Lacs* et l'*Ouganda*, ... 59 à	84
« Deep-Sea sounding and dredging ».........................	308
DEFLERS.................... 20,	34
Delagoa-Bay....................	60
DELATTRE (Père).................	48
DELAVAY	35
Derré-i-Chahr............. 193,	198
DESFONTAINES	24
Despote (un) du *Haut-Zambèse* ...	73
Dhamran (les)............... 96,	142
DHANOUN (les)	129
Dhouspas.......................	169
Diarbekir	180
DICQUEMARE (Abbé)...............	327
DIDELOT............... 275, 276,	277
Dinàver........................	179
DIEULAFOY 18,	39
Direction des Antiquités et des Arts à Tunis	55
Dizfoul. 181, 190, 197, 198, 199, ... 201,	204
Djafi (dialecte kourde)...........	189
Djebel-Arbet...................	26

Djebel-Bou-Hedma	24
Djebel-Bou-Kournein........ 25,	27
Djebel-Cherb	26
Djebel-Delkma..................	28
Djebel-Ghorra..................	29
Djebel-Matmata.................	28
Djebel-Mecid	29
Djebel-Oussclet................	26
Djebel-Reças...................	24
Djebel-Tchent..................	30
Djebel-Zaghman	24
Djebel-Zaghouan................	25
DJERAMNA (les).................	128
Djerba (île)............... 25,	27
Djezeï-Djamour (île de) 25,	28
DJIBALIA (les)	94
Djoua (le).....................	133
Djoungueni.....................	84
Doletâbâd............. 195, 198,	199
DOLLFUS.........................	15
Dolmens persans.................	205
Dolmens tunisiens...............	49
DON PEDRO II (S. M.)...........	277
DOUBLET.........................	55
DOUMET-ADANSON. Explorations botaniques en *Tunisie*, 24, 25, 27,	33
DOUVILLÉ.......................	349
Douz...........................	28
Dra-El-Kesdir..................	106
Drinn (le)........ 111, 112, 116,	147
DUBOIS DE JANCIGNY	15
DUCHESNE (Abbé)	57
Dahchour	207
DUMIGROU (J.)...................	282
DUMONT-D'URVILLE.......... 14,	15
DUPERREY	14
DUVAL (G.)......... 25, 28, 29,	32
DUVAL (Père)...................	154
DUVEYRIER............. 16, 102,	152
DYBOWSKI.......................	36

E

Ecbatane 178,	179
Echinasteridae..................	350
« Echinodermes » (les) 349,	352

Echinodermes (les)..............	303
Ecoles françaises en Perse.......	173
Eg-Ech-Cheik...................	152

Egée (mer)...................... 316
Egyptologie contemporaine. Voir GRÉBAUT, DE MORGAN, etc.
Egyptologues français du xixe siècle. 100
EHRENBERG.................... 337
El-Abiod-Sidi-Cheik............. 89
El-Acheub..................... 114
El-Alia........................ 105
Elam (l')................... 39, 199
ELAMITES (les)................ 39
El-Amoïza..................... 31
El-Beïda...................... 99
El-Berdet..................... 112
El-Bour....................... 142
El-Byodh. 110, 129, 135, 136, 138, 144
EL CARO...................... 5
El-Djem...................... 25
El-Fedja.................. 27, 28, 29
El-Goléah....... 91, 103, 111, 124
El-Hadjadj................... 100
EL-HADJ-BRAHIM.............. 94
EL-HADJ-MAHBI-BEN-BADJOUDA.. 137
EL-HAJ-EMBAREK......... 132, 146
El-Haouita.................... 89
El-Kef................... 25, 26, 27
Ellez......................... 28
El-Makia-Tadjeroum........... 89
El-Megarine (Hassi)............ 100
El-Melah..................... 140
El-Mergueb................... 106
El-M'ssyed........... 96, 98, 99
El-Oued.................. 137, 142
EMONET (Mgr). 213, 214, 215, 218, ... 221, 222, 219
Enfida (l')......... 25, 26, 28, 49
Enterrements indiens....... 269, 270
Epizoanthes (les)............ 319, 328
Eponges siliceuses (les). 330, 331, ... 332, 333, 334

Erbil (Voir Hasler)........176, 185
Erg (l'). 90, 94, 96. 112, 113, 115, 120, 124, 136, 139, 144, 147, ... 148, 154, 155
Erg (Grand) occidental..... 102, 108
Erg-Retmaïa (l').................. 139
ERRINGTON DE LA CROIX. 27, 28, 36
ERWIN DE BARY............... 152
Erzingham.................... 180
ESCAYRAC DE LAUTURE......... 15
Espagne méridionale............ 346
« Espérance » (l')............... 14
ESPÉRANDIEU 51
ESSAM-EL-MOULK............. 192
Essequibo (l') 230, 267
Ethel saharien............ 127, 128
Ethnographie de l'Amazone. Voir CREVAUX
Ethnographie saharienne. Voir FOUREAU
Ethnographie du Zambèse. Voir DÈCLE.
Etoiles de mer (les)......... 349, 350
  Voir Astéries, Anémones.
Euphorbia ahenocarpa........... 30
Euphrate (l')................... 180
Euplectelles (les)................ 334
Evend (l').................. 195, 198
« Expéditions scientifiques du *Travailleur* et du *Talisman*, » 316, ... 342, 345
Explorations antérieures au xixe siècle.............. 1 à 14
« Explorations sous-marines » (les). 351
Explorations sous-marines américaines..................... 297
Explorations sous-marines antérieures à 1860....... 293, 294, 295
Explorations en Guyane avant 1876. 212

F

FAURIE....................... 35
« Favorite » (la)............... 15
Feidj-Dhamran............139, 142
Feidj-El-Messdar 107
Feidj-Oghroud-Torba.......... 139
Feidj-Torba................... 94
Ferachich 26
Feras-Mellil................... 101

Feriana.................. 26, 28
Feroë (îles).................... 348
Ferrol (le).................... 307
Fidélité Chambbi...........130, 131
Fièvre jaune aux Iles du Salut. 219, 220
FILHOL (H.). 295, 296, 315, 316, 319, ...321 à 324, 328 à 332, 336 à 341
FILIPPI......................... 297

FISCHER (P.). 300, 303, 315, 345, 346, 347, 348, 349
Flabellum (les).................. 328
FLATTERS (Colonel).... 36, 91, 96, 101, 135, 149
Flore de l'Iran............193, 201
Foggarat-El-Arab............. 137
FOGHA (les TOUAREG).......... 151
FOLIN (Marquis DE). 297, 298, 300, 315, 341, 342, 346
FONTANA (Colonel)....... 281, 286
Foraminifères (les). 303, 307, 311, 338, 339, 340, 341
FORBES......................... 295
Forestiers (camp des)............ 29
Formation des Dunes sahariennes.. 115
Fort-Salisbury................... 77
Fossiles en *Perse*........... 196, 197
FOUQUÉ......................... 17
FOUREAU. Missions géographiques, zéologiques, botaniques, météorologiques et politiques dans le *Sud-Algérien*, le pays des CHAMBBA et des TOUAREG. .... 89 à 157
Fourmilières sahariennes......... 116
FRANKLIN BACHE............... 294
Frauzenbad.................... 337
FRÉDOL..................326, 327, 337
FREYCINET (DE)................ 14
FROSCHEL..................... 351
Fuirena pubescens............. 32
Fulmi-coton saharien............ 92

G

Gaberone....................... 61
Gabès..................... 26, 28
Gaête........................ 337
Gafsa..................... 24, 26
Gahar (*lac*).................. 201
Galathea spongicola.......... 321
GALIBI (les).............. 217, 223
Galibi (dialecte)............... 216
GALINIER...................... 15
Gamas-Ab (le). 190, 191, 192, 197, 199
Gara-Krima................... 100
Gara-Mehaïguen................ 99
Garapata...................... 289
Garet-Ed-Djenoun (légende du)... 124
GARNIER (J.).................. 115
Gascogne (*golfe de*).......... 346
GASSELIN...................... 48
Gassi (les).... 110, 115, 124, 143, 144
Gassi-Touïl.................. 125
GAY (Dr CLAUDE)............... 15
Gazungola (ou *Zazungula* ou *Sasungola*)............ 61, 63, 64, 68, 69
Gelée saharienne.......... 105, 108
Géographie romaine. Voir TISSOT, S. REINACH.
Géologiques (travaux) dans l'Inde et la Perse. Voir DE MORGAN.
Géologiques (travaux) en Tunisie. Voir ROLAND, LE MESLE.
GERHARD-RHOLFS............. 146
Ghadamès. 91, 93, 100, 108, 109, 126, 128, 130, 131, 133, 134, 144, 146, 148, 154
Ghader-Tchaï........... 178, 185
Ghardaïa... .... 97, 103
Ghardimaou............... 27, 29
Ghat (le)............. 131, 138
Ghedir ou Guelta (les).......... 120
Ghendj-Nâme................. 178
Gherile (les)................ 28
Gherrous (dialecte)............ 180
Ghilan (le)............ 167, 168, 171
Ghourd-Khellal............ 139, 143
Ghourd-Retmaïa.............. 139
Gworratou................... 197
GIANNECCINI (Père)............ 290
Gibraltar............. 305, 306, 346
GIRAUD (V.)................... 20
Gisements de naphte en Perse... 197
Gisements de pétrole en Perse... 189
Globigérines (les).............. 340
Gloria maris (les)............. 325
Gnater (les)................... 116
Gnathophausia (les)........ 319, 322
Gomme-gutte en Guyane......... 216
Gommiers sahariens............ 134
Gorgoniens « Isis » phosphorescents................. 303, 311

GOSSE	327	Gudéa (cylindres de)	184
Goulglane (le)	147	Guentra (les)	91, 140
Gourara (le)	97	Guerah-El-Achkeul	28
Gour-Berrouba	99, 100	Guerah-Findja	28
Gour-Boukheira	99	GUÉRIN	48
Gour-Mehaïguen	99	Ghermasir (le)	204
Gour-Nekhbiba	99, 100	Guern-El-Erg	116
Gour-Tarfaïa	100	Guern-El-M'ssyed	115
Gour-Thyar (les)	99	GUERNE (DE)	349
Grand-Chaco	286, 287	GUERRADJI	104, 108
GRÉARD	17	GUILLAIN	15
Granit persan	193	Guines (le)	238
GRAY	333, 351	Guiroun (la)	181
GRÉBAUT	159, 161, 162	Gümich-Tepeh	167
Grès ferrugineux du Sahara	126	GUPPY	329
Groënland	19	Guyanes (les). V. CREVAUX.	
GUAHIBO (les)	266	GWIN-JEFFREYS	298, 300
GUARAOUNO (les)	269	Gypse persan	197
Guayabero (le). 255, 256, 259, 262,	263	Gypse saharien	125, 137, 145, 146

H

Habitudes de caravanes	155, 156	Hassi-Chambbi	97
Had (le)	125, 109	Hassi-Djeribïa	92
Hadjeb-El-Aïoun	26	Hassi-Djeribïa-Djedida	94, 96
HADJIVEND (les)	201, 202	Hassi-Gara	90, 99, 100
Haggar	91	Hassi-Ghardïa	108
Haïchat-Mezebela	99	Hassi-Gheïlane	108
Hâlep	180	Hassi-Ghourd-Ouled-Iaïch. 90, 96, 97, 98, 99, 116,	136
Halma	109	Hassi-Imoulay	147, 148
Hamada (les). 27, 115, 136, 144, 145, 146,	154	Hassi-In-Essekki	96, 129
Hamada(la)-Dra-El-Atchau	116	Hassi-Inifel	98
Hamadan (le). 178, 179, 182, 193, 198,	199	Hassi-Matmat	106, 107
HAMILTON	85	Hassi-Meysseguem	90, 96, 99, 112, 129
Hamma	100	Hassi-Mjeïra	91, 142
Hammam-El-Beïd	29	Hassi-Mokhanza	134
HANY (Docteur E. T.), 17, 27, 28, 288,	291	Hassi-Mouilah-Maâttalah. 125, 135, 140, 144,	155
HANNEZO (Lieutenant)	57	Hassi-Regagba	117
HANSEN	253	Hassi-Tamesguida	90
Haouch-Kouri	185, 197	Hassi-Tinsig	134, 135
Haroundbâd	186	Hassi-Touaïza	109, 155
Hasler	185	Hassi-Toumïet	99
Hassi-Bel-Haïram	124	HAURAT (E.). 277, 282, 285, 287,	288
Hassi-Bel-Kebache	140	HÉBERT	307
Hassi-Bel-Ktouta	140	Helosciadium Crassipes	31
Hassi-Bir-El-Hazamine	108	Henchir-El-Metghani	30
Hassi-Bou-Kacheba	136	HERVÉ-MANGON	

HÉTÉENS (les)	17	HOUD-ALI-BEN-ABDALLAH	123
Heterocarpus	319	*Houdh-El-Akka*	96
HEUZEY	27, sq.	*Houleïlan* 192,	193
HOECKEL	331	HUBER (CH.)	20
HOLLARD	327	HUMANIA (ANDRÉS)	255
Holothuries (les)	312, 347	*Husseiniyé* 193,	194
Holtenia (les)	331	HUXLEY	340
HOLUB	69	Hyalonema (les) 331, 332, 333,	334
Holvâni	179	— Lusitanicum	334
Honda	253, 254	« Hydre » (l')	301
Horn (cap)	20	Hydrographie du bassin de l'Amazone. Voir CREVAUX.	
Houd (le)	91	Hydrographie sous-marine	304

I

Iahggaren	150	Inscriptions pehlvies	179
Iaïa	203	Inscriptions sanniques	169
IAIA-KHAN	203	Inscriptions trilingues en Perse	178
Idelès	107	*Iran (l')*. 167, 168, 172, 176, 194,	201
Iembuo-Land	60	IRANIENS (les)	206
IFOGHA (les)	126, 128, 146	*Irua*	279
« Illustrationes floral Tunetanae »	33	ISAKKAMAREN (les). 133, 140, 144,	146
IMANGHASSATEN (les). 128, 131,	152	*Issâkkent*	178
In Sahah (Zaouia d')	137, 139	*Islande*	34
Inscription caucasienne du XII° siècle	163	Isoetes velata	31
Inscriptions en vieux géorgien	163	ISSAVEND (les)	202
Inscriptions dans la Guyane anglaise	230	ITIER	15
		Itüvuro	283

J

JACQUES (Capitaine)	83, 86	*Johnson (fort)*	80
JACQUET	301	JONHSTON	80
Jalap de Guyane	216	« Joséphine » (la)	346
JALLA	63	*Juba (le)*	85
Japon	333	Jugement sur les Touareg	157
Japura (le). 236, 238, 240, 244, 246, 247, 248, 252, 258,	260	*Juhaty (le)*	236
		Jujuye	278
Jaspe persan	194	Juncus Atlanticus	31
Javary (le)	236	Juniperus Phoenicea	32
Jeux sahariens	156	*Jurua (le)*	236
		Justice royale au Zambèze	65

K

ADDOUR-BEN-SAAD. 101, 112,
.... 142, 143
Kairouan............ 24, 26, 28, 51
Kalahari (désert de)........ 71, 81
Kalian-Kouh.............. 201, 203
Kara-Dagh........................ 175
Karatoro......................... 186
Karema................... 82, 86
Karouga.......................... 81
Kasri-Chirin......... 179, 189, 197
Kasserin................... 26, 28
Kébilli........................... 28
Kef (le)............... 52, 56, 145
Kef-El-Haks..................... 29
Kef-El-Sharin.................... 30
Kef-En-Nesour................... 31
Kelbia (lac)..................... 26
Kel-è-Daoud..................... 187
Kel-i-Chin............ 178, 182, 183
Kenghâver........................ 179
Kerghâ........................... 190
Kerkenna (îles)................. 25
Kerkhâ........................... 181
Kessera.......................... 25
Khâlman.......................... 187
Khalildelil..................... 178
KHARKHAR (les)................. 175
Kharoûn.................... 198, 199
Khemissa........................ 29
Khorremâbâd. 181, 190, 195, 197,
.... 199, 204
Khottara (la).................. 107
Khour-Moussa................... 148

Khousistan.................... 181
KIALHOUR (LES).......... 181, 189
Kialvi ou petit Zâb............ 185
KILIMANDJARO.................. 84
Kiluta......................... 82
Kimberley...................... 60
Kirmanchahan. 177, 179, 186, 189,
.... 192, 199
Kirmânchahan (dialecte de)..... 180
Kisil-Ouzen............... 178, 186
Kismayou....................... 85
Klossera (la).................. 26
Kola (presqu'île de)........... 19
KOMAROFF (GÉNÉRAL)........... 168
Kotchiân....................... 186
Kou (la)............ 233, 234, 246
Koubba (les)............. 107, 132
Koudaferin (pont).............. 175
Kouh-e-Hachtad-pahlou......... 204
Kouï........................... 198
KOUIDER-BEN-FARDYIA......... 137
KOUIDER-BOU-RAHALA...... 104, 117
Kouif-El-Lahm.................. 100
Koummoukh...................... 167
Kourou (rivière).............. 217
KROENNER (Père). 215, 218, 221,
.... 222, 249
Kroumirie centrale............. 25
    —   orientale........ 25, 28
KURDES (les)............. 169, 179
Kurdes (dialectes)............ 180
Kurdistan (le). 174, 175, 180, 191, 199

L

Labidioster (les)............... 350
LABONNE (Docteur)............. 34
LABOUGLIZE.................... 215
LABOURDETTE.................. 223
LACAILLE..................... 294
LACAZE-DUTHIERS............. 329
LACROIX (Général)............. 96
Lacs (Grands) africains........ 20

Voir DÈCLE.
Laghouat....................... 89
LALAING (Comte DE)........... 61
LALLA-DHAIBA................. 122
LALLA-MORZIA-BENT-ZEKHEM... 107
LAMPRÉ....................... 176
LA PLACE...................... 15
LAPLACE...................... 294

Laponie	34
LAPPARENT (DE)	329
LARBI-BEN SALEM 116,	117
LA SAVINIÈRE (DE)	36
LATASTE	25
LAUDONNIÈRE	5
LAVIGERIE (Cardinal)	52
LECOUFFE 25,	28
Lefaâ (les)	108
LEFEBVRE 32,	33
Légendes touareg	124
LE JANNE. 252, 254, 256, 257, 258, 261, 263, 264, 267, 268, 270, 271, 272,	274
LEJEUNE	15
LE MESLE 27,	32
LENGUARA (les)	283
LETAILLE (J.)	51
LETOURNEUX (A.) 25, 26, 27, 28, 29,	31
LEWANIKA 68, 69,	71
« Lightning » (le) 297, 335,	348
Lima	282
Linckiadae	350
Linkoran (le) 167, 205,	206
Lithodex ferox	318
LIVINGSTONE	68
LIWONDE	81
LLOYD	320
LO BENGULA 72,	73
LOFTUS 11,	79
LOTTIN DE LAVAL	15
LOUBÈRE (Colonel)	214
Louqsor	160
Lour (dialecte)	181
Louristan (le). 181, 182, 190, 191, 194, 195, 196, 197, 198, 199,	201
LOVEN (DE)	295
LOVEN (S.)	349
Lulubu 183,	184
Lulumé (langue)	183
Lyalui 61, 68,	71
Luyi (rivière)	68
Lynianti (le) 61,	63

M

Maâder (les) 113, 115,	116
Maâder-Souf	124
MAK ANDREW (R.) 295,	346
Macaraybo (presqu'île de)	259
Machichaco (cap)	304
Macroures (les)	321
Mactaris	51
Macteur 27, 28,	51
Madaï (les)	175
Madaï de la Caspienne	167
Madère	236
Madréporaires (les)	328
MAGE	15
Magellania (les)	347
Magua (le)	282
Mahalapsie	61
MAHIEUX	301
Maïpouré (saut)	266
MAKALANGA (les)	79
Makarikari	61
MAKUANGUA (les)	68
Malacca	163
Malacologie tunisienne. Voir LETOURNEUX.	
Malacosteus niger phosphorescens.	336
Malaglarazi (le)	86
Malaisie	163
MAMÈCHE (les) 178,	185
Man (le Grand)	221
MANANZA (les)	68
Manaos 236, 246,	254
Man-Bari (saut)	221
Man-Caba (saut)	221
MANKOIA (les)	68
Manyami (rivière)	79
MANYEMA (les)	82
Mapeking	61
Mapiripan	263
Marabouts Chambba et Touareg	105
Marabouts-femmes 107,	122
Maracaï	259
Maragha 175,	178
Marajo (île de)	237
Marash	180
MARCHE 18,	36
Marginelles (les)	319
MARIETTE 15, 18,	160
MARION 300,	303

INDEX ANALYTIQUE

Maroc.................. 20, 334, 336
Maroni (le). 210, 212, 215, 218,
.... 223, 225, 228
— ses sauts, 220, 271, 248,
.... 267, 221, 273
MARSIGLI (Comte DE).......... 329
MATACA (les).................. 279
Mataveni (le).................. 264
MARTIN DE MOUSSY............. 15
MARTINES..................... 15
MARTINIÈRE (H. DE LA)........ 20
MARUTSÉ (les)................. 79
Masculula..................... 49
MASHONA (les)............ 72, 75
ou MAKALANGA (les)....... 79
Mashonaland.......... 62, 66, 75
MASHUKOLUMBWE (les)..... 68, 69
MASOUBIA (les)................ 68
MASPERO.............. 18, 45, 160
MASSICAULT................... 29
MATABELÉ (les)....... 72, 73, 74
ou AMANDABILE (les)........ 79
Matabeleland.................. 74
Matériel de pêche scientifique,
.... 343, 344
MATHAN (DE).................. 246
MATOKA (les).................. 79
MATOTELA (les)................ 68
MAUNOIR.................. 81, 248
Maupès (le).......... 252, 253, 254
Mazanderan............... 167, 171
Mecque (la).................. 131
Medjebed (les)........ 94, 123, 145
Medjerda................. 27, 28, 29
Medjez-El-Bab................. 28
Méduses (les)................. 326
Mehedia....................... 25
Mekalta....................... 25
MÉLI.......................... 84
MENAUT....................... 204
MENDAÑA....................... 6
Menkeb-El-Talha.............. 136
Menkeb-Ghraghar.............. 126
Menkeb ou Draa-Hallal........ 136
Menkeb-Souf............. 113, 115
MERAZIG (les)................. 28
Mercenaires touareg.......... 130
MÉRY......................... 138
MESCHECH (les)............... 167
Mésopotamie.......... 193, 194, 195
Mesures de précaution dans le

« Pays de la peur »........... 113
Métallurgie primitive...... 165, 166
Météorologie de l'Amazone. Voir
CREVAUX
Météorologie saharienne. Voir
FOUREAU.
Météorologie tunisienne. Voir DOUMET-ADANSON.
Metsuo-Masho................. 61
Mexique (golfe du)........... 331
MKHADEMA (les)........... 96, 100
MICÉ.................... 298, 299
Midès......................... 26
Milliolines (les)............ 339
Miliotes (les)............... 338
MILNE-EDWARDS (H. ET A.). 295,
296, 297, 300, 302, 304, 306,
310, 311, 315, 316, 322, 325,
.... 333, 342
Minéralogie de l'Amazone. Voir
CREVAUX.
Minéralogie de la Perse. Voir DE
MORGAN.
Mines de l'Araxe............. 169
Mines d'or du Mashonaland... 62
MIRABAL (DOM)............... 264
Mirage au Sahara. 108, 136, 143, 144
MIRAMBO...................... 86
MIRZA NEZAM GAFFARY......... 171
Mission française évangélique du
Haut-Zambèse.......... 63, 64
Mission écossaise du Bas-Zambèse. 80
MITOUA (les)............ 263, 264
Mode de mouvement des êtres immergés profondément........ 311
MOHAMED-BEN-AMRAN.......... 137
MOHAMED-BEN-BAKKAY......... 128
MOHAMED-BEN-EL-ALMI........ 105
MOHAMED-BEN-HAJIRA......... 137
MOHAMED-BEN-HALFAN......... 83
MOHAMED-BEN-HERTHMAN....... 82
MOHAMED-BEN-IKHENOUKEN.... 152
MOHAMED-BEN-RADJA..... 123, 139
MOHAMED-BEN-ZEGGAI......... 139
MOHAMED-BOU-RAHLA.... 123, 139
MOHAMED-MAATTALAH, 104, 112, 116
Moghan....................... 168
Mollusques (les)........ 303, 310
Moluques (les)............... 36
Momies Piaroa............... 265

Monastir........................	25	*Moukri* (langue du)............	186
Monaxonides (les)...............	332	*Moukri* (bas-relief du)...... 188,	189
MONTANO.......................	63	MOUSCHKOU (les).............	170
Montevideo.....................	211	Mouvement géographique contemporain................... 19,	20
MONTSERRAT...................	15		
Mora Mediterranea Reisso.......	344	*Mouydir* (le)...................	146
MORAT (Père).................	153	*Mpimbwe*.......................	81
MORENO (FRANCISCO)..........	277	*Mtzkhet*........................	170
MORGAN (J. DE). Mission scientifique, minéralogique, botanique, météorologique, géographique et archéologique en Perse (*Kourdistan, Louistan, Poucht-i-Kouh, Moukri*, etc.).......... 160 à	208	*Muanza*........................	87
		MUCAZE........................	328
		MULLER........................	351
		MUNIER-CHALMAS.......... 340,	349
		Musée Alaoui.............. 55,	57
		Musée du Bardo.................	55
Mossoul.............. 169, 176,	180	Musée Guimet..................	206
MOSTAPHA-BEN-SI-AMIRA.......	135	Musée de Tabarca..............	56
Mouches venimeuses	244	Musée de Tiflis	168
Moukri (le)...... 177, 178, 185,	188	*Mzab* (le)................... 89,	118

N

Nahâvend............. 181, 198,	200	*Nefzaoua* (le)..................	92
Nahiri (le).....................	167	*Nefzaoua occidental* (le)........	26
Naloto	68	*Négoussa*.......................	142
NAMRI (les)....................	175	*Neiva*..................... 254,	259
Napo (le)................. 236,	238	Nematocarcinus................	322
NARAM-SIN et ses monuments....	39	Némertiens (les).	303
Nassouana (le).................	169	Neoscopelus macrolepidotus......	345
Natal (le).......................	60	Nephropsis Agassizié............	322
Ndjoko (le).....................	68	NETTO (LADISLAO)..............	277
Nebka (le)................ 139,	142	NGUANUA-NGONO.............	69
Neçi (le).......................	125	Nids d'hommes dans les arbres...	113
Nécropole d'*Hurounâbâd*.........	186	*Niger* (le).......................	99
Nécropole de *Dakchour*..........	207	*Nippon* (ile).....................	35
Nécropoles puniques..... 52, 55,	56	NIZAM (Emir)..................	175
Nécropole de *Sousse*.............	55	NORMAN.......................	300
Nécropole de *Telovan*............	170	Nummulites (les)................	338
Nefta...........................	28	*Nyassa* (lac)............ 80, 81,	82

O

Oahnet.........................	146	 348,	349
Oasis (un) au Sahara.............	132	Oenanthe fistulosa..............	31
Obsidienne en Perse.............	194	Officiers (rôle des) en Tunisie. 55, 57,	58
Océan Indien....................	339		
Ochtôran-Kouh..................	201	Oghroud (les). 96, 116, 124, 143, 144,	147
Voir *Chotôran-Kouh*.			
OEHLERT (D. P.). 345, 346, 347,		*Ogueb*.........................	26

Omiste	282
Orapu (l')	223
Orange (fleuve)	60
ORBIGNY (D')	15, 211, 337
Orénoque (l')	20, 36, 264, 269
Origanum onites	30
Orties de mer (les)	326
Voir Méduses.	
Ostrea Cochlear	296
Ouad-Ben-Abbou	137
Ouad-Igharghar.	102, 106, 107, 112, 114, 133, 140
Ouad-Malah	105
Ouan-Titi	149
Ouargla.	89, 90, 96, 108, 117, 123, 134, 135, 137, 140, 151, 154
Oudje (l')	115, 124, 136
Oued-Barka	31
Oued-Cidah	122
Oued-Djaïrin	115
Oued-Djokran	115
Oued-El-Tibadi	115
Oued-Gilma	26
Oued-Hassani	113
Oued-El-Kahira-Tafrent	29
Oued-Itlou	115
Oued-Massin	114
Oued-Meliz	29
Oued-Mya	98, 99, 114
Oued-Ouargla	100
Oued-Rirh	122, 125
— (Compagnie de l')	90
Oued-Tinersal	115
Oued-Zen	3
Oued-Zouara	31
Oufenaït	152
Ouganda (l')	82, 84, 88
OUITOTO (les)	241, 242, 243, 244
OULED-BA-HAMMOU (les)	93, 94, 115, 116, 118, 128, 149
OULED-ALI (les)	29
OULED-BAHBAH (les)	123
OULED-BOU-KHACHBA	133, 140
OULED-BOU-RAHALA	91
OULED-DHIA (les)	27, 29
OULED-DOUI (les)	92, 137
OULED-EL-DINE	126
OULED-MAATTALAH	109
OULED-MESSAOUD (les)	118, 134, 135
OULED-MOKRAN	136
OULED-N'SIRE (les)	126
OULED-SAHIA (les)	105, 107, 108
OULED-SIDI-HAMZA	97
OULED-SIDI-MOUSSA	133
OULED-SMAIL (les)	91, 92, 117
Oumach (oasis)	105, 142
Ourmiah	169
Ourarton (l')	167, 169
Oursins mous	319
OYAMPY (les)	233
Oyapock (l')	210, 215, 218, 229, 229, 231, 232, 233, 246, 248, 267
OYAPOCK (les)	216

P

Pacifique (le)	339
Paddir	184
Pagures (les)	319, 320
Palapye	61, 72, 73
Paléontologie du Japon. Voir FAURIE.	
Paléontologie en Perse	196
Voir DE MORGAN.	
Paléontologie tunisienne. Voir THOMAS.	
Palla-Kamp	61
Palmiers Djabbar	135
Palythoa (les)	333
Pamir	20
Pampas (les)	211
Pancada (la)	246
PAPIATI (les)	283
Para (le)	237, 246, 253, 254
Paraguay (le)	274, 275, 281, 283, 289, 290
PARAMACA (les)	227
PARFAIT (Commandant)	314
Parolomis microps	325
Parou (le)	232, 234, 235, 239, 245, 246, 248, 271
PARSOUA (les)	17
Parus (le)	236
Patassa (la)	236
PAULZE D'IVOY	173

Pavonaria phosphorescents	303	*Plata (la)*	210
PÉCILE	36	« Plateau du travailleur »	304
Pecten opercularis 296,	297	Pluies sahariennes	149
Pecten testa	297	Plutonaster bifrons	351
Pedicellasteridae	350	POINSSOT 50,	51
PEIRCE	297	*Pointe-à-Pitre*	252
PELLISSIER	48	POIRAULT (G.)	315
PELOCOLIQUI-GUAZU	285	Poissons venimeux	217
Peñas (cap)	304	Polychromie babylonienne	40
Peneus rouges	322	Polypiers (les) 347,	sqq
Pennatules ou plumes de mer	330	*Pondo-Land*	60
Pentacerotidae	350	« Porc-Épic » (le)	303
Pentacheles	319	« Porcupine » (le) 297, 340, 346,	348
Pentacrinus (les)	324	*Port-Elisabeth*	60
— europeus	324	*Portugal* 336,	346
— Wyville-Thompsoni	325	Potosi (le bataillon argentia)	286
PÉRIER (L.). 297, 298, 300, 303,	308	*Pouchti-i-Kouh (le).* 181, 182, 190, 191, 193, 194, 195, 197,	199
PERRÉ	15	POULIGOUDOU (les) 220,	221
PERRIER (EDMOND). 315, 331, 349, 350, 351, 352,	353	*Poumouani*	84
PERROT 15,	17	POUPLARD (Père) 153,	154
Persane (langue) scientifique, 172,	173	Pouvoir royal en Perse. 192, 193,	200
Perse Voir DE MORGAN.)		Pouvoir royal chez les Touareg. Voir Amenokal.	152
PETROVA-YALLA	285	*Prdi-Sour*	185
PEYSSONEL	329	« Premiers âges des métaux dans l'Arménie russe »	162
Pheromena (les)	334	*Pretoria*	60
— Carpenteri 334,	335	Primevères indo-chinoises	35
Philippines (les)	36	PRISSE D'AVENNES	15
Phtisie indienne	265	Protozoaires (les) 337, 338,	340
PIAPOCO (les)	264	Pseudopodes (les)	338
PIAROA (les) 264, 265,	266,	Psilaster andromeda	351
Pilcomayo (le). 279, 281, 286, 287, 288, 289,	290	Pteris aquilina	31
PINART	18	« Puits de la chaux » (le)	91
« Pirate des Andes » (le)	238	Puits en entonnoir	125
PLACE	15	Puits improvisés	67
Placers du *Haut-Maroni*	223	*Putumayo*	255
Plane (île) 28,	30	Pyade	320
		Pygnogonides (les) 323,	324
		Pyrus Syriaca tunisienne 30,	3

Q

Quartz aurifère de Guyane	224	des Guyanes	237
Quartz persan	194	QUENTIN	15
Quartzite de l'Amazone	240	*Quillimane*	60
« Quebrabunda » (la) ou épizootie		QUINTRIE	249

R

RABOT (CH.)............ 19,	34
RADDE......................	168
Radiolaires (les)......... 338,	339
Raies venimeuses............	267
Rascasses (les)...............	319
RATAO........................	71
Ravenne......................	337
RAWLISON (Colonel)...... 178,	179
REBOUD (V.).................	25
« Recherche » (la)...........	15
« Recherches sur les origines des peuples du Caucase »...........	166
Reg (les)........ 124, 139, 142,	143
REINACH (SAL.).... 20, 47, 52,	57
REINS	328
RENAN 15,	45
RENAUD	15
RENIER (LÉON)......... 15,	49
Requins des grands fonds.......	310
Restes d'une mission au Sahara...	154
« Revision des Stellérides du Muséum »	351
REVOIL................. 18,	36
REY (P.).....................	36
REYES (R.)...................	236
Rezzou (un).......... 126,	140
Rhynconella (les).............	347
Rhincospora taxa.............	32
Rhododendrons du Yunnan	35
RIBAULT.......................	5
RICHARD (Père)...... 126, 134,	153
RICHARD.......................	349
RICHARD (Commandant). 301,	304
RICHEMONT (DE)................	281
Richesse de la région de *Blantyre*.	80
Ridjâb (dialecte).............	186
RINGEL............... 275,	277
Rio-de-Janeiro................	277
Rio-Lotzani...................	61
Rio-Magdalena.......... 252,	253
Rio-Negro...... 236, 252, 255,	256
Rio-Paraguay.................	
Voir *Paraguay*.	
Rio de la Plata......... 211,	274
Rio-Yça. 236, 237, 238, 240, 246, ... 247,	248
RIOU................... 252,	253
ROCA (Général)...............	277
ROCHET D'HÉRICOURT..........	15
Rodir-Tabaïnia...............	33
ROLAND	25
ROMERO RODRIGUEZ 283,	285
ROSAMEL......................	15
ROSS (JOHN)..................	294
Rouapir (le)........... 233,	234
ROUCOUYENNE (les) 230, 234, 239, ... 241,	259
Roud-Khané-i-Seïn-Merré (le). 190, ... 193, 195, 198,	204
Roud-Khani-Kergha (le).........	199
ROUDAIRE......................	18
Rou-i-Delâver	200
ROUIRE (Docteur).............	26
ROUISSAT	100
ROUX (A.)....................	24
ROY	51
Rukoua (lac).................	82
Rumex frutescens Aristidis Cossonis	31
RYMER-JONES...................	315

S

SABATIER......................	308
Sacassène....................	168
Sakiz........................	185
SAHIA-MAATTALLAH..............	104
SAHIA-BEN-BABIA...............	142
SAIAH-BEN-BOU-SAÏD............	134
SAID-HEUTEBA (les)............	96
Saïn-Kaleh...................	175
SAINT-CRICK (DE)..............	236
Saint-Georges................	246

Saint-Laurent (pénitencier de)...	227
Saint-Laurent du Maroni... 272,	273
Saint-Vincent-Saint-Antoine (canal de)........................	343
Sainte-Croix de Ténériffe........	315
SAINTE-MARIE (DE).............	48
Sainte-Marie-de-Bélem..... 227,	235
Sahel (le).......................	43
Sahun (le)......................	91
San-Fernando...................	264
San-Francisco......... 279, 283,	285
San-Juan................ 262,	263
SALADIN................... 50,	51
Sanctuaire punique de Saturne...	56
Sandwich (îles)	330
Santa-Fé-de-Bogota......... 252,	262
Santander.......................	304
Saoudj-Boulaq 175, 177,	178
Sardarabâd............ 177, 185,	186
Sargasses (mer des)........ 313,	316
Sari.............................	168
SARS............................	295
SARZEC (DE)............ 18, 38,	188
SASPIRES (les)........... 167,	169
Sauterelles (vols de)... 122, 125,	155
Savanilla......................	253
SAY (L.)........................	108
SAYA (H. A.)...................	169
Sbeïtla.................... 26,	28
Sbiba...........................	28
Sheshéké................ 64, 68,	69
SCHLUMBERGER................	340
SCHMIDT (OS.)..................	331
SCHOMBURGK...................	266
SCHULTZE (MAX)...... 333, 337,	338
SCHWELISH	36
Scymnus lichia.................	344
Scyramathia Carpenteri..........	318
SÉDILLOT.............. 25, 27,	28
Sefula	63
SEGHVEND (les)..................	204
SEIF-EDDIN-KHAN.......... 177,	178
SEIF-EL-MOULE............ 200,	202
SELOUS..........................	69
Sémitiques (langues) de Perse....	180
Sépultures des prêtres d'Ammon..	160
Ser-i-poul............. 187, 188,	189
Servitude hiérarchique au Zambèse.	64
Setla (une)....................	107
Sétubal.........................	343
Sfax...........................	24
Shiré (rivière).................	80

Sidi-Aïch.......................	26
Sidi-Amor-Djedidi...............	51
Sidi-Athman-El-Ahdded.........	31
Sidi-Bou-Ghanem	26
Sidi-Bou-Hania.................	107
Sidi-El-Hadj-Hassen.............	31
Sidi-Khellil.....................	122
Sidi-Meskin	29
Sidi-Moussa (Zaouïa de)..... 100,	132
Sidi-Moussa-Bou-Kob...........	132
Sidi-Zehili	28
SIEBOLD	333
Sigma-Tetey (le)................	221
SIGSBEE (D.)....................	308
Sihné................... 178, 185,	186
Sihné (dialecte de)..............	180
SIKKI............................	87
Silex résinite...................	194
Silex saharien........ 120, 126,	136
Siliana (la).....................	50
Sinapou (le)....................	217
Sindjar (le)....................	169
Similta.........................	49
Si-Mohamed-Moussa.............	99
Siouf (les)............. 96, 139,	145
Siparé (le).....................	267
Siparini (les)...................	268
Sirkan.................... 198,	199
SLADEN	352
Slass-El-Dhanoun (monts)	94
SLIMAN-BEN-MABROUK....... 90,	97
SMITH (EDGAR).................	349
Sniga (les).....................	110
Société commerciale d'exploitation des BENADIR	351
Société impériale d'archéologie russe	174
SOLLAS (W. J.)..................	332
SOMALI (les)............ 18, 76,	85
Sonde (îles de la)..............	36
Sorcellerie africaine	74
Soudan (le)....................	91
Souf (le). 28, 122, 123, 132, 137,	154
Souk-Ahras.....................	28
Souk-El-Arba.............. 25,	27
Souk-El-Djema..................	26
Souleimanieh (dialecte de)	180
Sources de bitume en Perse......	203
Sousse 25, 26, 49,	51
Sparwini (rivière)	223
Spitzberg (le)..................	348
Spongiaires (les). 303, 330, 331, ... 333, 334, 335, 336,	337
Squales (les) 343, 344,	345

STANLEY	86	Stylaster flabelliformis	330
Stellérides (les)	350, 351, 352	Sud-Algérien (le)	89
Stephano-trochus	328	SULIMAN-BIN-HAMISS	82
Strua	283	Surinam (rivière de)	227
STUART-WARTHY (Colonel)	320	Suse	39, 40
Stylaster roseus	330	Susiane	37

T

Tabankort	127, 128, 131, 133, 147	Tello (le)	38
Tabarca	25, 27, 32, 49, 56	*Telovan*	170
Tabatinga	236	*Temacin*	117
Tabora	82, 86, 87	*Temassinin*	132, 139, 146
Tademayt	102, 111, 114, 117, 124	Températures sous-marines	312, 313
Tagh-i-Bostân	179, 189, 192	*Teniet-Si-Raha*	
Tagh-i-Gina (monument de)	187	*Tensik*	100
TAITOG (les)	103	Tépèhs (les)	185, 192, 194
Takht-i-Soleïman	175, 179	Terebratula	347
« Talisman » (campagnes d'exploration sous-marine du vaisseau le). 18, 314, 316, 341, 345, 346, 348, 349, 350, 351		*Terre-Neuve (banc de)*	343
		TESSAN	15
		Tethyaster subinermis	351
		Teucrium Thymoides	31
Talisman touareg	129	*Teyo*	279, 280, 283, 284, 285, 287
Talysh (monts)	174, 206	*Thaca*	49
Talysh (dialecte)	168	*Thala*	26
Tamerna	122	Théories aurifères de CREVAUX	224
Tamerza	26	Théories sur la faune méditerranéenne	307
Tamesguida	96		
Tamesmida	26	« Thétis » (la)	14
Tanganyka (lac)	9, 80, 81, 82, 83, 86	THOLLON	36
Tapajos (le)	236, 274	THOMAS (PH.)	26, 27
TAPE-CHICO (les)	280	THOMPSON	332, 334, 335, 336, 339
TARAYRE (GUILLEMIN)	15	THOUAR	286, 287, 288, 289, 290
TARGUI (les). 107, 109, 111, 127, 128, 130, 133		THOUBAL (les)	167
		Thrycaptella elegans	334
Tarija	282, 283	*Thuburbo majus*	49
Tati (rivière)	75	*Tidikelt (le)*	119, 137
Tatouages indiens	266	Tidjania (confrérie)	122, 150
Tauris	174, 175, 176, 185	*Tifech*	28
TAVAREZ (Commandant)	274	*Tiflis*	170, 171
Tchaï (gok)	169	*Tighan-maline*	146
Tchoutach	204	Tigre (le)	180
Tebessa	25	Tilma (les)	119
Teffé	246	*Timfouchaï*	100, 146
Téhéran	171, 172, 181	*Timissao*	99
Télégraphie au *Mashonaland*	62	*Tina-Mayor*	304
Téléostéens (les)	345	*Tinghert*	146
Tello	188, 280	*Tin-Yagguin (le)*	131, 147

TISSOT (V.).............. 20, 47, 50
TOBA (les). 273, 279, 280, 281,
...... 282, 283, 284, 285, 286, 290
Tocantins (rivière des)...... 236, 275
Tombeau de missionnaires tués au
  Sahara......................... 154
Tombes d'OULED-SAIAH......... 95
Timbouctou...................... 142
Tonkin (nord-est)............ 20, 35
Top-e-Kazâb.................... 203
Touat (le).............. 119, 133
TOUBAL (les)................... 170
Touchaô (le).................... 242
Touggourt. 89, 90, 91, 117, 122,
.... 132, 138, 141, 157
Touï............................ 199
Touran (le).................... 167
TOURNEFORT..................... 329
Toxiques des Guyanes........... 216
  Voir CREVAUX.
Tozzer................... 26, 28
Traite des nègres dans l'Afrique
  australe....................... 88
Transoxiane (la)............... 168
Transvaal (le)............ 60, 61

« Travailleur » (campagnes d'exploration sous-marine du vaisseau le). 18, 297, 299, 300, 301, 302, 303, 304, 305, 306, 307, 308, 309, 310, 311, 312, 313, 341, ... 345, 346, 348, 349, 350, 351
Trébizonde..................... 180
TRIANA.......................... 255
Trik-el-Hadjadj................ 131
Trinité (la)................... 269
Tripoli........................ 26
Tripoli de Barbarie............ 154
TRIVIER (CAPITAINE)............. 82
Trombette (le)................. 236
Tryburg........................ 61
Tshambezi (rivière)............ 82
Tshosi (rivière) ou *Tshambiz*.... 82
Tuli........................... 62
Tumuc-Hamac (monts). 210, 212,
  213, 215, 218, 224, 226, 232, 246
Tunis........ 24, 25, 28, 29, 33, 56
Tunisie.................. 23 à 58
TUPIETE (les)............. 287, 288
Tupiza......................... 280
Turkestan...................... 35
Twambo......................... 82

U

Ugoga (l')..................... 82
Ujiji............. 9, 81, 82, 83, 86
Ukné (fleuve).................. 190
Umbellulaires (les)............. 330
Unilla (rivière)............... 259
Unyanyembé (l')................ 87
Upenna......................... 49
« Uranie » (l')................. 14

V

VAILLANT. 300, 303, 308, 315, 342,
.... 343, 344, 345
VALÉRY-MAYET............. 25, 27
VALVERDE........................ 285
Van.................. 169, 176
VAN SUYPESTEIN................. 249
Vanikoro....................... 15
Velazghird.................... 198
Verdure (la)................... 29
Vérétilles (les)................ 330
VERNEAU (Docteur).............. 20
VERREAUX........................ 15
Vers macaques............ 217, 221
VIALLANES....................... 305
Victoria-Falls ou *Chutes-Victoria*,
.... 64, 68
Victoria-Nyanza. (lac)... 80, 82, 87
Vidjayanagaram................ 163
« Vie au fond des mers » (la)..... 295
VIENNE (DE)..................... 278

VIGUIER (Docteur)......... 351, 352
VILLEGENTE................ 301
Voies ferrées transsahariennes, ... 117, 128
Voir MÉRY.
Voies romaines en Tunisie....... 49

W

WAHHA (les).................... 86
WAHLI (le)............... 193, 194
WALDECK....................... 15
WALLICH....................... 295
« Washington » (le)............. 346
WILMANS..... 48
WISSMAN (MAJOR)................ 85
Witou........................ 84
WYVILLE-THOMPSON............ 340

X

Xingu........................ 236

Y

Yaké (le)..................... 239
Yanduyanca................... 288
Yari (le). 213, 215, 225, 226, 227,
...... 232, 234, 239, 246, 248, 271
Yça. Voir *Rio-Yça*.
Yélémen...................... 234
Yémen.................... 20, 34
Yéso......................... 35
Yezidi....................... 169
Yezidi (langue de).............. 180
Youka........................ 221
YOUNG......................... 294
Yunnan (le).................. 35

Z

Zâb (petit).................. 173
Zagha........................ 179
Zaghouan (aqueduc de).......... 44
Zagros....................... 187
Zaïbourt..................... 170
Zama......................... 51
Zambèse.......... 60, 61, 63, 199
Zanzibar......... 9, 60, 82, 84, 85
ZEBALLOS (Docteur)............. 178
ZEBALLOS (FR.). 280, 283, 284,
.... 285, 286
Zembra (ile)............. 28, 30
Zembretta (ile).............. 28
Zemoul-El-Kebar.............. 155
Zerd-e-Kouh...... 181, 198, 190, 201
Zeriba (les)....... 101, 107, 141, 147
Ziban (les)..................... 107
Zimbalye...................... 75
Zoanthaires (les) 326
Zohâb... 177, 181, 182, 189, 197, sqq
Zombo......................... 78
Zoologiques (travaux) en Tunisie.
  Voir BONNET, LATASTE, LE-
  COUFFE, SÉDILLOT, VALÉRY-
  MAYET.
Zoophytes (les)............ 303, 310
Zoulouland.................... 60
Zukha......................... 196
Zymbabwé...................... 61

TABLE DES CARTES

AFRIQUE AUSTRALE ET ÉQUATORIALE

Voyage de L. Dècle (1891-1893).................................... 62
Itinéraire de M. L. Dècle et du marquis de Lalaing........... 67
De Tabora à Bukumbi (*septembre* 1893)........................ 85
Croquis d'ensemble des sources méridionales du lac Victoria-Nyanza.. 87

AU SAHARA

Mission Foureau (décembre 1892, février 1893) (carte provisoire)... 93
Mission Foureau (1883-1886-1890) 97
Itinéraire au Sahara (janvier-mars 1892)........................ 145

CHEZ LES PERSANS

Voyage en Perse et dans le Kurdistan par J. de Morgan. — Croquis d'ensemble.. 161

DANS LES GUYANES

Mission J. Crevaux (1877-1881)..................................... 213

SOUS LES MERS

Mission Milne-Edwards (1890-1893)................................ 294

TABLE DES MATIÈRES

LETTRE DE M. R. DE SAINT-ARROMAN A M. E. T. HAMY, *Membre de l'Institut*... v

RÉPONSE DE M. E. T. HAMY.................................. VIII

CONSIDÉRATIONS GÉNÉRALES

I. — Un mot personnel. — Vue d'ensemble. — Quelques noms célèbres de tous pays. — Du Ier au XVIe siècle. — Les navigateurs scandinaves. — Le passage Nord-Ouest et l'Angleterre. — Les Hollandais. — Davis et son détroit. — Le XVIIe siècle. — Une parenthèse. — Missionnaires religieux. — L'abbé Debaize. — La Compagnie des Indes. — Aurore du XVIIIe siècle. — L'Académie des sciences et la figure de la terre. — Voyageurs qui ont enrichi le jardin du roi. — Le passage de Vénus. — Effort de la seconde moitié du XVIIIe siècle... 1

II. — De 1817 à 1840. — Les voyages de circumnavigation. — Naissance de l'Assyriologie. — Le règne des Missions archéologiques. — Origines de la commission des Voyages et Missions scientifiques et littéraires. — Quelques-unes des explorations qu'elle a organisées. — Explorations géographiques. — Travaux cartographiques et géodésiques. — Au Nord et au Sud de l'Afrique. — Les archives des Missions scientifiques... 14

EN TUNISIE

I. — L'expédition de Tunisie. — Nos missions scientifiques dans la Régence. — Les missions d'histoire naturelle de 1886, 1887 et 1888... 23

II. — Une bifurcation. — Retour à la botanique. — L'Europe avec MM. Rabot et Labonne. — M. Deflers en Arabie et MM. Capus et Bonvalot dans le Turkestan. — Le Japon et le Tonkin. — MM. Faurie, Balansa, Delavay. — En Afrique et en Amérique. — Deux missions archéologiques en Orient. — M. de Sarzec en Chaldée. — Les découvertes de Susiane. — M. Dieulafoy.. 34

III. — Les recherches archéologiques dans la Régence de Tunis. — Un exposé des motifs. — Les civilisations successives de la Tunisie. — Quelques vérités. — Un livre de M. Cagnat : *L'armée romaine d'Afrique*. — Avant 1880. — Pélissier, Guérin et leurs livres. — M. de Sainte-Marie, le père Delattre. — Les missions Cagnat, Saladin, Poinssot. — M. Joseph Letaille et Zama. — Concours des officiers. — MM. Salomon Reinach et Babelon. — La *Géographie romaine* : le *Corpus inscriptionum latinarum*. — M. René de la Blanchère. — Création en Tunisie d'un service des Antiquités et des Arts. — Les fouilles de Sousse. — Bulla-Regia et le docteur Carton. — La commission de l'Afrique du Nord.. 41

AFRIQUE AUSTRALE ET ÉQUATORIALE

I. — M. Lionel Dècle. — Un vaste plan de recherches. — La Chartered Company. — En route pour le Zambèze. — Une mission évangélique française. — Comment on comprend la liberté de la propriété dans l'Afrique Centrale. — Une royauté noire. — Influence des Européens sur le caractère des races indigènes. — Les Béchouana et les Bushmen. — Les caravanes indigènes en marche pour les mines du Transvaal. — Types et races. — Négociations avec le roi Lewanika. — M. et Mme Jalla. — Arrivée à Shesheké............ 59

II. — Les promesses du chef Ratao. — M. Dècle bat en retraite. — Famine dans le désert de Kalahari. — Le pays des Matabelé. — Lo Bengula. — Les superstitions et leurs conséquences. — Les projets de retour de M. Dècle. — Les ruines de Tati et de Zymbabye. — Les Mashona et leur territoire. — Quelques réflexions à propos des voyages et des explorateurs. — L'école des missions. — En avant. — De Blantyre au lac Tanganyka. — Deux lettres de M. Dècle. — Arrivée au Victoria Nyanza.. 70

AU SAHARA

I. — Voyages sahariens de M. Foureau (1876-1892). — La Compagnie de l'Oued Rirh. — L'excursion de 1883. — La route de Hassi-Tames Guida à Hassi-Gara. — Opposition sourde des Chambba. — Récits de brigands. — Les cratères d'Aïn-Teïba. — Les tombes de quatre Oulad Sahia. — Modification de l'itinéraire. — Un guide du colonel Flatters. — Changement de direction. — La vallée de l'Oued Mya. — Possibilité de l'installation d'un chemin de fer. — Hassi-Gara. — Les dernières étapes. — Arrivée à Ouargla. — Un itinéraire précis.. 89

II. — Projet de traversée du Sahara jusqu'au Soudan. — Rapport de M. Duveyrier. — Un voyage à l'Ouad-Igharghar. — La carte du Sahara septentrional. — Projet de mission dans le Ahenet. — Les nids d'hommes. — L'infaillibilité des guides Chambba. — Un moyen facile de se procurer les graines de Drinn. — La réception de Larbi-ben-Sâlem. — Le marabout d'El-Alïa. — Un fleuve qui passe à 80 mètres sous terre. — Le mausolée de Lalla-Morzia-Bent-Zekhem. — Paysages et mirages. — La vipère Lefâa. — Les Arabes joueurs de flûte. — Une fausse alerte. — Les résultats de la mission au Tademayt. — La première amorce du Transsaharien. — Conclusions de M. Foureau. — Ce que l'on voit du sommet d'un Ghour. — Des estomacs souples. — Comment procèdent les Targui pour ne pas compromettre leurs provisions de bouche. — Les végétaux du Sahara et leurs racines. — Un cavalier suspect. — Le pays de la Peur.................. 101

III. — Première partie de la mission de 1892. — Escorte, conseils et précautions. — Sentinelle vigilante. — Le Barour. Les légendes du désert. — Le puits de Mouilha Maâttallah. — Inquiétudes. — Le moral de l'escorte faiblit. — On rencontre les Touareg. — Menaces de conflit. — M. Foureau gagne la confiance des Touareg. — Costume, armement et talismans des Targui. — Les mercenaires du désert. — Tentative de trahison. Un serviteur fidèle. — Une agence de renseignements. — El-Haj-Embareck. — Histoire de deux gommiers. — Une oasis créée par Flatters. — Trace fraîche. — Rencontre d'un compatriote. — Deux émissaires du gouverneur général de l'Algérie. — Mort du Targui Issakamaren. — Les puits de l'Igharghar. — Arrivée à Touggourt.................. 121

IV. — Deuxième partie de la mission de 1892. — De Biskra à El-Biodh. — Paysages. — Le plateau de Tinghert de l'Est et de l'Oudje Sud. — Un peu de géologie. — Temassinin. — Une vieille connaissance. — Entrevue avec les Touareg. — L'Erg oriental. — Dépouille des Pères Blancs. — Arrivée à Hassi Touaïza. — Le Sahara des Chambba. — Détails de mœurs. — Retour à Touggourt. — Conclusion........... 141

CHEZ LES PERSANS

I. — Nos égyptologues. — La lutte avec l'Angleterre. — M. Jacques de Morgan. — Ses états de services et ses travaux. — L'inscription d'Achtala. — Les origines de la métallurgie dans la haute antiquité. — Ce que donne une mission gratuite. — Plan d'un nouveau voyage. — Un programme précis. — La nécropole de Télovan. — Les ouvriers géorgiens. — Un ancien élève de l'École des mines. — Ses travaux ; sa gratitude envers la France. — Visite aux écoles françaises. — Les montagnes Taliches. — De Choucha à Tauris. — Projet de fouilles dans le Kurdistân. — Le choléra. — Le général Seïf Eddin Khan. — Le territoire des nomades. — Une inscription précieuse. — Souvenirs et collections de l'antique Ecbatane. — Deux inscriptions trilingues. — Les neiges et le col de Zagha. — Résultats linguistiques d'une excursion de 13,090 kilomètres. — Comment la Sublime Porte protège les fouilles scientifiques des Européens 159

II. — L'inscription de Kel-i-Chin. — Situation probable de l'antique pays de Luluhu. — Un peu de linguistique. — Le Ghâder tchaï et la vallée du Kialvi. — La carte du Kurdistan de Moukri. — Le tombeau achemenide de Kel-e-Daoud. — Les bas-reliefs de Ser-i-Poul et de Cheik-Khan. — Le palais d'Haouch-Kouri. — Le monument sassanide de Tagh-i-Bostân. — L'ancien fleuve Ukné. — Une lacune géographique comblée. — Les mœurs des Lours et des Vâhli du Poucht-i-Kouh. — Les ruines de Chir-Van. — Le massif du Poutch-i-Kouh. — Carte géologique. — L'art sassanide. — La ville antique de Zakha. — Analogie des formes de fossiles du Poutch-i-Kouh avec celles de la Manche. — La carte archéologique de l'Elam. — Rou-i-Délaver et son hospitalité. — Le brigandage dans le pays Lour. — Son Altesse le maréchal Seïf-el-Moulk. — Entre l'Irân et le Louristan. — Le Chôtoran-Kouh. — Un nouveau lac. — Le pays des Hadjivend et des Issavend. — Une bonne fortune. — Ghermasir. — Fin du voyage. — Résultats généraux. — Un collaborateur discret de M. de Morgan.. 182

DANS LES GUYANES

I. — Deux lettres. — Opinion d'un savant sur les capacités de Jules Crevaux. — Les faux blocs erratiques. — Les Tumuc-Humac, ancien El-Dorado. — Crevaux précise ses projets. — Le devis de l'expédition. — Premières recherches et premiers envois. — Comme quoi M. Littré aurait dû connaître la langue galibi. — La mission devient officielle. — Une exploration botanique dans la rivière Kourou. — L'épidémie des îles du Salut. — Les victimes de l'*Élim*. — En route pour le Maroni. — Quelques défections et quelques *sauts*. — Trente-deux jours chez les Boni. — La question de l'or. — Hypothèses anciennes. — Conclusions modernes. — Résultats du premier voyage de Crevaux. — Une courte et bonne devise. — Considérations politiques............. 209

II. — Nouvelle demande de mission. — Compte scrupuleux. Les sources de l'Oyapok. — Comment on navigue sur le

Rouapir. — Une heureuse rencontre. — La poste en Guyane. Ultimes décisions. — Un excellent compatriote. — Conquête de l'Yça. — Un dangereux compagnon. — Les Indiens du Japura. — A la recherche des Ouitoto. — Les barrages de l'Arara. — Ce qu'on trouve chez les Ouitoto. — Les barrages de l'Arara. — Ce qu'on trouve chez les Ouitoto. — Les Carizona. — Les dangers recommencent et se multiplient. — La boucle de l'Apapuri. — Arrivée sur l'Amazone. Retour en France. — Une addition et un déficit. — Coup d'œil sur les résultats obtenus. — Les collaborateurs de Crevaux. — Crevaux prépare un nouveau voyage. — Quelques paroles de M. Debidour.................................. 228

III. — Un troisième voyage. — Comment Crevaux comprenait cette exploration. — Une lettre à Henry Liouville. — Crochet dans le Haut-Magdalena. — A la recherche du Guayabero. — Un baptême compromis. — Naufrages successifs. — Un peu de gibier et beaucoup d'émotion. — Une terrible *angostura*. — Crocodiles qu'on appelle ; crocodiles qu'on n'attend pas. — Comment reçoivent les Mitoua. — La Terre Promise. — Descente de l'Orénoque. — De l'influence de la toux et de l'éternuement. — Une étrange chasse au tapir. — Les momies Piaroa. — Trio de curares. — Les raies d'eau douce. — François Burban en est victime. — Sa mort. — Le Delta de l'Orénoque et des Indiens Guaraouno. — La correspondance d'Apatou.................................. 251

IV. — L'ultime voyage. — Un drame ignoré. — Nouvelles demandes de missions. — Préparatifs et pressentiments. — Un itinéraire de 3,600 kilomètres. — Appui du ministre de l'Intérieur du gouvernement bolivien. — Les Indiens Toba et les Tape-Chico. — Assassinat de la mission. — Les sentiments de la presse bolivienne. — A la recherche des restes de la mission. — Renseignements contradictoires. — Un télégramme du journal de Tarija. — La fatale journée. — Le récit de Francisco Zeballos. — Des preuves indiscutables. — L'opinion du colonel Fontana. — Intervention de M. Thouar. — L'expédition bolivienne au Chaco. — Les vestiges de la mission.................................. 273

SOUS LES MERS

I. — Hypothèses sur la profondeur des mers. — Le livre de M. H. Filhol. — Ce que rapporte à la science la rupture d'un câble télégraphique. — Découvertes de M. A. Milne-Edwards. — Les travaux du marquis de Folin et de M. Périer. — Une initiative heureuse des savants bordelais. — La commission des dragages. — Instruments de travail. — Les phosphorescences des gorgoniens. — Une seconde campagne. — La vie animale dans les eaux de la Méditerranée. — La plus grande profondeur atteinte avec la drague dans les mers européennes. — Troisième campagne. — Six mille lieues parcourues. — Les féeries des profondeurs sous-marines. — Quatrième exploration. — Exposition des résultats au Muséum. — Publications particulières et publications officielles. — Les mœurs des crustacés............... 293

II. — Le Lithode féroce. — L'habitation et les tendresses du Pagure. — Le Nematocarcinus. — Variétés d'êtres et de couleurs. — Les pygnogonides Crinoïdes. — Brisingidæ et Holoturies. — Les méduses. — Les animaux fleurs. — Les Epizoanthes. — Le corail. — Les éponges cornées et les éponges calcaires. — Les éponges siliceuses. — Cladhorhiza et Hyalonema. — Les Euplectelles. — Le Pheromena. — Les Aphrocallistes. — Protozoaires et leurs divisions. — Foraminifères et Radiolaires. — Coloration des Foraminifères. — Le Bathybius. — Opinion de M. de Folin sur l'ancêtre du monde animal.................................. 318

III. — Publications entreprises sous les auspices du ministère de l'Instruction publique. — Le volume de M. Vaillant. — Une pêche de squales à Sétubal. — Le *Neoscopelus macrolepidotus*. — Les Brachiopodes. — MM. Fischer et OEhlert. — Province lusitanienne. — Résultats comparatifs de diverses expéditions étrangères et françaises. — L'ouvrage de M. Perrier. — Les différentes familles d'Échinodernes. — Classifications anciennes et nouvelles. — La morphologie du squelette... 342

INDEX ANALYTIQUE... 355
TABLE DES CARTES... 376

Sceaux. — Imprimerie CHARAIRE et Cⁱᵉ.

www.ingramcontent.com/pod-product-compliance
Lightning Source LLC
Chambersburg PA
CBHW060602170426
43201CB00009B/864